国史三千年

张荫麟
吕思勉 蒋廷黻 ◎ 著

图书在版编目（CIP）数据

国史三千年 / 张荫麟，吕思勉，蒋廷黻著. -- 南京：江苏凤凰文艺出版社，2025.6. -- ISBN 978-7-5594-9546-4

Ⅰ. K209

中国国家版本馆CIP数据核字第2025VZ5232号

国史三千年

张荫麟　吕思勉　蒋廷黻　著

责任编辑	白　涵
特约编辑	郭　梅
装帧设计	人马艺术设计·储平
责任印制	杨　丹
出版发行	江苏凤凰文艺出版社
	南京市中央路165号，邮编：210009
网　　址	http://www.jswenyi.com
印　　刷	天津盛辉印刷有限公司
开　　本	710毫米×1000毫米　1/16
印　　张	29.75
字　　数	468千字
版　　次	2025年6月第1版
印　　次	2025年6月第1次印刷
书　　号	ISBN 978-7-5594-9546-4
定　　价	98.00元

江苏凤凰文艺版图书凡印刷、装订错误，可向出版社调换，联系电话：025-83280257

◇ 编者按

在中国现代学术史上,有三位曾经煊赫一时的历史学家,因为有了他们,中国的现代史学更加绚烂多彩,也更充满趣味。这三位历史学家就是张荫麟、吕思勉和蒋廷黻。其中,以"史、学、才"三才识为人称道,在清华读书期间曾与钱锺书、吴晗、夏鼐并称为"文学院四才子"的张荫麟,被学界视为博通治学的典型。陈寅恪评价说,"其人记诵博洽而思想有条理","必为将来最有希望之人材"。钱穆也认为"中国新史学之大业,殆将于张君之身完成之"。吕思勉则更是与钱穆、陈垣、陈寅恪并称为"现代中国四大史学家"(著名史学家严耕望先生说过,"论方面广阔,述作宏富,且能深入为文者,我常推重吕思勉诚之先生、陈垣援庵先生、陈寅恪先生与钱穆宾四先生为前辈史学四大家")。蒋廷黻一生治学严谨,眼界开阔,奠定了中国近代史全新的叙事框架,被称作"拓荒者""开山的人""近代史尚无第二人"。

本书正是由三位大师的代表作品——张荫麟《中国史纲》、吕思勉《复兴高级中学教科书　本国史》和蒋廷黻《中国近代史》——融合而成,全面记录从商朝到二十世纪初三千余年的中国历史。《中国史纲》原是张荫麟受聘编写的高中历史教材的一部分。作者依据自己的历史观,对东汉前的中国史实做了较为严格的选择和取舍,把前人的研究成果和自己"玩索所得"融会贯通,用讲故事的方式,叙述了从商朝到东汉前一千六百多年的历史。虽按照朝代顺序编写,但作者并非对每一朝代都以同等笔墨书写,而是按自己的历史哲学标准,选取各朝代重要的事件作为主题,着力叙述"社会的变迁,思想的贡献和若干重大人物的性格"。不仅讲述王朝更迭、政治兴衰、社会变迁,也描述文化发展、商业经济,还介绍地域民俗、大众生活,可谓包罗万象。《复兴高级中学教科书 本国史》前身为《新学制高级中学教科书本 国史》,系吕思勉为高中学生撰写的一部中国通史教材,于一九二四年由商务印书馆出版。后在其基础上编纂而成《复兴高级中学教科书 本国史》,改用白话,按吕思勉先生所说,"叙述亦力求其具体,少作概括之辞。无论教师或学生,使用起来,该都较前书为便利"。《中国近代史》乃蒋廷黻以近代化的独特视角为核心,讲述从晚清到民国的百年激荡,复旦大学历史系教授沈渭滨称其"篇幅虽小,学术含量却很高……近百年的史事写得深入浅出,好读耐看"。

成书过程中,编者对三位大师的作品进行了局部整合。为避免重复和冗余,针对同一历史时期或同一历史事件,只选取其中一位作者的说法:本书第一章至第十二章第二节,为张荫麟所著;第十二章第三节至第十九章第一节,第二十二章第一节至第四节、第二十三章,为吕思勉所著;第十九章第二节至第二十一章、第二十二章第五节和第六节,为蒋廷黻所著。如此,既融合了三位史学大师的思想和研究成果,又充分展现了每个人的风格和文采,读者不仅可以了解从商朝到中华民国三千多年间最丰富、全面的中国史,同时也能收获一个了解中国历史的全新范本和视角。

基于对历史和作者的尊重,本书最大限度地呈现原作的风貌:将张荫麟《中国史纲》参照上海古籍出版社和商务印书馆版本、吕思勉《复兴高级中学教科书 本国史》依上海古籍出版社版本,蒋廷黻《中国近代史》按商务印书馆一九三八年版本做了整体校对,仅对其中的个别错讹进行订正,规范个别字词的写法,所有注释一律统一为文中夹注,编者按语均作页下注,以便读者阅读、理解。其他文字概念、地名、人名、纪年等方面均按原书刊印不改。需注意的是,原书中有关古地名的注释为作者写书时所注,其中"今"指成书年代。

另外,由于三位先生所处时代的局限,若原作中的一些观点在如今看来不足取,还请读者理性、辩证看待。在此特加以说明,望各位读者理解。

目录

第一章
中国史黎明期的大势

第一节　商代文化　2
第二节　夏商大事及以前之传说　9
第三节　周朝的兴起　11
第四节　周代与外族　16

第二章
周代的封建社会

第一节　封建帝国的组织　20
第二节　奴隶　22
第三节　庶民　24
第四节　都邑与商业　27
第五节　家庭　29
第六节　士　31
第七节　宗教　34
第八节　卿大夫　38
第九节　封建组织的崩溃　41

第三章
霸国与霸业

第一节　楚的兴起　45
第二节　齐的兴起（附宋）　47

第三节　晋、楚争霸　　　　　49
第四节　吴、越代兴　　　　　54
第五节　郑子产　　　　　　　56

第四章
孔子及其时世

第一节　鲁国的特色　　　　　　　61
第二节　孔子的先世与孔子的人格　62
第三节　孔子与其时世　　　　　　64
第四节　孔子与政治　　　　　　　67
第五节　孔子与教育　　　　　　　71
第六节　孔子的晚年　　　　　　　76

第五章
战国时代的政治与社会

第一节　三晋及田齐的兴起　　　　77
第二节　魏文侯、李克、吴起　　　79
第三节　秦的变法　　　　　　　　81
第四节　经济的进步与战争的变质　85
第五节　国际局面的变迁　　　　　88

第六章
战国时代的思潮

第一节　新知识阶级的兴起　　　　　　　　94
第二节　墨子　　　　　　　　　　　　　　96
第三节　墨子与墨家　　　　　　　　　　　99
第四节　孟子、许行及《周官》　　　　　　101
第五节　杨朱、陈仲、庄周、惠施、老子　　106
第六节　邹衍、荀卿、韩非　　　　　　　　109

第七章
秦始皇与秦帝国

- 第一节　吕不韦与嬴政　114
- 第二节　六国混一　116
- 第三节　新帝国的经管　118
- 第四节　帝国的发展与民生　123

第八章
秦汉之际

- 第一节　陈胜之起灭　127
- 第二节　项羽与巨鹿之战　130
- 第三节　刘邦之起与关中之陷　132
- 第四节　项羽在关中　135
- 第五节　楚、汉之战及其结局　138

第九章
大汉帝国的发展

- 第一节　纯郡县制的重建　141
- 第二节　秦、汉之际中国与外族　144
- 第三节　武帝开拓事业的四时期　147
- 第四节　武帝的新经济政策　153

第十章
汉初的学术与政治

- 第一节　道家学说的全盛及其影响　156
- 第二节　儒家的正统地位之确立　161
- 第三节　儒家思想在武帝朝的影响　164

第十一章
改制与"革命"

第一节	外戚王氏的专权	167
第二节	哀帝朝的政治	169
第三节	从王莽复起至称帝	171
第四节	王莽的改革	174
第五节	新朝的倾覆	177

第十二章
汉帝国的中兴与衰亡

第一节	东汉的建立及其开国规模	182
第二节	东汉与匈奴	185
第三节	外戚与东汉的衰亡	189

第十三章
魏晋南北朝

第一节	三国的鼎立	193
第二节	晋的统一和内乱	196
第三节	边徼民族和汉族的同化	198
第四节	南北朝的对峙	204
第五节	魏晋南北朝的制度	207
第六节	魏晋南北朝的文化	209
第七节	魏晋南北朝的社会	212

第十四章
隋唐盛世

第一节	隋之统一与政治	215
第二节	唐的开国及其盛世	218
第三节	隋唐的武功	220

第四节	隋唐的对外交通	223
第五节	隋唐的制度	225
第六节	隋唐的学术和文艺	228
第七节	佛教的分宗和新教的输入	231
第八节	中外文化的接触	233
第九节	唐中叶以后的政局	236
第十节	隋唐的社会	240

第十五章
盛而不强的两宋时代

第一节	五代的混乱	244
第二节	宋的统一及其初年的政治	247
第三节	变法和党争	250
第四节	辽夏金的兴起	252
第五节	宋和辽夏的关系	255
第六节	宋和金的关系	258
第七节	宋的学术思想和文艺	261
第八节	宋的制度和社会	265

第十六章
蒙元帝国的盛衰

第一节	元的勃兴和各汗国的创建	269
第二节	中西文化的交通	274
第三节	元的制度	276
第四节	元帝国的瓦解	279

第十七章
大明王朝

| 第一节 | 明初的政局 | 284 |

第二节	明和北族的关系	287
第三节	明朝的殖民事业和外患	289
第四节	明末的政局	292
第五节	明的制度	296
第六节	元明的学术思想和文艺	299
第七节	元明的宗教和社会	301

第十八章
最后的封建王朝

第一节	明清之际	304
第二节	清初的内政	308
第三节	清初的外交	311
第四节	清代的武功	316
第五节	清中叶的内乱	321
第六节	清代的制度	324
第七节	清代的学术	328
第八节	清代的社会	331
第九节	基督教和西方科学的传入	335

第十九章
剿夷与抚夷

第一节	欧人的东略	339
第二节	英国请中国订立邦交	341
第三节	英国人做鸦片买卖	345
第四节	东西对打	347
第五节	民族丧失二十年的光阴	350
第六节	不平等条约开始	352
第七节	剿夷派又抬头	354
第八节	剿夷派崩溃	356

第二十章
洪秀全与曾国藩

第一节　旧社会走循环套　360
第二节　洪秀全企图建新朝　362
第三节　曾国藩刷新旧社会　365
第四节　洪秀全失败　367

第二十一章
自强及其失败

第一节　内外合作以求自强　371
第二节　步步向前进　374
第三节　前进遇着阻碍　375
第四节　士大夫轻举妄动　380
第五节　中日初次决战　385
第六节　李鸿章引狼入室　393
第七节　康有为辅助光绪变法　396
第八节　顽固势力总动员　398

第二十二章
瓜分及民族之复兴

第一节　八国联军和辛丑条约　402
第二节　远东国际形势　406
第三节　日俄战争和东三省　409
第四节　清末的宪政运动　412
第五节　孙总理提民族复兴方案　415
第六节　民族扫除复兴的障碍　419

第二十三章
一战后的中国

第一节	二十一条的交涉	424
第二节	华盛顿会议和中国	426
第三节	关税自主的交涉经过	430
第四节	废除不平等条约的经过	433
第五节	中俄的龃龉	436
第六节	日本的侵略东北	438
第七节	国民政府的政治	442
第八节	现代的经济和社会	446
第九节	现代的教育和学术	448

附录

1. 通史方法论和历史哲学　　451
2. 历史的定义和价值　　458
3. 中国人能近代化吗?　　460

第一章

中国史黎明期的大势

从前讲历史的人每喜欢从"天地剖判"或"混沌初开"说起。近来讲历史的人每喜欢从星云凝结和地球形成说起。这部书却不想拉得这么远。也不想追溯几百万年以前，东亚地方若干次由大陆变成海洋，更由海洋变成大陆的经过。也不想追溯几十万年以前当华北还没有给飞沙扬尘的大风铺上黄土层的时候，介乎猿人与人之间的"北京人"怎样在那里生活着，后来气候又怎样改变，使得他们消灭或远徙，而遗留下粗糙的石器、用火的烬迹和食余的兽骨人骨，在北平附近的周口店的地层中。也不想跟踪此后石器文化在中国境内的分布、传播和进步，直至存在于公元前六七千年间具有初期农业和精致陶器的"仰韶文化"仰韶在河南渑池附近。所代表的阶段。

这部中国史的着眼点在社会组织的变迁，思想和文物的创辟，以及伟大人物的性格和活动。这些项目要到有文字记录传后的时代才可得确考。

严格地说，照现在所知，我国最初有文字记录的时代是商朝，略当于公元前十八世纪中叶至前十二世纪中叶。本书即以商朝为出发点，然后回顾其前有传说可稽的四五百年，即以所知商朝的实况为鉴别这些传说的标准。

第一节　商代文化

商朝在最后的二百七十多年间，定都于殷，即今河南安阳，故此商朝又名殷朝。我们称这二百七十多年为商朝的后期，我们所以确知商朝已有文字记录乃因为公元一八九九年以来殷都遗址——即所谓殷墟——的发现和发掘。

殷墟出土的遗物，除了大批的铜器、陶器、骨器、石器外，最引史家注意的是无数刻有文字的龟甲和兽骨。至少有十万片以上。这些甲骨差不多全是占卜所用的，乃王室卜人所保存的档案。原来商人要预测未来的吉凶，或探问鬼神的意旨，便拿一块龟腹甲间有用背甲的。或牛肩胛骨，间有用肋骨的。在一面加以钻凿，却不令穿透，然后在钻凿处灼火，另一面便现出裂纹，这叫作"兆"。卜人看兆而断定鬼神或一种神妙的势力对于所问的反应。所问的事情，有时连日后的"应验"，就刻在兆的旁边，这可称为卜辞。卜辞的内容以关于祖先的祭祀的为最多，如卜祭祀的日期、用牲的种类、用牲的数目等；有关于气象的，如卜雨、晴、风、雪等；有关于岁收丰歉的；有关于征伐、渔猎和出行涉川之利否的；有关于疾病、胎孕和梦征的；有所谓卜旬和卜夕的，即于一旬之末卜下一旬有无灾害，和于日间卜是夕有无灾害的。还有别的事项这里不能尽举。卜辞以外，甲骨文书中也有少数短短的记事，例如记颁发矛若干，某人取贝若干，某日某人入觐之类；又有田猎获兽的记录，刻在兽头骨上的。甲骨文书全是商朝后期的遗物。根据甲骨文书、甲骨文字的分析、其他商代的遗物遗迹和后人关于商朝的记载，我们可作一商代的文化的速写如下。

商人是以农业为主要的生产方法。农作物有黍、稷、稻、麦、蚕桑。卜辞中"卜黍年""贞卜问。我受黍年""贞其登黍"的记录很多，而此等处的黍字从未见有用别的植物名来替代的，可知黍为商人主要的农作物。帛、巾、幕等字和若干从糸的字的存在，证明丝织工艺的发达。有酒，以黍酿造。耕种全用人力。农具有耒耜。原始的耒耜，盖全以木为之。耒是一根拗曲的木棒，下端歧而为二，歧头上安一横木，以便脚踏。这是起土用的。耜和耒的分别是下端斜锐而不分歧，利于刺地而不利于起土，大约过于坚实的土，耒不能起便先用耜去刺松。耒当是利用树桠做成。商人是否已用铜做耒耜的下部，不得而确知。

渔猎和畜牧也是商人的盛大的生产副业。鱼的种类不见于卜辞。猎品，除野猪、鹿、狼、兕、兔、雉外，还有象。商王田猎的记录中，获鹿有一次三百四十八头的，获猪有一次一百一十三头的，获狼有一次四十一头的。可见殷都附近的开辟程度。供食的家畜，除牛、羊、鸡、豕外，还有狗。牧畜业之盛从王室祭祀用牲之多可见，每有一次用牛羊三四百头的。驯役的动物除牛、旱牛和水牛。马、犬外，还有象。至迟在商朝末年，商人并且曾利用象去作战。

商人已有铸造青铜_{铜锡合金}。器的工艺，铸造工场的遗物曾在殷墟找得，有可容铜液十二三公斤的陶制炼锅，有铜制的型范，有铜矿石，有炼渣。商人的兵器及工具大部分已用铜制，但也有一部分仍用石或骨角制。殷墟遗物中有铜制的戈头、矛头、瞿、箭镞、锛、小刀、针；石制的矛头、枪头、箭镞、刀、斧、粟凿；牛角或鹿角制的矛头、箭镞和骨锥。骨角制的兵器也许是仅作明器用的。

商人铸铜技术之最高的造就，乃在王宫和宗庙里所陈列的供饮食和盛载用的种种器皿，如尊、卣_{盛酒用}。爵_{酌酒用}。觚_{饮水器}。罍、殷_{食器}。方彝、巨鼎_{盛食物用}。等，都是具有很绚丽的花纹的。可惜写此段时，殷墟的铜器，作者尚无缘寓目。兹根据他人参观的报告，民国二十六年夏教育部第二次全国美术展览会所陈列者。略记二器，以见一斑。一为提梁卣：器分三层，上层为一盖，以练系于梁间，下层为卣的本体，中层搁上是一盖，取下来却是一觚，提梁的两端，各有一生动的兔形的兽头，全器周围是细致的花纹。一为盂形的器：当中有一柱，柱顶成莲花形，其旁四龙拱绕，两龙锐角，两龙钝角，四龙相连，可以环柱为轴而旋转，盂身和柱周围也是细致的花纹。

此外殷墟铜器之可注意的有盘、壶、铲、勺、漏勺、筷子等，还有战士戴的盔。

殷墟的陶器包括种类繁多的饮器、食器、盛器和烹饪器，其质地有灰色、红色的粗陶，黑色、白色的细陶和一种经高温烧加釉的陶；其纹饰多数是刻划的。细陶的纹饰极复杂，其母题有动物形、几何图案和图案化的动物形。

商人牙、骨、玉、石雕刻工艺在殷墟的遗迹也很丰富，举其特别可注意的：有镶嵌绿松石的象牙鸥尊；有一种雕纹的也有绘纹的。骨制玩器，仿佛后世"如意"一类的东西，长形略曲，其花纹为龙、凤或蝉形，偶或嵌着绿松石；有各种式的佩玉，或作圆圈，或作半圆，或作长筒，或双龙相对成一圆形，或两鱼相对成一半圆，或状人物、人面、兽头、虎、兔、象、鸮、燕、鸽、鱼、蛙、蝉、长尾鸟、蝙蝠等；又有巨大的大理石的立体雕刻品，状人物、虎、龟、鸮、蟾、双兽等，以供陈设之用的。

从状人物的雕刻品和其他遗物，我们知道商人是席地而坐的；知道当时一部分人的服装是交领、右衽、短衣、短裙、束带，其鞋翘尖；知道当时女人脸上涂朱；头饰极复杂，左右两鬓或额间的头巾上缀一绿松石砌成的圆形物；头发中间束一骨圈；发上戴雕纹嵌绿松石的象牙梳；又簪骨制或玉制的笄，少的一两枝，多的几十枝，笄头雕各式各样的现已发现四五十种。兽头和花纹；她的头饰比头还高。

关于商人的居室，我们也有一些推想的根据。在殷墟曾发现版筑的遗迹，那是房屋的基址。有一处基址作长方形，四围有许多大石卵，其相互间的距离，大略相等。这些石卵大约就是柱础，原来上面是安柱的。有一基址长三十公尺[1]，宽九公尺，石柱础之外，并有铜柱础十个。殷墟绝无砖瓦，房顶想必是用茅草编成的。古人所谓"茅茨土阶"，大约就是商朝宫殿的写照。又发现一座纯黄土筑成的大台基，面向正南，与罗盘所指的完全相合。台基前十几公尺，也有大石卵，排成弓背形。台基的四周，遗下好些整副的野猪骨，可见这建筑必是和祭祀有关的。又掘出若干长方的坎穴，有阶级可上下，中有破陶片、牛骨、狗骨之类。坎穴内周围用硬土筑成，铁一般坚固。有些坎穴之下又套一个坎

---

[1] "公尺"为"米"的旧称。

穴。这些坎穴是否与上说的版筑柱础同时，不能确定。但我们知道，远距商朝亡后三四百年，还有贵族的地下宫室见于记载，《左传》。则商朝后期之有这种穴居是很可能的。殷墟又掘出一些商王的陵墓。从墓室的情形可以推知王宫内部的情形。墓室一律作亚字形，原是木构，木料已腐化无存，却剩下木构上所装的各种立体石雕，作兽头、双面、牛头、鸟、兽等形的。又从墓中的遗迹推之，可知原来墙壁的内面是嵌镶着许多纹饰和涂着红色的。

商人的交通用具，有牛、马或象驾的车。除普通的车外，又有兵车，其形式大略是舆作半圆形，由后升降，一辕驾四马，两服两骖，与后来周朝的兵车无多差异；这是从殷墟发现的铜质车饰推知的。据卜辞的记载，商人出征有时远行至三四十日。

上面讲的是商人的"物质文明"。其次要讲他们的社会组织，可惜后者的资料远不如前者的详细。

商人是普遍地聚族而居的，而且每族自成为一社会的单位。每族有一名号，即所谓"氏"。所以后来商朝亡后，新朝把商遗民分派给新封的诸侯都是整族整族地分派的：例如以条氏、徐氏、萧氏、索氏、长勺氏、尾勺氏等六族分给鲁国；以陶氏、施氏、繁氏、锜氏、樊氏、饥氏、终葵氏等七族分给卫国。卜辞记商人用兵，每有派某一族或某些族的人去作战的；例如"令斿族寇周""令多众。子族从犬侯寇周""命五族伐羌"等。姓和氏的分别，商朝当已有之。姓是旧有的族号，氏是比较后起的族号。因为族人的繁衍，一族可以分成许多族，而散居异地。同源异流的众族保留其旧有共同的族号，谓之姓；同时各有其特殊的族号，谓之氏。姓字甲骨文及周金文皆作生，不从女。以生为姓者，溯生之所从来也。古人名与姓氏不并举，因为在比较原始的社会里，互相接触的人，以同姓氏为常，自无以姓氏冠其名上之必要。此种习惯直至春秋时代犹然。以姓氏冠名乃是有了五方杂处的大都市以后的事。

商民族以一个王室和它的都邑为核心。这都邑商人自称"天邑商"。在商朝六百年间，这"天邑商"曾经六次迁徙，最初是在亳，即今河南商丘北四十里；中间五迁皆不出今山东的南半和河南的东半；最后的二百七十余年是在殷，即安阳的殷墟。商王统属着许多部族的君长，即他的"诸侯"。原则上他们对商王的主要义务，是当他需要时，派兵去助他或替他征战，此外也许还有定期的贡献。这些诸侯的来源，大抵是本来独立部族的君长，为商王所征服的，或震于商朝的威势而自愿归服的；似乎还有一部分是商王把田邑分给自己的臣下或亲族而建立的。商王对各诸侯的控制能力并不一致，诸侯对商朝也叛服不常，他们彼此间也不永远是和平的友侣。卜辞里每有商王命这个诸侯去伐那个诸侯的记载。诸侯领土与王畿之间，民族和文化的关系疏密不一。有些诸侯所领的部族与王畿的人民是属同一民族，或原来虽不属同一民族，而已经与商人同化的，这些可以概称为商人；但也有些诸侯所领的部族在语言习惯上皆与商人相异，而始终对商人保存着"非我族类"之感的，例如当商朝末年居于泾渭流域的周人。

商朝王位的继承，自第二传以下，以兄终弟及为原则。王子无嫡庶之分，皆有继位的资格。至无弟可传，然后传子。但传末弟之子抑传其先兄之子，似无定制；多数是传末弟之子，但有不少例外。每因堂兄弟争位酿成王室的大乱。最后的四传皆是以子继父，似乎已鉴于旧制的不善而有意把它改革了。诸侯的继承法是否也以兄终弟及为原则，无从知道，但至少有例外，如"周侯"的继承，始终是以子继父的。

在商朝的势力范围以内和以外散布着许多文化远较商人落后的游牧民族，不时寇略商朝或其诸侯的领域。商朝后期的最大外敌是西北的鬼方。其根据地盖在山西北部及陕西的北部和西部。历史上记载商王武丁曾对他用兵至三年之久。此外卜辞所记商人的外敌还有好些，但其中除羌人外都与后来的历史失了联络。卜辞所记商人对外战争，用兵至多不过四千、五千，俘虏至多不过十五、十六，但这些似乎不能作代表的例，因为卜辞曾记一次杀敌二千六百五十六人。

战争所获的俘虏，当有一部分是用作祭祀的牺牲，卜辞中屡有人祭的记录。但那不是常见的事。大多数俘虏当是用作奴隶。卜辞中有奴、奚、臣、仆等字皆是奴隶之称。奴隶除用执贱役外，当亦用于战争，卜辞中有"呼多臣"伐某方的记录，似是其证。又有所谓"耤臣"和"小耤臣"，似是奴隶之用于耕作的。

商人的商业已发展到使用货币的阶段，他们的货币以一种咸水贝为之，小块的玉器似乎也用为货币。从殷墟的遗物可以推知殷都一带商业之盛。铜器、玉器和绿松石饰品的原料都非近地所有；占卜用的消费量甚大的龟也是异地所产；咸水贝也是如此。特别是玉和贝必定是从远方辗转贩运而来的。

关于商人的社会状况，我们所知仅此。其次要估量他们表现于生产方法以外的智力。

甲骨文书包涵单字约三千，可识的约一半。这些文字虽然形体上与今字大异，但已识的字都可依照一定规则译成今字。其意义及用法大体上与今字不殊，习惯的保守性真是可惊的。除形体外，甲骨文字与今字的差异有两点可注意：（一）带有图像性的字无论物体的写生或动作性态的喻示，每随意描写，但求肖似，没有定构。例如龟字，或画正面，或画侧面，或画尾，或不画尾，或画两足，或画一足。又如渔字，或画一鱼、一网、一手；或只画一鱼、一手；或画四鱼在水中；或画一鱼傍水。（二）在意义的分别上，有好些地方比今字为详细。例如驾驭之驭，或从马，或从象，因所驭不同而异字。又如牧字，或从牛，或从羊，因所牧不同而异字，又如一兽的雌雄，各有异名；牝牡二字原指牛的两性；此外马、羊、豕、犬、鹿等，各于本字的边旁或底下加匕或土，以别雌雄。

现存商人的文书只有契刻的甲骨文书。但商人所有的文书不只此种。甲骨文书是先写而后刻的。这从甲骨上一些写而漏刻的朱墨迹可以推知。殷墟又发现一块白陶上写着字。从这些字迹可以推知毛笔的存在。又甲骨文中有册字，象竹简汇集之形。既有笔又有简册，可知当有写在简册上的文书。现存荟聚上古文件的《尚书》中，传说为商朝遗文的有五篇。其中比较可信为真出商人手笔的是《盘庚》三篇，那是记商王盘庚迁都自奄，即今山东曲阜，迁殷。前后对臣民三次训话的。

古代记载原有"商人尚鬼"的话，证以卜辞而知其确切。在商人看来，神鬼的世界是和有形的世界同样的实在，而且这两个世界关系极密切。鬼神充斥于他们的四周，预知他们自身及其环境的一切变动，操纵着他们的一切利害吉凶祸福，需要他们不断的馈飨和贿赂。他们在日常生活中每遇有可容犹豫的事情或不能解答的疑问，照例要听命于龟壳和牛骨。神鬼世界的主要成分是他们的祖先。王室对祖先的祭祀，其名目之众多，次数之频繁，供献之丰盛都非我们所能想象的。用牲的数目有多至一次五十羊、三百牛，或四百牛的。用牲的方法，除置俎中蒸熟或当场生宰以供陈列外，有以火焚烧，或沉于水中，或埋入土中的。祭祀的时日，用牲的种类、数目、方法，有时连牝牡、毛色，都要凭卜人预先向所祀的祖先请示。商人心目中死鬼与现世的关系，从盘庚迁都前对臣民的第二次训词即《盘庚》中篇所记。很可以看出。兹将其中一段的大意，译白如下："我念着先王为你们的先人劳碌，就关心你们，要保育你们。我若有失政，先王就要重责我说：为什么虐待我的子民？你们若不知去求安乐的生活，不与我同心，先王便要责罚你们：为什么不和我的幼孙和好？……你们若立心不良，先王便要革了你们的先祖先父在天的职位。你们的先祖先父受了你们的牵累就要弃绝你们，不救你们的死亡了。我有了这样乱政的臣民，只得拿贝和玉去祈祷。你们的先祖先父便会告诉先王：惩罚我的子孙罢！于是先王便大大地降下不祥来了！"祖先而外，商人的神祇，以现在所知，有主土壤的社神，有山川之神，有风雨之神，有蚕神，还有主宰百神的"帝"，即上帝。风神就是上帝的使者，他是凤鸟。卜辞中风与凤同字。

商人不知有没有占星术，但他们已会观察天象而定历法。他们的历法大致与旧时的阴历相同：一年为十二月，月有大小，大月三十日，小月二十九日；有闰月，置于年终，称为十三月。

商人的乐器有磬、埙、有石制、陶制、骨制三种。鼓、铙、形如铃铎而无舌，持以敲击，大小三枚为一套。龢。笙之小者。又卜辞中有从丝从木的樂乐。字，可见琴瑟之类当时亦已存在。

商代文化的速写止此。

第二节　夏商大事及以前之传说

商朝从成汤创业以后，六百年间，可考的大事，除了六次迁都，除了对鬼方的大战，除了最后直接间接和亡国有关的打击外，便是五度由盛而衰的循环。所谓盛就是君主英武，诸侯归服；所谓衰就是君主昏暗，或王室内乱，而诸侯叛离。前期第一度的盛衰牵涉到汤孙太甲_{商朝第四王}。和汤的开国功臣伊尹的关系。这有二说。一说太甲无道，"颠覆汤之典型"，伊尹把他放逐于桐，过了三年，伊尹见他悔过修德，又迎他复位。一说伊尹于商王仲壬死后，把法当嗣位的太甲放逐于桐，而自即王位；其后七年，太甲自桐潜出，杀伊尹。肇始商朝后期的盘庚是一中兴之主。在他以后，惟他的侄子武丁曾一度中兴。武丁以降，商朝一直衰下去。继位的君主皆生长安逸，"不知稼穑之艰难，惟耽乐之从"。这是周朝开国元勋周公追数前朝衰亡的原因的话。他们以畋游荒宴代替了国政的烦劳。在商朝末年，一种叔世的颓废和放纵弥漫了整个商人社会。狂饮滥醉的风气普遍于君主、贵族和庶民。这是他们亡国的主因。

在叙述商朝灭亡的经过之前，让我们回溯商朝所继承的历史线索。

商朝所替换的朝代是夏。关于夏朝，我们所知，远更模糊。例如夏朝已有没有文字？有没有铜器？其农业发展到什么程度？其政治组织与商的异同如何？这些问题都无法回答。在后人关于夏朝的一切传说和追记中，我们所能抽出比较可信的事实，大要如下。

夏朝历年约莫四百。其君位是父死子继而不是兄终弟及。其国都的迁徙比商朝更为频数。最初的君主禹历都阳城、晋阳、安邑，皆不出今山西的西南角。_{阳城在翼城西，晋阳在临汾西，安邑在平陆东北。}禹子启始渡河而南，居今新郑、密县间。以后除启孙后相因外患失国远窜外，夏主的迁徙，不出今河南的黄河以南，汝、颍以北。当夏朝为成汤所灭时，都于斟𬩽，即今巩县西南。夏朝最大的事件是与外族有穷氏的斗争。有穷氏以鉏_{今河南滑县东。}为根据地，当启子太康时，攻占了夏都。_{时在斟𬩽。}以后统治了夏境至少有六七十年。太康逃居于外，有穷氏以次立其弟仲康及仲康子后相为傀儡。后相继被窜逐追杀。后来后相的遗腹子少康收聚夏朝的残余势力，乘有穷氏的衰弱，把他灭掉，恢复旧物。有穷氏是在夏境的东北，后来灭夏的成汤则来自东南，其先世亦发祥于东北。夏朝的外患盖常在东方。

成汤的先世累代为部族长。他的先十四代祖契与禹同时，以蕃今河北平山附近。为根据地。契子昭明迁于砥石，今河北砥水流域。继迁于商，今河南商丘。"天邑商"，商朝之得名由此。昭明子相土是一雄才大略的君长，曾大启疆宇，以相在今安阳西十五里。为东都。可惜他的功业的记录只剩下他的后裔的两句颂诗：

相土烈烈，海外有截。

此时的海外说不定就是辽东或朝鲜。后来商朝亡后，王弟箕子能逃入朝鲜而历世君临其地，莫不是因为商人原先在那里有些根据？相土以后两三百年间，商人的事迹无考，也许这是他们的中衰时代。传说相土发明以马驾车，又他的后裔王亥——也是成汤的先世——发明以牛驾车。到了成汤才复把商人带领到历史上，他从商北迁于亳，继灭了北方的若干邻族，然后向夏进攻，夏主桀兵败，被他放逐于南巢在今安徽巢县东北五里。而死，夏朝于此终结。

我们若从夏朝再往上溯，则见历史的线索迷失于离奇的神话和理想化的传说中不可析辨了。凡此种种，本书自宜从略。但其中有一部分和后来历史的外表，颇有关系，应当附带叙及。

据说禹所继承的君主是舜，国号虞；舜所继承的是尧，国号唐。当尧舜之世，天下为公，而不是一家一姓所得私有的。尧怎样获得帝位，传说没有照顾到。舜本是历山在今山东。的农夫，有一串故事这里从略。表明他是一个理想的孝子和理想的贤兄，又有一串故事，例如他在哪里耕种，哪里的农人便互相让界；他在哪里打鱼，哪里的渔人便互相让屋；他在哪里造陶器，哪里的陶工便不造劣器。表明他是一个理想的领袖。帝尧闻得他的圣明，便把他召到朝廷里来，把两个女儿同时嫁给他，试他治家的能力；并拿重要的职位去试他政治的能力。他果然家庭雍睦，任事称职。尧老了，便告退，把帝位推让给他。尧的时候有一场普遍于全"中国"的大水灾。禹父鲧，因治水无功，被处死刑，禹继承了他父亲的任务终于把水患平定。禹治水的工作凡历十三年，在这期间，曾三次走过自己的家门，都没有进去，有一次并且听到新产的儿子在呱呱地哭呢。后来舜照尧的旧例，把帝位推让给禹。禹在死前，也照例选定了一位益做自己的继承者。但禹死后，百姓不拥戴益，而拥戴禹的儿子启，于是启践登了帝位。一说益和启争位，为启所杀。旧例一破便不再回复了。这便是尧、舜"禅让"的故事。

还有一位值得提到的传说中重要人物，那是黄帝。他所占故事中的时代虽在尧舜之先，他的创造却似在尧舜之后。照传说的一种系谱，《史记·五帝本纪》。他是尧的高祖，舜的八世祖，禹的高祖，舜反比禹低三辈，这很奇怪。也是商周两朝王室的远祖，并且成了后来许多同化的外族的祖先。黄帝和他左右的一班人物并且是许多文化成分的创造者，例如他发明舟、车、罗盘、阵法、占星术和许多政治的制度；他的妃嫘祖最初教人养蚕织丝；他的诸臣分别发明文字、算术、历法、甲子和种种乐器。总之，他不独是中国人的共祖，并且是中国文化的源头。他的功用是把中国古代史大大地简单化了。

第三节　周朝的兴起

现在让我们离开想象，回到事实。

当商朝最末的一百年间，在渭水的流域，兴起了一个强国，号为周。周字的古文像田中有种植之形，表示这国族是以农业见长。周王室的始祖后稷，姬姓。乃是一个著名的农师，传说与禹同时。死后被周人奉为农神的。后稷的子孙辗转迁徙于泾渭一带；至古公亶父，后来追称太王。原居于豳，今陕西邠县附近。因受不了鬼方侵迫，率众迁居岐山在今陕西岐山县境。之下。这一带地方盖特别肥沃，所以后来周人歌咏它道：

周原朊朊,堇荼如饴。

以一个擅长农业的民族,经过移民的选择,来到肥沃土地,而且饱经忧患,勤奋图存,故不数十年间,便蔚为一个富强之国。到了古公子季历后来追称王季。在位时,竟大败鬼方,俘其酋长二十人了。古公在豳,还住地穴,其时周人的文化可想而知。迁岐之后,他们开始有宫室、宗庙和城郭了。季历及其子昌后来追称文王。皆与商朝联婚,这促进了周人对商文化的接受,也即促进了周人的开化。

至少自古公以下,周为商朝的诸侯之一,故卜辞中有"令周侯"的纪录。旧载季历及昌皆受商命为"西伯",即西方诸侯之长,当是可信。但卜辞中屡有"寇周"的记载,可见商与周的关系并不常是和谐的。旧载古公即有"翦商"的企图。盖周自强盛以来,即以东向发展为一贯之国策。古公和季历的雄图的表现,于史无考,但西伯昌的远略尚可窥见一斑。他在逝世前九年,自称接受了天命,改元纪年。此后六年之间,他至少灭掉了四个商朝的诸侯国:

一、密　今甘肃灵台县西,

二、黎　今山西黎城县东北,

三、邘　今河南怀庆西北,

四、崇　今河南嵩县附近。

此外商诸侯不待征伐而归附他的当不少。又旧载西伯昌曾受商纣王命,管领江、汉、汝旁的诸侯,大约他的势力已及于这一带。后来周人说他"三分天下有其二",若以商朝的势力范围为天下,恐怕竟去事实不远了。灭崇之后,西伯昌作新都于丰邑,在今长安县境。自岐下东迁居之。他东进的意向是够彰明的了。

文王死后第四年的春初,他的嗣子武王发率领了若干诸侯及若干西北西南土族的选锋,中有庸、蜀、羌、髳、微、卢、彭、濮等族类,其名字不尽见于以前和以后的历史。大举伐商;他的誓师词至今犹存,即《尚书》里的《牧誓》。凭一场胜仗,武王便把商朝灭掉。战场是牧野,离商纣王的行都朝歌今河南淇县。不远。朝歌是他的离宫别馆所在,是他娱悦晚景的胜地。这时他至少已有六七十岁了。在享尽了畋游和酒色的快乐之后，他对第一次挫败的反应是回宫自焚而死。商兵溃散，武王等长驱入殷。商朝所以亡得这样快，照后来周人的解释是文王、武王累世积德行仁，民心归向；而商纣则荒淫残暴，民心离叛；所谓"汤武革命，顺乎天而应乎人"。这固然不能说没有一些事实的影子，但事实决不如此简单。周人记载中无意泄露的关于商、周之际的消息，有两点可注意。一说"纣克东夷而陨其身"。可见商人在牧野之战以前，曾因征服东方的外族，而把国力大大损耗了；武王乃乘其疲敝而取胜的。一说"昔周饥，克殷而年丰"。可见牧野之战，也是周人掠夺粮食、竞争生存之战。武王是知道怎样利用饥饿的力量的。

殷都的陷落和商朝的覆亡，只是周人东向发展的初步成功。商朝旧诸侯的土地并不因此便为周人所有，而且许多旧诸侯并不因此就承认武王为新的宗主。此后武王、成王、康王之世，不断地把兄弟、子侄、姻戚、功臣分封于外，建立新国。这些新国大抵是取旧有的诸侯而代之，也许有的是开辟本来未开辟的土地。每一个这类新国的建立，便是周人的一次向外移殖，便是周人势力范围的一次扩展。

但当初武王攻陷殷都之后，并没有把殷都及殷王畿占据，却把纣子武庚禄父封在这里，统治商遗民，而派自己的两个兄弟管叔和蔡叔去协助并监视他们。这不是武王的仁慈宽大。这一区域是民族意识特别深刻的"殷顽民"的植根地，而且在当时交通不便的情形之下，离周人的"本部"丰岐一带很远，显然是周人所不易统治的。故此武王乐得做一个人情。但这却种下后来一场大变的原因。武王克殷后二年而死，嗣子成王年幼，王叔周公旦以开国功臣的资格摄政。管、蔡二叔心怀不平，散布流言，说"周公将不利于孺子"。并鼓动武庚禄父联结旧诸侯国奄_{今山东曲阜一带}和淮水下游的外族淮夷，背叛周室。周公东征三年，才把这场大乱平定。用兵的经过不得而详，其为艰苦卓绝的事业，是可想象的。于是周公以成王命，把殷旧都及畿辅之地封给文王的少子康叔，国号卫；把商丘一带及一部分殷遗民封给纣的庶兄微子启，以存殷祀，国号宋；把奄国旧地封给周公子伯禽，国号鲁；又封功臣太公望姜姓。的儿子于鲁之北，国号齐；都今山东临淄。封功臣召公奭周同姓。的儿子于齐之北，国号燕；都今北平附近。都是取商朝旧有诸侯国而代之的。周公东征以后，周人的势力才达到他们的"远东"。就周人向外发展的步骤而论，周公的东征比武王的克殷还更重要。这大事业不可没有一些艺术的点缀。旧传《诗经·豳风》里《东山》一篇就是周公东征归后所作，兹录其一章如下：

> 我徂东山，慆慆不归。我来自东，零雨其濛。鹳鸣于垤，妇叹于室。洒扫穹窒，我征聿至。有敦瓜苦，烝在栗薪，自我不见，于今三年。

假如传说不误，这位多才多艺的军事政治家，还是一个委婉的诗人呢！

先是武王克殷后，曾在丰邑以东不远，另造新都曰镐京，仍在长安县境。迁居之，是为宗周。"远东"戡定后，在周人的新版图里，丰镐未免太偏处于西了。为加强周人在东方的控制力，周公在洛阳的地方建筑一个宏伟的东都，称为成周。成周既成，周公把一大部分"殷顽民"，远迁到那里。从此周人在东方可以高枕无忧了。却不料他们未来的大患乃在西方。周公对被迁到成周的殷人的训词，至今还保存着，即《尚书》里的《多士》。

武王、成王两世，共封立了七十多个新国，其中与周同姓的有五十多国；但这七十余国而外，在当时黄河下游和大江以南，旧有国族之归附新朝或为新朝威力所不屈的，大大小小，还不知凡几。在这区域内，周朝新建的和旧有的国，现在可考的有一百三十多。兹于现在可考的周初新建国中，除上面已提到的宋、卫、鲁、齐、燕外，择其可以表示周人势力的分布的十八国列表如下：

国名	姓	始祖与周之关系	国都今地
晋	姬	武王子叔虞	山西太原北
霍	姬	文王子叔处	山西霍县

续表

国名	姓	始祖与周之关系	国都今地
邢	姬	周公子	河北邢台
芮	姬		陕西大荔县南
贾	姬		陕西蒲城西南
西虢	姬	文王弟虢叔	陕西宝鸡县东
滕	姬	文王子叔绣	山东滕县
郕	姬	文王子叔武	山东汶上县北
郜	姬	文王子	山东城武县东南
曹	姬	文王子叔振铎	山东定陶县
东虢	姬	文王弟虢仲	河南汜水县
蔡	姬	文王子叔度	河南上蔡县（约在前五三〇年左右迁于今新蔡）
祭	姬	周公子	河南郑州东北
息	姬		河南息县
申	姜		河南南阳北
蒋	姬	周公子	河南固始县西北
随	姬		湖北随县
聃	姬	文王子季载	湖北荆门东南

本节叙述周人的东徙至周朝的创业，本自成一段落。但为以下行文的方便起见，并将成王后康、昭、穆、共、懿、孝、夷、厉八世的若干大事附记于此。这时期的记载甚为缺略，连康、昭、共、懿、孝、夷六王在位的年数亦不可考。成王在位的年数亦然。因此厉王以前的一切史事皆不能正确地追数为距今若干年。成、康二世为周朝的全盛时代，内则诸侯辑睦，外则四夷畏慑。穆王喜出外巡游，其踪迹所及，不可确考，但有许多神话附着于他。夷王时周室始衰，诸侯多不来朝，且互相攻伐。厉王即位于公元前八七八年。他因为积久的暴虐，于即位第三十七年，为人民所废逐，居外十四年而死。在这期间，王位虚

悬，由两位大臣共掌朝政，史家称之为"共和"时代。厉王死后，其子继立，是为宣王。

第四节　周代与外族

夏、商、周三朝的递嬗，代表三个民族的移徙和发展。大体上说，夏人自西而东，商人自东而西，周人复自西而东，他们后先相交错，相覆叠，相同化，同时各把势力所及地方的土族同化，在一千数百年间，这参伍综错的同化作用团结成一大民族，他们对于异族，自觉为一整体，自称为"诸夏"，有时也被称并自称为"华"。中华民族的"华"字起源于此。这自觉和自号很难说是哪一年哪一月开始，大约，至迟在公元前七七〇年"周室东迁"的前后当已存在。这划时代的大变，一会儿就要讲到。我们可用这时间做中心点，以叙述诸夏与若干影响重大的外族的关系。至于其他星罗棋布于今河北、山东、河南、山西、陕西而与诸夏错居的许多游牧或非游牧的种族，周人所泛称为夷或戎的。以及他们不断与诸夏互相龃龉而渐渐为诸夏同化吸收的经过，这里不能详及，现在也不能尽考。

（一）商末、周初的鬼方，后来周人称为狎狁，继称犬戎。此族在周初屡出没于丰镐以西和以北。成王时曾伐鬼方，俘人至一万三千余，战争之剧烈可想。参加此役的盂国_{近岐山}曾铸鼎刻铭以记其事，至今尚存。穆王时又大败此族，俘其五王，迁其部落若干于汾洮一带。至厉王末年，狎狁乘周室内乱，又复猖獗；以后四十余年间，不时寇略西陲，甚至深入王畿，迫近镐京，终为宣王所攘逐。这期间出征狎狁的将士的写怀诗，至今还有留存，即《诗经·小雅》的《采薇》《出车》《六月》《采芑》。兹示一斑《采薇》六章，录四章。如下：

采薇采薇，薇亦作止。曰归曰归，岁亦暮止。靡室靡家，狎狁之故。不遑启居，狎狁之故。

采薇采薇，薇亦柔止。曰归曰归，心亦忧止。忧心烈烈，载饥

> 载渴。我戍未定，靡使归聘。
>
> 采薇采薇，薇亦刚止。曰归曰归，岁亦阳止。王事靡盬，不遑启处。忧心孔疚，我行不来。（中略）
>
> 昔我往矣，杨柳依依。今我来思，雨雪霏霏。行道迟迟，载渴载饥。我心伤悲，莫知我哀。

宣王死，子幽王立。幽王因宠艳妃，废王后及太子宜臼。太子出奔王后的外家，即申国。王欲杀太子，求之于申，不得，王伐申，申侯求助于犬戎。于是犬戎攻陷镐京，追杀幽王于骊山下。方镐京陷落之时，鲁侯、许公及申侯拥立宜臼于申，前七七〇年。是为平王。及幽王既死，虢当是东虢。公又立王子余臣于携。当在东虢附近。两王并立了二十一年，而余臣为晋文侯所杀，周室复一。平王因镐京及王畿的西半已为犬戎所据，定都于成周，后来王室一直留在这里。平王把沦陷区交托给一个护驾功臣、原来承袭西垂大夫世职的秦襄公，许他若果能克服犬戎，便领有其地。襄公果然完成了他的任务，在那里建立了秦国。而王畿的西半不复为王室所有了。经这次打击，王室日渐衰微，到后来只保存了一个共主的空名。史家称东迁以前的周朝为西周，以后的周朝为东周。现存鲁国史记《春秋》包括东周第四十九年以下的二百四十二年，史家称这时代为春秋时代。

（二）入东周后，从公元前六六二至前五九五年间，为诸夏祸最烈的外族，是犬戎的同源异派，当时周人称为"狄"的。狄有赤、白之别，又各分为许多部族。赤狄分布于今河北广平至山西潞城、屯留一带；白狄一部分在陕北延安一带，一部分在河北藁城、晋县一带。但这时期的记载并没有分别侵略者为赤为白，或其所属的特殊部族，只笼统称之为狄而已。大约来侵的狄人，赤狄占大多次数，东方的白狄占少数，而西方的白狄不预。在这期间齐受狄侵七次，卫六次，晋五次，鲁二次；邢、宋、温、郑、周各一次。卫受摧残最甚，被逼两次迁都，卫原都朝歌，在河南淇县东北；一迁楚丘，在河南滑县东，再迁帝丘，在河南濮阳。其国境大半沦陷，赖齐桓公之救始免于亡国。邢亦被迫迁都，邢本都河北邢台，迁山东东昌。亦赖齐桓公之救始免于亡国。成周为狄攻陷，周襄王出奔于郑，赖晋文公之救始得复国。结束狄患的是晋国，它于公元前五九三至前五九二两年间，倾全国之力灭赤狄；继于前五三〇至前五二〇年间灭东方白狄的大部分。经这两役，广漠的狄土的邢、卫的沦陷地皆入于晋，晋境盖展拓了一倍以上。

（三）周代以前，中国历史的主要地盘是在山东、河南、山西，而旁及河北、陕西的一部分。其时长江下游包括湖北、安徽、江苏、浙江等地的历史，几乎完全埋在黑暗之中。到了周朝，这一区域里民族分布的情形才有鳞爪可见。周人的拓殖已达到湖北汉水的东北，其汉水以西南，直至大江，则为楚人的领域。安徽境内部族之可考者有群舒，在舒城至庐江间及六安、霍丘一带；有徐戎，在泗县以北一带。在江苏境内，江北有淮夷，以邳县一带为中心，其江南则为吴人的领域。吴地并跨浙江的浙西，其浙东则为越人的领域。越地并跨江西的鄱阳湖之东。

这些民族中，群舒的历史吾人所知最少，只知道他在鲁僖公前六五九至前六二七年。时曾与鲁为敌，鲁人歌颂僖公，有"荆舒是惩"之语，它们自前六一五年以后陆续为楚所灭。

徐戎当周穆王之世，在徐偃王的统治之下，曾盛极一时；东方诸侯臣服于他的有三十六。他晚年力行仁义，不修武备；结果，楚人来伐，他一战败死，他的霸业也随之烟消云散。徐戎每与淮夷联合，以敌对诸夏，特别是鲁。周公子伯禽初就封于鲁时，这两族便并起与他为难。厉、宣之际两族又乘机凭陵诸夏，至劳宣王亲征平定。《诗经》里《常武》《大雅》一篇即咏此事，中有云：

> 王奋厥武，如震如怒。进厥虎臣，阚如虓虎。铺敦淮濆，仍执丑虏。截彼淮浦，王师之所。王旅啴啴，如飞如翰，如江如汉，如山之苞，如川之流，绵绵翼翼，不测不克，濯征徐国。

后来鲁人歌颂僖公的成功也说他：

> 保有凫绎，遂荒徐宅；至于海邦，淮夷蛮貊。

淮夷受诸夏同化的程度，现在无征。徐戎至迟在东周时已采用了诸夏的文字。这有现存几件徐国铜器的铭文为证，举其一例如下：

> 隹唯。正月初吉丁亥，徐王庚之淑子沇儿，择其吉金，自作和钟。中翰且扬，元鸣孔皇。孔喜元成，用盘乐也。饮酒，和会百姓。淑于威仪，惠于明祀。歔吾。以晏以喜，以乐嘉宾及我父兄庶士。皇皇熙熙，眉寿无期，子子孙孙，永保鼓之。

徐戎于公元前五一二年为吴所灭。淮夷自前五一五年以后不见于历史，其结局无考，大约非被灭于吴则被灭于越。

楚、吴、越三国有一重要的共同点：三国的王族都不是土著，而是从北方迁来的。传说楚王族的先祖季连，其长兄昆吾为夏朝诸侯之一，国于今河南许昌；其后嗣称昆吾氏。昆吾氏之国为成汤在伐桀之前灭掉。季连的事业无考。他的后裔衰微，散在中国和蛮夷。周文王时，有鬻熊，乃季连后裔之君长于楚地者，归附于文王。鬻熊的曾孙熊绎，当成王末年始受周封。吴国王族的始祖是王季之兄泰伯和仲雍，兄弟相继。传说他们因为让国给王季而逃至吴地。越国王族的始祖相传是夏禹之后。这些南向远徙的殖民领袖，怎样犯难冒险去到目的地，怎样征服了土人而君临其上，现在都不得而知了。他们和他们的子孙既与本土隔绝，渐为当地蛮夷所同化。例如居吴越的便同土人一样断发诸夏束发，戎狄被发，吴越断发。文身。但经过了长期的隔离之后，当这些国族的发展把他们带到诸夏的世界时，同化的方向都倒转了过来。楚和诸夏发生密切的关系最早，自西周初期以来，便是周室的劲敌；吴次之，入东周一八五年前五八三年。始与诸夏有使节往来；越则直待前四七三年灭吴以后，始有机会与诸夏接触。楚、吴、越的历史续详于第三章。

第二章

周代的封建社会

第一节　封建帝国的组织

　　武王所肇创、周公所奠定的"封建帝国",维持了约莫七百年。公元前十一世纪初至前五世纪末。这期间的社会概况便是本章所要描写的。自然在这期间,并非没有社会变迁,而各地域的情形也不一致。这纵横两方面的变异,虽然现在可能知道的很少,下文也将连带叙及。这个时期是我国社会史中第一个有详情可考的时期。周代的社会组织可以说是中国社会史的基础。从这散漫的封建的帝国到汉以后统一的郡县的帝国,从这阶级判分、特权固定的社会到汉以后政治上和法律上比较平等的社会,这其间的历程,是我国社会史的中心问题之一。

　　上面所提到"封建"一词常被滥用。严格地说封建的社会的要素是这样:在一个王室的属下,有宝塔式的几级封君,每一个封君,虽然对于上级称臣,事实上是一个区域的世袭的统治者而兼地主;在这社会里,凡统治者皆是地主,凡地主皆是统治者,同时各级统治者属下的一切农民非农奴即佃客,他们不能私有或转卖所耕的土地。照这界说,周代的社会无疑是封建社会。而且在中国史里只有周代的社会可以说是封建的社会。名义上这整个的帝国是"王土",整个帝国里的人都是"王臣",但事实上周王所直接统属的只是王畿之地。王畿是以镐京和洛邑为两个焦点,其范围现在不能确考,但可知其北不过黄河,南不到汉水流域,东不到淮水流域,西则镐京已接近边陲。王畿之地,在周人的估计中，是一千里左右见方。王畿之外，周室先后至少封立了一百三十个以上_{确数不可考}。的诸侯国，诸侯对王室的义务不过按期纳贡朝觐，出兵助王征伐，及救济畿内的灾患而已。诸侯国的内政几乎完全自主。而王室开国初年的武威过去以后，诸侯对王室的义务也成了具文，尽不尽听凭诸侯的喜欢罢了。另一方面，周王在畿内，诸侯在国内，各把大部分的土地，分给许多小封君。每一小封君是其封区内政治上和经济上的世袭主人，人民对他纳租税，服力役和兵役，听凭他生杀予夺，不过他每年对诸侯或王室有纳贡的义务。

周朝的诸侯国，就其起源可分为四类。第一类是开国之初，王室把新征服或取得的土地，分给宗亲姻戚或功臣而建立的。前章所表列的国家皆属此类。第二类是开国许久之后，王室划分畿内的土地赐给子弟或功臣而建立的，例如郑、秦。郑始祖为周厉王少子友，宣王时始封，在今陕西华县。幽王之乱，郑友寄家于郐及东虢，因而占夺其地，别建新国。_{在今河南中部黄河以南新郑一带}。第三类是拿商朝原有的土地封给商朝后裔的，属于此类的只有宋。第四类是商代原有的诸侯国或独立国，归附于周朝的，例如陈、杞等。旧说周朝诸侯，爵分五等，即公、侯、伯、子、男。此说曾有人怀疑。但现存东周的鲁国史记里确有这五等的分别。其中所称及的诸侯公爵的只有宋，男爵的只有许；_{今河南许昌}。属于第一类的多数为侯，亦有为伯的；属于第二类的秦、郑皆为伯；属于第四类的大抵为子。

王畿内的小封君殆全是王族。列国的小封君原初殆亦全是"公族"；_{国君的同族}。但至迟在前七世纪初这种清一色的局面已打破。齐桓公_{前六五一至前六四三年}。有名的贤臣管仲和景公_{前五四七至前四九〇年}。有名的贤臣晏婴都有封地，却非公族，晏婴并且据说是个东夷。晋国自从献公_{前六七六至前六五一年}。把公族几乎诛逐净尽，后来的贵族多属异姓，或来自别国。秦国自从它的政制有可稽考，自从穆公_{前六五九至前六二一年}。的时代，已大用"客卿"，公族始终在秦国没有抬过头。但鲁、郑和宋国，似乎终春秋之世不曾有过_{至少稀有}。非公族的小封君。这个差异是进取和保守的差异的背景，也是强弱的差异的背景。畿内小封君的情形，我们所知甚少，姑置不谈。列国的小封君统称为大夫。列国的大夫多数是在国君的朝廷里任职的，其辅助国君掌理一般国政的叫作卿。卿有上下或正副之别。大国的卿至多不过六位。大夫亦有上下的等级，但其数目没有限制。大夫的地位是世袭的，卿的地位却照例不是世袭的，虽然也有累代为卿的巨室。大夫的家族各有特殊的氏。有以开宗大夫的官职为氏的；有以封地的首邑为氏的；若开宗大夫为国君之子，则第三世以下用开宗大夫的别字为氏。下文为叙述的便利，称大夫的世袭的家业为"氏室"，以别于诸侯的"公室"，和周王的"王室"。

周制：列国的卿，有一两位要由王朝任命，但此制实施之时间空间范围不详。

周王和大小的封君包括诸侯。构成这封建社会的最上层，其次的一层是他们所禄养的官吏和武士，又其次的一层是以农民为主体的庶人，最下的一层是贵家所豢养的奴隶。

第二节　奴隶

关于奴隶阶级的情形现在所知甚少。譬如在全国或某一地域奴隶和其他人中的比例是怎样呢？天子、诸侯或大夫所直接役属的奴隶各有多少呢？我们都不得而知。幸而当时周王和列国君主赏赐奴隶的数目常见于记录。最高的记录是晋景公前五九九至前五八一年。以"狄臣"狄人做奴隶的。一千家赏给他一个新立战功的大夫荀林父。其次是齐灵公前五八一至前五五四年。以奴隶三百五十家赏给他的一个新受封的大夫。荀林父在这次受赐之前已做过两朝的执政，他家中原有的奴隶，至少当可以抵得过这一次的赏赐。可见是时一个大国的阔大夫所有的奴隶会在一万人以上。

这些奴隶的主要来源是战争。周初克殷和东征的大战，不用说了，此后诸夏对异族的征讨和诸侯相互的攻伐，每次在战场内外所获的俘虏，除了极少数有时被用来"衅鼓"杀而取血涂鼓，以祓除不祥。或用作祭祀的牺牲外，大部分是做了胜利者的奴隶。殷亡国以后，殷人被俘虏的一定很多，但究有若干，现在不可确考。《逸周书》所载不可靠。此后俘数之可知者：对外的例如成王二十五年伐鬼方之役俘一万三千八十一人，又如上说赏给荀林父的"狄臣"一千家就是当时新获的俘虏的一部分。对内的例如前四八四年吴国、鲁国和王师伐齐，俘齐国甲车八百乘，甲士三千人。俘虏的利益有时竟成为侵伐的动机。诸侯对天子，或小国对大国时常有献俘的典礼。诸夏国互获的俘虏可以赎回。鲁国定规赎俘之费由国库负担。但有被赎的幸运的恐怕只是显贵的俘虏，而有时所费不赀。例如前六一一年，宋国向郑人赎那"睅其目、皤其腹"的华元，用兵车百乘，文马百驷。但这些礼物还未交到一半他就逃脱回来了。奴隶的另一个来源是罪犯。犯罪的庶人和他的家属被没入贵家为奴的事虽然不见于记载，但我们知道，贵家因罪戾被废，或因互争被灭，其妻孥有被系或被俘而用作赏品的，其后裔有"降在皂隶"的。

奴隶做的是什么事？第一，自然是在贵人左右服役。这一类的奴隶包括"小臣"、即侍役。婢妾和管宫室、管车驾的仆竖；还有照例用被刖的罪犯充当的"阍人"和用被"宫"的罪犯充当的"寺人"。但这些只占小数。大部分的奴隶是被用于生产的工作。每一个贵家，自周王的以至大夫的，是一个自足的社会。谷米不用说是从采邑里来的。此外全家穿的衣服和用的东西，自家具以至车舆、兵器、乐器、祭器，多半是家中的奴隶制造的。这时代用车战，兵车以马驾，养马和管厩又是奴隶的事。此外山林川泽是由贵家专利的。樵、苏、渔、牧和煮盐又是奴隶的事。女奴也有分配到外边做工的；采桑养蚕的叫作蚕妾，做纺织或其他女红的叫作工妾。贵家设有一官专管工人。公室的工官普通叫作工正，惟楚国的叫作工尹。王室和公室的总工官之下还有分管各业的工官：例如以现在所知，周室有所谓"陶正"者，大约是管制造陶器的；鲁国有所谓"匠师"者，大约是管木工的。有专长的奴隶每被用作礼物。例如前五八九年，鲁国向楚国求和，赂以执斫、执针、织纴各百人。又例如前五六二年，郑国向晋国讲和，所赂有美女和工妾共三十人，女乐二队，每队八人。

奴隶可以抵押买卖。西周铜器铭刻中有"赎兹五夫用百孚"的话。奴隶的生命自然由贵人随意处置。例如晋献公有一回思疑肉里有毒，先拿给狗试试，狗死了；再拿给小臣试试，这不幸的小臣便与那狗同其命运了。又例如献公的儿子重耳出亡时，他的从臣们在桑下密谋把他骗离齐国，被一个蚕妾偷听了；她回去告诉重耳的新婚夫人齐姜，齐姜恐怕妨碍公子的"四方之志"，一声不响地便把那蚕妾杀了。在周代盛行的殉葬制度底下，奴隶也是必然的牺牲。平常以百计的殉葬者当中，我们不知道有多少是奴隶。他们的死太轻微了，史家是不会注意的。但也有一件奴隶殉葬的故事因为有趣而被保留。晋景公的一个小臣有一朝起来很高兴地告诉人，他夜梦背着晋侯登天，午间他果然背着景公但不是登天，而是"如厕"；景公本来病重，他跌落厕坑里死了，那小臣便恰好被用来殉葬。

奴隶是以家为单位的，一个奴隶家里不论男女老幼都是奴隶。他们的地位是世袭罔替的；除了遇着例外的解放。新俘奴隶被本国赎回也许是常见的事。此外奴隶被解放的机会似乎是很少的，历史上只保存着两个例子。其一，前六五五年，晋灭虞，俘了虞大夫百里奚，后来把他用作秦穆公夫人的"媵臣"。从嫁奴隶。他从秦逃到楚，被楚人捉住。他在虞国本来以贤能知名，秦穆公想重用他，怕楚不给，于是以赎"媵臣"为名，出五张黑羊皮的很低代价，竟把他赎回了。他因此得到"五羖大夫"的绰号。其二，前五五〇年，晋国内乱，叛臣手下的一个大力士督戎，人人听到他的名字就惧怕。公家有一个奴隶叫作斐豹，自荐给执政道，若把他的奴籍烧了，他便杀死督戎，执政答应了他，后来他果然把督戎杀了。

第三节　庶民

我们在上文叙述奴隶的生活时，保留着一个很重要的问题，奴隶和农业的关系是怎样？换句话说，大多数农民的地位是怎样的？关于这一方面，记载很残缺，现在可得而说的多半是间接的推论。我们可以悬想，周朝开国之初，无数战胜的族长分批地率领子弟来到新殖民地里，把城邑占据了，田土瓜分了，做他们的侯伯大夫，他们于所占得的田土当中留出一小部分，直接派人去管理，收入完全归他们自己，这种田便是所谓"公田"；其余大部分的田土，仍旧给原来的农夫耕种，却责他们以粟米、布缕和力役的供奉；他们的佃耕权可以传给子孙却不能转让或出售给别人。这种田即所谓"私田"。大部分的公田当是由耕私田的农夫兼尽义务去耕种的。他们"公事毕然后敢治私事"。但也有一部分"公田"是由奴隶去耕种的。所以西周的《大克鼎》铭文里记周王赏田七区，其中有一区注明"以厥臣妾"。但由此亦可见奴隶附田的制度在西周已不很普遍了。耕私田的农夫皆是所谓"庶人"。他们的地位是比奴隶稍为高贵些；但他们的生活殊不见得比奴隶好。粟米和布缕的征收固有定额，但不会很轻；什一之税在东周末年还是可望难即的理想。除正税外，遇着贵人家有婚嫁等喜事，他们还有特别的供应。力役之征更是无限的。平常他们农隙的光阴大部分花在贵人的差使上。若贵人要起宫室、营台榭、修宗庙或筑城郭，随时可以把他们征调到在鞭子底下作苦工。遇着贵人要打仗，他们得供应军需，并且供献生命。遇着凶年饥馑，他们更不如奴隶的有依靠，多半是"老弱转乎沟壑，壮者散而之四方"。

西周传下来的《七月》一首民歌描写豳地（今陕西邠县）农民的生活很详细。根据这诗，可以作一个农民的起居注如下：正月把农器修理。二月开始耕种，他的妻子送饭到田里给他吃，督耕的"田畯"也笑嘻嘻地来了。同时他的女儿携着竹筐到陌上采桑。八月他开始收获，同时他的女儿忙着缫丝，缫好了，染成黑的、黄的，还有红洒洒的预备织做公子的衣裳。十月获稻，并酿制明春给贵人上寿的酒。农夫们把禾嫁聚拢好，便到贵人家里做工，白天去采茅，晚上绞绳。是月醉神聚饮烹宰羔羊；大家到贵人堂上献酒，欢呼万岁。十一月出猎，寻觅狐狸，为着贵人的皮袍。十二月农夫们会同受军事训练。是月把养肥了的猪献给贵人，又把冰凿下，藏好，预备明年春夏天贵人需用。

《七月》这首歌是贵人用作乐章的，自然要合贵人的口味。诗中的农夫是怎样知足安分地过着牛马生活。但农夫和别的庶民也有不安分的时候，假如贵人太过忽略了他们的苦痛。第一章里已经说过，周朝的第十个王，厉王，就因为久积的暴虐，被民众驱逐出国都，失却王位。和厉王同命运，甚至比他更不幸的封君不断地见于记载。举例如下：前六三四年，当晋、楚两强交争的时候，卫君因为得罪了晋国想转而亲楚。但卫国离晋较近，亲楚便会时常招惹晋人的讨伐。在这种当儿，首先遭殃的便是人民。他们即使幸而免于战死，免于被俘，他们回到家中，会发现禾稼被敌人割了，树木被砍了，庐舍被毁了，甚至井也被塞了。因此，卫君的亲楚政策是和卫国人民的利益根本冲突的。他们听到了，便大闹起来，把卫君赶到外国去了。同类的事件有前五五三年蔡国的公子燮因为想背楚亲晋给民众杀了。蔡是邻近楚的。经过这些事件的教训，所以前五七七年，陈侯当外患紧急时只好把国人召齐来，征求他们的意见，来决定外交政策。因直接残虐人民失去地位或性命的封君，为例更多。前六○九年，莒君因为"多行无礼于国"被他的太子率领民众杀了。前五六一年，畿内的原伯，因为详情现在不知的暴行弄到民不聊生，被民众赶走了。前五五九年，另一位莒君因为喜欢玩剑，每铸成一把剑便拿人民来试；又因为想背叛齐国，被一位大夫率领民众赶走了。前五五○年，陈国的庆氏据着首都作乱，陈侯率兵来围，庆氏督着民众修城。是时，城是用土筑的，筑时用板夹土。督工的看见一两块板倒了，便把旁边的役人杀死。于是役人暴动起来把庆氏的族长通杀了。前四八四年，陈大夫某，因为陈侯嫁女，替向国人征收特税；征收的太多，用不了，他把剩下的为自己铸了一件钟鼎之类的"大器"。后来国人知道，便把他赶走了。他走到半路，口渴，同行的一位族人马上把稻酒、干粮和肉脯献上，他高兴得了不得，问为什么这样现成？答道：大器铸成时已经预备着。

上述厉王以后的民变，全发生在前六世纪当中和附近。这些见于记载的暴动完全是成功的，影响到贵人的地位或生命的，其他失败而不见于记载的恐怕还有不少。这时候民众已渐渐抬头，许多聪明的卿大夫已认识民众的重要，极力施恩于他们，收为己助，以强其宗，以弱公室，甚至以得君位。例如当宋昭公前六一九至前六一一年。昏聩无道的时候，他的庶弟公子鲍却对民众特别讲礼貌。有一回宋国大闹饥荒，他把自己所有的谷子都借给饥民。国中七十岁以上的人他都送给食物,有时是珍异的食物。他长得很美,连他的嫡祖母襄夫人也爱上了他,极力助他施舍。后来襄夫人把昭公谋害了,他便在国人的拥戴中继为宋君。又例如齐国景公前五四七至前四九〇年。的时候,当公室底下的人民以劳力的三分之二归入公室,而仅以三分之一自给衣食的时候,陈氏却用实惠来收买人心。齐国的量器,以四升为豆,四豆为区,四区为釜,十釜为钟。陈家特制一种新量,从升到釜皆以五进,仍以十釜为钟,借谷子给人民的时候,用新量;收还的时候,用旧量。陈家专卖的木材,在山上和在市上一样价,专卖的鱼盐蜃蛤,在海边和在市上一样价。这一来民众自然觉得陈家比公室可爱。后来陈氏毫无阻力地篡夺了齐国。此外如鲁的季氏、郑的罕氏都以同类的手段取得政权。

上文所说参加叛变和被强家利用的民众自然包括各种色的庶人。当中自然大部分是农人,其余当有少数商人和工人。庶人和奴隶的重要差别在前者可以私蓄财物,可以自由迁徙。但农人实际上很少移动,除了当饥荒的时候,虽然在前六世纪时人的记忆中,有"民不迁,农不移"的古礼。这似乎不是绝对的限制,礼到底与法禁有别。

第四节　都邑与商业

人民聚居的地方通称曰邑。邑可分为两大类,有城垣的和没有城垣的。有城垣的邑又可分为三类,一是王都和国都;直至东周时,国字还是仅指国都而言。二是畿内和列国的小封君的首邑;三是平常的城邑。周室的西都镐京自东迁后已成为禾黍油油的废墟,其规模不见于记载。东都洛邑今洛阳。的城据传说是九里一千六百二十丈。见方,其面积为八十一方里,约当现在北平城之百分之二一·七。北平城面积是今度一百九十四方里,周一里当今〇·七二一五里,一方里当今〇·五二〇五六方里。城的外郭据传说是二十七里四千八百六十丈。见方,其所包的面积差不多是现在北平城的两倍。列国的都城,连外郭计,以九百丈五里。见方的为平常,其面积约为今北平城的十五分之一。一直到前三世纪初,一千丈见方的城还算是不小的。但春秋末年勃兴的吴国，其所造的都城却特别大。据后汉人的记载，那箕形的大城，周围约为今度三十四里，其外郭周围约为今度五十里。今北平城周约五十四里。卿大夫首邑的城照例比国都小，有小至五百丈至一百丈左右见方的，那简直和堡寨差不多了。这些小城的基址似乎到唐、宋时还有存在。唐人封演记当时"汤阴县北有古城，周围可三百步，其中平实。此东，顿丘、临黄诸县多有古小城．周一里或一二百步，其中皆实"。又宋人陈师道记："齐之龙山镇有平陆故城高五丈，四方五里，附城有走马台而高半之，阔五之一，上下如之。"此二人所记很像是周人的遗迹。

王城和列国都城的人口不详。但我们知道春秋时大夫的封邑在一千户上下的已算很大的了。平常国都的人口就算比这多十倍也不过一万户。我们从前六八六年内蛇与外蛇斗于郑都南门中的故事，可知当时的国都决不是人烟稠密的地方。前六六〇年比较小的卫国都城被狄人攻破后，它的遗民只有男女七百三十人，加上共、滕两邑的人口，通共也只有五千人。

我们试看列国都城在地图上的分布很容易发现他们的一个共同点：它们都邻近河流；以现在所知，几无例外。一部分固然因为交通的便利，一部分也因为河谷的土壤比较肥沃，粮食供给比较可靠。城的作用在保卫，贵人的生命和财富和祖先神主的保卫。国都的主要居住者为国君的家族和他的卫士、"百工"；在朝中做官的卿大夫和他们的卫士。大多数国家的朝廷，像王室的一般，内中主要的官吏有掌军政的司马，掌司法和警察的司寇，掌赋税和徭役的司徒和掌工务_{如城垣、道路、宗庙的修筑。}的司空。国都里的重要建筑，有国君的宫殿、台榭、苑囿、仓廪、府库、诸祖庙、祀土神的社、祀谷神的稷、卿大夫的邸第和给外国的使臣居住的客馆。这些建筑在城的中央，外面环着民家和墟市。墟市多半在近郭门的大道旁。郭门外有护城的小池或小河，上面的桥大约是随时可以移动的。城郭的入口有可以升降的悬门。城门时常有人把守，夜间关闭，守门的"击柝"通宵。货物通过城门要纳税，这是国君的一笔大收入。

都邑也是商业的中心。至迟在春秋下半期，一些通都里已可以看见"金玉其车，文错其服"的富商。他们得到阔大夫所不能得到的珍宝，他们输纳小诸侯所不能输纳的贿赂。他们有时居然闯入贵族所包办的政治舞台。旧史保存着两个这样的例子：（1）前五九七年晋军大将知䓨在战场被楚人俘了。一位郑国的商人，在楚国做买卖的，要把他藏在丝帛中间，偷偷地运走。这计策已定好，还没实行，楚国已把知䓨放还。后来那位商人去到晋国，知䓨待他只当是他救了自己一般。那商人谦逊不遑，往齐国去了。（2）前六二七年，秦人潜师袭郑，行到王城和郑商人弦高相遇。弦高探得他们的来意，便一方面假托郑君的名义，拿四张熟牛皮和十二只牛去犒师，一方面派人向郑国告警，秦人以为郑国已经知道防备，只好把袭郑的计划取消了。这两个故事中的商人都是郑人。如故事所示，郑商人的贸易范围至少西北到了王城和晋国，东到了齐国，南到了楚国。郑国最早的商人本是镐京的商遗民，当郑桓公始受封的时候，跟他们一同来到封地，帮他们斩芟蓬蒿藜藿，开辟土地的。郑君和他们立过这样盟誓："尔无我叛，我无强贾，毋或匄夺。尔有利市宝贿，我勿与知。"郑当交通的中心，自东迁时便有了一群富于经验的商人，他们又有了特定的保障，故此郑国的商业特别发达。但这时候商人所贩卖的大部分只是丝麻布帛和五谷等农产品，加上些家庭的工艺品。以佣力或奴隶支持的工业还没有出现。

周人的货币，除贝以外还有铜。西周彝器铭文中每有"作宝尊彝，用贝十朋又四朋"一类的记录。也有罚罪取"金"即铜。若干寽字亦作䥽。的记录。传说周景王前五四四至前五二一年。已开始铸大钱。但贝和"金"似乎到春秋时还不曾大宗地、普遍地作货币用，一直到春秋下半期，国际间所输大宗或小宗的贿赂还是用田土、车马、布帛、彝器或玉器，而不闻用贝或用"金"，钱更不用说了。

第五节　家庭

庶人的家庭状况自然不会被贵人身边的史官注意到，因此现在也无可讲述。只是这时代的民歌泄露一些婚姻制度的消息：

  伐柯如之何？匪斧不克。取妻如之何？匪媒不得。艺麻如之何？纵横其亩。取妻如之何？必告父母。

  少年男女直接决定自己的终身大事的自由在这时代已经被剥夺了。在樊笼中的少女只得央告她的情人：

  将仲子兮！无逾我里！无折我树杞！岂敢爱之？畏我父母！

甚至在悲愤中嚷着：

  之死矢靡它！母也天只！不谅人只！

这种婚姻制度的背景应当是男女在社交上的隔离。诗人只管歌咏着城隅桑间的密会幽期，野外水边的软语雅谑，男女间的堤防至少在贵族社会当中已高高的筑起了。说一件故事为例：前五〇六年，吴人攻入楚国都城的时候，楚王带着两个妹妹出走，半路遇盗，险些送了性命。幸运落在他的一个从臣钟建身上，他把王妹季芈救出，背起来跟着楚王一路跑。后来楚王复国，要替季芈找丈夫，她谢绝，说道：处女是亲近男子不得的，钟建已背过我了。楚王会意，便把她嫁给钟建，并且授钟建以"乐尹"的官，大约因为他是一个音乐家。

  周初始有同姓不婚的礼制，但东周的贵族还没有普遍遵行，庶民遵行的程度，今不可知。

  贵族家庭中的一种普遍现象是多妻。至少在周王和诸侯的婚姻里有这样的一种奇异制度：一个未来的王后或国君夫人出嫁的时候，她的姊妹甚至侄女都要有些跟了去给新郎做姬妾，同时跟去的婢女还不少，这些迟早也是有机会去沾新主人的雨露的。陪嫁的妾婢都叫作媵。更可异的，一个国君嫁女，同姓或友好的国君依礼，要送些本宗的女子去做媵。在前五五〇年，齐国就利用这种机会把晋国的一位叛臣当作媵女的仆隶送到晋国去，兴起内乱，上文提及的斐豹的解放就是这次变乱中的事。

媵女而外，王侯还随时可以把别的心爱的女子收在宫中。他们的姬妾之多也就可想。多妻家庭里最容易发生骨肉相残的事件，在春秋时代真是史不绝书。举一例如下：卫宣公前七一八至前七〇〇年。和他的庶母夷姜私通，生了急子。后来急子长大，宣公给他从齐国娶了一个媳妇来，看见很美，便收为己用，叫作宣姜。子通庶母，父夺子妻，在春秋时代并不是稀奇的事。这时代男女礼防之严和男女风纪之乱，恰成对照。宣公收了宣姜后，夷姜气愤不过，上吊死了。宣姜生了两个儿子，寿和朔。宣姜和朔在宣公面前倾陷急子，这自然是很容易成功的。宣公于是派急子出使到齐国去，同时买通一些强盗要在半路暗杀他。寿子知道这秘密，跑去告诉急子，劝他逃走。他要全孝道，执意不肯。当他起程的时候，寿子给他饯行，把他灌醉了；便取了他的旗，插在船上先行，半路被强盗杀了，急子醒来，赶上前去对强盗说："卫君要杀的是我，干寿子甚事？"他们不客气地又把他杀了。

第六节　士

有两种事情打破封建社会的沉寂，那就是祭祀和战争。所谓"国之大事，唯祀与戎"。二者同是被认为关系国家的生存的。先说战争。

周室的分封本来是一种武装殖民的事业。所有周朝新建的国家大都是以少数外来的贵族包括国君、公子、公孙、卿大夫及其子孙。立在多数土著的被征服者之上。这些贵族的领主地位要靠坚强的武力来维持。而直至春秋时代，所有诸夏的国家若不是与戎狄蛮夷杂错而居，便是与这些外族相当的接近，致时有受其侵袭的危险。再者至迟入东周以后，国际间的武装冲突和侵略战争成了旦暮可遇的事。因为这三种原因，军事成了任何国家的政治的中心，也成了贵族生活的中心。贵族一方面是行政的首脑，一方面也是军事的首脑。农民每年于农隙讲武，每逢国家打仗都有受征调的义务。此外有一班受贵族禄养着专门替贵族打仗的人,也就是战场上斗争的主力,那叫作"士",即武士。

到底每一国的"士"有多少呢?这不能一概而论。据说周朝的制度,王室有六军,大国三军,《齐侯镈钟》:"余命汝政于朕三军";又"穆和三军"。中国二军,小国一军。周朝行车战,军力以乘计。大约一军有车一千乘,每乘有甲胄之"士"十人。事实自然与制度有出入。例如周室东迁后六十三年,周桓王合陈、蔡、卫的兵还打不过郑国,此时的周室决不能"张皇六师"。又例如在春秋末叶,约前五六二至前四八二年。头等的大国如晋、秦、楚等,其兵力总在四五千乘以上。

士字原初指执干、盾、戈,佩弓、矢的武士;其后却渐渐变成专指读书、议论的文人。为什么同一个字,其先后的意义恰恰对极地相反?懂得此中的原因,便懂得春秋以前和以后的社会一大差别。在前一个时代,所谓教育就是武士的教育,而且惟有武士是最受教育的人;在后一个时代,所谓教育,就是文士的教育,而且惟有文士是最受教育的人。士字始终是指特别受教育的人,但因为教育的内容改变,它的涵义也就改变了。

"士"的主要训练是裸着臂腿习射御干戈。此外他的学科有舞乐和礼仪。音乐对于他们并不是等闲的玩艺,"士无故不彻琴瑟"。而且较射和会舞都有音乐相伴。"士"的生活可以说是浸润在音乐的空气中的。乐曲的歌词,即所谓"诗"。诗的记诵,大约是武士的唯一的文字教育。这些诗,到了春秋末叶积有三百多篇,即现存的《诗经》。内中有的是祭祀用的颂神歌,有的是诗人抒情的作品,大部分却是各国流行的民歌。较射和会舞都是兼有娱乐、交际、德育和体育作用的。较射是很隆重的典礼,由周王或国君召集卿大夫举行的叫作大射,由大夫士约集宾客举行的叫作乡射。较射的前后奏乐称觞。预射的人揖让而升,揖让而下。这是孔子所赞为"君子之争"的。会舞多半是在祭礼和宴享的时候举行。不像西方的习俗,其中没有女子参加的。舞时协以种种的乐曲,视乎集会的性质而异。这时期中著名的乐曲,如相传为舜作的"韶",相传为禹作的"大夏"和武王所作的"大武"等,都是舞曲。大武的舞姿,现在犹可仿佛一二,全部分为六节,每一节谓之一成。第一成象"北出",舞者"总干持盾。山立";第二成象"灭商",舞容是"发扬蹈厉";第三成象南向出师;第四成象奠定南国;第五成象周公、召公左右分治,周初曾把王畿分为两部,自陕而东周公主之,自陕而西召公主之,陕西省之得名由此。舞者分夹而进;第六成象军队集合登高,最后舞者同时坐下。六成各有相配的歌词,皆存于《诗经》中,兹引录如下。

一成	二成	三成	四成	五成	六成
昊天有成命,二后受之。成王不敢康,夙夜基命宥密。於缉熙,单厥心,肆其靖之。	于皇武王,无竞维烈。允文文王,克开厥后。嗣武受之,胜殷遏刘,耆定尔功。	于铄王师,遵养时晦。时纯熙矣,是用大介。我龙受之,蹻蹻王之造。载用有嗣,实维尔公允师。	绥万邦,屡丰年,天命匪懈。桓桓武王,保有厥士。于以四方,克定厥家。于昭于天,皇以间之。	文王既勤止,我应受之。敷时绎思,我徂维求定。时周之命,于绎思。	于皇时周,陟其高山。嶞山乔岳,允犹翕河。敷天之下,裒时之对,时周之命。

六成不必全用,第二成单行叫作"武",第三成叫作"勺",第四、五、六成各叫作"象"。幼童学舞,初习"勺",次习"象"。"大武"是周代的国乐,是创业的纪念、垂教的典型、武威的象征,其壮烈盖非"韶""夏"可比。舞者必有所执,在"大武"中舞者执干戈,此外或执雉羽,或鹭羽,或斧钺,或弓矢。执羽的舞叫作"万",这种舞,加上讲究的姿势和伴奏,一定是很迷人的,可以一段故事为证。楚文王前六八九至前六七七年。死后,遗下一个美丽的夫人,公子元想勾引她,却没门径,于是在她的宫室旁边,起了一所别馆,天天在那里举行"万舞",希望把她引诱出来。她却哭道:"先君举行万舞原是为修武备的,现在令尹楚国执政官名,公子元所居之职。不拿它来对付敌人,却拿它用在未亡人的身边,那可奇了!"子元听了,羞惭无地,马上带了六百乘车去打郑国。

理想的武士不仅有技,并且能忠。把荣誉看得重过安全,把责任看得重过生命，知危不避，临难不惊；甚至以藐然之身与揭地掀天的命运相抵拒。这种悲剧的、壮伟的精神，古代的武士是有的，虽然他们所效忠的多半是一姓一人。举两例如下：（1）前六八四年，鲁国和宋国交战，县贲父给一个将官御车。他的马忽然惊慌起来，鲁军因而败绩。鲁公也跌落车下，县贲父上前相助。鲁公说道：这是未曾占卜之故。_{照例打仗前选择御士须经占卜。}县贲父道：别的日子不打败，今日偏打败了，总是我没勇力。说完便冲入阵地战死。后来国人洗马发现那匹马的肉里有一枚流矢。（2）前四八〇年卫国内乱，大臣孔悝被围禁在自己的家中。他的家臣季路，_{孔子的一位弟子。}听到这消息，便单身匹马地跑去救应，半路遇着一位僚友劝他不必。他说，既然食着人家的饭，就得救人家的祸。到了孔家，门已关闭，他嚷着要放火。里头放出两位力士来和他斗，他脑袋上中了一戈，冠缨也断了。他说："君子死，冠不免。"把冠缨结好才死。

王公大夫的子弟至少在原则上都得受武士的教育。王室有"学宫"，王子和他的近侍在内中学射，周王和他的臣工也有时在内中比射；又别有"射卢"，周王在内中习射，作乐舞。公室也当有同类的设备。

武士的地位仅次于大夫。他们虽然没有封邑，却有食田。出战时"士"是穿着甲胄坐在车上的主要战斗力。但他们底下还有许多役徒小卒，这些多半是临时征发农民充当的。

第七节　宗教

周人的神鬼世界我们知道得比较殷人的详细些。这其中除了各家的祖先外，有日月星辰的神，他们是主使雪霜风雨合时或不合时的；有山川的神，他们是水旱疫疠的原因；但最重要的，人们生存所赖的，还是土神和谷神。前者关系土壤的肥瘠，后者关系五谷的丰歉。土神叫作社，或后土，谷神叫作稷，或后稷。供奉社稷的地方，也叫作社稷。稷只是谷的一种，而以名谷神，以名"田祖"，这里似乎泄露一件久被遗忘的史实：最初被人工培植的野种是稷。

像封建社会之上有一个天王，主宰百神的有一个上帝。他是很关心人们的道德的，会赏善罚恶。但他也像天王一般，地位虽尊，实权却有限，他和人们的日常生活很少发生关系，人们也用不着为他破费。祀上帝的典礼叫作郊祀。举行郊祀礼的只有周王和鲁君。上帝的由来不知周人曾涉想到否。至于自然界各部分的神祇，在周人的信仰中，多半有原始可稽的。他们多半是由人鬼出身；而且，像封君一般，他们的地位是上帝所封的。例如汾水的神，传说是一位古帝金天氏的儿子，他生时做治水的官，疏通汾、洮二水有功，因而受封。又例如永远不相会面的参、商两个星座，其神的历史是这样的：古帝高辛氏有两个不肖的儿子，他们死了，住在荒林里还是整天打架。上帝看不过，便把大的迁到商丘，做商星的神，把小的迁到大夏，做参星的神。这段神话的历史背景是商人拿商星做定时节的标准星，故此它名为商星。古人在没有日历之前，看一座恒星的位置的移动来定时节的早晚，这叫作"观象授时"。被选作目标的恒星叫作辰。

周人的稷神是一位农业的发明者，同时又是本朝的祖先。但到底稷神是周人的创造呢？抑或周室不过搬旧有的稷神做祖先呢？现在不得而知。社神却确是在周代以前已经有的。周人称殷人的社为亳社。至少在鲁国的都城同时有亳社和周社。朝廷的建筑，就在两社之间。大约原初鲁国被统治的民众大部分是殷的遗民，新来的统治者顾忌他们的反感，只好让他们保留原来的宗教，而别立自己的新社，叫作周社。一直到前五世纪初，鲁国大夫尚有盟国君于周社、盟"国人"于亳社的故事。社神的来历现在不得而知了。祀社的地方照例种着一棵大树，据说夏代的社用松，殷代用柏，周代用栗。

从天子到士都有宗庙。天子和封君的庙分两种，合祀众祖的太庙和分祀一祖的专庙。除太祖外，每一祖的专庙，经过若干代之后，便"亲尽"被毁，否则都城之内便有庙满之患了。宗庙、社、稷是每一个都会的三大圣地。它们年中除了临时的祈报外都有定期的供祭。宗庙的供祭尤其频数。其他的神祇则只当被需求的时候，才得到馈赂。但他们可不用愁，这样的机会是很多的。虽然水旱疫疠和风雨失调是比较的不常,虽然众神各有各的领域,但任何神鬼在任何时候,都能给任何人以祸难,尤其是疾病。在这些当儿牺牲和玉帛是不会被人们吝惜的,疾病的原因都推到鬼神。他们的欢心胜过医药,巫祝就是医生。周人事神似乎不像殷人的烦渎,但也和殷人一样认真。祭祀之前主祭的人要离开家庭到庙旁清净的地方斋戒几天;祭某祖的时候要找一个人扮成他的模样来做供奉的具体对象,这叫作"尸"。祭宗庙社稷的牺牲,虽然也照后世的办法,只给鬼神嗅嗅味道而"祭肉"由预祭的人瓜分,但在其余的祭典中也有时把整只的牛、羊、猪或狗焚化了,埋了或沉在水里给鬼神着实受用的。焚给一切鬼神的布帛,也通是真的而不是纸做的。献给鬼神的玉,不能摆一下就算了,要捶碎了,或抛入河中。但鬼神也像小孩子一般,可以用"尔之许我,我其以璧与珪归俟尔命;不许我,我乃屏璧与珪"一类的话_{这是周公对祖先说的话。}来试诱的。盛大的祭典是一种壮观,在丹柱刻椽的宗庙里,陈列着传为国宝的鼎彝,趋跄着黼黻皇华的缙绅,舞着羽翰翩跹的万舞,奏着表现民族精神的音乐,排演着繁复到非专家不能记忆的礼仪。_{周朝始避讳祖先之名,因而王侯有谥,大夫士有别字。}

诸神中最与民众接近的是社。每年春间有一次社祭的赛会。这时候鼓乐歌舞、优技、酒肉和乡下的俏姑娘引诱得举国若狂。在齐国,也许因为民庶物丰,礼教的束缚又较轻,社祭特别使人迷恋,连轻易不出都城的鲁君有时也忍不住要去看看。每逢打仗之前,全军要祭一回社,祭毕把祭肉和酒分给兵士,叫作受脤。衅鼓就在这时候举行。这以壮军威的饷宴,这拼命之前的酣醉,这震地的喧嚣,是全国紧张的开始。得胜回来的军队要到社前献俘,有时并且把高贵的俘虏当场宰了用作祭品。此外遇着水灾和日蚀,则在社前击鼓抢救,同时用币或献牲;火灾之后,也要祭社,以除凶气。遇着讼狱中两造的证据不能确定,也可以令他们到社里奉牲发誓,而等候将来的奇迹。

除了上说列在祀典的鬼神而外,还偶然会有陌生的精灵或是神话上的英雄,或是被遗弃了的旧鬼新鬼,或是来历不明的妖魅,降附在巫觋_{巫是女的,觋是男的。}身上。巫觋是神灵所钟爱的。他们能和降附的神灵说话，因此人们若有求于这些神灵得先求他们。王侯大夫都有供奉巫神的。被人驱逐去位的周厉王有使卫巫监谤的故事，春秋时代的第一个鲁君隐公就是一位佞巫者。他未即位之前曾做过郑国的俘虏，被囚在尹氏家中。这家有一个著名灵验的钟巫。他串通尹氏私去祈祷。后来郑人把他放归，他便把钟巫都带到鲁国来。他被他的兄弟派人暗杀，就在他出外斋宿预备祭钟巫的时候。

巫觋是某些鬼神的喉舌，所以能直接知道这些鬼神的意旨和未来的吉凶。但其余的人，要知道鬼神的意旨和未来的吉凶，除问巫觋外，只有凭间接的占测方法。周代的占测方法，除了沿袭自商代的龟卜_{兽骨卜在周代似已不通行。}外，还有周人所发明_{约在商末周初。}的筮。要说明筮法，得先说明筮时所用的一部书，即《周易》。这部书包涵六十四个符号和他们的解释。这些符号叫作卦。每一卦有六层即所谓六爻。每一层是一横画，或一横画中断为二，前者可说是奇的，后者可说是偶的。卦各有专名，例如六爻皆奇的（☰）名为乾，六爻皆偶的（☷）名为坤，六爻中第二、五爻为偶_{从底数起}。余皆为奇的（☲）名为离。每卦的解释分两种，解释全卦的叫作卦辞，解释各爻的叫作爻辞。筮的时候取五十茎蓍草，加以撮弄_{有一定方法，这里从略。}以得到某一卦，再加以撮弄，看这一卦中哪些爻有"变"；例如筮得乾卦而第二五爻有变则为"遇乾之离"。筮者应用卦辞及变爻的爻辞而作预言。至于怎样应用法，那就有点"神而明之存乎其人"了。卦爻辞包涵许多关于人事的教训，有些是很深刻的，例如说"无平不陂，无往不复"，那是说明"物极必反"，教人不要趋极端的。

巫觋的神通只限于降附他们的神灵的势力范围，他们并不管宗庙社稷等有常典的祭祀。他们即使被王侯供养的，也不是正常的职官。

王侯的朝廷中管理和鬼神打交涉的正常职官有诸祝、宗、卜、史。祝的主要任务在代表祭者向鬼神致辞，因此他特别要知道鬼神的历史和性情。宗是管理宗庙的，司祭礼的程序，祭坛的布置，祭品的选择、保存等等。卜是掌卜筮的，但有些国家于卜之外别置筮官。史的主职在掌管文书，记录大事，占察天象，但也兼理卜筮和祭祀的事。这四种职官的首长，在王朝分别名太祝、太宗、卜正、太史；在列国大抵如之；惟楚国名卜长为卜尹，又有左史右史而似乎无太史。祝、宗、卜、史等长官的地位史无明文，但我们从下面两件故事，可以推想。楚平王前五二八至前五一七年。即位之初曾把他所尊敬的敌人观起叫来，要给他官做，说唯汝所欲。因为他的先人曾掌卜，便使他做卜尹。可见卜长的地位是很高的。卫献公前五七六至前五五九年。出奔归国，要颁邑给从臣而后入。从臣有太史柳庄者，恐其偏赏私近致失人心，力加谏阻。献公从之，以为他是社稷之臣，等他临死之时，终于给他田邑，并写明"世世万世。子孙毋变"的约言放在他的棺中。可见太史得世有田邑，宗长、祝长等当亦如之。至于低级的祝、宗、卜、史等官则皆有食田，而且有时多至值得王室或世室抢夺的食田。但拥有强力的大夫很少出身于祝、宗、卜、史，或同时充任着这些官职的。

这时期的国家大事，上文已说过，不外打仗和祭祀。而打仗之前，照例要"受命于（宗）庙，受脤于社"，照例要来一番卜筮。故此没一次国家大事没有上说的四种专家参与。他们又是世业的，承受着愈积愈丰的传说。因此他们都是多识前言往行的。史官因为职在典藏与记载，尤熟于掌故和掌故所给人的教训。他们成为王侯时常探索的智囊。周初有一位史佚，著过一部书。后人称为《史佚之志》的。这大约是夹着论断的历史记载。春秋时有知识的人常常称引这书，可惜后来佚了，但至今还保存着其中一些名句，如"动莫若敬，居莫若险，德莫若让，事莫若咨"。

第八节　卿大夫

封君当中，不用说以大夫占多数。他们是地主而兼统治者的阶级的主体。虽然各国在任何时期的氏室总数，无可稽考；但我们知道，在鲁国单是出自桓公的氏室已有三桓，在郑国单是出自穆公的氏室已有七穆，宋国在前六〇九年左右至少有十二氏，晋国的一小部分在前五三七年左右已有十一个氏室。

氏室的领地，或以邑计，或以县计。言邑自然包括其附近的田土。县本来是田土的一种单位，但言县也自然包括其中的都邑。

一个氏室的封邑有多少？这不能一概而论。前五四六年，卫君拿六十邑赏给一位大夫，他辞却，说道："唯卿备百邑，臣六十邑矣。"这恐怕只能代表小国的情形。我们知道，在齐国，管仲曾"夺伯氏骈邑三百"；又现存一个春秋以前的齐国铜器，《子仲姜宝镈》。上面的刻辞记着齐侯以二百九十九邑为赏。

县的名称一直沿到现在，在春秋时似乎还只秦、晋、齐、楚等国有之。最初秦、楚两强以新灭的小国或新占领的地方为县，直属于国君，由他派官去治理。这种官吏在楚国叫作县公或县尹。他们在县里只替国君征收赋税，判断讼狱。他们即使有封邑，也在所治县之外。这种制度是后世郡县制度的萌芽。秦在前六八八年灭邽、冀戎，以其地为县，次年以杜、郑为县。楚国在前五九七年左右，至少已设有九县，每一县即旧时为一小国。晋、齐的县制较后起，它们的县不尽是取自它国的土地，也不尽属于公室。晋国在前五三七年左右有四十九县，其中九县有十一个氏室；直属公室的县各设县大夫去管，如楚国的县尹。前五一四年，晋灭祁氏和羊舌氏，把他们的田邑没归公室；分祁氏的田为七县，羊舌氏的田为三县，各置县大夫。在晋国，县肥于郡。前四九三年，晋国伐郑，军中曾出过这样的赏格："克敌者，上大夫受县，下大夫受郡，士田十田，下田字原作万，盖误。庶人工商遂，得仕进。人臣隶圉免。免奴籍。"齐国在春秋时有县的唯一证据，乃在灵公时代一件遗器《齐侯镈钟》的铭文，内记灵公以三百县的土地为赏。显然齐国的县比晋、楚等国的县小得多。

县郡的区分在春秋时代还不普遍。在没有县郡的国里，公室和较大的氏室都给所属的邑设宰。邑宰的性质和县尹县大夫相同，不过邑宰所管辖的范围较小罢了。

上文有点离开叙述的干路，让我们回到列国的氏室，它们的土地原初都是受自国君。国君名义上依旧是这些土地的主人。虽然氏室属下的人民只对氏室负租税和力役的义务，氏室对于国君年中却有定额的

"贡"赋，所以有"公食贡"的话。国君或执政者可以增加贡额。举一例如下：鲁国著名圣哲臧武仲有一次奉使去晋国，前五五一年。半路下雨，到一位大夫家里暂避。那位大夫正要喝酒，看见他来，说道："圣人有什么用？我喝喝酒就够了！下雨天还要出行，做什么圣人！"这话给一位执政者听到了，以为那位大夫自己不能出使，却傲慢使人，是国家的大蠹，下令把他的贡赋加倍，以作惩罚。

大夫可以自由处分自己的土地。至少有些阔大夫把食邑的一部分拨给一个庶子，另立一个世家，叫作"侧室"或"贰宗"。别的被大夫宠幸的人也可受他赏邑或求他赏邑。例如前五〇〇年，宋公子地拿自己食邑的十一分之五赏给一个嬖人。又前四八六年，郑大夫某的嬖人某向他求邑，他没得给，许他往别的国里取，因此郑军围宋雍丘，结果全军覆没。大夫也可以受异国君主的赐邑，例如前六五六年，齐桓公会诸侯伐楚，师还，一位郑大夫献计改道，为桓公所喜，赐以郑的虎牢；又例如前六五七年，鲁大夫某出使晋国，晋人要联络他，给他田邑，他不受；又例如前五六三年，晋会诸侯灭偪阳国，以与向戌，向戌也辞却。大夫又有挟其食邑，投奔外国的，例如前五四七年，齐大夫某以廪丘奔晋；前五四一年，莒大夫某以大庞及常仪奔鲁；前五一一年，邾大夫某以滥奔鲁。

大夫私属的官吏，除邑宰外，以现在所知，有总管家务的家宰，这相当于王室和公室的太宰；有祝，有史，有管商业的贾正，有掌兵的司马。这些官吏都受大夫禄养。家宰在职时有食邑，去职则把邑还给大夫，或交给继任的人。氏室的官吏有其特殊的道德意识："家臣不敢知国"；"家臣而张公室罪莫大焉"。

氏室和公室的比较兵力没有一个时代可以详考。现在所知者：春秋初年郑庄公消灭国内最强的氏室，用车不过二百乘。当春秋中叶，在鲁、卫等国，"百乘之家"已算是不小的了。但大国的巨室，其兵力有时足与另一大国开战。例如前五九二年，晋郤克奉使齐国，受了妇人在帷后窥视窃笑的侮辱，归来请晋侯伐齐，不许，便请以私属出征。而郤克的族侄郤至则"富半公室，家半三军"。鲁国的季氏从四分公室而取其二以后，私属的甲士已在七千以上。

具有土地、人民和军队的氏室和公室名分上虽有尊卑之殊，事实上每成为对峙的势力。强横的氏室俨然一个自主的国。原则上国君的特权在（1）代表全国主祭，（2）受国内各氏室的贡赋，（3）出征时指挥全国的军队，（4）予夺封爵和任免朝廷的官吏。但至迟入东周后，在多数的国家如齐、鲁、晋、宋、卫、郑等，末两种权柄渐渐落在强大的氏室，甚至国君的废立也由大夫操纵。

第九节　封建组织的崩溃

我们对于商朝的政治组织，所知甚少，所以无法拿商、周两朝的政治组织作详细的比较。但其间有一重大的差异点是可以确知的。商朝创建之初并没有把王子分封于外，以建立诸侯国。商朝王位的继承，是以兄终弟及 不分嫡庶。为原则的。但到了无弟可传的时候，并不是由所有的伯叔兄弟以次继承。由末弟诸子抑或由其先兄诸子以次继承亦无一定。在这种情形之下，第二世以后的王子总有许多不得为王的。这些不得为王的王子是否有的被封在外建国？这问题无法确答。但周朝的旧国当中，从没听说是商朝后裔的。而唯一奉殷祀的宋国，却是周人所建。可知王子分封的事在商朝若不是绝无，亦稀有。但在周朝，则不然了；王位是以嫡长子继承的；王的庶子，除在少数例外的情形之下，如王后无出，或嫡长子前死。都没有为王的资格；所以文王、武王的庶子都受封建国，其后周王的庶子在可能的限度内也都或被封在畿外建国，或被封在畿内立家。这商、周间的一大差异有两种重大的结果。第一，因为王族的向外分封，周朝王族的地盘，比之商朝大大地扩张了。王室的势力，至少在开国初年大大地加强了；同时王的地位也大大地提高了。周王正式的名号是"天王"，通俗的称号是"天子"，那就是说，上帝在人间的代表。第二，王族的向外分封也就是周人的向外移殖；这促进民族间的同化，也就助成"诸夏"范围的拓展。

嫡长继承制把王庶子的后裔逐渐推向社会的下层去，而助成平民即所谓庶人。地位的提高。周王的庶子也许就都有机会去做畿外的诸侯或畿内的小封君；他的庶子的庶子也许还都有机会做畿内的封君；但他的庶子的庶子的庶子则不必然了。越往下去，他的后裔胙土受封的机会越少，而终有侪于平民的。所以至迟在前七世纪的末年畿内原邑的人民便会以"夫谁非王之亲姻"自夸。随着贵族后裔的投入平民阶级里，本来贵族所专有的教育和知识也渐渐渗入民间。

周朝诸侯和大夫的传世也是用嫡长继承制。以现在所知，诸侯位之传袭曾不依此例者有吴、越、秦、楚。楚初行少子承袭制，至前六三〇年以后，始改用嫡长承袭制；秦行兄终弟及制，至前六二〇年以后始改用嫡长承袭制；吴亡于前四七三年，其前半世纪还行兄终弟及制。在嫡长继承制下，卿大夫的亲属的贵族地位最难长久维持。大夫的诸儿子当中只有一个继承他的爵位，其余的也许有一个被立为"贰宗"或"侧室"，也许有一两个被国君赏拔而成为大夫；但就久远而论，这两种机会是不多的。一个"多男子"的大夫总有些儿子得不到封邑，他的孙曾更不用说了。这些卿大夫的旁支后裔当中，和氏室的嫡系稍亲的多半做了氏室的官吏或武士，疏远的就做它属下的庶民。故一个大夫和他私家的僚属战士，每每构成一大家族：他出征的时候领着同族出征，他作乱的时候领着整族作乱，他和另一个大夫作对就是两族作对，他出走的时候，或者领着整族出走，他失败的时候或者累得整族被灭。

氏室属下的庶民也许就是氏室的宗族，否则也是集族而居的。氏室上面的一层是国君和同姓卿大夫构成的大家族，更上的一层是周王和同姓诸侯构成的大家族。其天子和异姓诸侯间，或异姓诸侯彼此间，则多半有姻戚关系。这整个封建帝国的组织大体上是以氏族为经，家族为纬的。

因此这个大帝国的命运也就和一个累世同居的大家庭差不多。设想一个精明强干的始祖督率着几个少子，在艰苦中协力治产，造成一个富足而亲热的、人人羡慕的家庭。等到这些儿子各各娶妻生子之后，他们对于父母，和他们彼此间，就难免形迹稍为疏隔。到了第三代，祖孙叔侄或堂兄弟之间，就会有背后的闲话。家口愈增加，良莠愈不齐。到了第四、五代，这大家庭的分子间就会有仇怨、有争夺、有倾轧，他们也许拌起嘴，打起架甚至闹起官司来。至迟在东周的初期，整个帝国里已有与此相类似的情形，充满了这时代的历史的是王室和诸侯间的冲突，诸侯彼此间的冲突，公室和氏室间的冲突，氏室彼此间的冲突。但亲者不失其为亲，宗族或姻戚间的阋争，总容易调停，总留点余地。例如前七○五年，周桓王带兵去打郑国，打个大败，并且被射中了肩膀。有人劝郑庄公正好乘胜追上去，庄公不答应，夜间却派一位大员去慰劳桓王，并且探问伤状。又例如前六三四年，齐君带兵侵入鲁境。鲁君知道不敌，只得派人去犒师，并叫使者预备好一番辞令，希望把齐师说退。齐君见了鲁使问道：鲁人怕吗？答道：小百姓怕了，但上头的人却不怕。问：你们家里空空的，田野上没一根青草，凭什么不怕？鲁使答道：凭着先王的命令。随后他追溯从前鲁国的始祖周公和齐国的始祖姜太公怎样同心协力，辅助成王，成王怎样感谢他们，给他们立过"世世子孙无相害"的盟誓；后来齐桓公怎样复修旧职，纠合诸侯，给他们排解纷争，拯救灾难。最后鲁使作大意如下的陈说：您即位的时候，诸侯都盼望您继续桓公的事业，敝国所以不敢设防，以为难道您继桓公的位才九年，就会改变他的政策吗？这样怎对得住令先君？我们相信您一定不会的，靠着这一点，我们所以不怕。齐君听了这番话，便命退兵。又例如前五五四年，晋师侵齐，半路听说齐侯死了，便退还。这种顾念旧情、不为己甚的心理，加上畏惧名分、虽干犯而不敢过度干犯的矛盾心理，使得周室东迁后三百年间的中国尚不致成为弱肉强食的世界；这两种心理是春秋时代之所以异于后来战国时代的地方。不错，在春秋时代灭国在六十以上；但其中大部分是以夷灭夏和以夏灭夷；诸夏国相灭只占极少数，姬姓国相灭的例尤少。而这少数的例中，晋国做侵略者的占去大半。再看列国的内部，大夫固然有时逐君弑君，却还要找一个比较合法的继承者来做傀儡。许多国的君主的权柄固然是永远落在强大的氏室，但以非公室至亲的大夫而篡夺或僭登君位的事，在前四○三年晋国的韩、赵、魏三家称侯以前，尚未有所闻。故此我们把这一年作为本章所述的时代的下限。

宗族和姻戚的情谊经过了世代愈多，便愈疏淡，君臣上下的名分，最初靠权力造成，名分背后的权力一消失，名分便成了纸老虎，必被戳穿，它的窟窿愈多，则威严愈减。光靠亲族的情谊和君臣的名分去维持的组织必不能长久。何况姬周帝国之外本来就有不受这两种链索拘束的势力。

第三章

霸国与霸业

第一节 楚的兴起

江水在四川、湖北间被一道长峡约束住；出峡，向东南奔放，泻成汪洋万顷的洞庭湖，然后折向东北；至武昌，汉水来汇。江水和汉水界划着一大片的沃原，这是荆楚民族的根据地。周人虽然在汉水下游的沿岸_{大部分在东北岸}零星地建立了一些小国，但它们是绝不能凌迫楚国，而适足以供它蚕食的。在楚的西边，巴、_{在今巫山至重庆一带。}庸_{在今湖北竹山县东。}等族都是弱小得只能做楚的附庸；在南边，洞庭湖以外是无穷尽的荒林，只等候楚人去开辟；在东边，迄春秋末叶吴国勃兴以前，楚人亦无劲敌。从周初以来，楚国只有侵略别国别族的分，没有惧怕别国别族侵略的分。这种安全是黄河流域的诸夏国家所没有的，军事上的安全而外，因为江汉流域的土壤肥美，水旱稀少，是时的人口密度又比较低，楚人更有一种北方所仰羡不及的经济的安全。

这两种的安全使得楚人的生活充满了优游闲适的空气，和北人的严肃紧张的态度成为对照。这种差异从他们的神话可以看出。楚国王族的始祖不是胼手胝足的农神，而是飞扬缥缈的火神；楚人想象中的河神不是治水平土的工程师，而是含睇宜笑的美女。楚人神话里，没有人面虎爪、遍身白毛、手执斧钺的蓐收，_{上帝的刑神。}而有披着荷衣、系着蕙带、张着孔雀盖和翡翠旍的司命。_{主持命运的神。}适宜于楚国的神祇的不是牛羊犬豕的膻腥，而是蕙肴兰藉和桂酒椒浆的芳烈；不是苍髯皓首的祝史，而是彩衣姣服的巫女。再从文学上看，后来战国时楚人所作的《楚辞》也以委婉的音节，缠绵的情绪，缤纷的词藻而别于朴素、质直、单调的《诗》三百篇。

楚国的语言和诸夏相差很远。例如楚人叫哺乳做"谷"，叫虎做"於菟"。直至战国时北方人还说楚人为"南蛮鴃舌之人"。但至迟在西周时，楚人已使用诸夏的文字。现存有一个周宣王时代的楚钟，《夜雨楚公钟》。其铭刻的字体文体均与宗周金文一致。这时楚国的文化盖已与周人相距不远了。后来的《楚辞》也大体上是用诸夏的文言写的。

第一章里已提及，传说周成王时，楚君熊绎曾受周封。是时楚都于丹阳，在今湖北秭归之东。至昭王时，楚已与周为敌。周昭王曾屡次伐楚，有一次在汉水之滨全军覆没。后来他南巡不返，传说是给楚人害死的，周人也无可奈何。周夷王时，熊渠崛起，东向拓地至于鄂，即今武昌县境。渠子红继位，即都于鄂，以后六传至熊咢不改。上文提到的楚钟即熊咢的遗器，发现于武昌与嘉鱼之间，熊咢与宣王同时而稍后。当宣王之世，周、楚曾起兵争，而楚锋大挫。故是时的周人遗诗有"蠢尔蛮荆，大邦为雠。方叔元老，克壮其猷"之语。咢四传为武王，其间楚国内变频仍，似无暇于外竞。武王即位于周平王三十一年，从他以后，楚国的历史转入一新阶段，亦从他以后楚国的历史才有比较详细的记录。他三次侵随；合巴师围鄾、伐鄾、伐绞、伐罗，无役不胜。又灭掉权国。他的嗣子文王始都于郢。_{即今湖北江陵。}在文王以前，楚已把汉水沿岸的诸姬姓国家翦灭殆尽。文王更把屏藩中原的三大重镇，申国、邓国和息国灭掉，_{息、邓皆河南今县，申即南阳。}奠定了楚国经略中原的基础。中原的中枢是郑国。自从武王末年，郑人对楚已惴惴不安。文王的侵略的兵锋终于刺入郑国，但他没有得志于郑而死。他死后二十年间楚国再接再厉地四次伐郑。但这时齐国已兴起做它北进的第一个敌手了。

第二节　齐的兴起（附宋）

齐国原初的境土占今山东省的北部，南边以泰山山脉与鲁为界，东边除去胶东半岛。这半岛在商代已为半开化的莱夷的领域。太公初来，定都营丘后名临淄，今仍之。的时候，莱夷就给他一个迎头痛击。此后莱夷和齐国的斗争不时续起，直到前五六七年齐人灭莱为止。灭莱是齐国史中一大事。不独此后齐国去了一方的边患，不独此后它的境土增加了原有的一半以上，而且此后它才成为真正的海国。以前它的海疆只有莱州湾的一半而已。

但远在灭莱之前，当春秋的开始，齐已强大。前七〇六年，郑太子忽带兵助齐抵御北戎有功，齐侯要把女儿文姜嫁给他，他便以"齐大非吾偶"的理由谢绝。原来文姜和她的大哥即后日的齐襄公，有些暧昧的关系。她终于嫁了鲁桓公。有一次桓公跟她回娘家，居然看破并且说破了襄公与她之间的隐情。襄公老羞成怒，便命一个力士把桓公杀了。讲究周礼的鲁人，在齐国的积威之下，只能哀求襄公把罪名加给那奉命的凶手，拿来杀了，聊以遮羞。这时齐国的强横可以想见。此事发生后四年，前六九〇年。襄公灭纪。在今山东寿光县南，为周初所封与齐同姓国。这是齐国兼并小国之始。襄公后来被公子无知所弑，无知僭位后，又被弑，齐国大乱。襄公有二弟：长的名纠，由管仲和召忽辅佐着；次的名小白，由鲍叔牙傅佐着。襄公即位，鲍叔看他的行为太不像样，知道国内迟早要闹乱子，便领着小白投奔莒国。乱起，管仲也领着公子纠逃往鲁国，纠的母亲原是鲁女。无知死后，鲁君便派兵护送公子纠回国，要扶立他。齐、鲁之间，本来没有好感，齐人对于鲁君的盛意十分怀疑，派兵挡驾。同时齐的巨室国、高二氏暗中差人去接小白。鲁君也虑及小白捷足先归，早就命管仲带兵截住莒、齐间的道路。小白后到，管仲瞄准他的心窝，一箭射去，正中目标，眼见他应弦仆倒。小白的死讯传到鲁国后，护送公子纠的军队在庆祝声中，越行越慢，及到齐境，则齐国已经有了新君，就是小白！原来管仲仅射中他的带钩，他灵机一动，装死躺下，安然归国。

小白即桓公，他胜利后，立即要求鲁人把公子纠杀了。召忽闻得公子纠死，便以身殉。管仲却依然活着。他同鲍叔本是知友，鲍叔向桓公力荐他。桓公听鲍叔的话，把国政付托给他，称他为"仲父"。此后桓公的事业全是管仲的谋划。桓公怎样灭谭、灭遂、灭项；怎样号召诸侯，开了十多次的冠裳盛会；怎样在尊王的题目下，操纵王室的内政，阻止惠王废置太子，而终于扶太子正位，这些现在都从略。他的救邢、救卫，以阻挡狄人的南侵，给诸夏造一大功德，前面已说过。现在单讲他霸业中的一大项目：南制荆楚。在前六五九年即当楚文王死后十八年，当齐国正忙着援救邢、卫的时候，楚人第三次攻郑。接着两年中，他们又两次攻郑，非迫到它和楚"亲善"不休。郑人此时却依靠着齐国。桓公自然不肯示弱。前六五七年，他联络妥了在楚国东北边，而可以牵制楚兵的江、黄二国。次年便牵领齐、鲁、宋、陈、卫、郑、曹、许的八国联军，首先讨伐附楚的蔡国。蔡人望风溃散。这浩荡的大军，乘胜侵入楚境。楚人竟不敢应战，差人向齐军说和。桓公等见楚方无隙可乘，亦将就答应，在召陵_{楚境，在今河南郾城县东。}的地方和楚国立了一个盟约而退。盟约的内容不可考，大约是楚国从郑缩手，承认齐对郑的霸权，但其后不久，周王因为易储的问题，怨恨桓公，怂恿郑国背齐附楚，许以王室和晋国的援助，郑人从之。于是附齐的诸侯伐郑，楚伐许以援郑，因诸侯救许而退。但许君经蔡侯的劝诱和恐吓，终于在蔡侯的引领之下，面缚衔璧，并使大夫穿丧服，士抬棺材，跟随在后，以降于楚。次年齐以大军伐郑，郑人杀其君以求和于齐。其后终桓公之世，郑隶属齐的势力范围。在这期间楚不能得志于北方，转而东向，灭弦，_{都今湖北蕲水西北。}灭黄。_{都今河南潢川西。}齐人无如之何；继又讨伐附齐的徐戎，败之，齐与诸侯救徐，无功而退。

召陵之盟是桓公霸业的极峰。其后十二三年，管仲和桓公先后去世。管仲的功业在士大夫间留下很深的印象，他死了百余年后，孔子还赞叹着："微管仲，吾其被发左衽_{做戎狄}矣！"到了战国时代，管仲竟成了政治改革的传说的箭垛；许多政治的理论和一切富国强兵的善策、奇策、谬策，都堆在他名下，这些理论和方策的总结构成现存《管子》书的主要部分。

桓公死后，五公子争位，齐国和诸夏同时失了重心。于是宋襄公摆着霸主的架子出场。他首先会合些诸侯，带兵入齐，给它立君定乱。这一着是成功了。接着，他拘执了滕君，威服了曹国，又逼令邾人把鄫君杀了祭社，希望藉此服属与鄫不睦的东夷。接着他要求楚王分给他以领导诸侯霸权，楚王是口头答应了。他便兴高采烈地大会诸侯。就在这会中，楚王的伏兵一起，他从坛坫上的盟主变作阶下之囚徒。接着他的囚车追陪楚君临到宋境。幸而宋国有备，楚王姑且把他放归。从此他很可以放下霸主的架子了，可是不然。自从桓公死后，郑即附楚，郑君并且亲朝于楚。于是襄公伐郑。他的大军和楚的救兵在泓水上相遇。是时楚人涉渡未毕，宋方的大司马劝襄公正好迎击，他说不行。一会儿，楚人都登陆，却还没整队，大司马又劝他进击，他说，还是不行。等到楚人把阵摆好，他的良心才容许他下进攻令。结果，宋军大败；他伤了腿，后来因此致死。死前他还大发议论道："君子临阵，不在伤上加伤，不捉头发斑白的老者；古人用兵，不靠险阻。寡人虽是亡国之余，怎能向未成列的敌人鸣鼓进攻呢？"桓公死后十年间，卫灭邢；邾灭须句；秦灭芮、梁；楚灭夔。

第三节　晋、楚争霸

桓公的霸业是靠本来强盛的齐国做基础的。当他称霸的时代，晋国和秦国先后又在缔构强国的规模，晋国在准备一个接替桓公的霸主降临，秦国在给未来比霸业更宏大的事业铺路。话分两头，先讲晋国。

晋始封时都于唐，今太原县北。在汾水的上游；其后至迟过了三个半世纪，已迁都绛，今翼城县。在汾水的下游。晋人开拓的路径是很明显的。不过迁绛后许久，他们还未曾占有汾水流域的全部，当时汾水的中游还梗着一个与晋同姓的霍国，当时汾水将近入河的地方还碍着一个也与晋同姓的耿国，前七四五年晋君把绛都西南百多里外的曲沃，分给他的兄弟，建立了一个强宗。此后晋国实际分裂为二。曲沃越来越盛，晋国越来越衰，它们间的仇隙也越来越大。这对抗的局面终结于前六七九年曲沃武公灭晋并且拿所得的宝器向周王买取正式的册封。老髦的武公，受封后两年，便一瞑不视，遗下新拼合的大国给他的儿子献公去粘缀、镶补。

献公即位于齐桓公十年，前六七六年。死于桓公三十五年。他二十六年的统治给晋国换一副面目。他重新修筑了绛都的城郭；把武公的一军扩充为二军。他灭霍、灭耿、灭魏、灭虞、灭虢，使晋国的境土不独包括了整个的汾水流域，并且远跨到大河以南。但献公最重要的事业还不止此。却说武公灭晋后，自然把他的公族尽力芟锄，免遗后患。我们可以想象晋国这番复合之后，它的氏室必定灭了许多，但在曲沃一方，自从始封以来，公子公孙们新立的氏室为数也不少。献公即位不久，便设法收拾他们。他第一步挑拨其中较穷的，使与"富子"为仇，然后利用前者去打倒后者。第二步，他让残余的宗子同住一邑，好意地给他们营宫室，筑城郭；最后更好意地派大兵去保卫他们，结果，他们的性命都不保。于是晋国的公族只剩下献公的一些儿子。及献公死，诸子争立。胜利者鉴于前车，也顾不得什么父子之情，把所有长成而没有继位资格的公子都遣派到各外国居住，此后的一长期中，公子居外，沿为定例。在这种制度之下，遇着君死而太子未定，或君死而太子幼弱的当儿，君权自然失落在异姓的卿大夫手里。失落容易，收复却难。这种制度的成立便是日后"六卿专晋""三家分晋"的预兆。话说回来，献公夷灭群宗后，晋国的力量一时集中在公室；加以他凭藉"险而多马"的晋土，整军经武，兼弱攻昧，已积贮了向外争霸的潜能。可惜他晚年沉迷女色，不大振作，又废嫡立庶，酿成身后一场大乱，继他的儿孙又都是下等材料。晋国的霸业还要留待他和狄女所生的公子重耳，就是那在外漂流十九年，周历八国，备尝艰难险阻，到六十多岁才得位的晋文公。

文公即位时，宋襄公已经死了两年。宋人又与楚国"提携"起来，其他郑、鲁、卫、曹、许等国，更不用说了。当初文公漂流过宋时，仁慈的襄公曾送过他二十乘马。文公即位后，对宋国未免有情。宋人又眼见他归国两年间，内结民心，消弭反侧；外联强秦，给王室戡定叛乱；

觉得他大可倚靠，便背楚从晋。楚率陈、蔡、郑、许的兵来讨，宋人向晋求救。文公和一班患难相从的文武老臣筹商了以后，便把晋国旧有的二军更扩充为三军，练兵选将，预备"报施救患，取威定霸"。他先向附楚的曹、卫进攻，占据了它们的都城；把它们的田分给宋国；一面叫宋人赂取齐、秦的救援。虽是著名"刚而无礼"的楚帅子玉，也知道文公是不好惹的，先派人向晋军说和，情愿退出宋境，只要晋军同时也退出曹、卫。文公却一面私许恢复曹、卫，让它们宣告与楚国绝交；一面把楚国的来使拘留。这一来把子玉的怒点着了。于是前六三二年，即齐桓公死后十一年，楚、陈、蔡的联军与晋、宋、齐、秦的联军大战于城濮。卫地。就在这一战中，楚人北指的兵锋初次被挫，文公成就了凌驾齐桓的威名，晋国肇始它和楚国八十多年乍断乍续的争斗。

这八十多年的国际政治史表面虽很混乱，却有它井然的条理，是一种格局的循环。起先晋、楚两强，来一场大战；甲胜，则若干以前附乙的小国自动或被动地转而附甲；乙不肯干休，和它们算账；从了乙，甲又不肯干休，又和它们算账；这种账算来算去，越算越不清，终于两强作直接的总算账，又来一场大战。这可以叫作"晋、楚争霸的公式"。晋、楚争取小国的归附就是争取军事的和经济的势力范围。因为被控制的小国对于所归附的霸国大抵有两种义务：（一）是当它需要时，出定额的兵车助它征伐。此事史无明文，但我们从以下二事可以类推：（1）齐国对鲁国某次所提出的盟约道："齐师出境而不以甲车三百乘从我者，有如此盟！"（2）其后吴国称霸，鲁对它供应军赋车六百乘，邾三百乘。（二）是以纳贡，或纳币的形式对霸国作经济上的供应。贡是定期的进献，币是朝会庆吊的赘礼。此事史亦无明文，但我们从以下三事可以推知：（1）楚人灭黄的藉口是它"不归楚贡"。（2）前五四八年晋执政赵文子令减轻诸侯的币，而加重待诸侯的礼；他就预料兵祸可以从此稍息。（3）前五三〇年郑往晋吊丧，带去作赘礼的币用一百辆车输运，一千人押送。后来使人不得觐见的机会，那一千人的旅费就把带去的币用光！当周室全盛时，诸侯对于天王所尽的义务也不过如上说的两事。可见霸主即是有实无名的小天王，而同时正式的天王却变成有名无实了。

在晋、楚争霸的公式的复演中，战事的频数和剧烈迥非齐桓、宋襄的时代可比，而且与日俱甚。城濮之战后三十五年，晋师救郑，与楚师遇，而有邲_{郑地}之战，楚胜；又二十二年，楚师救郑，与晋师遇，而有鄢陵_{郑地}之战，晋胜；又十八年，晋伐楚以报楚之侵宋，_{先是楚侵宋以报晋之取郑}而有湛阪_{楚地}之战，晋胜。但这四次的大战只是连绵的兵祸的点逗。在这八十余年间，楚灭江、六、蓼、庸、萧，_{萧后入于宋}及群舒；晋灭群狄，又灭偪阳以与宋；齐灭莱，秦灭滑，_{滑后入于晋}鲁灭邾；莒灭鄫。_{鄫后入于鲁}在这期间，郑国为自卫，为霸主的命令，及为侵略而参加的争战在七十二次以上。宋国同项的次数在四十六以上。其他小国可以类推。兵祸的惨酷，可以从两例概见：（1）前五九七年，正当邲战之前，楚人在讨叛的名目下，围攻郑都。被围了十七天后，郑人不支，想求和，龟兆却不赞成；只有集众在太庙哀哭，并且每巷备定一辆车，等候迁徙，这一着却是龟兆所赞成的。当民众在太庙哀哭时，守着城头的兵士也应声大哭。楚人都被哭软了，不禁暂时解围。郑人把城修好，楚兵又来，再围了三个月，终于把城攻破，郑君只得袒着身子，牵着一只象征驯服的羊去迎接楚王。（2）过了两年，厄运轮到宋人头上。楚王派人出使齐国，故意令他经过宋国时，不向宋人假道。宋华元说：经过我国而不来假道，就是把我国看作属地，把我国看作属地就是要亡我国；若杀了楚使，楚人必来侵伐，来侵伐也是要亡我国；均之是亡，宁可保全自己的尊严。于是宋杀楚使。果然不久楚国问罪的大军来到宋都城下，晋国答应的救兵只是画饼。九个月的包围弄到城内的居民"易子而食，析骸以炊"；楚人还在城外盖起房舍，表示要久留。但宋人宁可死到净尽，不肯作耻辱的屈服。幸亏华元深夜偷入楚营，乘敌帅子反的不备，挥着利刃，迫得他立誓，把楚军撤退三十里，和宋国议和，这回恶斗才得解决。

像这类悲惨事件所构成的争霸史却怎样了结？难道它就照一定的公式永远循环下去吗？难道人类共有的恻隐心竟不能推使一个有力者，稍作超国界的打算吗？前五七九年，尝透了战争滋味的华元开始作和平运动。这时他同晋、楚的执政者都很要好；由他的极力拉拢，两强订立了下面的盟约：

> 凡晋、楚无相加戎，好恶同之，同恤菑危，备救凶患。若有害楚，则晋伐之；在晋，楚亦如之。交贽往来，道路无壅。谋其不协，而讨不庭。不来朝的。有渝此盟，明神殛之；俾队坠。其师，无克胙国。

这简直兼有现在所谓"互不侵犯条约"和"攻守同盟"了。但这"交浅言深"的盟约，才侥幸保证了三年的和平，楚国便一手把它撕破，向晋方的郑国用兵；次年便发生鄢陵的大战。

争霸的公式再循环了一次之后，和平运动又起。这回主角向戌也是宋国的名大夫，也和晋、楚的执政者都有交情的。但他愿望和福气都比华元大。前五四六年，他在宋都召集了一个十四国的"弭兵"大会。兵要怎样弭法，向戌却是茫然的。这个会也许仅只成就一番趋跄揖让的虚文，若不是楚国的代表令尹子木提出一个踏实的办法：让本未附从晋或楚的国家以后对晋、楚尽同样的义务。用现在的话说，这就是"机会均等""门户开放"的办法。子木的建议经过两次的小修正后到底被采纳了。第一次的修正是在晋、楚的附从国当中把齐、秦除外，因为这时亲晋的齐和亲楚的秦都不好惹的。第二次的修正又把邾、滕除外。因为齐要把邾、宋要把滕划入自己的势力范围。四国除外，所以参加盟约的只有楚、晋、宋、鲁、郑、卫、曹、许、陈、蔡十国。

在这次盟会中晋国是大大地让步了。不独它任由楚人自居盟主；不独它任由楚人"衷甲"赴会，没一声抗议；而那盟约的本身就是楚国的胜利；因为拿去交换门户开放的，晋方有郑、卫、曹、宋、鲁五国，而楚方则只有陈、蔡、许三国。但晋国的让步还有更大的。十二年后，楚国又践踏着这盟约，把陈国灭了，五年后又把它复立，至前四七八年终灭之。晋人只装作不知。弭兵之会后不久，晋人索性从争霸场中退出了。晋国的"虎头蛇尾"是有苦衷的。此会之前，晋国已交入一个蜕变的时期。在这时期中，它的主权从公室移到越来越少的氏室，直至它裂为三国才止。在这蜕变的时期中，它只有蛰伏不动。但楚国且慢高兴，当它灭陈的时候，新近暴发的吴国已蹑在它脚后了。

第四节 吴、越代兴

自泰伯君吴后，十九世而至寿梦。中间吴国的历史全是空白。寿梦时，吴国起了一大变化。这变化的起源，说来很长。前六一七年，即城濮之战后十五年，陈国有夏徵舒之乱。徵舒的母亲夏姬有一天同陈灵公和两位大夫在家里喝酒。灵公指着徵舒对两位大夫说道："徵舒像你。"那两位大夫答道："也像你。"酒后徵舒从马厩里暗箭把灵公射死。陈国大乱。楚庄王率兵入陈定乱，杀了徵舒，俘了夏姬回来，打算把她收在宫里。申公巫臣说了一大番道理把他劝阻了。有一位贵族子反想要她，巫臣又说了一大番道理把他劝阻了。后来夏姬落在连尹襄老之手。邲之战，襄老战死，他的儿子又和她有染。巫臣却遣人和她通意，要娶她，并教她借故离楚；而设法把她安顿在郑。夏姬去后不久，巫臣抓着出使齐国的机会。他行到郑国，便叫从人把所赍的"币"带回去，而自己携着夏姬投奔晋国。子反失掉夏姬，怀恨巫臣。又先时另一位贵族要求赏田，为巫臣所阻，亦怀恨他。二人联合，尽杀巫臣的家族，而瓜分他的财产。巫臣由晋致书二人，誓必使他们"疲于奔命以死"。于是向晋献联吴制楚之策。他亲自出使于吴，大为寿梦所欢迎。吴以前原是服属于楚的，他教寿梦叛楚。他从晋国带来了一队兵车，教吴人射御和车战之术。吴本江湖之国，习于水战而不习于陆战。但从水道与楚争，则楚居长江的上游而吴居其下游，在当时交通技术的限制之下，逆流而进，远不如顺流而下的利便，故吴无法胜楚。但自从吴人学得车战后，形势便大变了，他们从此可以舍舟而陆，从淮南江北间搤楚之背。从此楚的东北境无宁日。楚在这一方面先后筑了钟离、巢及州来三城<small>皆在今安徽境，州来在寿县，巢在庐州，钟离在临淮县。</small>以御吴。吴于公元前五一九年取州来。其后七年间以次取巢，取钟离，并灭徐。前五〇六年，即向戌弭兵之会后四十年，吴王阖闾大举伐楚。吴军由蔡人引导，从现在的寿县、历光、黄，经义阳三关，进至汉水北岸，乃收军；楚军追战至麻城_{时称柏举}。大溃。吴师继历五战，皆胜，遂攻入郢都。楚昭王逃奔于随。这次吴人悬军深入，饱掠之后，不能不退，但楚国却受到空前的深痛巨创了。昭王复国后，把国都北迁于鄀，是为鄢郢，即今湖北宜城。

像晋联吴制楚，楚亦联越制吴。

在周代的东南诸外族中，越受诸夏化最晚。直至战国时，中国人在寓言中提到越人，还说他们"断发文身"，说他们"徒跣"不履；又有些学者说越"民愚疾而垢"是因为"越之水重浊而洎"。此时越人的僿野可想。越人的语言与诸夏绝不相通。现在还保存着前五世纪中叶一首用华字记音的越歌和它的华译。兹并录如下，以资比较。

越歌	华译
滥兮抃草滥予昌枑泽予昌州州𩡺州焉乎秦胥胥缦予乎昭澶秦逾渗惿随河湖（句读已佚）	今夕何夕兮，搴中洲流？今日何日兮，得与王子同舟？蒙羞被好兮，不訾诟耻。心几烦而不绝兮，知得王子。山有木兮木有枝，心悦君兮君不知。

越人在公元前五三七年以前的历史除了关于越王室起源的传说外，全是空白。是年越人开始随楚人伐吴。其后吴师入郢，越人即乘虚袭其后。入郢之后十年，吴王阖闾与越王勾践战于檇李_{今嘉兴}。大败，受伤而死。其子夫差于继位后三年_{前四九四年}。大举报仇，勾践败到只剩甲楯五千，退保会稽，_{今绍兴}。使人向夫差卑辞乞和，情愿称臣归属。此时有人力劝夫差趁势灭越。夫差却许越和。大约一来他心软，二来他认定越再无能为，而急于北进与诸夏争霸，不愿再向南荒用兵了。在此后十二年间，夫差在忙于伐陈伐鲁，筑城于邗，_{即今扬州}。凿运河连接江淮，从陆路又从海道_{吴以舟师从海道伐齐为我国航海事见于记载之始}。伐齐，和朝会北方诸侯；而勾践则一方面向夫差献殷勤，向他的亲信大臣送贿赂，一方面在国内奖励生育，_{令壮者不得娶老妇，老者不得娶壮妻；女子十七不嫁，男子二十不娶，其父母有罪}。并给人民以军事训练。前四八二

年，夫差既两败齐国，大会诸侯于黄池。他要学齐桓、晋文的先例，自居盟主。临到会盟的一天，晋人见他神色异常的不佳，料定他国内有变，坚持不肯屈居吴下，一直争执到天黑，结果他不得不把盟主的地位让给晋国。原来他已经秘密接到本国首都吴原都句吴，在今无锡东南，至夫差始迁于姑苏，即今苏州。被越人攻陷的消息了。夫差自黄池扫兴而归后，与越人屡战屡败。前四七三年，吴亡于越，夫差自杀。勾践踏着夫差的路径北进，大会诸侯于徐州，据顾栋高考，此徐州在今山东滕县，非江苏之徐州。周王亦使人来"致胙"。后又迁都于琅琊，越本都会稽，即今绍兴。至勾践前一代迁诸暨。筑起一座周围七里的观台，以望东海。这时越已拓地至山东，与邾、鲁为界了。

勾践死于前四六五年，又六十三年而晋国正式分裂为三，那是战国时代的开始。在这中间，越灭滕、后恢复。灭郯，楚则灭蔡、灭杞、灭莒，亦拓地至山东境。莒后入于齐。在转到战国时代之前，让我们补记两个和向戌先后并世的大人物：一个是郑公孙侨，字子产，即弭兵大会中郑国的代表之一；另一个是鲁孔丘，字仲尼，即后世尊称为孔子的。

第五节　郑子产

公元前五六五年，即鄢陵大战后十年，郑司马子国打胜了蔡，是时蔡是楚的与国。把它的主帅也俘了回来，郑人都在庆祝，子国更是兴高采烈。他的一位十六七岁的儿子却冷静地说道："小国没有把内政弄好，却先立了战功，那是祸种。楚人来讨伐怎么办？依了楚，晋人来讨伐又怎么办？从今以后，至少有四五年郑国不得安宁了！"子国忙喝道："国家大事，有正卿做主。小孩子胡说，要被砍头的。"正卿做主的结果，不到一年，楚、晋的兵连接来临郑国。

那位受屈的小预言家就是子产。

胜蔡后两年，子国和正卿给一群叛徒在朝廷中杀死了。正卿的儿子，闻得噩耗，冒冒失失地立即跑出，吊了尸，便去追贼，但贼众已挟着郑君，跑入北宫。他只得回家调兵，但回到时，家中的臣属和奴婢已走散了一大半，器物也损失了不少。他兵也调不成了。子产闻得噩耗，却不慌不忙，先派人把守门口，然后聚齐家臣属吏，督着他们封闭府库，布置防守；然后领着十七乘的兵车，列着队伍出发，吊了尸，就去攻贼，别的贵族闻风来助，把贼众通通杀死了。从此以后，郑国的卿大夫们对这位公孙侨都另眼相看。

再经过几番的大难和子产几番的匡扶之后，那外受两强夹剪，内有巨室捣乱的郑国终于在前五四三年，弭兵之会后三年。轮到子产主持。这时他才约莫四十岁。

子产知道那习于因循苟且的郑国，非经过一番革新整饬，不足以应付危局。他给全国的田土重新厘定疆界，划分沟洫，把侵占的充公，或归原主。他规定若干家为一个互助的单位，若干家共用一口井。他令诸色人等，各有制服。他开始编定刑法，铸成"刑书"，向人民公布，他把军赋增加，以充实郑国的自卫力。为着这些，尤其是为着加赋的事，他不知受了多少咒骂。有的说："他的父亲死在路上，他又要做蝎尾巴了！"子产说："苟有利于国家，生死不改！"

但子产对舆论从不肯加以任何干涉。当时都中有一所"乡校"，大约是一个养老而兼较射的地方。人民时常聚集其中议论执政。或劝子产：何不把乡校拆毁？子产说："为什么？人家早晚到那里逛逛，议论执政的长短，正是我的老师。为什么把乡校拆毁了？我听说：忠爱可以减少怨恨，却没听说威吓可以防止怨恨。若用威吓，难道不能使怨声暂时停止？但民怨像大川一般，堤防虽密，一旦溃决便不知要伤害多少人，那时抢救也来不及了。不如留些小决口，给它宣泄。不如让我得听谤言，用作药石。"

子产从政一年后，人民唱道：

> 取我衣冠而褚贮。之！取我田畴而伍之！孰杀子产？吾其与之！

到了三年，人民唱道：

> 我有子弟，子产诲之。我有田畴，子产殖之。子产而死，谁其嗣之？

子产的政令，说得出，就要做得到，若行不通，他就干脆撒手。有一回大夫丰卷为着祭祀，请求举行狩猎，子产不准。丰卷大怒，回去便征调人民。子产马上辞职，向晋国出走。幸而当时郑国最有势的罕氏子皮拥护子产，把丰卷驱逐，子产才复职，却保留着丰卷的田产，过了三年，召他回国，把田产还他。

子产对于传说的迷信，毫不迁就。前五二四年，火宿 即心宿。出现不久，接着起了一阵大风。祝官裨灶说了一堆鬼话之后，请求子产拿宝玉去禳祭，以为否则郑国将有大火。子产不听，凑巧几天之后郑都有一家失火，灾后，裨灶又请拿宝玉去禳祭，以为否则又将有大火。子产还是不听。郑人纷纷替裨灶说话，连子产的同僚也来质问，子产答道："天象远，人事近；它们是不相关涉的。怎能靠天象去预知人事？而且裨灶哪里懂得天象？他胡说得多了，难道不会偶中？"次年，郑都大水，郑人纷传时门外的洧渊有二龙相斗，请求祭龙。子产不许，回道："我们争斗，碍不着龙；为什么龙争斗却碍着我们？"

上面讲的都是子产在内政上的措施。但最费他心力的却是对外的问题。在这方面他集中了全国的专才。当时冯简子最能决断大事；游吉长得秀美，举止又温文，宜于交际；公孙挥熟悉外国的情形，又善于措辞；裨谌最多谋略，但他要在野外才能想好计，回到城中便如常人一般。子产遇着外交大事，大抵先向公孙挥询问外国的情形。并令他把该说的话多多预备；然后和裨谌乘车到野外筹划；筹划所得请冯简子决断；办法决定了，便交游吉去执行。因此郑国在应付外人上，很少吃亏。

前五四一年，楚公子围，后来的灵王。领着一大班人马来郑都聘问并且娶亲，要入居城内的客馆，经子产派"行人"去劝说，才答应驻在城外。到了吉期，公子围又要率众人入城迎接新妇，郑人越疑惧。子产又派"行人"去说道："敝邑太窄小，容不了贵公子的从人。请在城外扫除空地，作行礼的场所罢。"公子围的代表，以面子关系为理由，坚持不允。郑人便直白说道："小国没有什么罪，惟倚靠外人才真是罪。本来要依靠大国保障的，但恐怕有人不怀好意，要计算自己。万一小国失了倚靠，诸侯不答应，要和贵国捣麻烦，那时小国也是过意不去的。"公子围知道郑国有备，只得命众人倒挂着弓袋入城。对强邻戒备，那是子产永远不会放松的。前五二四年郑都大火时，他一面派人去救火，一面派大兵登城警备。有人说："那不会得罪晋国吗？"子产答道："平常小国忘却防守就会危亡，何况当着有灾难的时候？"不久晋人果来责问，说晋君正在替郑人担忧。郑兵登城，是什么意思？子产给他解释了一番，最后说道："若不幸郑国亡了，贵国虽替担忧，也是没用的。"

前五二九年，晋君乘着楚灵王被杀，楚国内乱之后，大会诸侯于陈国的平丘，子产代表郑国赴会。将要结盟时，子产突然提出减轻郑国军赋的要求，从正午一直争到昏黑，晋人到底答应了。会后有人责备子产道："万一晋人翻起脸来，带着诸侯的兵，来讨伐郑国，那时怎么办？"子产答道："晋国政出多门，尚且敷衍个不了，哪里有工夫向别国讨伐。国家若不挣扎，便愈受欺凌，还成个什么国家？"

子产不独是一个实行家，而且是一个能够化经验为原理的实行家。有人问他为政的道理，他说："政治好比庄稼的工夫，日夜要筹度；起先筹度好就做到底，从早到晚苦干，可别干出了筹度的范围，如像耕田不要过界，那就很少有错失了。"

有一回子皮要派一个子弟去做邑宰。子产说："他年纪太小，不知道行不行。"子皮回答道："这人老实，我爱他，他断不会背叛我的。让他去学学，便渐渐懂得政事了。"子产说："那不行，人家爱一个人，总要使他得到好处；现在你爱一个人，却给他政事，好比叫一个还没学会拿刀的人去切东西，只有使他受伤而已。假如你有一匹美锦，你必定不让人拿来练习剪裁。要职和大邑是我们身家性命所托庇的，就可以让人拿来练习做官吗？"

前五二二年，子产死。死前，他嘱咐继任的人道：惟独非常有德的才能靠宽纵服人。其次莫如用猛力。你看火，因为它猛烈，人人望见就怕它，故此因它致死的很少。但水，因为软弱，人人都去狎玩它，故此因它致死的很多。

子产的死耗传到鲁国时，孔子含泪叹道："古之遗爱也！"他和子产却未曾会过一面。

第四章

孔子及其时世

第一节　鲁国的特色

当春秋时代，鲁是一个弱国，始受制于齐，继受制于吴，终受制于越。但它也是列国中文化最高的。宗周的毁灭和成周在春秋时所经几度内乱的破坏，更增加鲁在文化上的地位。前五四〇年，晋韩宣子来聘，看到鲁太史所藏的典籍，便说："周礼尽在鲁矣！"先此数年，吴公子季札历聘诸国，到鲁国，特别请求听奏各种"周乐"。可见"周乐"亦"尽在鲁矣"。不独代表"精神文明"的"礼乐"为然，论"物质文明"也是鲁国首屈一指。前五八九年，鲁向楚求和，赂以木匠、绣工、织工和缝工各一百人。可见这些工艺在鲁国特别发达。我国历史上第一个著名的建筑工程师公输般，即旧日木匠行所供奉的"鲁班_{班般古同音}。师父"，就是生于孔子死后不久的鲁国人。

当春秋时代，在多数国家，"周礼"已成为一段模糊的历史了。但鲁人特别小心翼翼地遵守着它，并且当作一种重大的学问去讲求它。当时鲁国有一班人，专以传授礼文，并"导演"礼仪为职业。这种人叫作"儒"。鲁人之重礼信儒曾造成一段历史的话柄。鲁昭公有一次和齐君会盟。齐君对他叩头，他却只作揖还礼。齐人大怒。鲁国相礼的大夫解释道：依礼，寡君除非对天子是不能叩头的。试想当时齐国是何等强，鲁是何等弱；鲁对齐地也不知割过多少了，兵役也不知服过多少了；然而这一次毫不丢脸的叩头，只因为《周礼》上没有写着，便不能通融了。其后数年，齐人把昭公请到齐国的地方来会盟，特别督着要他叩头，他只得照办。当时齐人唱了一支歌嘲笑他道：

  鲁人之皋！数年不觉。使我高蹈。惟其儒书，以为二国忧！

这首歌，用现在话译出，大意就是说：

  鲁人的顽固！几年都不觉醒。使我们又要奔波。一味死守着他们的儒书，引起两国间无限的麻烦！

第二节　孔子的先世与孔子的人格

  前五一八年鲁国三巨室之一的大夫孟僖子临死，遗嘱他的家臣，大意道：人之有礼好比树之有干，没有礼便站立不住。我听说不久将有一位显达的人出现，叫作孔丘。他是圣人的后裔，而本族在宋国被灭。他的祖先弗父何略与周厉王同时。原是宋国的太子而让位给宋厉公。弗父的后人曾孙。正考父辅佐戴公、武公、宣公三世，受过三次的册诰命三命为上卿。而越加敬谨，所以他的鼎铭道：

  一命而偻，再命而伛，三命而俯。循墙而走，亦莫余敢侮。饘于是，粥于是，以糊余口。

  他是这样敬谨的。臧孙纥乃鲁国以智慧著名的大夫。说过："有明德的圣人，若本身不能得位，他的后代必定有显达的。现在将要应在孔丘身上了罢？我死后，你们务必让我的两个儿子跟他学礼。"
  孟僖子所述孔子的先世，还须要一点补充。正考父的儿子孔父嘉在宋国的内乱中被杀了。一说孔父嘉的儿子避难到鲁国，一说他的曾孙防叔始迁居鲁国，未知孰是。防叔的孙孔纥生孔子。孔纥是名闻于诸侯的大力士。历史上记着他两件战功：（一）前五六三年，晋人率诸侯兵攻偪阳国的都城。在今山东峄县南五十里。先锋的战士刚进入郭门，悬门忽然落下；幸亏孔纥在场，推起悬门，把他们放出。（二）前五五六年，齐师侵鲁，把鲁大夫臧纥围在旁邑里，孔纥亦在围中，他半夜率领三百名甲士袭击齐军，乘齐人忙乱中，把臧纥送走，然后回营固守。齐人无可奈何而退。此役之后五年而孔子生，那是孔纥晚年续娶的颜氏女所出。

当孟僖子死时，孔子年三十五。以前他的历史我们知道得很少。只知道他在少年时便没了父母，家境很寒苦；他为贫而仕，先后替贵族管过会计和牧畜的事，都很称职；他从少就是一个好学不倦而且多才多艺的人。他自己曾谦说道："我少时微贱，故学会了许多鄙事。"像射、御、诗、礼等经常的士的技能他自然是具备的了。又自述道："我十五岁便立志向学，三十岁便站立得住。"所谓站立得住，就是学礼成功的意思。此后不久，他便成了一个名动公卿的礼学权威。当孟僖子的两个儿子来到孔子门下时，同门的贵族子弟和平民子弟已很不少了。

他们所遇到的是怎样一位先生呢？这位先生衣冠总是整齐而合宜的；他的视盼，和蔼中带有严肃；他的举止，恭敬却很自然。他平常对人朴拙得像不会说话，但遇着该发言的时候却又辩才无碍，间或点缀以轻微的诙谐。他所喜欢的性格是"刚毅木讷"，他所痛恶的是"巧言令色"。他永远是宁静舒适的。他一点也不骄矜；凡有所长的他都向其请教。便是他和别人一起唱歌，别人若唱得好，他必请再唱一遍，然后自己和着。他的广博而深厚的同情到处流露。无论待怎样不称意的人，他总要"亲者不失其为亲，故者不失其为故"。他的朋友"生于我乎馆，死于我乎殡"。他遇见穿丧服的人，虽是常会面的，必定变容。他在有丧事的人旁边吃饭，从未曾饱过。

他和弟子间相处的气象，从弟子的两段记录可以窥见。

有一天几位弟子陪着孔子闲坐。孔子道："你们觉得我是长辈，不免有点拘束，不要这样。平常你们总说没人知道自己，假如有人知道，又有什么把握呢？"子路爽快地答道："千乘之国，夹在两大国中间，受着兵祸，又闹饥荒，让我来主持，才到三年，便使得人民有勇，并且循规蹈矩。"孔子向他微笑了一下，又问另一弟子道："求，你怎样？"他答道："五六十里或六七十里见方的国家，让我来主持，才到三年，便使得人民富足。至于礼乐，另待高明。"孔子又问："赤，你怎样？"答道："并不是说能够，但想学学：像宗庙的大事和诸侯的聚会，我愿意穿着章甫，_{章甫乃商朝的冠服，在仪式中相礼的人穿的。}在旁边做一个小相。"孔子又问另一弟子："点，你怎样？"这时他弹瑟渐缓，微音铿然。他把瑟放下，起身答道："我和他们三位不同。"孔子道："有什么关系呢？不过各说自己的志向罢了。"他道："暮春的时候，春衣既已做好，和少年五六人，童子六七人，到沂水里洗浴。洗完了，当着轻风歇晾，一面看人舞雩，_{雩是祈雨之祭。}然后大家歌咏而归。"孔子听了喟然叹道："我和点有同感。"

又一次，颜渊、子路和孔子在一起。孔子道："你们何不各把自己的志向说说？"子路道："愿把自己的车马轻裘，和朋友共用，用坏了也没有怨憾。"颜渊道："愿不夸自己的长处，不表自己的功劳。"子路请问老师的志向。孔子道："愿给老年的以安乐，对朋友以信实，给幼少的以爱抚。"

第三节　孔子与其时世

教育是孔子心爱的职业，政治是他的抱负，淑世是他的理想。

孔子生于弭兵之会前六年。此会后，中原的战争暂时减少，但剧战的场所不过移到江淮一带，兵祸并没有真正消弭。在另一方面，环此会前后的一百年间，旧秩序的破坏加甚，至少在宋、鲁、郑、齐、晋等国，政柄落在大夫，君主成了傀儡；诸巨室彼此钩心斗角，不时搅起内乱。鲁国到底是君子之邦，它的巨室"三桓"，_{皆出自桓公的，故名。}绝少自相残害。他们采用分赃的办法。前五三七年，_{孔子十六岁。}他们把公室的土地人民分为四份，季孙氏拣取了两份，叔孙氏和孟孙氏各得一份，此后三家各对公室纳些小的贡赋，便算补偿。三家妥协，鲁君更不好做。前五一七年，_{孔子三十六岁。}昭公讨伐季氏，结果给三家合力赶走，在外国流寓了七年而死。这还不够。恶人还有恶人磨。跋扈的大夫每受制于更跋扈的家臣，这也是鲁国的特色。前五三八年，_{孔子十五岁。}竖牛叛叔孙氏，把他禁在一室，活活地饿死。前五三〇年，_{孔子二十三岁。}南蒯叛季孙氏，据了费邑三年。但这些还是局部的事变。前五〇五年，_{吴王阖闾入郢之次年，孔子四十八岁。}季孙氏的家臣阳虎勾结了季孙氏和叔孙氏两家中不得志的分子，起了一场大政变。名副其实的阳虎把季孙氏囚禁起来，迫得他立誓屈服，然后放他；更挟持鲁君，放逐敌党，居然做了三年鲁国的独裁者，而且不知凭什么手段，很得民众的归服。三桓也俯首帖耳，听阳虎驱使。后来阳虎要除去他们，将自己的党羽替代季孙氏和叔孙氏，以自己替代孟孙氏。本来隐忍旁观的孟孙氏_{即奉父命从孔子学礼的孟懿子。}被迫作困兽斗，结果，出乎大家意料之外的，阳虎兵屡败，逃奔齐国。但次年_{前五〇〇年。}叔孙氏所属郈邑的马正侯犯又杀了邑宰，据郈作乱，幸而他无勇无谋，几个月即被解决。鲁国如此，本来破落的周室又复崩分。前五二〇年，_{孔子三十三岁。}景王死，王子朝纠合了无数失职的官吏和失意的贵族乘机作大规模的暴动，从此畿内扰攘了二十年，赖晋国屡次出兵援助，才得平定。

旧秩序的破坏不仅在政治方面，弭兵大会以前的长期混战，除摧毁了无数的生命和财产外，还摧毁了许多的迷梦。它证明了"昊天不惠"，它证明了"渝盟无享国"一类的诅誓只是废话，它证明了"牲牷肥腯，粢盛丰洁"无补于一国或一身家的安全，它证明了人们最可靠的靠山还是自己。当郑子产昌言"天象远，人事近，它们是不相及"的时候，理智的锋刃，已冲破传统迷信的藩篱。从前尽人相信一切礼法制度是天帝所规定的；现在有人以为它们是人所创设而且是为人而设的了。从前尽人相信王侯是代表天帝_{君，天也。}神圣不可侵犯的；现在恶君被弑或被逐，有人公然说他罪有应得，并且对叛徒表同情了。孔子曾慨叹道："我还及见史官阙文，有马的借给人骑，如今都没有了！"这两件事虽然本身很小，它们的象征的意义却很大。它们象征"世风日下，人心不古"的总趋势，社会组织蜕变时所必有的趋势。因为旧道德的力量减少，又因人口增加，都邑扩大，贵族和庶民间的关系日益疏远；礼教的拘束和威仪的镇压已不够做统治之用；所以有些精明的贵族感觉到制定成文的刑法的必要。前五三六年，孔子十七岁。郑子产把所作的刑书铸在鼎上公布。前五一三年，孔子四十岁。晋人也把范宣子所作的刑书，范宣子卒于前五四九年，其作刑书年不详。以同样的方式公布。这些都是非常的创举，在当时受着严厉的诽议的。

孔子所处的时代的性质已约略表过。在宗教思想上，孔子是大致跟着时代走的。他虽然还相信一个有意志有计划的天帝，但那已经不是可以用牺牲玉帛贿买的天帝，而是在无声无嗅中主持正道的天帝了。他绝口不谈鬼神的奇迹。有人向他请教奉事鬼神的道理，他说："未能事人，焉能事鬼？"再向他请教死的道理，他答道："未知生，焉知死？"他教人"敬鬼神而远之"，教人"祭如在"。"远之"就是不当真倚靠它们；"如在"就是根本怀疑它们的存在了。不过既然根本怀疑它们存在，为什么还要向它们致祭，为它们举行繁缛的葬礼，并且守着三年的丧呢？孔子的答案是以此报答先人的恩德，非如此则于心不安，于心不安的事而偏要做，便是不仁。把宗教仪节的迷信意义剥去，只给它们保留或加上道德的意义，这种见解虽然不必是孔子所创，在当时乃是甚新的。

在政治主张上，孔子却是逆着时代走的。他的理想是以复古为革新，他要制裁那些僭越的家臣、僭越的大夫、僭越的诸侯，甚至那些不肯在贵族脚下安守旧分的民众。他的理想是："天下有道则礼乐征伐自天子出。""天下有道则政不在大夫。""天下有道则庶人不议。"

孔子是历史兴趣很深的人，他也曾以"敏而好古"作自己的考语。他尽力考究了三代制度之后，觉得周代吸取了前二代的精华，文物灿备，不禁说道："吾从周！"除了一些小节的修正，像"行夏之时，乘殷之辂，……乐则韶舞"等等以外，他对于西周盛时的文物典章全盘接受，并且以它们的守护者自任。他盼望整个中国恢复武王、周公时代的旧观。

他的理想怎样实现呢？照他不客气的看法，只有等待一个"明王"出来，用他弼辅，像武王之于周公。手把大钺的周公，那是他毕生憧憬着的影像。在晚年他还因"不复梦见周公"而慨叹自己的衰颓。不得已而思其次，若有一个霸主信用他，像桓公之于管仲，他的理想也可以实现一部分。他对于管仲也是不胜欣慕的。更不得已而思其次，若有一个小小的千乘之国付托给他，如郑国之于子产，他的怀抱也可以稍为展舒。他的政治理想虽高，他对于一个弱国处理的切实办法，并不是捉摸不着。有一回他的门人子贡向他问政，他答道，要"足食、足兵、人民见信"。问：若不得已在三项中去一，先去哪项？答道："去兵。"再问：若不得已在余下的两项中去一，先去哪项？答道："去食。从古都有死，人民没有信心便站不住。"他又说："一个国家，不怕人口少，只怕人心不安；不怕穷，只怕贫富不均。"这些话显然是针对着大家只知道贫弱为忧的鲁国而发的。

"假如有用我的，仅只一周年也可以，三年便有成功。"他说。

第四节 孔子与政治

但是谁能拔用孔子呢？鲁昭公不用说了，他十九岁即位，"犹有童心"，况兼是个傀儡。孟孙氏大夫孟懿子是孔子的门人，但他还是个后生小子。三家之中，季氏最强，大权独揽。但他便是曾以僭用天子礼乐，致孔子慨叹"是可忍孰不可忍"的。不久，更不可忍的事发生，昭公被逐，孔子便往齐国跑。

他到齐国，大约是避乱的成分少，而找机会的成分多。这时距齐人灭莱之役已五十年；景公即位已三十一年，崔、国、栾、高诸巨室已先后被灭，陈氏已开始收拾人心，蓄养实力。景公固然不是个怎样的贤君。他的厚敛曾弄到民力三分之二归入公家；他的淫刑曾弄到都城的市里"履贱踊被刖者所用。贵"。他听到"天下有道则礼乐征伐自天子出"一类的话，当然要皱眉。但他听到"天下有道则政不在大夫"一类的话却不由不大赞："善哉！善哉！"但不知是他的眼力，抑或是他的腕力不够呢？他始终没有任用孔子。孔子在齐七八年，虽然养尊处优，还是用他自己的比喻。活像一个葫芦，被人"系而不食"。这是孔子所能忍耐的么？乘着鲁定公即位，前五〇九年。鲁国或有转机，他便回到祖国。

他归鲁后三四年而阳虎的独裁开始。眼光如炬的阳虎就要借重孔子。他知道孔子不会干谒到他的，却又不能屈身去拜候一个穷儒。依礼，贵臣对下士若有馈赠而他不在家接受，他得到贵臣门上拜谢。于是阳虎探得孔子外出的时候，送一大方熟猪肉给他。孔子也探得他外出，然后去拜谢。可是他们竟在途中相遇，阳虎劈头就说："来！我和你说句话。怀着自己的宝贝，却瞒着国人，这可谓仁吗？"孔子只得回答道："不可。""喜欢活动，却坐失时机，这可谓智吗？"孔子只得答道："不可。"阳虎道："日子一天天的过去了！岁月是不等待人的！"孔子只得回答道："是，我快出仕了。"

但他没有出仕，而阳虎已倒。这时他的机会可真到了。他的门人孟懿子因为发难驱阳虎的大功，在政府里自然争得相当的发言权。季孙氏一方面为收拾人心，一方面感念孔子不附阳虎，便把司寇一席给他。这时孔子有五十多岁，距郑子产之死有二十多年。

子产的人格和政绩是孔子所称赞不厌的。他说子产有君子之道四："其行己也恭，其事上也敬，其养民也惠，其使民也义。"此时孔子的地位也有点和子产的相像：郑之于晋、楚，犹鲁之于齐、晋；郑之有七穆，犹鲁之有三桓。所不同的，子产自身是七穆之一，而且得七穆中最有力的罕氏拥护到底；孔子却没有一田半邑，而他受季氏的真正倚任也只有三个月，虽然司寇的官他至少做了三年。从定公十至十二年。但他在无可措施中的措施也颇有子产的风度。

前五〇〇年定公十年。孔子辅佐着定公和齐景公会盟于夹谷。齐边地。有人向景公说道：孔丘这人虽熟悉礼仪，却没勇力；假如叫莱兵逼胁鲁侯，必定可以得志。景公依计。不料"临事而惧、好谋而成"的孔子，早就设着武备。他一看见莱兵，便护着定公退下，并命令随从的武士们动手；接着说一番"夷不乱华……兵不偪好"的道理，直斥齐人此举，于神是不祥，于道德是不义，于人是失礼。齐侯气沮，只得遣退莱兵。临到将要结盟，齐人在盟书上添写道："齐师出境而（鲁）不以甲车三百乘从我者，有如此盟！"孔子立即命人宣言，齐人若不归还汶阳的田，而责鲁人供应，也照样受神罚。后来齐人只得归还汶阳的田。

孔子在鲁司寇任内所经历的大事，除了夹谷之会，便是前四九八年的"堕三都"运动。所谓"三都"就是季孙氏的费邑、叔孙氏的郈邑和孟孙氏的成邑；"堕三都"就是要将这三邑城郭拆除。三邑之中，费、郈都是旧日家臣叛变的根据地，而费邑自南蒯失败后，不久便落在另一个家臣公山不狃之手，不狃是阳虎的党羽，阳虎既倒，他还屹然不动。"堕三都"一方面是要预防家臣负隅作乱，一方面亦可以削弱三桓。二者都是和孔子素来的政治主张相符的，故此他对于此举，极力赞劝，虽然主动却似乎不是他，而是他的门人子路，这时正做着季氏的家宰的。子路的发动此事原是尽一个家臣的忠悃。此时费邑已成了季氏腹心之患，非堕不可的。季孙氏地广邑多，毁一城满不在乎。但叔孙和孟孙二氏各毁一大城则元气大损，这也是于季孙氏有利的。叔孙氏犹有侯犯之乱可惩，至于孟孙氏堕城，好比一个无病的人白陪人家吃一剂大黄巴豆，完全是犯不着的。所以堕城议起，他一味装聋，后来定公率兵围城，没有攻下，便把他放过。但郈、费到底被堕了，堕费最费气力，孔子受季孙氏三个月的倚任就在此时。原来公山不狃不待季孙氏动手，先自发难，率费人袭入都城，定公和三桓仓皇躲进季孙氏的堡中，被费人围攻着。叛徒快到定公身边了，幸亏孔子所派的援兵及时赶到，把费人杀败。其后不狃势穷，逃往齐国。

堕费之役孔子虽然立了大功，但不久，前四九七年。孔子便辞职，他辞职的直接原因，有人说是祭余的烧肉没有照例送到，有人说是季孙氏受了齐人的女乐，三日不朝。孰是孰非，无关宏旨。总之，季孙氏的势力完全恢复了以后，再没有可以利用孔子的地方了，再不能维持向日对孔子的礼貌了；鲁国再没有孔子行道的机会了。他只好再到外国去碰碰运气，虽然他不存着怎样的奢望。如鲁国一个守城门的隐者所说，他原是一个"知其不可而为之者"。

但是到什么地方去呢？齐的韶乐虽然值得孔子再听，齐景公却不值得他回顾。卫虽小国，地理上和政治上却最与鲁国接近。恰好这时子路的僚婿弥子瑕甚得卫灵公的宠信。去职的次年，孔子便领着一班弟子来到卫都帝丘。在今河北濮阳西南。这时距卫人第一次避狄迁都——从朝歌在今河南淇县。迁到楚丘在今河南滑县。有一百六十多年，距卫人第二次避狄迁都——从楚丘迁到帝丘，有一百三十多年。当第一次迁都时，朝歌的遗民男女合计只有七百三十口。经过长期的休养生聚，新都又成了熙熙攘攘的大邑。孔子入境，不禁叹道："好繁庶呀！"给孔子驾车的弟子冉有忙问："既繁庶了，还要添上什么呢？"孔子答道："添上富。""既富了，还要添上什么呢？""添上教。"

但此时卫灵公正被夫人南子迷得神魂颠倒，哪里有闲心去管什么富咧，教咧，只照例用厚禄敷衍着孔子。孔子居卫些时，觉得没味，便又他去。前四九六年？此后十多年间他的行踪，记载很缺略，而且颇有参差。我们比较可以确知的，他离卫后，到过宋、陈和楚新得的蔡地，中间在陈住了好几年；前四八五年鲁哀公十年。自陈返卫；约一年后自卫返鲁。此外他也许还经过曹、郑，到过故蔡以外的楚境。在这长期的奔波中，孔子不独遇不着一个明君，而且遇了好几次的生命危险。当他过宋时，向戌的曾孙桓魋不知因为什么对他发生恶感，要杀害他，幸亏他改装逃脱。当他过匡郑地？时，受过阳虎荼毒的匡人错认他是阳虎，把他连群弟子包围起来。幸亏匡人没有错到底。在陈、蔡的边境时，因为无"上下之交"，粮糈断绝，他和弟子们曾饿到站立不起。

这些困阨并没有压倒孔子的自信心。当在宋遇难时，他说："天生德于我，桓魋其奈我何！"当在匡遇难时，他说："文王死了以后，文教不在我这里吗？难道天要废弃这些文教吗？难道后来的人不得承受这些文教吗？天没有废弃这些文教的，匡人其奈我何！"

在旅途中孔子曾受过不少隐者的讥讽。有一次他使子路去向两个并耕的农人问渡头的所在。甲说："在车上执辔的是谁？"子路答道："是孔丘。""是鲁孔丘么？""是的。"甲说："这人便知道渡头的所在了！"子路只得向乙请问。乙说："您是谁？"子路答："是仲由。""是鲁孔丘的徒弟么？""是的。""满天下都是洪水滔滔，一去不返的。谁能改变它呢？而且您与其跟随到处要避人的志士，何如索性跟随避世的隐士呢？"乙说完了，不断的覆种。子路回去告诉孔子。孔子说："鸟兽是不可与同群的。我不和世人在一起却和谁在一起？假如天下有道，我便不去改变它了。"

但政治方面的否塞使得孔子救世热情终于不得不转换方向。当他最后由蔡回到陈的时候，他叹道："归罢！归罢！我们这班天真烂漫的小子，好比织成了文采斐然的锦，却不知道怎样剪裁。"这时他已隐然有以教育终余生的意思了。这时他确已老了，他已六十八岁了，虽然他一向总是"发愤忘食，乐以忘忧，不知老之将至"。

第五节　孔子与教育

孔子最大的抱负虽在政治，他最大的成就却在教育。在我国教育史上，他是好几方面的开创者。这几方面，任取其一也足以使他受后世的"馨香尸祝"。

第一，在孔子以前，教育是贵族的专利，师儒是贵族的寄生者。孔子首先提倡"有教无类"，这就是说，不分贵贱贫富，一律施教。他自己说过，从具"束脩"（十吊腊肉。）来做贽见礼的起，他没有不加以训诲的。这件事看来很平常，在当时实是一大革命。这是学术平民化的造端，这是"布衣卿相"的局面的引子。至于他率领弟子，周游列国，作政治的活动，这也是后来战国"游说"的风气的创始。

第二，孔子以个人在野的力量，造就或招聚一大帮的人才，他的门下成了至少鲁国人才的总汇；他自卫返鲁后，哀公和季康子要用人时，每向他的弟子中物色。这样一个知识的领袖不独没有前例，在后世也是罕见的。传说他的弟子有三千多人，这虽然近夸张，但他的大弟子名氏可考的已有七十七人，其中事迹见于记载的共二十五人。现在仅计他自己所列举跟他在陈、蔡之间挨饿的弟子：以德行见长的有颜渊、闵子骞、冉伯牛、仲弓；以言语见长的有宰我、子贡；以政治见长的有冉有、子路；以文学见长的有子游、子夏。这些人当中颜渊最聪明，最好学，最为孔子所叹赏，可惜短命；冉伯牛也以废疾早死，无所表现；其余都是一时的俊杰。闵子骞曾被季氏召为费宰而坚决辞却。仲弓做过季氏家宰。宰我受过哀公的咨询，在政府里当是有职的。子贡、冉有皆先孔子归鲁。子贡在外交界任事，四次和吴人，一次和齐人折冲，都不辱命。冉有做过季氏的家宰，于前四八四年，哀公十一年，孔子归鲁前。当齐人大举侵鲁，鲁当局守着不抵抗主义的时候，激动季氏出兵。冉有并且用矛陷阵，大败齐军。子路为季氏主持"堕三都"及他后来留仕在卫，死孔悝之难，前面均已表过。前四八一年，小邾鲁的南邻之一。的一位大夫挟邑投奔鲁国，要子路作保证，以替代盟誓。季康子派冉有到卫国来求子路，说道："人家不信千乘之国的盟誓而信你一句话，你当不以为辱吧？"子路答道："假如鲁国和小邾开战，我不问因由，死在敌人的城下也可以。现在依从一个叛臣的话，便是认他为义，我可不能。"子游做过鲁国的武城宰，孔子到他邑里，听得民间一片弦歌声，因此和他开起"割鸡焉用牛刀"的玩笑。子夏做过晋大夫魏斯即后日魏文侯。的老师。因为孔子弟子多是当时的闻人，他们又多有"仲尼日月也，无得而逾焉"的信念；凭他们的宣扬，孔子便在上层社会里永远传下很大的声名。

第三，孔子首先把技艺教育和人格教育打成一片；他首先以系统的道德学说和缜密的人生理想教训生徒；他的教训，经他的弟子和再传弟子记载下来叫作《论语》的，是我国第一部语录。

孔门传授的技艺，不外当时一般贵族子弟所学习的《礼》《乐》《诗》《书》。其中《礼》和《诗》尤其是孔子所常讲，弟子所必修的。

所谓礼有两方面，一是贵族交际中的礼貌和仪节；二是贵族的冠、婚、丧、祭等等典礼。当时所谓儒者就是靠襄助这些典礼，传授这些仪文为生活的。孔子和他大部分的弟子都是儒者，他们所学习的礼当然包括这两方面。礼固是孔子所看重的。他说："不学礼，无以立。"但每一种礼节原要表示一种感情。感情乃是"礼之本"。无本的礼，只是虚伪，那是孔子所深恶的。他把礼之本看得比礼文还重。他说："礼云，礼云，玉帛云乎哉！"又说："丧礼，与其哀不足而礼有余也，不若礼不足而敬有余也。"这原是对于讲究排场、拘牵仪式的鲁人的一剂对症药。可惜他的弟子和后来的儒家很少领略得。

当孔子时，各种仪节和典礼大约已有现成的"秩序单"。这些"秩序单"，经过孔子和他的信徒的陆续增改，便成为现在的《仪礼》。

《诗》三百余篇，在春秋时代是有实用的。平常贵族交际上的词令要引诗做装饰，朝廷享宴外宾时，照例要选《诗》中的一首或一节，命乐工歌诵，以作欢迎词，这叫作"赋诗"。来宾也得另选一首或一章回敬，这叫作"答赋"。主宾间的情意、愿望、恳求，甚至讥刺，每"断章取义"地借诗句来隐示。在这种当儿，诗篇生疏的人便会出丑。故此孔子说："不学《诗》，无以言。"因为任何贵官都有招待外宾或出使外国的机会，所以《诗》的熟习成为贵族教育不可少的部分。孔子教诗当然也以它的应对功用为主。《诗》中含有训诲意味的句子，当时每被引为道德的教条。这一方面孔子也没有忽略。但他更进一步。他教人读《诗》要从本来没有训诲意味的描写，体会出人生的道理。这便是他所谓"兴于《诗》"。例如诗文：

> 巧笑倩兮，
> 美目盼兮，
> 素以为绚兮。

意思原是说一个生来美好的女子，可施装饰。子贡问这里有什么启示，孔子答道："绘画要在有了素白的质地之后。"子贡跟着问："然则礼要在（真情）后吗？"孔子便大加赞赏，说他有谈《诗》的资格。

诗和乐在当时是分不开的。《诗》三百篇都是乐章。而正宗的音乐不外这三百篇的曲调；除了射御和舞以外，音乐是贵族教育最重要的项目。一切典礼里都有音乐。而他们平常闲居也不离琴瑟。孔子本来是个音乐家，虽然他在这方面成就完全被他的"圣德"所掩。再没有别事比音乐更可以令他迷醉的了。他在齐听了韶乐曾经"三月不知肉味"。这种享受他当然不肯外着他的弟子们。他的教程是"兴于诗，立于礼，成于乐"。孔子讲音乐和前人不同处在他特别注重音乐的感化力。他确信音乐不独可以陶冶个人的性灵，并且可以改变社会的品质。为尽量发挥音乐的道德功用，他有两种主张：第一，音乐要平民化。他的门人子游做武城宰，便弄到满邑都是弦歌之声。第二，音乐要受国家统制，低劣的音乐要被禁绝。当时郑国的音乐最淫荡，所以他倡议"放郑声"。他晚年曾将《诗》三百篇的旧曲调加以修订。这是他生平很得意的一回事。他说："吾自卫反鲁，然后乐正，雅、颂各得其所。"雅、颂各是诗中的一门类，依着音乐的性质而分别的。经孔子修正过的乐曲，可惜现在无从拟想了。

后世所谓儒家的"六艺"，除了以前提到的《礼》《乐》《诗》和《周易》外，还有《书》和《春秋》。是时《周易》一书，除了卦爻辞外，又增添了象传。那是解释卦爻辞之文，孔子以前鲁太史所作的，韩宣子聘鲁时已经看见。卦爻辞或象传中含有劝诫意味的话，孔子偶然也引来教训弟子。但孔门的科目里并没有《周易》，卜筮之事孔子更是不谈的。《书》，大部分是西周的档案，其内容或为战争时的誓师辞，或为周王封立国君时的册命之词，或为周王对臣下的告谕，或是王室大典礼的记录；另一小部分则是追记唐、虞、夏、商的故事和言语的。这类文件据说在孔子时有一百多篇，现在只剩二十八篇。《书》中训诲的话最多；像《易》一般，它在孔子以前已常被学者引用。它是孔门的读本之一，虽然还不及《诗》的重要。

《春秋》本来是鲁国史官的流水账式的记录的总名，大约因为它每年必标举四时，所以简称《春秋》。它的内容可以现存的第一年为代表：

> （隐公）元年，春，王正月。三月，公及邾仪父盟于蔑。夏，五月，郑伯克段于鄢。秋，七月，天王使宰咺来归惠公仲子之赗。九月，及宋人盟于宿。冬十有二月，祭伯来。公子益师卒。

像这样的史记，列国都有的，大约鲁国的特别远久，特别全备。这些史记并不完全依事直叙。因为有些丑事，例如鲁桓公之死，根本不能直叙。再者，有些史官故意要把史事记错，来寄托褒贬的意思，或维持已失效的名分。例如晋灵公明明是被赵穿弑了的，但晋太史董狐却因为赵穿的兄弟赵盾"亡不越境，返不讨贼"，便记道"赵盾弑其君"。又如前六三二年周襄王应晋文公的唤召去参加践土之会，而现传的《春秋》却记道："天王狩于河阳。"传说孔子曾采用与这两例一路的"书法"，将鲁史记中从隐公元年到哀公十四年的一段加以修改，而成为现存的《春秋经》。这一段所包括的时代前七二二至前四八一年。被史家因此称为春秋时代。《春秋经》之始于隐公不知何故，也许鲁史本来如此。它终于哀公十四年，传说是因为是年叔孙氏子出猎获麟；据说麟是预兆明王出现的祥兽，现在"明王不兴"而麟被猎获，孔子感觉道穷，因此含泪绝笔云。

总结孔子和六艺的关系：《诗》《书》，他只沿用作教本，而时或加以新的解释或引申。《易》，他不过偶尔征引。《礼》，他加以重新估价，并且在小节上偶有取舍。例如冕，古礼用麻，时礼用丝，孔子从众，因为当时用丝价廉；又古礼臣拜君于堂下，时礼拜于堂上，孔子从古礼，因为他觉得时礼近于放肆。至于《乐》和《春秋》，他虽加过修改，到底他绍述的成分多而创作的成分少。"述而不作，信而好古"，原是他的自白。

但在学术上他果真是仅只述古的人吗？至少就道德的教说而论，那是不然的。有一回他问子贡："你以为我是多多地学习却把所得牢记的吗？"子贡答道："是的，难道不对吗？"孔子说："不，我一以贯之。"他认定所有的道德规律中有一条最根本，最概括，可以包罗其他的。这种认识乃是道德思想上一大发明。孔子的一贯之道，据他的高足弟子曾参的了解而他所没有否认的便是"忠恕"，忠恕只是一种态度"仁"的积极和消极两方面。恕便是他所谓人人可以终身奉行的一个字，意义是"己所不欲，勿施于人"。忠的广义是"己欲立而立人，己欲达而达人"。忠的狭义是尽自己对他人的责任，甚至不顾任何的牺牲，"可以托六尺之孤，可以寄百里之命，临大节而不夺"。这种忠也就是勇了。所以说"仁者必有勇"。仁、勇，再加上智便是孔子心目中的全德。

第六节　孔子的晚年

孔子从卫归鲁，至迟当在哀公十二年春天之前，是年春季氏因为增加军赋的事咨访孔子。此时孔子已俨然一个国老，公卿不时存问、馈遗，国政也有资格过问。哀公十四年齐大夫陈恒弑君，孔子便斋戒沐浴，然后上朝，请求讨伐。和陈一丘之貉之三桓，虽能遏阻鲁国的义师，却不能遏阻孔子的义言。

和孔子的声望同时增加的是他的门徒，和门徒所带来"束脩"之类。此时他的生活很可以当得起一个退职的司寇；行则有车代步；衣则"缁衣（配以）羔裘，素衣麑裘，黄衣狐裘"；食则"食不厌精、脍不厌细。……失饪不食，不时_{不合时的菜}。不食，割不正不食，不得其酱不食，沽酒市脯不食"；回思在陈绝粮时的情景，已成隔世了。但那样的晚福他并不能久享。哀公十六年_{前四七九年}。四月，即"夏历"二月。他卧病七日而死，享寿七十四岁。

孔子死后，门弟子把他葬在鲁都城北泗水边，并且为他服丧三年，然后洒泪分手。诸弟子和别的鲁人依孔子冢而居的有一百多家，名为"孔里"。冢前的空地，成了鲁儒举行乡饮、乡射等典礼的场所。城中孔子的故居被辟为他的庙堂，内藏他的衣冠、琴、车、书籍和礼器；孔门的儒者继续在其中学习礼乐。此后历尽四百年的兴亡和兵革，这庙堂里未曾歇过弦歌声。

孔子死后六年而越灭吴，又七十年而晋国三分，战国时代开始。

第五章

战国时代的政治与社会

第一节 三晋及田齐的兴起

春秋时代的历史大体上好比安流的平川,上面的舟楫默运潜移,远看仿佛静止;战国时代的历史却好比奔流的湍濑,顺流的舟楫,扬帆飞驶,顷刻之间,已过了峰岭千重。论世变的剧繁,战国的十年每可以抵得过春秋的一世纪。若把战争比于赌博,那么,春秋的列强,除吴国外,全是涵养功深的赌徒,无论怎样大输,决不致卖田典宅;战国时代的列强却多半是滥赌的莽汉,每把全部家业作孤注一掷,每在旦夕之间,以富翁入局,以穷汉出场,虽然其间也有一个赌棍,以赌起家,终于把赌伴的财产骗赢净尽。

这变局怎样造成的?因为春秋战国之交记载特别残缺,我们还不能充分知道。但有一点可以确说的:先后参加这国运的狂赌的列强,即所谓七雄者,其中除燕国在春秋末期和战国初期的历史完全是空白外,其余赵、魏、韩、田齐、楚和秦,我们都知道是曾起过一番政治经济的大变革,曾把封建的组织加以人工的有计划的摧毁的;前四国本身并且就是政治革命的产物。

赵、魏、韩即所谓三晋。它们的前身是晋国的三个封区。赵氏的祖先本是累代替周王御车的。穆王时,著名的神御造父以功封于赵,因以邑为氏。造父的七世孙赵叔带,因为幽王无道,脱离周室,往仕晋国。后来晋献公用赵夙做"御戎",<small>战时御君车的</small>。毕万为副,以灭耿、灭霍、灭魏。临到论功行赏，把耿给了赵夙，把魏给了毕万。此时赵氏在晋国始有了根据地，而毕万始建魏氏。韩氏也以封邑韩原得名，其受封略后于魏氏，惟确实年代不可考。前五八三年，晋景公听信谗言，疑赵氏谋叛，把这一家几乎杀尽了，把它的田邑没收了，因韩氏的劝谏，景公才复封赵氏一个仅存孤儿。这件故事，后经点窜，成为一件很动人的传说。我国在十八世纪间最先传译于欧洲的一部戏剧《赵氏孤儿》，是以这段传说做底子的。赵氏复嗣后，不到四十年，成为把握晋国政权的六卿中最强的一族。所谓六卿包括上说的三家和范氏、中行氏、智氏。范、中行氏后来和赵氏火并；内乱连年的结果，二氏于前四九一年孔子卒前十二年。被逐出晋国。他们的土地终于归入其余的四家。前四五五年，智伯又胁迫着韩、魏和他合兵攻赵，把赵襄子围在晋阳。联军决汾水灌城，只差三版便把全城淹没。临到城快要破的时候，韩、魏却突然和赵勾结起来，把智伯杀掉，把他的土地也瓜分了。不久公室的土地也被分割到只剩下可忽略的数量，晋君竟卑屈到要去朝见三家的大夫，他后来的命运这里也可以不表了。前四〇三年，周威烈王竟把三家的大夫升格为侯。通常以这一年为战国时代的开场。于是三个新国出现于历史的舞台上：魏占有旧晋的中部和西南部，都于安邑；今山西夏县。赵占有旧晋的北部，都于中牟；今河北邢台与邯郸之间。韩占有旧晋的南部，都于阳翟。今河南禹县。开国初的四十年内，三晋先后把国都迁到最适宜于向外发展的地带。赵南徙邯郸；今河北邯郸县。韩灭郑，即以郑都为新都；今河南新郑。魏则东徙大梁。今河南开封。

三晋建侯后十七年前三八六年。而齐的蜕变也完成。这年齐大夫田氏托魏文侯请得了周王的册命，升格为侯。田氏即陈氏，陈、田古音相同，春秋的记载用陈，战国的记载用田。它的始祖乃是陈国的一个公子，名完，和齐桓公同时的。公子完避乱奔齐，甚得桓公的宠悦，仕为"工正"，以祖国的名号为氏。传说公子完在本国娶亲之前，他的岳家为婚事问卜，得到下面的谶辞：

凤凰于飞，和鸣锵锵。

> 在妫之后，将育于姜。
> 五世其昌，并于正卿。
> 八世之后，莫之与京。

这神验的预言无疑是事后追造的。所谓五世，便是弑齐简公的罪魁，孔子所要讨伐的陈恒。陈恒既立新君，便专齐政，把国内稍强大的贵族尽数锄去，把自己的封地增加到多过齐君的采地。陈恒的儿子继做齐相，更把齐都邑的大夫尽换了自己的宗人，再传两世到田和，恰好遇着一个沉迷于酒色的齐康公。田和索性把他迁海边，留一个城邑给他过快活的日子，而自己践登侯位。

政变的潮流不久又波及周室。三晋和田齐的建国还须借重周王的册封。但三晋受封后三十五年，韩、赵便过河拆桥，合力攻周，扶植两个有力的王亲，把周室分裂为二：东周都于洛阳的旧王城，西周都于巩。此后周王的力量还比不上从前一个侯国里的小封君了。

第二节　魏文侯、李克、吴起

政权的转移每牵连到政制的改革。三晋和田氏，在地盘的扩张中，各把国内林立的小封君陆续兼并了，最后连公室也消灭了。在建国之前，即在竞争生存的时期，它们为免实力的分散，不能把新得的土地多所割封。齐晋旧有的小封君于是逐渐被非世职而无采邑的地方官吏所替代。当四氏建国时，君主集权的局面同时成立，它们没有回到旧路的需要，而且权力这东西原是易握难放的，虽然此后这四国和同时的其他各国，偶然也把土地封给功臣或子弟，但受封的人数既绝少，每个封区若不是寥寥的数城或十数邑便是荒野的边地，绝不足和中央抗衡。战国时代的国家，先后都向君主集权的路走，而最先走上这条路的是三晋和田齐。

这新建的四国当中，魏的新气象为最显著；它们的创业君主当中也以魏文侯为最英明。他开战国招贤养士的风气，在他的朝廷汇聚了国内外的人才。其中最可注意的除孔子的门人子夏外，有李克或作李悝。和吴起。

（1）李克，魏人，是子夏的弟子，做了文侯的卿相。他是我国第一个大法律家，手定魏国的新法典。后世所传他的《法经》六篇大约就是这法典的底稿。《法经》是我国第一部详细的律文，可惜已经亡佚了；我们只知道其中一篇叫作《网经》，是关于盗贼的劾捕的；另一篇叫作《杂律》，有轻狡、越城、博戏、借假、不廉、淫侈、逾制等条目。李克又替文侯改定税法。从他自己所述这新税法的提议中，很可以看出当时农民生活的情形，现在把原文抄在下面：

> 籴，甚贵伤民，甚贱伤农。民伤则离散，农伤则国贫。故甚贵与甚贱，其伤一也。善为国者，使民无伤而农益劝。今一夫挟五口，治百田亩。岁收，亩一石半，为粟百五十石。除十一之税十五石，余百三十五石。食，人月一石半，五人终岁为粟九十石，余有四十五石，石三十，每石值三十钱。为钱千三百五十。除社闾、尝新、春秋之祠用钱三百；余千五十。衣，人率用钱三百，五人终岁用千五百，不足四百五十。不幸疾病死丧之费及上赋敛，又未与此。此农夫所以常困，有不劝耕之心，而令籴至于甚贵者也。是故善平籴者必谨观岁，有上、中、下熟。上熟，其收自四，收获为平时的四倍。余四百石。中熟，自三，余三百石。下熟，自倍，余百石。小饥则收百石，中饥七十石，大饥三十石。故大熟则上籴三而舍一，将农民所余四百石取去三百石。中熟则籴二，下熟则籴一，使民适足，价平则止。小饥则发小熟之所敛，中饥则发中熟之所敛，大饥则发大熟之所敛，而粜之；放给农民。故虽遇饥馑水旱，籴不贵而民不散，取有余以补不足也。

这新税法的实行，是战国的初年魏国富强的主要原因之一，但不知道它到底实行了多久。

（2）吴起，卫人，或说魏人。曾从曾子和子夏受学。他是战国著名的兵法家，有兵书传后。已佚，今本乃伪托。他曾给文侯将兵大败秦国，后来任西河守，抵御秦、韩、魏甚得力。他将兵和最下级士卒吃着一样，睡不铺席，行不用车马，亲自负粮，和士卒分劳苦，因此大得军心。

吴起在魏国以军事显。但他的政治本领却留在楚国发挥。文侯死后，嗣君武侯，因受离间，对他生了疑心，他怕得罪，走去楚国。不久楚悼王任他做令尹。这时距吴人入郢有一百二十多年，楚灭了陈、蔡、杞、莒之后，疆宇大展，其国都久已迁回郢邑。吴起把三晋"明法审令"的一套介绍了过来，又教悼王把坐食无用的冗官悉数裁汰，把公族疏远的废掉，省下钱来养兵练兵，又把一部分贵族强迫迁徙，以实国中空虚之地；又替悼王立了一条新法，令每个封君的土地传过三世之后得交还国家，这就是说，用缓进的手段把封建制度推翻。因为这些改革，吴起成了楚国的贵族的怨府。悼王一死，前三八一年。他们便暴动起来，围攻吴起，吴起只得匿伏在王尸旁边。在刀箭纷集之下，吴起和王尸一齐糜烂。太子正位后，借着毁坏王尸的"大不敬"的题目，大加株连，坐罪灭族的有七十多家。楚国的贵族几乎被一网打尽。楚国的新局面也就成立。

吴起死后二十年而秦国开始变法。

第三节　秦的变法

秦的发祥地在渭水上游的秦川的东岸，今甘肃天水县境。周孝王时，嬴姓的非子因替王室养马蕃息的功劳，受封在这里，建立了一个近畿的"附庸"。宣王时，秦庄公以讨伐犬戎有功，受命为西垂大夫。及平王东迁，秦襄公带兵去扈卫，平王感念他的殷勤，才把他升在诸侯之列。这时畿内的丰岐一带已沦入犬戎，平王索性更做一个不用破费的人情，把这一带地方许给了秦，假如它能将犬戎驱逐。此后秦人渐渐地东向开拓，到了穆公的时代，更加猛进。穆公是春秋的霸主之一。他曾俘获了晋惠公，拿来换取晋国的河西地方；又灭梁、灭芮，都是黄河西岸与晋邻近的小国。他又潜师远出，希图灭郑，若不是郑商人弦高把噩耗发现得早，向祖国报讯得快，秦的铁手此时也许便伸入中原了。秦的东侵是晋的大忌。秦师这次由郑旋归，晋人也顾不得文公新丧，墨绖兴兵，把他们拦路截击，杀个惨败。后来穆公虽报了此仇，他东向的出路到底给晋人用全力扼住了。他只得回过头去"霸西戎"，结果，"兼国十二，开地千里"。穆公死时，前六二一年。秦人已占有渭水流域的大部分，奠定一个头等国的基础。但此后二百多年间，秦的内部停滞不进，而晋始终保持着霸国的地位，继续把秦人东出的路堵住。

当战国开场的前后，秦在"七雄"中算是最不雄的一国，自前四二八年以降，四十多年间，它的政治出了常轨，大权落在乱臣手中。在这时期中，它有一个君主被迫自杀，一个太子被拒不得继位，另一个君主和母后一同被弒，沉尸深渊。魏人乘秦内乱，屡相侵伐，并且夺回穆公所得到的河西地方。

穆公的霸图的追续是自献公始。他即位的次年前三八三年。便把国都从雍今陕西凤翔县。东迁到栎阳。今陕西临潼县东北。他恢复君权，整饬军旅，两败魏师。但秦国更基本的改革，更长足的进展，还要等待继他位的少年新君孝公和一个来自卫国的贵族少年公孙鞅。

公孙鞅原先游仕在魏。传说魏相公叔痤病到要死时，魏君即日后的惠王。请他举荐继任的人，他便以卫鞅对。魏君默然不语。公叔痤更嘱咐道：若不用这人，必得设法把他杀掉，勿令出境。魏君答应去后，公叔痤立即唤叫卫鞅前来，把刚才的谈话告诉了他，劝他快走。他不慌不忙答道：魏君不能听你的话用我，又怎能听你的话杀我呢？后来闻得孝公即位，下令求贤，他才挟着李悝的《法经》，走去秦国。

前三五九年，孝公三年。孝公用卫鞅计颁布第一次的变法令。这令的内容包括两方面：（一）是刑法的加严加密。人民以十家或五家为一组，若一家犯法，其他同组诸家得连同告发，知情不举的腰斩；告发本组以外奸恶的与斩敌首同赏，藏匿奸人的与降敌同罚。（二）是富强的新策。凡不做耕织的游民收为公家的奴隶，努力耕织多致粟帛的人民免除徭役；家有两男以上不分居的纳加倍的人口税，私相殴斗的分轻重惩罚；非有军功的人不得受爵；服饰、居室和私有的田土奴婢的限度，按爵级区别，没有军功的人虽富也不得享受。这新法施行十年后，秦国家给人足，盗贼绝踪，百姓从诅咒转而歌颂。这新法的成效更表现在卫鞅的武功。前三五二年，他亲自领兵征魏，把魏的旧都安邑也攻破了。此役后二年，卫鞅又发动第二步的改革：把国都迁到渭水边的咸阳，在那里重新筑起宏伟的城阙和宫殿；统一全国的度量衡；把全国的城邑和村落归并为三十一县，每县设县令、丞；_{正副县长。}把旧日封区的疆界一概铲平，让人民自由占耕未垦辟的土地，让国家对人民直接计田征税。第二步改革完成后，卫鞅于前三四〇年又领兵征魏，把魏将公子卬也虏了回来。于是孝公封卫鞅于商，为商君，后人因此称他为商鞅，但他的末日也快到了。先时第一次变法令公布后，人人观望怀疑。适值太子犯法，卫鞅便拿他做一个榜样，把他的师傅公子虔黥了。后来公子虔自己犯法，又给卫鞅劓了。前三三八年孝公死，太子继位后的第一件大事便是把商鞅族诛。但商鞅的政策却继续被采用。

秦地本是戎狄之区。西周的京畿虽建在其上，文明的透入始终不深，好比一件锦衣覆着褴褛。周室东迁后，锦衣一去，褴褛依然。直至孝公变法时，秦人还不脱戎狄之俗。例如他们还父兄子弟和姑媳妯娌同寝一室，这大约是沿着游牧时代以一个帐幕为一家的经济办法。这种陋俗经商鞅的严禁才消灭。又例如秦国道地的音乐，直至战国晚年，还是"击瓮叩缶，弹筝搏髀，而歌呼呜呜"。没有受文明的雅化，也就没有受文明的软化。在六国中秦人是最犷野矫健的。商鞅的严刑峻法给他们养成循规蹈矩的习惯，商鞅的特殊爵赏制度使得对外战争，成了他们惟一的出路。以最强悍、最有纪律的民族，用全力向外发展，秦人遂无敌于天下。

商鞅死后七八十年，赵国的大儒荀卿游秦。据他所记，这时商鞅变法的成绩还历历可见。荀卿说：

（秦之）国塞险，形势便，山林川谷美，天材之利多，是形胜也。入境观其风俗：其百姓朴，其声乐不流淫荡。汙，猥亵。其服不挑，佻。甚畏有司而顺。……及都邑官府：其百吏肃然，莫不恭俭、敦敬、忠信。……入其国，首都。观其士大夫，……不比周，不朋党，倜然莫不明通而公也。……观其朝廷，其朝早。间听决，百事不留，恬然如无治者。

荀卿的弟子韩非也说：

今（六国）言赏则不与，言罚则不行。赏罚不信，故士民不死也。今秦出号令而行赏罚，有功无功，相事也。……是故秦战未尝不克，攻未尝不取，所当未尝不破。

信赏必罚正是商鞅的政术。

荀卿又曾比较齐、魏和秦的强兵政策道：

齐人隆技击。……得一首者则赐赎锱八两。全，无本赏矣。本赏大约是指战胜攻取之赏。是事小，敌毳，脆。则偷可用也；事大，敌坚，则涣然离耳。……是亡国之兵也。……魏氏之武卒，以度取之：按一定标准挑选。衣三属层。之甲，操十二石之弩，负矢五十个，置戈其上，冠鞮胄。带剑，赢背。三日之粮，日中而趋百里。中试则复其户，免除赋役。利其田宅。给以好田宅。是数年而衰，而未可夺也。合格的武卒，几年便衰弱不可用。但其特权却不能剥夺。……是故地虽大，其税必寡，是危国之兵也。……秦人，其生民也狭厄，给人民的生路狭隘。其使民也酷烈。……怚狃。之以庆赏，鰌蹹。之以刑罚，使……民所以要利于上者，非斗无由也。厄压迫。而用之，得而后功之，胜利才算功，不但计首级。功赏相长也。……故齐之技击，不可以遇魏氏之武卒；魏氏之武卒，不可以遇秦之锐士。

所说齐魏的兵制，不知创行于何时，所说秦国的兵制正是商鞅所创的。

第四节　经济的进步与战争的变质

三晋建侯和商鞅之死，是世变程途中的两大块"记里石"。环这两大事件的一世纪左右_{约前四二〇至前三二〇年。}是一个大转折时期。在我国史上，恐怕只有从鸦片战争到现在的一段可以和它相比。不独春秋的四霸在这时期里先后蜕去封建的组织而变成君主集权的七雄；其他好些在春秋末叶已发端的趋势，如工商业的发达，都市的扩大，战争的剧烈化，新知识阶级的兴起，思想的解放等等，从这时期以下，都加倍显著。七雄的树立，前面已表过；新知识阶级的兴起和思想的解放，详于次章，其他各端附记于此。

在春秋末叶，虽然已有和小封君一般阔绰的商人，但似乎还没有用奴隶和佣力支持的大企业。但在战国时代这种企业却出现了。以现在所知，和商鞅同时而稍后的，有一个洛阳大实业家白圭，"能薄饮食，忍嗜欲，节衣服，与用事僮仆同苦乐"；他"趋时若猛兽鸷鸟之发"。他自己说："吾治生产，犹伊尹、吕尚之谋，孙、吴用兵，商鞅行法。"白圭不独是后世言治生术的始祖，并做过魏惠王的大臣，受过封邑，提倡过"二十而税一"的制度，又以善治水筑堤著名，自言"丹_{白圭本名。}之治水也愈于禹"，他俨然是一个战国时代的张南通。可惜关于他的史料太缺乏了。白圭所经营的主要是谷米和丝漆业。此后战国时代见于记载的大企业家，有以制盐起家的猗顿，有铁冶成业的邯郸郭纵，_{二人的正确年世不详。}皆是富埒王者；有"畜牧大王"乌氏倮，他的牛马多至不能以头数，而用山谷量，他因此得到秦王政的优礼，地位侔于封君，岁时和列臣同赴朝请；又有巴蜀寡妇清，承受了擅利数世的丹穴，而能保守财富和贞操，因此得到秦王政的敬仰，为筑"女怀清台"。与工商业的发展相偕的是货币的进步和都市的扩大。铜钱的制造，不知始于何时，它的普遍的使用和多量通流，当是春秋战国之交的事。文化较落后的秦国到前三三六年_{商鞅死后一年。}才开始行钱。黄金的用作货币最早亦当在战国初年。终春秋时代，国际间的贿赂以及君主对臣下的大宗赏赐没有用黄金的；但在战国时代，此等贿赂和赏赐则用黄金为常了。当春秋晚年，除国都外，"千室之邑"已是标准的大邑，其时任何国都的人口虽不见于记载，我们即使算头等国的国都都比标准的大邑大十倍，也不过有一万户。但入战国时代，"万家之邑"已很普通。而齐的临淄，约在商鞅死后不久，人口已上七万户。"其民无不吹竽鼓瑟，弹琴击筑，斗鸡走狗，六博蹋鞠者。临菑之途车毂击，人肩摩，连衽成帷，举袂成幕……"。洛阳在战国末年户数在十万以上。都市中物质文明的进步，从贵豪家的生活可见。《楚辞》中的《招魂》一篇，一说屈原作，一说屈原的弟子宋玉作。于楚国贵豪的生活有一段极精致的描写，引录于下：

> 高堂邃宇，槛层轩些。层台累榭，临高山些。网户朱缀，刻方连些。冬有突夏，夏室寒些。川谷径复，流潺湲些。光风转蕙，氾崇兰些。经堂入奥，朱尘筵些。砥室翠翘，挂曲琼些。翡翠珠被，烂齐光些。蒻阿拂壁，罗帱张些。纂组绮缟，结琦璜些。……红壁沙版，玄玉梁些。仰观刻桷，画龙蛇些。坐堂伏槛，临曲池些。芙蓉始发，杂芰荷些。紫茎屏风，文缘波些。文异豹饰，侍陂陀些。轩辌既低，步骑罗些。兰薄户树，琼木篱些。……室家遂宗，食多方些。稻粢穱麦，挐黄粱些。大苦咸酸，辛甘行些。肥牛之腱，臑若芳些。和酸若苦，陈吴羹些。濡鳖炮羔，有柘浆些。鹄酸臇凫，煎鸿鸧些。露鸡臛蠵，厉而不爽些。粔籹蜜饵，有餦餭些。瑶浆蜜勺，实羽觞些。挫糟冻饮，酎清凉些。华酌既陈，有琼浆些……肴羞未通，女乐罗些。陈钟按鼓，造新歌些。涉江采菱，发扬荷些。美人既醉，朱颜酡些。娭光眇视，目曾波些。被衣服纤，丽而不奇些。长发曼鬋，艳陆离些。二八齐容，起郑舞些。衽若交竿，抚案下些。竽瑟狂会，搷鸣鼓些。宫庭震惊，发激楚些。吴歈蔡讴，奏大吕些。

我们若拿这一段和上引李克关于农民的描写并读，便看见人间的天堂和地狱。

与都市的繁荣相副的是交通的进步。当孔子之世，从吴都往郱国至快的行军要走三个月。但当战国初年,从鲁都往楚都郢,个人的旅行,十昼夜便可抵达。这种进步似乎不由于运输工具上的新发明,而由于道路的开辟。而道路的修治多半由于军事上的需要。我们可以推想当春秋战国之际,我国在交通上曾起过一次大革命;许多国家,为侵略用兵的便利,都"堙山填谷",以修筑新道路。此事虽然史无明文,但我们从下引战国人所传的两件故事可以得到一点消息:(一)中山国在今滹沱河以北。有一部落叫作夙䌛,智伯想灭掉它,却无路可通。于是铸了一个大钟,用两辆骈列的大车载着,要送给夙䌛的君长。这君长于是"堙岸堙谷",开路迎钟。智伯的军队却跟在大钟后面,把夙䌛灭掉。(二)秦惠王想灭蜀,但山路险阻,兵路不通。于是雕了一只大石牛,每天派人秘密在它后面放一堆黄金,扬言石牛便金。他把这异宝赠给蜀侯。蜀侯于是"堙山填谷",开路以迎石牛。秦惠王的军队,却跟在石牛后面,把蜀灭掉。这两件故事虽然未必全真,至少反映战国人对军事影响交通的认识。

顾名思义,战国时代的特色乃在战争。这时代的战争,在质量上都大变春秋的旧样。第一,直至春秋末年,最大的晋、楚两国,其兵力不过四千乘左右,以一乘战士十人计算,也不过四万人,再加一倍也不到十万人;而战国的七雄中秦、楚、齐、赵,各有"带甲百万"以上;韩、魏、燕的兵力也各不下六十万。第二,春秋时代的国防,其初只注意首都,后来才陆续给近边冲要的邑筑城。但除了少数有城的都邑外,其余的地方,敌国的军队可以随时通过,如入无人之境。但在战国时代,各国当敌的边境都筑起长城和堡垒,这表明国际的生存竞争已到了丝毫不能放松的地步了。第三,在春秋时代,征战的目的以取俘夺货,屈敌行成为常例;以占夺土地,残杀敌人为例外。在战国时代,则征战的目的以占夺土地,残杀敌人为常例,而仅只取俘夺货,屈敌行成为例外。国家对兵士,以首级论功,每次战争动辄斩首十万八万,甚至二十万,甚至一坑四十万。我们的辞典中最凶残的"屠城"一词是在战国时代出现的。见《荀子·议兵篇》。"师之所处必生荆棘""大兵之后必有凶年",都是这时代人形容战祸的实话。第四,战争工具在这时代也大有进步；以前的兵器全是用铜的，此时已渐渐地代以铁和钢；以前纯用车战，只适宜于平原，而不适宜于山险，调动也很迟缓，此时则济以骑兵和步卒。此外攻城有"云梯"的器械，舟战有"钩拒"的器械，都是战国初年鲁国一个大工匠公输般所发明的。第五，战争的技术在战国时代日益专门化了。当春秋之世，各国的军事领袖都是兼管民政的封君，纯粹的武将是没有的。战国初期大政治家像李悝、吴起、商鞅……都是能带兵出阵的，但自此时以降，文武渐渐分途。专门的名将如孙膑、穰苴、白起、王翦、廉颇、李牧等相继出现。专门化的趋势并且及于至少一部分常备的兵士。他们合格的标准已被提高。他们所受的训练，也更加繁重。他们和临时征发农民充当的兵卒已有天渊之别。从上引荀卿所说魏国的武卒可见一斑。因为统治者对军士的重视，民间也开始有结合团体，专习武技或兵法以供统治者选用的。这类团体中最著名的是墨翟所领导的"墨者"们，下文将再叙及。军事专门化之另一表征是兵书的撰著。我国重要的"武经"，如吴起的《吴子》、孙膑的《孙子》、穰苴的《司马法》、墨家的《备城门》等五篇，和尉缭的《尉缭子》，全是战国时代的产品。

第五节　国际局面的变迁

晋国的西南角给黄河褓了一层，外面又给山地褓了一层，即属于所谓"表里山河"的地带，也就是扼着秦人东向出路的地带。这一部分的晋境，给魏国承受了。魏一日保持晋的霸威，秦一日不能大有发展。

魏文侯本已先秦孝公而著鞭。当战国开场的六十年间，魏是风头十足的一国。在它西边的秦，东边的齐，南边的韩、楚，北边的赵，没有不受过它的侵略。前三五三年它把赵都邯郸也攻破了，并且继续占据了两年，因为齐国的压迫才退出。前三四二年魏又伐韩，韩求救于齐，齐将用了一个和吴起齐名的兵法家孙膑做军帅，依他的计，领兵直捣魏的首都大梁。次年魏军还救，大败于马陵；十万雄师，一朝覆没，主帅太子申和将军庞涓都送了命。次年内，齐、秦、赵又连接向魏进攻，商鞅第二次征魏即在此时。连接把它打败。不久楚人也乘机来报复。计马陵之战后二十余年间，秦对魏五次用兵，魏对秦两次献地，秦人不独夺回河西，并且侵入河东、河南。

在四面受敌之下，魏君后来的惠王。用了大哲学家惠施的计策，向齐国屈意修好；后来又用他的计策，于前三三四年和齐君相会于徐州，互认为王。这是魏人联络齐人的一种手段呢，抑或是抵制当时秦国挟周室以令诸侯的计策呢？恐怕两般都有。与齐、魏同时，燕、赵、中山即春秋时的白狄国鲜虞。亦称王，其后秦、韩、宋亦继步。从此周室的余威完全消灭了，从此"尊王"的招牌再没人挂了，旧时代所遗下的空壳已被打破了，新时代的幕已被揭开了。列强已毫无遮掩地以狰狞的面目相对，以血染的锋刃相指，再不用寻觅题目，以为夺地攻城的口实了。

虎狼的秦国既已"出柙"，六国的最大问题便是怎样应付它。六国的外交政策不出两途，即所谓"合从"纵。和"连衡"，横。或简称"从"和"衡"。依韩公子非在他的遗书里所下的界说：

　　从者，合众弱以攻一强也；
　　衡者，事一强以攻众弱也。

所谓一强，不用说是秦国了。秦在西方，六国皆在其东。六国中任何一国与秦国的结合是东西的结合，东西为横，故称连衡，六国共相结合是南北的结合，南北为纵，故称合从。合从当然是六国最安全的政策，也是秦人最惧怕的政策。直至后来六国都被证明已丧失了单独抗秦的力量时，据荀卿的观察，秦人还是"偲偲然常恐天下之一合而轧己"。不过合从政策的持久有很大的困难。第一，除了些残余的可忽略的泗上小侯，如鲁、卫、邹、即春秋时的邾国。滕等外，没有一个国家愿意维持现状，没有一个国家不想乘四邻的间隙扩张领土，便是不在七雄之列的宋，也经过东征西讨的回光返照之后才给齐国灭掉。前二八六年。合从，则六国的出路只有一条，向秦进攻，而秦却不是好惹的。合从政策和六国的"帝国主义"根本冲突。第二，齐、燕两国，距秦遥远；秦的东侵，直到很晚，还没有给他们以切肤之痛；因此它们对于合从运动的热心很容易冷下去。反之魏、楚、韩、赵，因为邻接秦国；它们一和秦绝交，外援未必，而秦军先已压境；就因为始终怕吃一点眼前亏，他们很容易被秦人诱入"亲善"的圈套，而破坏从约。因此，战国时代的国际关系，好比时钟的摆往复于合从、连衡之间；每经一度往复，秦国的东侵便更进一步，六国的抵抗力便更弱一些。

自魏衰后，六国中声势足以与秦相埒，力量足以左右世局的惟有楚和齐，这两国若再倒塌，秦人"统一天下"的幸运便注定。下文略述楚和齐在从横捭阖的变化中被削弱的经过。其他六国自相残杀和秦人脔割三晋的惨史，这里不必细表。

前三一八年六国第一次合从攻秦，以楚怀王为从长。但实际上参战的只有韩、赵。次年，这两国的兵给秦大败于修鱼，<small>韩地。</small>齐又倒戈攻赵、魏。这首次从约，不待秦破坏先已瓦解。越一年，秦灭蜀，并灭巴，国境增加原有的一倍以上，与楚的巫郡、黔中相接。于是秦人开始图楚。最为秦人所畏忌的是齐、楚的结合，秦人于是以商於之地六百里的许让为条件，诱得楚怀王与齐绝交，旋即食言。怀王大怒，于前三一二年，发兵攻秦。秦胁韩助战，大败楚军于丹阳，斩首八万，虏楚主将及裨将七十多人，并且占领了楚的汉中，<small>汉水上游陕西、湖北接界的一带地方。</small>怀王越怒，再以倾国的兵袭秦。战于蓝田，又是一败涂地。韩、魏还趁火打劫，侵楚至邓。次年秦又攻楚取召陵。自汉中失，郢都的西北屏藩撤，楚的国威大挫。其后不久<small>前三〇七年？</small>楚虽承越国内乱，攻杀越王无疆，尽取故吴地至浙江。所得还不足以补偿它这次的损失。

前三〇六年？齐又提议合从，自为从长，邀楚参加。这时正是楚人复仇的机会了，怀王也答应参加了。但一会儿受了秦人诱惑，忽然变起卦来，竟和秦国互结婚姻。前三〇三年，齐、魏、韩于是便连兵讨楚背约。怀王使太子质于秦，请得秦的救兵，三国才退去。但次年楚太子斗杀秦大夫，逃归。秦人得了这个好题目，便联合齐、韩、魏攻楚方城。接着又给了楚两次的惩创之后，秦忽然和楚"亲善"起来，并且请求怀王亲到秦楚交界的武关会盟。怀王待要不去，怕得罪了秦，又禁不起儿子的催促,便应命而往。他一入关,秦的伏兵便把关门闭起。他被领到咸阳,朝章台宫,如藩臣一般。秦人要他割让巫郡、黔中,以为释放他的条件,他也答应了。但秦要先得地,后放人!他愤而拒绝。在秦国羁留了两年,他试逃归,事泄,秦人截住楚道,他从间道走赵,赵不敢纳,正要往魏,而秦兵追至,把他押回,次年,他发病死。秦人把他的尸首送还,楚的老百姓都哀怜他,如像死了亲戚。但过了三年,秦人大败韩军,斩首二十四万级之后,投书楚顷襄王怀王子。道:"楚倍秦,秦且率诸侯伐楚,争一旦之命,愿王之饬士卒,得一善战!"顷襄王给吓得心惊胆战,立即同秦国讲和,次年又向秦国迎亲。

楚怀王死后不久,齐国也由极盛而骤衰。自马陵之战,齐已代魏而为东方的领袖,三晋的君主都向他来朝。其后二十九年前三一四年。齐乘燕王哙让位给卿相子之,燕太子逆着民意作乱的时机,出兵伐燕。燕士卒在离叛的状态之下,连城门也懒得关闭。齐兵不到两个月便攻破燕都;并且继续占据了三年,因燕人的反抗和诸侯的胁迫而退出。用齐宣王自鸣得意的话:"以万乘之国伐万乘之国,五旬而举之!"这样的武功直至此时,秦人也还没有尝试过。前二九六年,齐遂领着三晋和宋合从攻秦,秦人竟不敢应战。自楚衰后,齐、秦在列国中成了东西突起的两个高峰。为表示它们的特殊地位,秦昭襄王于前二八八年,怀王死后八年。约合齐湣王,同时把尊号升高一级;秦王为西帝,齐王为东帝,这个授议隐然有秦、齐平分天下的意思了。但秦的劝道只是"将欲取之,必固与之"的手段。它一则可以助长齐湣王的骄心,一则可以离间齐和别国的亲交。湣王底下未尝没有看出这诡计的人。所以他称帝后二日,便受劝仍复称王,昭襄王也只得照样。但湣王的帝号虽已取消,他的野心并没有减小。过了两年,他便举兵灭宋。接着又南割楚的淮北,西侵三晋,并且打算吞灭两周。泗上邹、鲁等小国的君主个个震恐,向齐称臣。宋在向戌弭兵之会后,曾先后吞并了曹、滕,在被灭之前已是一个拥有五千乘兵力的四千里之国,而宋王偃,虽然时人把他比于桀、纣,却不是一个无抵抗主义者。灭宋,而齐国力大大损耗。燕昭王方卑身厚币,筑馆招贤,伺机复仇。他看破了这一点，便于宋灭后二年前二八四年。联合秦、楚和三晋，大举伐齐。燕将乐毅攻入临淄，把三十年前齐军在燕京的暴行照抄一遍。这泱泱大国的首都六七百来年所积的"珠玉财宝，车甲珍器"被劫夺一空。湣王出走，连历卫和邹、鲁，还始终摆着"东帝"的架子，责应供张，却到处碰钉，又走回齐国，结果为莒人所杀。别国的兵饱掠飏归后，燕军继续前进，五年之间，把整个齐国的七十余城，除了莒和即墨外都占领了，并且列为燕的郡县。这两个城之能够支持，因有田单在。田单是齐王室的支裔，初时做临淄市官底下的一个小吏。燕军入齐，他走回故乡安平，教族人把车轴的末端截去，加上铁套。安平破，齐人争路逃奔，多因车轴撞坏，给燕兵追及，掳去为奴。田单和他的族人独得脱身，走避即墨。燕兵围即墨，即墨大夫战死，城中无主。众人公推田单为将军，以抗燕。田单亲负版锸筑城的用具。和士兵分劳，把酒肉尽量分给部下，把妻妾编在行伍间服务。两军正相持间而燕昭王死，前二七九年。他的继位的儿子，素与乐毅不睦，又中了田单的反间计，便请乐毅退歇，而用一个蹩脚的将军替代他。乐毅一去，燕军便如枯草败叶一般被田单扫出齐境。然而齐国已被践蹋得体无完肤了！此后直至灭亡之前是它"闭门养疴"的时期。

东帝已被打倒了。秦人可以放胆为所欲为的了。时局急转直下了。燕昭王死前一年，秦将司马错由蜀道攻占楚的黔中。又过二年，秦将白起出汉中，攻破鄢郢。把楚先王陵墓的宏伟建筑，付之一炬，楚兵溃散不战，楚王狼狈迁都于陈国的故城；后来还不放心，又迁都于寿春。今安徽寿县。秦人破鄢郢之后，即把它占领置为南郡。次年蜀郡守又占领楚的巫郡及江南。计四年之间，楚国蹙地殆半。结果它还是只得向秦求和。秦便暂时把它放下，而专力去宰割三晋。前二六〇年，白起的远征军败赵于长平，今山西高平县西北。活埋降卒四十万。赵的壮丁几乎在此役死尽。又四年，秦灭西周，西周君赴秦顿首受罪，尽献所属邑三十六、逃剩的人口三万和一些未散的宝器。同年周赧王死，再没人给他立后。周朝的残喘也断绝了。此时秦人正好打铁趁炉热地去吞并六国。但此时昭襄王已衰老，名将白起已被猜疑而诛死，而继昭襄王的两个君主，一个只享祚三日，一个只享祚三年，最后秦王嬴政又以冲龄践位，政权暂时落在母后和权相手中。因此秦人统一的大业被耽搁了二十多年，我们正好借这空闲，从喋血的战场转到历史中比较平静的一角。

第六章

战国时代的思潮

第一节 新知识阶级的兴起

当封建时代的前期贵族不独专有政权和田土,并且专有知识。闲暇和教育是他们所独享的,《诗》《书》《礼》《乐》完全与平民绝缘,在封建组织演化中,贵族的后裔渐渐有降为平民的,知识也渐渐渗入民间。初时在野的学人有两种,一是躬耕食力的隐者,二是靠相礼或授徒糊口的"儒",这两种人在孔子以前都已存在,虽然他们最初出现的时候不能确定。

《诗》三百篇中已有些隐者的诗,例如:

> 十亩之间兮,桑者闲闲兮,行与子还兮。
> 十亩之外兮,桑者泄泄兮,行与子逝兮。

又例如:

> 衡门之下,可以栖迟。泌之洋洋,可以乐饥。
> 岂其食鱼,必河之鲂?岂其取妻,必齐之姜?

这种淡泊自适的胸襟,决不是没有学养的人所能道的。孔子以前的隐者,也有见于记载的。前五八六年,晋国起了大地震,梁山崩坍,都人惊惧,晋侯派传车去召大夫伯宗来商议,伯宗在半路遇着一辆载重的大车,喝令避开。赶车的人说:与其等待我,不如停车绕道,还来得快些。伯宗见他有胆识,和他问讯。原来他是绛人,问以绛事。答道:梁山崩坍,听说召伯宗来商议。问:伯宗来又怎么办呢?那人答道:"山有朽坏的土壤便崩坍下来,可怎么办呢?国以山川为主。若山崩川竭,国君得暂时减却盛馔,除去盛服,停止音乐,改乘缦车,_{没装饰的。}出宿郊外,并且命祝去献币,史去陈辞,以致敬礼,不过如此而已。便伯宗来,又怎么办呢?"伯宗要带他去见晋君,他不答应,后来拿他的话转告晋君,被采用了。这位赶车的隐者,其识见竟敌得过当世晋国最足智多谋的大夫。到了春秋末年,明哲的人隐遁的更多,孔子至有"贤者避世,其次避地"之叹。这辈隐者,孔子师弟在游历的途中,屡有所遇,前面已叙及一例。但这时代的隐者和后来战国时代的隐者不同。他们在思想界是没有势力的。他们乃是真正的隐逸,既不著书立说,也没有当世的声名。他们的言行即使偶然闯入记载里,他们的姓氏也没有流传。

其次说"儒"。这一名词后世成了孔子信徒的专称,原初却不如此。《论语》里记孔子对一位弟子说:"汝为君子儒,毋为小人儒!"可见孔门之外尽多孔子所不取的小人儒。最初的儒,大约是公室氏室所禄养的祝、宗、卜、史之类,因主家的灭亡或衰落,而失去世职流落民间的,他们本来是贵族的"智囊团",多半是兼通《诗》《书》《礼》《乐》的,所长特别是典礼的娴熟。他们失职之后,便靠帮助人家办丧葬祭祀的大事_{尤其是丧事。}或传授《诗》《书》和《礼》文,以为生活。别的社会分子也有传授他们的衣钵,继续他们的业务的。这辈人渐渐成为社会上一特殊的流品。古礼是他们的饭碗,守旧是他们的习性,文弱是他们的本分。因为他们的比较文弱,所以有儒之称,凡从需的字,大抵有柔缓的意思。他们之中也有堕落到只顾衣食,不讲廉耻,听说阔人有丧事,便率领子弟,如蚁附膻地不请自往;甚至有穷极无聊,乞人禾麦的。这类儒者大概即是孔子所谓小人儒。

伟大的儒者从孔子数起。"君子儒"的理想也是他首先提倡的。他和他的大弟子便是君子儒的榜样。他们也授徒，但不独传授技能，并且传授主义；他们也相礼，但把"礼之本"看得比礼文还重要。而且授徒相礼不过是他们的事业的一部分。他们最大的抱负乃在政治的建树，传统制度的拥护，武王、周公时代的礼乐的复兴。孔子以前的儒者也许已有出仕于公室或氏室而做些家臣或邑宰之类的，但有主义、有操守地作政治活动的儒者，却以孔子为第一人。大概孔子死后，到了一个时期，所有的儒者，不分君子小人，或由师承，或由私淑，或由依附，都奉孔子为宗师。因此，儒与"孔子的信徒"合一。

但在春秋末年儒还只有职业阶级的意义而没有学派的意义。因为那时除了儒外，似乎没有别的学派，至少别的特树一帜的学派。那时作政治活动的在野知识分子只有儒者。儒之成为学派的名称乃是战国初年的事；乃是有了与儒对抗的学派，即所谓"道术分裂"以后的事。最初与儒对抗的学派是墨翟所领导的墨家和专替国君做参谋、出法令的法家。而墨翟初时是"学儒者之业，受孔子之术"的；初期的法家代表人物，如李克、吴起，都是孔子的再传弟子。在墨家和法家出现以前，在野的知识界差不多给儒包办了。

自墨家和法家兴起以后，那不稼穑，无恒产，而以做官或讲学为生活的知识分子，即所谓"文学游说之士"者，派别日益繁纷。同时在政权的争夺，强邻的抗拒，或侵略的进行当中，列国的君相因为人才的需要，对于这班游士礼遇日益隆重。最著的，如在齐宣王的朝廷中，被爵为上大夫，"不治而议论"的游士一时有七十六人，宣王在临淄稷门外的稷下，"开第康庄之衢，高门大屋，（以）尊宠之"。因此有"稷下先生"的称号。其他来求利禄而未得进身的游士还不知凡几呢。直至燕人之难后，稷下讲学的风气还没有消灭。下文将要叙及的重要思想家中，如孟轲、邹衍、荀卿先后都到过稷下。

第二节　墨子

春秋时代最伟大的思想家是孔丘，战国时代最伟大的思想家是墨翟。孔子给春秋时代以光彩的结束，墨子给战国时代以光彩的开端。

墨子和孔子同国籍。但墨子一生似乎在宋的时候多。墨子的降生约略和孔子的逝世衔接。在战国及汉初，孔、墨是两位常被并称的大师，同以德智的崇高和信徒的广众为一般学人所敬仰，虽然汉以后孔子被人捧上神坛，而墨子则被人忘记了。就学术和生活而论，孔、墨却是相反的两极。孔子是传统制度的拥护者，而墨子则是一种新社会秩序的追求者。孔子不辞养尊处优，而墨子则是恶衣粗食、胼手胝足的苦行者。孔子不讲军旅之事，而墨子则是以墨守著名的战士。孔子是深造的音乐家，而墨子则以音乐为应当禁绝的奢侈。孔子不谈天道，而墨子则把自己的理想托为"天志"；孔子要远鬼神，而墨子则相信鬼神统治着人世。孔子鄙视手艺，对于请"学稼""学圃"种园。的弟子樊迟曾有"小人哉"之讥；而墨子则是机械巧匠，传说他曾创制过一只能自飞的木鸢。

在世界史上，墨子首先拿理智的明灯向人世作彻底的探照，首先替人类的共同生活作合理的新规划。他发现当前的社会充满了矛盾、愚昧和自讨的苦恼。他觉得诸夏的文明实在没有多少值得骄傲的地方。他觉得大部分所谓礼义，较之从前铰沐在越东，大约今浙江滨海一带。国人把初生的长子肢解而食以求"宜弟"，及以新媾的祖母为接近不得的"鬼妻"而抛去不养等类习俗，实在是五十步之笑百步。看看诸夏的礼义是怎样的！为什么残杀一个人是死罪，另一方面，在侵略的战争中残杀成千成万的人却被奖赏，甚至受歌颂？为什么攘夺别人的珠玉以至鸡犬的叫作盗贼，而攘夺别人的城邑国家的却叫作元勋？为什么大多数的人民应当缩食节衣，甚至死于饥寒，以供统治者穷奢极欲的享乐？为什么一个人群统治权应当交给一家族世世掌握，不管他的子孙怎样愚蠢凶残？为什么一个贵人死了要把几十百的活人杀了陪葬？为什么一条死尸的打发要弄到贵室匮乏，庶人倾家？为什么一个人死了，他的子孙得在两三年内做到或装成"哀毁骨立"的样子，叫作守丧？总之一切道德礼俗，一切社会制度，应当为的是什么？说也奇怪，这个人人的切身问题，自从我国有了文字记录以来，经过至少一二千年的漫漫长夜，到了墨子才把它鲜明地、斩截地、强聒不舍地提出，墨子死后不久，这问题又埋葬在二千多年的漫漫长夜中，到最近才再被掘起！

墨子的答案是很简单的，一切道德礼俗，一切社会制度应当是为着"天下之大利"，而不是一小阶级、一国家的私利。什么是天下的大利呢？墨子以为这只是全天下人都能安生遂生，继续繁殖，更具体地说，都能足食足衣，结婚育子。目前全天下人都能做到这一步了吗？不能。那么，墨子以为我们首先要用全力去做到这一步。至于这一步做到后怎么办，墨子是没闲心去计及的。在做到这一步之前，任何人的享受，若超过遂生传种的最低限度需求，便是掠夺。"先天下之乐而乐"乃是罪恶。所以墨子和他的门徒实行极端的勤劳和节约。他们拿传说中沐雨栉风，为民治水，弄得腿上的毛都脱尽的大禹作榜样。他们的居室，茅茨不剪，木椽不斫；他们用土簋土碗，食藜藿的羹和极粗的高粱饭；他们的衣服，夏用葛布，冬用鹿皮，结束得同囚犯一样。他们说，非如此够不上禹道，够不上做墨者。按照墨子所找出的一切社会制度的道德根据，好些旧日大家所默认的社会情形，其有无存在的理由，是不烦思索的。侵略的战争是违反"天下之大利"的，所以墨子提倡"非攻"；统治阶级的独乐是违反"天下之大利"的，所以墨子提倡"节用"；厚葬久丧是违反"天下之大利"的，所以墨子提倡"桐棺三寸，服丧三日"的礼制。王侯世袭和贵族世官世禄是违反"天下之大利"的，所以墨子设想一个合理的社会，在其中，大家选举全天下最贤的人做天子；天子又选些次贤的人做自己的辅佐；因为"天下……博大，远国异土之民是非利害之辨不可一二而明知"，天子又将天下划分为万国，选各国中最贤的人做国君；国以下有"里"，里以下有"乡"；里长、乡长各由国君选里中乡中最贤的人充任；乡长既然是乡中最贤的，那么全乡的人不独应当服从他的命令，并且得依着他的意志以为是非毁誉；等而上之，全天下人的是非毁誉都得依着天子的意志。如此则舆论和政令符合，整个社会像一副抹了油的机器，按着同一的方向活动。这便是墨子所谓"上同"。

第三节　墨子与墨家

"天下之大利"的反面是"天下之大害"。我们一方面要实现"天下之大利",一方面要消除"天下之大害"。墨子以为天下的大害,莫如大国之侵略小国,大家族之欺凌小家族,强者智者之压迫弱者愚者,以及一切伦常间的失欢失德,总而言之,即人与人的冲突。墨子推寻人们冲突的根本原因乃在彼此不相爱。假如人人把全人类看成与自己一体,哪里还有争夺欺凌的事?所以墨子又提倡"兼爱",那就是说,对世上一切人都一视同仁地爱,不因亲疏而分差等。

反对墨家的人说道:兼爱诚然是再好不过的,可惜只是空想,不能实行!墨子答道:天下最苦的事,哪里有超得过"赴汤蹈火"?然而赏罚和毁誉竟能使人甘之如饴。兼爱至少不是"赴汤蹈火"一般的苦事。反之,"爱人者人恒爱之",所得的报酬真是"一本万利"的。假如有以身作则的统治者拿奖励战死的精神奖励兼爱,拿惩罚逃阵的精神惩罚不兼爱,而社会的毁誉又从而援应之,哪怕人民不"风行草偃"地趋向兼爱?所以"上同"是必要的。

在圣贤的统治之下,大众"兼相爱,交相利";"有余力以相劳,有余财以相分";"老而无妻子者有所侍养以终其寿,幼弱孤童之无父母者有所放依以长其身";整个社会里,没有贫富劳逸的不均,没有浪费和窘迫的对照,没有嫉妒、愁怨或争夺,这便是墨子的理想社会。

墨学在汉以后虽无嗣音,它的精华已为一部分儒家所摄取。所谓"大同"的观念即儒家讲政治所达到的最高境界,见于战国末年所作的《礼运篇》中者,实以墨家言为蓝本。《礼运》说:"大道之行也,天下为公,选贤与能,讲信修睦。故人不独亲其亲,不独子其子,使老有所终,壮有所用,幼有所长,鳏寡孤独废疾者皆有所养。男有分,女有归。货恶其弃于地也,不必藏于己;力恶其不出于身也,不必为己。是故谋闭而不兴,盗窃乱贼而不作,故外户而不闭,是谓大同。"我们试拿这段话和上述墨子的理想比较,便知道它们的符合决不是偶然的。

墨子不独有建设一个新社会的理想,并且在他的能力之内求它实现，他和他所领导的弟子三百余人便是他的理想的具体而微。

在战国的一切学派中，墨家是最特别的。法家者流不过是些异时异地，各不相谋的人物，后世因为他们的方术相同，给以一个共名而已。儒者虽然有时聚集于一个大师之下，也不成为什么组织。惟墨家则是一个永久的，有组织的团体。他的作用兼有技术的传授和职业的合作。这是一个"武士的行会"，它的事业，表面上像是和墨子的主义极端相反的，乃是战斗！不过墨子固然反对侵略的战争，却绝不是一个无抵抗主义者。他知道要消灭侵略的战争只有靠比侵略者更强顽的抵抗。所以他和弟子们讲求守御的技术，制造守御的器械，"以备世之急"。他们受君相禄养，替他们守城。墨家以外，给君相"保镖"为业的"侠士行会"，同时当尚有之。墨家的特色乃在奉行着一套主义，只替人守，不替人攻。平常墨者参加守御的战事固然是受雇的。但有时他们也自动打抱不平。前四四五年左右，公输般替楚国造"云梯"成，将用来攻宋。墨子在鲁国闻讯，一面派弟子禽滑厘等三百余人带着守御器械在宋城上布防，一面步行十日十夜到鄢郢劝楚惠王罢兵。在惠王面前，墨子解带为城，以衣为械，和公输般表演攻守的技术，公输般攻城的机变出尽，而墨子守器有余，墨子又把禽滑厘等在宋的事实宣布，惠王只得罢兵。

像别的替君相保镖的游侠一般，墨者多半是从下层社会中来的。在同时的士大夫眼中，墨子也只是一个"贱人"。这些"贱人"自然不会有儒家者流的绅士架子，他们的生活自然是朴陋的。他们的团体，像近世江湖的结帮一般，是"有饭大家吃，有钱大家花"的。这团体的领袖叫作"钜子"，是终身职。第一任钜子墨翟是大家拥护的，以后的钜子却大概是由前任指定。当墨家全盛时，这整个团体的意志统一在钜子之下。墨翟能使他的任何弟子"赴火蹈刃，死不旋踵"。这团体有特殊的法律，由钜子执行。现在仅得而知的，"墨者之法，杀人者死，伤人者刑"，绝无宽纵。墨子所提倡的种种社会理想，大致是墨者团体内所实行的，也许是以前同类的团体所已实行的。墨子的贡献也许是把这种团体的实际生活类推到极端，扩充到全人类，并且给以理论的依据。

墨子的死年不可确考，但必在前三八一年吴起之死以前。是年楚肃王穷治杀害吴起的贵族,其中有一个阳城君,墨者钜子和徒弟一百八十余人为他守邑抗官军而死。这钜子已不是墨翟而是孟胜。这一百八十余人的死无疑是墨家的一大损失。但它的损失还有更大的。墨子死后不久,墨家裂成三派,各自以为是正宗,不相上下,甚至互相倾轧。而墨子以后,墨家并没有十分伟大的领袖继起,如像儒家之有孟子、荀子,这也是墨家衰微的原因。

第四节　孟子、许行及《周官》

战国的历史可以分为三期:从三晋建侯前四〇三年。至秦始变法前三五九年。凡四十四年,是为初期;从秦始变法至秦齐相帝前二八八年。凡七十一年,是为中期;从秦齐相帝至六国尽灭前二二一年。凡六十七年,是为末期。

当战国初期,对抗的显学只有儒墨;其时法家者流虽已出现,尚未加入论战的漩涡。到了中期则"百家之学"并起争鸣,而像儒墨法等大家中又分派。在战国思想史中,初期好比树干始椊,中期则枝柯交错了。这中期的思想家里头,无论怎样胆大,怎样怪诞的,从劝人学禽兽一般恣情纵欲的它嚣、魏牟,到劝人学石头一般无知无觉的田骈、慎到,都应有尽有。这一期的学说现在不能尽述,尤其是内中比较玄奥的哲理,本书因为性质所限,不能涉及。现在只讲这时期的几个代表思想家的人生观以及政治理想。先从儒家中在孔子底下坐第二把交椅的孟子说起。

像墨子一般,孟子也留意全人类的幸福。不过在替全人类的策划中,他们有这一点不同。墨子的出身无疑是窭人子。他知道粒粟寸缕,只有靠血汗才换得来;他"昭昭然为天下忧不足"。用荀子形容墨子的话。他觉得丝毫物质或精力的浪费是不可恕的罪恶,他觉得人们生在这世上,是来共患难的,不是来共安乐的,至少就目前和最近的将来而论是如此。孟子的家世虽不可知,然而他久游于物力充裕、夸诞成风的齐国,从一班被养着来高谈阔论的"稷下先生"中间出来,"后车数十乘,从者数百人,以传食于诸侯";他对于世事的乐观,活像一个不知稼穑艰难的纨绔子。听他说的："不违农时，谷不可胜食也；数罟不入污池，鱼鳖不可胜食也；斧斤以时入山林，材木不可胜用也。"既然如此，人人稍为享乐些，甚至有些人特别享乐些也不为过了。所以他承认统治者厚禄的特权，在他的理想社会里，国家分为三等，上等国的官禄如下表：

庶人在官者	禄相当于百亩的出产
下士	与庶人在官者同禄
中士	禄二倍下士
上士	禄四倍下士
大夫	禄八倍下士
卿	禄三十二倍下士
国君	禄三百二十倍下士

不过孟子这个表与其说是替当时的统治者张目，毋宁说是制裁他们，因为他们实际的享受决不止此。这时小至一个县令，身死以后，子孙也能累世乘车呢！

与孟子同时有一位楚人许行，他托为神农神话中发明耕稼的圣帝。之言，提倡统治者和被统治者在经济上的绝对平等。他以为国君应当废掉府库，"与民并耕而食"。又主张用政府的力量规定物价："布帛长短同则价相若，麻缕丝絮轻重同则价相若，五谷多寡同则价相若，屦大小同则价相若"；如此则"市价不二，国中无伪"，同时也再没人肯费力去制造华美的东西，奢侈不禁自绝了。

许行闻得滕国齐、楚间小国。新即位的文公要行仁政，便率领弟子数十人来到滕都。他们虽受文公的礼遇，还穿着短衣，织席出卖以为生活。同时在宋国的儒者陈相，也受文公的吸引，和兄弟陈辛，肩着耒耜，走来滕国。他们听到许行的教说，立即把旧时所学的"周公仲尼之道"抛弃，而变成许行的信徒。这时孟子恰在滕国。有一天陈相去看他，彼此间不免有一番论战。孟子提出分工的道理来，说道：做各种手艺的人，要精于所业，不能同时耕种，难道治天下的人就可以同时耕种了吗？"故曰：或劳心，或劳力；劳心者治人，劳力者治于人；治于人者食^{供养}。人，治人者食于人；天下之通义也。"这自然是再对没有的。从孟子书中的记载看来，陈相也好像被他长江大河的辞令驳得哑口无言。不过就许行的根本主张推论，治人者即使不能"与民并耕而食"，"禄足以代其耕"也就可以了。凭什么理由，他们应当享受三十二倍至于三百二十倍于平民？凭什么理由他们的子孙应当世世受着人民的供养？这是孟子所无暇计及的。这一点的忽略判定儒墨的荣枯。

不过孟子虽然承认世禄的贵族阶级，却怀疑天子世袭制度的合理。他设想一个德智兼全的圣人在天子之位，到了年老，则预选一个年纪较少的圣人，试使为相；如果这人的成绩彰著，便"荐之于天"，以为将来自己的替代者。老圣人死，少圣人便依法继位，这即后世所谓"禅让"制度。怎知道新君是被天所接受呢？天意是不可知的。但"天视自我民视，天听自我民听"。如果民心归附新君，即是天以天下与之。孟子相信，从前尧之于舜和舜之于禹，都实行禅让的办法。所以他谈到政治，必称尧舜。但他已认禅让之变为世袭是"莫之为而为之者，天也"。禅让似乎只是他憧憬中的理想，而非认为必须实现的制度。

孟子虽然拥护统治者的若干特权，毕竟认定政府存在的惟一理由，是人民利益的保障。他说"民为贵，社稷次之，君为轻"。他对于民生问题，也有比墨子更具体的改革方案。

依孟子的理想，每国的"国中"^{首都和它的附近。}和"野"^{"国中"以外的地方。}应有不同的制度。于"野"，每方里^{九百亩。}的田土为一单位。这一单位分为九格，成井字形。旁边的八格，分给八家，叫作"私田"。中间的一格由政府保留，叫作"公田"。八家除了各耕私田外，同时合耕公田。"公事毕然后敢治私事"。私田的出产完全归各私家，公田的出产则拿去充有职或无职的贵族的俸禄。此外农民更不须纳什么租税，出什么力役。这是孟子所谓"九一而助"的办法，也就是后世许多儒者所憧憬着的"井田"制度。至于"国中"的办法，孟子书中的记载不大清楚，也许有点残缺，现在不必费神去推敲。总之，在这里，减轻赋役和平均土地分配的精神和助法是一致的。

在这种经济组织之下，人民可以"养生丧死无憾"了，但"养生丧死无憾"孟子只认为是"王道之始"。什么是"王道之终"呢？那是用政府的力量，普及教育，使人人得而发展"人之所以异于禽兽"的特性。教育，在孟子以前是贵族的专利和其他少数人的幸运。把它普及于一般人，那是孟子的新要求，那是他指给后来的历史的新路。

再者，什么是"人之所以异于禽兽"的特性呢？

在孟子时代，一个新问题开始流行于思想界，那就是人性善恶的问题。所谓人性，是人人生来就有的品质。在这场争论中孟子是主张性善的。他以为人人生来就有仁、义、礼、智的趋势——"端"。所谓"仁之端"即对他人苦难的同情；所谓"义之端"即对不义事的羞恶；所谓"智之端"即辨别是非的能力；所谓"礼之端"即辞让的心情。孟子以为这四端"人之所不虑思虑。而知……不学而能"的，也就是"人之所以异于禽兽"的。用全力去发展这四端，便是他所谓尽性。"尽性"的修养积之既久，人们便会仿佛感觉着自己的心中充满了一种"浩然之气"，"其为气也，至大至刚……塞乎天地之间"。具有这种气概的人"富贵不能淫，贫贱不能移，威武不能屈"。这便是孟子所谓"大丈夫"。做到这样的大丈夫才是人生的最高的目的。

这里可以附带讲一位不知名的政治思想家，即《周官》亦称《周礼》的作者。他无疑是战国时人，但属于战国的哪一期和哪一国则不可知。我把他附在孟子之后，因为他的政治理想，在基本观念上是与孟子一致的；在细节上也有许多地方和孟子相同。儒家讲政治都是大体上拥护周朝的制度，即封建的组织，而在这躯壳内，提高人民的地位，改善人民的生活，发展人民的教育。孔子如此，孟子也是如此，《周官》的作者也是如此。但在实施的办法上，则孟子讲得比孔子更精详，《周官》的作者讲得比孟子更精详。从思想发展的自然趋势看来，我推测《周官》的作者的时代当在孟子之后，而且是受到了孟子的影响的。

《周官》的作者是一大学者，他似乎曾尽当时所能得到的文献对周制做过一番研究功夫。《周官》一书是他对周制的知识和他的社会理想交织而成的。这里不打算给这部书作一提要，只将其中若干进步的理想摘述于下。

（1）孟子以为政治当顺民意。《周官》的作者亦然。他主张国家遇着三种时机，应当把全国的人民<small>他理想中一个政府所直接统治最大范围是王畿，不过一千里见方。</small>召齐来征询他们的意见。那三种时机，一是国家危急，二是迁都，三是君位的继承有了问题。<small>大约是君死而无嫡子。</small>

（2）孟子于"国中"和"野"提出不同的平均地权的制度。《周官》的作者亦然。他主张把"郊"<small>相当于孟所谓"国中"。</small>的田地分为三等：上等是最饶沃而无须采用轮耕法的；中等是须用轮耕法而每耕一年之后须休歇一年的；下等是每耕一年之后须休歇两年的。上田每家给予一百亩，次田每家给予二百亩，下田每家给予三百亩。于"野"不行轮耕法而按照另外的标准把田分为三等。上田，每夫<small>即成年的男子。</small>给予一百亩，另外荒地五十亩；次田，每夫给予一百亩，另外荒地一百亩；下田，每夫给予一百亩，另外荒地二百亩。

（3）孟子鄙视垄断的"贱丈夫"，《周官》的作者亦然。但他更想出由国家节制资本的具体办法。他主张遇天灾时和遇因季候关系，而物产稀少时，禁止抬高物价。又主张国家设泉府一官，遇货物滞销，由泉府收买，待其价格升涨时，照原价卖于消费者。惟人民买泉府物时须得地方官吏保证，以防其转卖。这一来商人便无法贱买贵卖囤积居奇了。他又主张人民可以向泉府赊贷而纳很轻的利息。这一来富人便无法重利盘剥贫民了。

（4）孟子心目中的"王政"是要使普天之下无一人不得其所，甚至"内无怨女，外无旷夫"。《周官》于政府之社会救济的事业更有详细的规定，像荒政，像老弱孤寡的给养，不用说了。最可注意的是其中"医师"和"媒氏"两职。医师属下有许多内科和外科的官医，人民有病，由官医免费疗治。医师于每年年底统计官医的成绩，分别等第而加惩奖。每遇有病死的人，官医须记录其症候，送交医师。媒氏掌管人民的婚姻，他登记国内成年而无偶的男女给他们配合。每年二月他下令叫人民婚嫁，在这一月内，成年的男女可不经父母之命、媒妁之言而自由配合。

（5）在教育方面，《周官》的作者的思想比孟子落后。在《周官》里，贵族子弟的教育是有特设的官职保氏。和机关掌管的。但像孟子理想中为平民子弟而设的"庠、序"却没有。在郊的区域，政教合一，地方官同时就是人民的教师。但在野的区域里，则除了军事训练外政府不管人民的教育，地方官也无教育的职责。若不是作者有重内轻外的见解，便是认为"野人"是根本不可教的了。至于郊的区域里，教育实施的办法大略有四种。一是"读法"。每年内，不同等级的地方官，在不同的时节和不同的典礼中召集属下的人民读法。《周官》里所谓法比我们现在所谓法意义更广，它包括许多现在不属于法律范围的道德规条。二是训诫和赏罚。人民有违法纪而罪非甚重的，由执法的官吏召来训诫，经过若干次训诫无效，便加惩罚。品行优良的由地方官吏登记呈报，供政府选择任用。三是教导礼仪。党正每五百家为一党，其长名党正。遇党内有祭祀、婚丧、宴饮等事，便去教导和纠正礼仪。四是会猎。各地的壮丁，每季聚齐举行田猎一次，由官吏率领。在猎事前后受武艺和战阵的训练。《周官》的教育理想是以六德、六行、六艺教万民。野人不在内。所谓六德乃"智、仁、圣、义、中、和"；所谓六行乃"孝、友、亲于兄弟。睦、亲于同族。姻、亲于戚属。任、信于朋友。恤"；救助贫乏。所谓六艺是"礼、乐、射、御、书、数"。作者更特别注重中、和与礼、乐。他说"礼以教中，乐以教和"。

第五节　杨朱、陈仲、庄周、惠施、老子

孟子攻击最力的论敌是墨翟和杨朱。据他说，当时"杨朱墨翟之言盈天下；天下之言，不归杨则归墨"。

杨朱据说见过魏惠王，大约是孟子的前辈，他的学说虽曾煊赫一时，他的事迹，却无传于后，他即使有著述，汉以后已亡佚。我们只能从战国人的称引中，窥见他的学说的一鳞一爪。与墨子的兼爱相针对的，他提倡"为我"，用现在的话说即自私。以为人生的最高目的，应当是各求自己舒适地生活下去——不放纵，也不吃苦，为达到这目的，人

们应当"不入危城，不处军旅，不以天下大利易其一胫毛"。杨朱以为倘若人人能如此，天下便太平了。这种思想，无疑是一向独善其身的隐者给自己的生活的辩护。

稍后于杨朱而与孟子同辈的著名隐者有陈仲和庄周。

陈仲本是齐国的贵族。他的两个胞兄都食禄万钟。他却提倡"不恃人而食"的新道德；以为他们的禄是不义的禄，不肯食；以为他们的房屋是不义的房屋，不肯住。他带着妻室，避兄离母，另立家庭。他让妻缉练麻丝，自己织麻鞋出卖，以为生活。一日，他回旧家省母，适值有人送了鹅来，他厌恶道：要这䩄䩄的东西做甚？后来他的母亲瞒着他宰了那鹅给他吃。正吃时，他的一个兄长走来说道，这就是那䩄䩄的东西的肉啦。陈仲立即走到门外把它呕出来。他所实行的新道德，据说是"持之有故，言之成理"的，并且他的理论是很能"惑众"的，可惜其详现在不可得知了。

庄周，宋人，和惠施同国籍，并且是很要好的朋友。但庄子却不乐仕进，仅做过本乡蒙邑的漆园吏。据说楚王有一次派人去聘他为相。他问来使道："听说楚王有一只神龟，死去三千多年了。楚王把他藏在巾笥里。这只龟宁愿死了留下骨头受人珍贵呢？宁愿活着在烂泥里拖尾巴呢？"来使答道："宁愿活着在烂泥里拖尾巴。"庄子便说："去吧！我要在烂泥里拖尾巴呢。"庄子善用恢奇的譬喻解说玄妙的道理。他的著作是哲学和文学的结合。论其想象的瑰丽和情思的飘逸，只有稍后的楚国大诗人、《离骚》的作者屈原，可以和他比拟。他以为理想中的"至人"——那泯视了生死、寿夭、成败、得失、是非、毁誉的差别，超脱了世间一切欲好的束缚，一切喜怒哀乐的萦扰，看得自己与天地万物合为一体，不知有"我"与"非我"相对立的"至人"——他以为这样的"至人"较之背像泰山，翼像遮天的云，乘着海风直上九万里，激水三千里，一飞要六个月才歇息的大鹏还更逍遥自在；至于一般萦萦扰扰的俗人则比于那些被榆枋撞倒在地上的蝉雀。他把当世思想界纷呶的辩论，比于飓风起时万窍的声响：发自崔嵬的岩壑，发自百围大树的窟窿，像鼻、像口、像耳、像瓶罍、像杯棬、像舂臼、像深池，或像浅池的，吼的、号的、叱的、吸的、叫的、笑的、嗷嗷的、吁吁的、嘻嘻的，为态虽百殊，都是自然而然并且不得不然的天籁，都无是非曲直之可计较。

庄子在当世的思想家中最推重惠施，在过去的思想家中最推重老子。

惠施是战国初中期之交思想界里一颗彗星。整个战国时代的思辨力集中在人事界——在社会改造，战争的消灭，一切世间苦的解除，只有惠施曾把玄想驰骋到自然界上，据说他曾"遍为万物说，说而不休，多而无已，犹以为寡，益之以怪"；有人问他"天地所以不坠不陷（及）风雨雷霆之故"，他"不辞而应，不虑而对"。在社会思想上他有"去尊"之说，即废除尊卑的差别的主张，可惜其详不可得而考了。他著的书据说有五车之多，那时书用竹简写，一车的书未必抵得过现在一厚册。然而他的著作之富可说是前无古人了。可惜这五车的书只传下短短的十句话，至今哲学史家还不能尽解。

老聃传说是楚人，姓李名耳，做过周室的守藏史。传说孔子在中年曾往周都向他问礼，又现存的《老子》五千言相传就是他的遗著。不过老聃既然是这样一个名人，《老子》书又真是他所作，那么书中最露骨的主张，像"绝圣弃知""绝仁弃义"之类，和孔、墨的学说都根本不相容的，不应在孔、墨时代的一个半世纪中，绝无人称引或批评的，而且书中所泄露的社会背景，像"万乘之国""取天下"等话，决非孔子时代所有。因此好些史家都不相信《老子》书是孔子同时的老聃所作。但在战国晚期，这书中所具的学说已成为显学，而书中的话屡为《庄子》所引，那么这学说当有一部分产生于庄周著书之前，也许有一部分是承袭孔子同时的老聃的。我们不能起古人于地下，只好以这样不确定的结论自足了。

世界上再没有五千字比《老子》书涵义更富，影响更大的了。它阐明"物极必反""福兮祸所伏"的原则；教人谦卑逊让，知足寡欲；教人创造而不占有，成功而不自居；教人将取先与，以退为进，以柔制刚，以弱胜强。以为文明是人类苦痛和罪恶的源泉，要绝弃知识，废除文字，而恢复结绳记事的老法，废弃舟车和一切节省人力的利器，让"邻国相望，鸡犬之声相闻，民至老死不相往来"。在政治上它主张统治者但摆个样子，一切听人民自便，不加干涉，像大自然之于万物一般。这便是它所谓"无为"。它否认有一个世界的主宰者，以为宇宙间的事物都是循着一定的法则，自然而然。它提出一个无形无质，不动不变，不可摹状，"玄之又玄"的"道"，以为天地万物的原始。《老子》书的作者和庄子都喜欢讲这个"道"，因此后人称他们为道家。庄子和他一派的学者都喜欢借神话中的黄帝的口吻来发表自己的思想，因此后人有"黄老"之称。

第六节　邹衍、荀卿、韩非

像众川到了下游，渐渐汇合入海，战国的思想到了末期有一显著的趋势，是混合。例如以儒家为主，而兼采墨、道的有荀卿；集法家各派的大成的有韩非。最后秦相吕不韦命众门客合纂了一部《吕氏春秋》，那简直是当时的流行思想的杂货店。今以荀卿、韩非及荀卿的同时人邹衍为主，略述这一期思想界的大势。

（1）邹衍，齐人，据说做过燕昭王师，死于长平之战以后。他的著作有十余万言，可惜都已亡佚。邹衍的学说，现在所留传的有"大九州说"和"五德终始说"。邹衍以前的学者想象全世界是一块大陆，四围是海，海尽处与天相接；当时的中国包括七雄和若干小国。几乎就是这大陆的全部；这大陆相传曾经夏禹划分为九州。邹衍却以为"儒者所谓中国者，于天下乃八十一分居其一分耳。中国名曰赤县神州。赤县神州内自有九州，禹之序九州是也。……中国外如赤县神州者九，……（各）有裨海环之，人民禽兽莫能相通。……乃有大瀛海环其大九州。外，天地之际焉"。这便是大九州之说。约略同时，又有一种关于世界的想象，以为"凡四海之内，东西二万八千里，南北二万六千里。……凡四极之内，东西五亿（一亿为十万），有九万七千里，南北亦五亿有九万七千里"。说见《吕氏春秋》。邹衍以前又有一种流行的思想，叫作五行说。五行说的出发点是认为万物皆由金、木、水、火、土五种原素构成，叫作五行。世间事物大抵可以凑成五项一组，和五行相配，如五色、五音、五味、五方等等。遇着不够五项的事物便割裂足数，例如在四季里分出季夏凑够五时。各组中的任何一项和五行中与它相当的某项之间，有一种神秘的关系。例如五时中的春季和五色中的青同是和五行中的木相配的，所以帝王在春季要穿青色的衣服才吉利，这是五行的迷信的基本方式。当时的儒者又以为一年之中五行的势力轮流当盛。在某行当盛时，帝王除了须穿颜色与它相配的衣服外，还有许多应做和不应做的事项，例如仲春应当行庆施惠，禁止伐木覆巢，不应当出兵。凡帝王在一年各时中应做和不应做的事项曾被列成时间表，叫作"月令"。邹衍更把"月令"的思想推广，以为自从"天地剖判"以来的历史也是给五行的势力，即所谓"五德"轮流地支配着。在某德轮值的时代须有某种特殊的服色，某种特殊的制度关于正朔、数度和礼乐的制度。和某种特殊的政治精神和它相配。例如周属火德，故色尚赤。某德既衰，继兴的一德，必定是与前相克的，例如水克火，故水德继火德。两德交替的时间，照例有些和新德相应的符瑞出现。符瑞所在，便是新时代的主人的所在。例如周文王时，有赤鸟衔着丹书，落在周社。月令和五德始终的思想，《周官》中无之，可见此书似作于邹衍之前。

到邹衍时代，群龙无首的局面，已经历五百多年了。悯世的哲人都在盼望统一"偃兵"；苦命的民众都在盼望"真命天子"出现。邹衍的五德说正好给将兴起的新朝以制造符命的方法。这一系统应时的迷信，以著名夸诞的齐国做中心，不久便掩盖全国；而荀卿一派儒者所提倡的严肃的理智态度，竟被撇到历史的暗角里去了。

（２）荀子，名况，字卿。当孟子做齐国的客卿时，以一个俊秀的少年游学稷下，但及见湣王之死和长平之战，约略和邹衍并世。

孟荀是儒家中两位齐名的大师。他们同是孔子的崇拜者；同以周制的拥护者自命；同鼓吹省刑罚、薄税敛和息战争的"王政"。但这些同点并不能掩蔽他们间若干根本的差异。孟子的性格是豪放、粗阔的；荀子却是谨饬，细密的。这种差别从他们的文章也可以看得出，在他们的学说上更为显著。孟子相信人性是善的，以为只要让他顺着自然的趋向发展，不加阻碍，他便会走上正路。所以在个人的修养上孟子注重内蕴的扩充，而不注重外表的抑制和典型的模仿；注重"先立乎其大者"，先握定根本的原则，而不注重枝节点滴的训练。在政治上，孟子注重在上者的感化和民众的教育，而不注重礼制的束缚。荀子则正正相反。他认定人性是恶的，若让人们顺着自然的趋向做去，结果只有争夺、暴乱；自然的人好比野兽，要靠礼制的链索把他捆住，才不致噬人；要靠日积月累地养成守礼的习惯，才会消除兽性。"礼"——这个名词，荀卿从未曾给过明晰确定的界说，大约包括所有传统的仪节、传统的行为规范和一些他所认为合理的社会制度，尤其是规定贵贱、尊卑、贫富等阶级"身份"的制度——在荀子看来，是一种社会的万应药。"人之命在天，国之命在礼。"

不过人性既然是恶的，那些改变人性而强人为善的"礼"却是怎样产生的？荀子以为人虽有恶性，同时也有教他趋乐避苦、趋利避害的智力。人们的智力不齐，智力最高的便是圣人。"礼"，是圣人为着人类的福利而创造出来的。人们要生存不能不分工互助，不能没有"群"。<small>社会。</small>但人们若顺着本性做去，则任何人都是其他任何人的仇敌，根本不能有"群"。圣人造出种种礼制就是要使人们相让相安，使"群"成为可能。以人类的福利为礼制的根据，这是荀子本自墨家的地方。

荀子又承袭道家之说，以为宇宙间一切事变都循着永恒的法则。没有天意的主宰，没有妖祥的征兆。但不像道家的委心任命，他觉得正惟自然有固定的法则，人类可以利用这些法则去战胜自然。他又以为一切人为的法则，即一切礼制，也如自然的法则一般，适用于过去的必定适用于现在和将来。这是他拥护"周道"的论据，也是他反对法家因时变法说的论据。他绝不能想象同样的礼制在不同的生活环境里，可以有绝对不同的效果。

在一切的礼制中，荀子特别注重贵贱贫富的阶级的差别。他以为若没有这种差别，社会秩序是不能维持的。他说："两贵之不能相事，两贱之不能相使，是天数也。势位齐而欲恶同，物不能赡，<small>供给。</small>则必争，争则乱。……先王恶其乱也。故制礼义以分之，使有贫富贵贱之等。足以相兼临者，是养天下之本也。"这就是说，人们天生是这样坏，若没有一种势力在上面镇压着，则除了所欲皆遂的人，个个都会做强盗。要维持这种镇压的势力，不能不设立一个特别贵和特别富的阶级。这是荀子对许行的"神农之言"和惠施的"去尊"废除尊卑的差别。说的总答复。这是荀子对于传统制度的拥护比孟子更要细密的地方。

荀子的礼治和法家的法治相差只这一间：礼制的维持毕竟靠风气和习惯的养成，重于靠刑罚和庆赏的迫诱，而法家的行法则专靠刑罚和庆赏的迫诱而无暇顾及风气和习惯的养成。但荀子的礼和法家的法有这一点根本的相同，它们对于个人都是一种外来的钳制，他只有服从的义务，没有选择的余地，没有怀疑和批评的自由。荀子的思想和法家这样接近，他的门徒中出了一个集法家理论之大成的韩非和一个佐秦始皇实行法家政策的李斯，决不是偶然的。

（3）在讲到韩非之前，韩国的公子，名非。对于法家，得补一笔。法家和其他一切学派有一根本异点。别家讲政治总是站在人民的一边，替全天下打算。法家则专替君主打算，即使顾及人民也是为着君主的利益。这是无足怪的。法家的职业本来是替君主做参谋。一个君主的利益没有大得过提高威权和富强本国；而且这些越快实现越好，至少要使他自身看见成功。这个问题，韩非把握得最紧，解答得最圆满。

韩非以前的法家有三派，其一重"术"，以在战国中期相韩昭侯的"郑之贱臣"申不害为宗。所谓"术"，即人主操纵臣下的阴谋，那些声色不露而辨别忠奸、赏罚莫测而切中事实的妙算。其二重"法"，以和申不害同时的商鞅为宗。他的特殊政略是以严刑厚赏来推行法令，使凡奉法遵令的人无或缺赏，凡犯法违令的人无所逃罚。其三重"势"，以和孟子同时的赵人慎到为宗。所谓势即是威权。这一派要把政府的威权尽量扩大而且集中在人主手里，使他成为恐怖的对象，好镇压臣下。这三派的注意点，韩非兼容并顾，故此说他集法家的大成。

韩非对于当世的君主有大旨如下的劝告：你们国弱的不是想强，国强的不是想更强，甚至用武力统一天下吗？这是无可非议的。不过大部分你们所采的手段，尤其是你们所认为最贤明的手段，尤其是儒家所进献的手段，若不是和你们的目的相反，便是离你们的目的很远。儒家墨家也一样。不是教你们用贤人治国吗？你们试伸手一数，国内真正的贤人有几？可数得满十只手指？但国内重要的官吏至少有一百。你们再等一辈子也找不到这么多贤人的。不要把心放在贤人上！不要怕人不忠，怕人作弊，要设法使人不能不忠，不敢作弊！我老师荀卿说得好，人天生是坏，天生是贪利怕祸的。只要出可靠的重赏，什么事也有人替你们做到。只要布置着无可逃避的重刑，什么弊也可以禁绝。但注意刑法不独要重，而且要使人无可逃避。无论怎样精细的网，若有了漏洞，就捉不到鱼！其次，儒家不是教你要爱民而且博得人民的爱戴吗？这于你们有甚好处？你们爱民，极其量不过如父母爱子，但顽劣的儿子，父母动不了他毫毛的，一个小小的县吏带着链索去拿人，就可以使他妥妥帖帖。要使人民服从，与其用爱，不如用威。而且人民的爱戴是靠不住的。能爱人者亦能恶人。你们若把自己的命运放在人民的爱戴上，一旦他们不爱戴了，又怎么办？其次，那班满口禹、汤、尧、舜，或神农、黄帝，以"是古非今"为高的"文学游说之士"和那般成群结党以逞勇犯禁为义的剑击游侠之徒，不是世人所敬仰，而你们也敬仰着，甚至供养着的吗？这两色人到底于你们有什么用处呢？你们所需要的，第一是出死力打仗的兵士，第二是供给兵士以粮食的农民，现在说士和游侠既不替你们打仗，又不替你们耕田，都享着荣誉和富贵，而兵士和农民却处在社会的最下层，战士的遗孤甚至在路边行乞！"所利非所用，所用非所利"，这是再颠倒没有的了。何况说士和游侠，对于你们，不独无用，而且有害！游侠以行为破坏你们的法令，说士以议论破坏你们的法令。他们都是要于法令之外，另立是非的标准。他们的标准行，你们的威严便扫地。再可恶不过的是说士们称引先王批评时政。臣之尊君至少应当比得上子之尊父。设想一个儿子成日价对自己的父亲赞别人的父亲怎样晏眠早起，勤力生财，怎样缩食节衣，鞠养儿女，这对于自己的父亲，是怎样的侮慢。这种侮慢，明主是不受的。所以"明主之国，无书简之文，以法为教；无先王之语，以吏为师"。

韩非著的书，传到秦国，秦王嬴政读了，叹道："寡人得见此人与之游，死不恨矣！"

第七章

秦始皇与秦帝国

第一节　吕不韦与嬴政

> 秦皇扫六合，虎视何雄哉！飞剑决浮云，诸侯尽西来。
> 明断自天启，大略驾群才。收兵铸金人，函谷正东开。
> 铭功会稽岭，骋望琅琊台。刑徒七十万，起土骊山隈。
> 尚采不死药，茫然使心哀！连弩射海鱼，长鲸正崔嵬。
> 额鼻象五岳，扬波喷云雷。鬐鬣蔽青天，何由睹蓬莱？
> 徐市载秦女，楼船几时回？但见三泉下，金棺葬寒灰！
>
> （李白《古风》之一）

这首壮丽的诗是一个掀天揭地的巨灵的最好速写。这巨灵的来历，说来话长。

当长平之战前不久，有一个秦国王孙，名子楚的，被"质"在赵。他是太子安国君所生，却非嫡出，他的母亲又不得宠。因此赵人待他很冷薄，他连王孙的排场也苦于维持不住。但是阳翟韩地。大贾吕不韦在邯郸做买卖，一看见他，便认为是"奇货可居"。

不韦见子楚，说道："我能光大你的门庭。"子楚笑道："你还是去光大自己的门庭罢！却来光大我的！"不韦说："你有所不知，我的门庭要等你的来光大。"子楚明白，便和他商量两家光大门庭的办法。原来安国君最爱幸的华阳夫人没有生育的希望，安国君还没有立嗣。不韦一面献上巨款，给子楚结交宾客，沽钓声名；一面辇了巨款，亲到秦国，替他运动。不久华阳夫人便收到许多子楚孝敬的珍宝，不久她便时常听到人称赞子楚的贤能，不久她的姊姊便走来替她的前途忧虑，大意说道："妹妹现在是得意极了。但可曾想到色衰爱弛的一天？到时有谁可倚靠！就算太子爱你到老，他百岁之后，继位的儿子，要为自己母亲吐气，你的日子就不好过。子楚对你的孝顺，却是少有的。何不趁如今在太子跟前能够说话的时候，把他提拔，将来他感恩图报，还不是同自己的儿子一般？"华阳夫人一点头，子楚的幸运便决定了。

不韦回到邯郸时，子楚已成了正式的王太孙。不韦也被任为他的师傅。他们成功之后，不免用美人醇酒来庆祝一番。邯郸在战国以美女著名。不韦的爱姬，尤其是邯郸美女的上选，妙擅歌舞。有次她也出来奉酒，子楚一见倾心，便要不韦把她相让。不韦气得要死，但一想过去的破费和将来的利益，只得忍气答应。赵姬既归子楚，不到一年，正当长平之战后一年。产了一子，即是后来做秦王和秦始皇帝的嬴政。当时传说，赵姬离吕家之时，已经孕了嬴政。但看后来不韦所受嬴政的待遇，这传说多半是谣言。

嬴政于前二四六年即王位，才十三岁。这时不韦是食邑十万户的文信侯，位居相国；他从前的爱妾，已做了太后，并且和他私续旧欢。不韦的权势可以想象。他的政治野心不小，他招贤礼士，养客三千，打算在自己手中完成统一的大业。但嬴政却不是甘心做傀儡的。他即位第九年，太后的姘夫嫪毐在咸阳反叛，他用神速的手段戡定了乱事以后，乘机把太后的政权完全褫夺；并且株连到吕不韦，将他免职，逐归本封的洛阳，过了两年，又把他贬到蜀郡。在忧忿夹攻之下，不韦服毒自杀。

不韦以韩人而执秦政，他所客养和援用的又多三晋人，和他结交的太后又是赵女。这种"非我族类"的势力是秦人所嫉忌的。不韦罢相的一年，秦王政十年。适值"郑国渠"事件发生，更增加秦人对外客的疑惧。郑国也是韩人，为有名的水利工程师。韩廷见亡国的大祸迫在眉睫，派他往秦，劝秦廷开凿一条沟通泾水和洛水的大渠，借此消磨秦的民力，延缓它的对外侵略。这渠才凿了一半，郑国的阴谋泄露。其后嬴政虽然听了郑国的话，知道这渠也是秦国的大利，把它完成，结果溉田四万多顷，秦国更加富强；但郑国阴谋的发现，使秦宗室对于游宦的外客振振有词。嬴政于是下了有名的"逐客令"，厉行搜索，要把外籍的游士统统赶走。这命令因为李斯的劝谏而取消。但不韦自杀后，嬴政到底把所有送他丧的三晋门客驱逐出境。可见逐客令是和不韦有关的，也可见不韦的坍台是和种族之见有关的。

第二节　六国混一

嬴政既打倒了吕不韦，收揽了秦国的大权，便开始图谋六国。这时，六国早已各自消失了单独抗秦的力量。不过它们的合从还足以祸秦。嬴政即位的第六年，秦国还吃了三晋和卫、楚的联军一次亏。当时大梁人尉缭也看到的，假如六国的君主稍有智慧，嬴政一不小心，会遭遇智伯、夫差和齐湣王的命运也未可知。但尉缭不见用于祖国，走到咸阳，劝嬴政道："愿大王不要爱惜财物，派人贿赂列国的大臣，来破坏他们本国的计谋，不过花三十万金，六王可以尽虏。"嬴政果然采纳了这策略。此后六国果然再不费一矢相助而静待嬴政逐个解决。

首先对秦屈服，希望以屈服代替牺牲，结果首先受牺牲的是韩。秦王政十四年，韩王安为李斯所诱，对秦献玺称臣，并献南阳地。十七年，秦的南阳守将举兵入新郑，虏韩王，灭其国。李斯赴韩之前，韩王派了著名的公子韩非入秦，谋纾国难，嬴政留非，想重用他。但不久听了李斯和另一位大臣的谗言，又把他下狱。口吃的韩非有冤没处诉，终于给李斯毒死在狱中。

韩亡后九年之间，嬴政以迅雷烈风的力量，一意东征，先后把其余的五国灭了。这五国的君主，连够得上说抵抗的招架也没有，鸡犬似的一一被缚到咸阳。只有侠士荆轲，曾替燕国演过一出壮烈的悲剧。

秦王政十九年，赵国既灭，他亲到邯郸，活埋了所有旧时母家的仇人；次年回到咸阳，有燕国使臣荆轲卑辞求觐，说要进献秦国逃将樊於期的首级和燕国最膏腴的地域督亢的地图。献图的意思就是要纳地。秦王大喜，穿上朝服，排起仪仗，立即传见。荆轲捧着头函，副使秦舞阳捧着地图匣以次上殿。秦舞阳忽然股慄色变，廷臣惊怪，荆轲笑瞧了舞阳，上前解释道："北番蛮夷的鄙人，未曾见过天子，所以惶恐失措，伏望大王包容，俾得完成使事。"秦王索阅地图，荆轲取了呈上。地图展到尽处，匕首出现！荆轲左手把着秦王的袖，右手抢过匕首，就猛力刺去，但没有刺到身上，秦王已断袖走开。秦王拔剑，但剑长鞘紧，急猝拔不出，荆轲追他，两人绕柱而走。秦廷的规矩，殿上侍从的人，不许带兵器，殿下的卫士，非奉旨不许上殿。秦王忙乱中没有想到殿下的卫士，殿上的文臣哪里是荆轲的敌手。秦王失了魂似的只是绕着柱走。最后，侍臣们大声提醒了他，把剑从背后顺力拔出，砍断了荆轲的左腿。荆轲便将匕首向他掷去，不中，中铜柱。这匕首是用毒药炼过的，微伤可以致命。荆轲受了八创，已知绝望，倚柱狂笑，笑了又骂，结果被肢解了。

> 风萧萧兮易水寒，
> 壮士一去兮不复还！

这是荆轲离开燕国之前，在易水边的别筵上，当着满座白衣冠的送客，最后唱的歌，也可以做他的挽歌。

荆轲死后六年，前二二一年。当秦王政在位的第二十六年而六国尽灭。于是秦王政以一道冠冕堂皇的诏令，收结五个半世纪的混战局面，同时宣告新帝国的成立。那诏书道：

> ……异日韩王纳地效玺，请为藩臣。寡人以为善，庶几息兵革。已而倍约，与赵、魏合从畔秦，故兴兵诛之，虏其王。赵王使其相李牧来约盟，故归其质子。已而倍盟，反我太原，故兴兵诛之，得其王。赵公子嘉乃自立为代王，故举兵击灭之。魏王始约服入秦。已而与韩、赵谋袭秦，秦兵吏诛，遂破之。荆王献青阳以

西，已而畔约，击我南郡，故发兵诛，得其王，遂定其荆地。燕王昏乱，其太子丹乃阴令荆轲为贼，兵吏诛，灭其国。齐王用后胜计，绝秦使，欲为乱，兵吏诛，虏其王，平齐地。

所有六国的罪状，除燕国的外，都是制造的。诏书继续说道：

寡人以眇眇之身，兴兵诛暴乱，赖宗庙之灵，六王咸伏其辜，天下大定。今名号不更，无以称成功，传后世。其议帝号。……

在睥睨古今、踌躇满志之余，嬴政觉得一切旧有的君主称号都不适用了。

战国以前，人主最高的尊号是王，天神最高的尊号是帝。自从诸侯称王后，王已失了最高的地位，于是把帝拉下来代替，而别以本有光大之义的"皇"字称最高的天神。但自从东西帝之议起，帝在人间，又失去最高的地位了。很自然的办法，是把皇字挪下来。秦国的神话里有天皇、地皇、泰皇，而泰皇为最贵。于是李斯等上尊号作泰皇。但嬴政不喜欢这旧套，把泰字除去，添上帝字，合成"皇帝"；又废除周代通行的谥法，于君主死后，按其行为，追加名号，有褒有贬的。自称为"始皇帝"，预定后世计数为二世皇帝、三世皇帝，"至于万世，传之无穷"。

同时始皇又接受了邹衍的学说，以为周属火德，秦代周，应当属克火的水德；因为五色中和水相配的是黑色，于是把礼服和旌旗皆用黑色；又因为四时中和水相配的是冬季，而冬季始自十月，于是改以十月为岁首。邹衍是相信政治的精神也随着五德而转移的。他的一些信徒认为与水德相配的政治应当是猛烈苛刻的政治，这正中始皇的心怀。

第三节　新帝国的经管

秦自变法以来，侵略所得的土地，大抵直隶君主，大的置郡，小的置县，郡县的长官都非世职，也无世禄。始皇沿着成例，每灭一国，便分置若干郡。而秦变法以来新设的少数封区，自从嫪毐和吕不韦的诛窜已完全消灭,既吞并了六国,秦遂成为一个纯粹郡县式的大帝国。当这帝国成立之初,丞相绾主张仿周朝的办法于燕、齐、楚等僻远的地方,分封皇子,以便震慑,但他的提议给李斯打消了。于是始皇分全国为三十六郡,每郡置守,掌民政;置尉,掌兵事;置监御史,掌监察。这种制度是仿效中央政府的。当时朝里掌民政的最高官吏有丞相,掌兵事的最高官吏有太尉,掌监察的最高官吏有御史大夫。

这三十六郡的名称和地位是现今史家还没完全解决的问题。大概地说,秦在开国初的境域,北边包括今辽宁的南部,河北、山西及绥远、宁夏两省的南部;西边包括甘肃和四川两省的大部分;南边包括湖南、江西和福建;东以福建至辽东的海岸为界。从前臣服于燕的朝鲜,也成为秦的藩属。此外西北和西南边外的蛮夷君长称臣于秦的还不少。我们试回想姬周帝国初建时,西则邦畿之外,便是边陲,南则巴蜀、吴、楚皆属化外,沿海则有徐戎、淮夷、莱夷盘踞,北则燕、晋已与戎狄杂处;而在这范围里,除了"邦畿千里"外,至少分立了一百三十以上的小国。我们拿这种情形和三十六郡一统的嬴秦帝国比较,便知道过去八九百年间,诸夏民族地盘的扩张和政治组织的进步了。峄山的始皇纪功石刻里说:

> 追念乱世,分土建邦,以开争理。攻战日作,流血于野,自泰古始。世无万数,陀及五帝,莫能禁止。乃今皇帝,壹家天下,兵不复起。灾害灭除,黔首康定,利泽长久。

这些话一点也没有过火。

在这幅员和组织都是空前的大帝国里,怎样永久维持皇室的统治权力,这是始皇灭六国后面对着的空前大问题,且看他如何解答。

帝国成立之初,始皇令全国"大酺"来庆祝。秦法平时是禁三人以上聚饮的。当众人还在醉梦的时候,他突然宣布没收民间一切的兵器。没收所得,运到咸阳,铸成无数大钟和十二个各重一千石以上的"金人",放在宫廷里。接着他又把全国最豪富的家族共十二万户强迫迁到咸阳，放在中央的监视之下，没有兵器，又没有钱财，人民怎能够作得起大乱来？

次年，始皇开始一件空前的大工程，建筑脉通全国的"驰道"，分两条干线，皆从咸阳出发，其一东达燕、齐，其一南达吴、楚。道宽五十步，道旁每隔三丈种一株青松，路身筑得坚而且厚，遇着容易崩坏的地段，并且打下铜桩。这宏大的工程，乃是始皇的军事计划的一部分。他灭六国后防死灰复燃，当然不让各国余剩的军队留存。但偌大的疆土若把秦国原有的军队处处分派驻守，则分不胜分。而且若分得薄，一旦事变猝起，还是不够应付；若分得厚，寖假会造成外重内轻的局面。始皇不但不肯采用重兵驻防的政策，并且把旧有六国的边城，除燕、赵北边的外，统统拆毁了。他让秦国原有的军队，依旧集中在秦国的本部，少数的地方兵只是警察的性质。驰道的建筑，为的是任何地方若有叛乱，中央军可以迅速赶到去平定。历来创业之主的军事布置没有比始皇更精明的了。一八九六年李鸿章聘使欧洲，过德国，问军事于俾斯麦，他的劝告有云："练兵更有一事须知：一国的军队不必分驻，宜驻中枢，扼要地，无论何时何地，有需兵力，闻令即行，但行军的道路，当首先筹及。"这正是秦始皇所采的政策。

武力的统治不够，还要加上文化的统治；物质的缴械不够，还要加上思想的缴械。始皇三十四年，始皇即帝位后不改元，其纪年通即王位以来计。韩非的愚民政策终于实现。先是始皇的朝廷里，养了七十多个儒生和学者，叫作博士。有一次某博士奉承了始皇一篇颂赞的大文章，始皇读了甚为高兴，另一位博士却上书责备作者的阿谀，并且是古非今地对于郡县制度有所批评。始皇征问李斯的意见。李斯复奏道：

> 古者天下散乱，莫能相一，是以诸侯并作，语皆道古以害今，饰虚言以乱实，人善其所私学，以非上所建立。今陛下并有天下，辨白黑而定一尊。而私学乃相与非法教之制，闻令下，即各以其私学议之，入则心非，出则巷议，非主以为名，异趣以为高，率群下以造谤。如此不禁，则主势降乎上，党与成乎下。禁之便，臣请诸

有文学《诗》《书》百家语者，蠲除去之。令到，满三十日弗去，黥为城旦，<small>城旦者，旦起行治城，四岁刑。</small>所不去者，医药、卜筮、种树之书。若有欲学者，以吏为师。

始皇轻轻地在奏牍上批了一个"可"字，便造成了千古叹恨的文化浩劫。

以上讲的是始皇内防反侧的办法。现在再看他外除边患的努力。

自从战国中期以来，为燕、赵、秦三国北方边患的有两个游牧民族，东胡和匈奴——总名为胡。东胡出没于今河北的北边和辽宁、热河一带，受它寇略的是燕、赵。匈奴出没于今察哈尔、绥远和山西、陕、甘的北边一带，燕、赵、秦并受它寇略。这两个民族，各包涵若干散漫的部落，还没有统一的政治组织。它们在战国中期以前的历史十分茫昧。它们和春秋时代各种名色的戎狄似是同一族类，但是否这些戎狄中某些部分的后身，否则和各种戎狄间的亲谊是怎样，现在都无从稽考了。现在所知道秦以前的胡夏的关系史只有三个攘胡的人物的活动。第一个是和楚怀王同时的赵武灵王。他首先采用胡人的特长，来制胡人；首先脱却长裙拖地的国装，而穿上短衣露袴的胡服，以便学习骑战。他领着新练的劲旅，向沿边的匈奴部落进攻，把国土向西北拓展；在新边界上，筑了一道长城，从察哈尔的蔚县东北代。至河套的西北角外；<small>高阙。</small>并且沿边设了代、雁门和云中三郡。第二个攘胡的英雄是秦舞阳<small>随荆轲入秦的副使。</small>的祖父秦开。他曾被"质"在东胡，甚得胡人的信任。归燕国后，他率兵袭击东胡，把他们驱逐到一千多里外。这时大约是乐毅破齐前后。接着燕国也在新边界上筑一道长城，从察哈尔宣化东北<small>造阳。</small>至辽宁辽阳县北；<small>襄平。</small>并且沿边设了上谷、渔阳、右北平、辽西和辽东五郡。秦开破东胡后，约莫三四十年，赵有名将李牧，戍雁门、代郡以备胡。他长期敛兵坚守，养精蓄锐，然后乘着匈奴的骄气，突然出战，斩了匈奴十多万骑，此后十几年间，匈奴不敢走近赵边。

当燕、赵对秦作最后挣扎时，无暇顾及塞外。始皇初并六国忙着辑绥内部，也暂把边事抛开。因此胡人得到复兴的机会。旧时赵武灵王取自匈奴的河套一带，复归于匈奴。始皇三十二年，甚至听到"亡秦者胡"的谶语。于是始皇派蒙恬领兵三十万北征。不久把河套收复，并且进展至套外，始皇将新得的土地，设了九原郡。为谋北边的一劳永逸，始皇于三十三、三十四年间，又经始两件宏大的工程：其一是从河套外的九原郡治，筑了一条"直道"达到关内的云阳，今陕西淳化县西北，从此至咸阳有泾、渭可通。长一千八百里；其二是把燕、赵北界的长城和秦国旧有的西北边城，大加修葺，并且把它们连接起来，傍山险，填溪谷，西起陇西郡的临洮，今甘肃岷县境。东迄辽东郡的碣石，在渤海岸。成功了有名的"万里长城"。

始皇的经营北边有一半是防守性质，但他的开辟南徼，则是纯粹的侵略。

现在的两广和安南，在秦时是"百越"越与粤通。种族所居。这些种族和浙江的於越，大约是同出一系的，但文化则较於越远为落后。他们在秦以前的历史完全是空白。在秦时，他们还过着半渔猎、半耕稼的生活；他们还仰赖中国的铜铁器，尤其是田器。他们还要从中国输入马、牛、羊，可见牧畜业在他们中间还没发达。不像北方游牧民族的犷悍，也没有胡地生活的艰难，他们绝不致成为秦帝国的边患。但始皇却不肯放过他们。灭六国后不久二十六年？即派尉屠睢领着五十万大军去征百越，并派监禄凿渠通湘、漓二水，漓水是珠江的上游。以便输运。秦军所向无敌，越人逃匿于深山丛林中。秦军久戍，粮食不继，士卒疲饿。越人乘机半夜出击，大败秦军，杀屠睢。但始皇续派援兵，终于在三十三年，把百越平定，将他们的土地，分置南海郡、桂林郡和象郡。南海郡略当今广东，桂林郡略当广西，象郡略当安南中北部。百越置郡之后，当时中国人所知道的世界差不多完全归到始皇统治之下了。琅琊台的始皇纪功石刻里说：

> 六合之内，皇帝之土。西涉流沙，南尽北户，东有东海，北过大夏。人迹所至，无不臣者。

至是竟去事实不远了。

以上所述一切对外对内的大事业，使全国瞪眼咋舌的大事业，是始皇在十年左右完成的。

第四节　帝国的发展与民生

像始皇的励精刻苦，在历代君主中，确是罕见。国事无论大小，他都要亲自裁决。有一个时期，他每日用衡石秤出一定分量的文牍，非批阅完了不肯休息。他在帝位的十二年中，有五年巡行在外；北边去到长城的尽头——碣石，南边去到衡山和会稽岭。他觉得自己的劳碌，无非是为着百姓的康宁。他对自己的期待，不仅是一个英君，而且是一个圣主。他唯恐自己的功德给时间淹没。他二十八年东巡时，登峄山，和邹鲁的儒生商议立石刻词，给自己表功；此后，所到的胜地，大抵置有同类的纪念物。我们从这些铭文现存的有峄山、泰山、之罘、琅琊、碣石、会稽六处的刻石文；原石惟琅琊的存一断片。可以看见始皇的抱负，他"夙兴夜寐，建设长利，专隆教诲"。他"忧恤黔首，秦称庶民为黔首。朝夕不懈"。他"功盖五帝，泽及牛马"。而且他对于礼教，也尽了不少的力量。他明立法："饰省宣义，有子而嫁，倍死不贞；防隔内外，禁止淫佚，男女絜诚；夫为寄豭，杀之无罪；男秉义程，妻为逃嫁，子不得母，咸化廉清；大治濯俗，天下承风，蒙被休经。"在他自己看来，人力所能做的好事，他都做了。而且他要做的事，从没做不到的。他从没有一道命令，不成为事实。从没有一个抗逆他意旨的人，保得住首领。他唯一的缺憾就是志愿无尽，而生命有穷。但这也许有补救的办法。海上不据说有仙人所居的蓬莱、方丈、瀛洲三岛么？仙人不有长生不死的药么？他即帝位的第三年，就派方士徐福—作市，音同。带着童男女数千人，乘着楼船，入海去探求这种仙药，可惜他们一去渺无消息。后来传说徐福到了日本，为日本人的祖先，那是不可靠的。续派的方士回来说，海上有大鲛鱼困住船只，所以到不得蓬莱。始皇便派弓箭手跟他们入海，遇着这类可恶的动物便用连弩去射。但蓬莱还是找寻不着。

始皇只管忙着去求长生，他所"忧恤"的黔首却似乎不识好歹，只盼望他速死！始皇三十六年，东郡，_{河北、山东毗连的一带。}落了一块陨石，就有人在上面刻了"始皇帝死而地分"七个大字。

始皇能焚去一切《诗》《书》和历史的记录，却不能焚去记忆中的六国亡国史；他能缴去六国遗民的兵器，却不能缴去六国遗民_{特别是一班遗老遗少。}的亡国恨；他能把一部分六国的贵族迁到辇毂之下加以严密的监视，却不能把全部的六国遗民同样处置。在旧楚国境内就流行着"楚虽三户，亡秦必楚"的谚语。当他二十九年东巡行到旧韩境的博浪沙_{在今河南阳武县东南。}中时，就有人拿着大铁锥向他狙击，中了副车，只差一点儿没把他击死。他大索凶手，竟不能得。

而且始皇只管"忧恤黔首"，他的一切丰功烈绩，乃是黔首的血泪造成的！谁给他去筑"驰道"，筑"直道"，凿运渠？是不用工资去雇的黔首！谁给他去冰山雪海的北边伐匈奴，修长城，守长城？谁给他去毒瘴严暑的南荒，平百越，戍新郡？谁给他运粮转饷，供给这两方的远征兵？都是被鞭扑迫促着就道的黔首！赴北边的人，据说，死的十有六七；至于赴南越的，因为不服水土，情形只有更惨。人民被征发出行不论去从军，或去输运，就好像被牵去杀头一般，有的半途不堪虐待，自缢在路边的树上。这样的死尸沿路不断地陈列着。最初征发的是犯罪的官吏、"赘婿"和商贾；后来推广到曾经做过商贾的人；最后又推广到"闾左"——居住在里闾左边的人_{赘婿大概是一种自己卖身的奴隶，即汉朝的赘子。商人尽先被征发是始皇压抑商人的手段之一。战国时代，法家和儒家的荀子，都认商人为不事生产而剥削农民的大蠹，主张重农抑商，这政策为始皇采用。琅琊刻石有"上农除末"之语。"闾左"在先征之列者，盖春秋战国以来，除楚国外习俗忌左，居住在闾左的，大抵是下等人家。}征发的不仅是男子，妇女也被用去运输。有一次南越方面请求三万个"无夫家"的女子去替军士缝补，始皇就批准了一万五千。计蒙恬带去北征的有三十万人，屠睢带去南征的有五十万人，后来添派的援兵和戍卒，及前后担任运输和其他力役的工人，当在两军的总数以上。为这两方面的军事，始皇至少摧残了二百万家。

这还不够。始皇生平有一种不可多得的嗜好——建筑的欣赏。他东征以来，每灭一国，便把它的宫殿图写下来在咸阳渭水边的北阪照样起造。后来又嫌秦国旧有的朝宫朝会群臣的大礼堂。太过狭陋，要在渭南的上林苑里另造一所，于三十五年动工。先在阿房山上作朝宫的前殿：东西广五百步，南北长五十丈，上层可以坐一万人，下层可以树五丈的大旗。从殿前筑一条大道，达到南山的极峰，在上面树立华表，当作朝宫的阙门，从殿后又筑一条大道，渡过渭水，通到咸阳。先时始皇即王位后，便开始在骊山建筑自己的陵墓，灭六国后拨了刑徒七十余万加入工作；到这时陵墓大半完成，乃分一部分工人到阿房去。这两处工程先后共用七十余万人。此外运送工粮和材料材料的取给远至巴蜀荆楚。的伕役还不知数。这些却多半是无罪的黔首。

这还不够。上说种种空前的兵役和工程所需的粮饷和别项用费，除了向黔首身上出，还有什么来源？据说始皇时代的赋税，要取去人民收入的三分之二。这也许言之过甚，但秦人经济负担的酷重，却是可想见的了。

这还不够。苦役重税之上，又加以严酷而且滥用的刑罚。秦的刑法，自商鞅以后，在列国当中，已是最苛的了。像连坐、夷三族等花样，已是六国的人民所受不惯的。始皇更挟着虓虎的威势，去驭下临民。且看几件他杀人的故事。有一回他从山上望见丞相李斯随从的车骑太多，不高兴。李斯得知以后，便把车骑减少。始皇追究走漏消息的人不得，便把当时在跟前的人统统杀了。又东郡陨石上刻的字被发现后，始皇派御史去查办，不得罪人，便命把旁边的居民统统杀了。又一回，有两个方士不满意于始皇所为，暗地讪谤了他一顿逃去。始皇闻之大怒，又刺探得别的儒生对他也有不敬的话，便派御史去把咸阳的儒生都召来案问。他们互相指攀，希图免罪，结果牵涉了四百六十余人，始皇命统统的活埋了。这便是有名的"坑儒"事件。始皇的执法如此，经过他的选择和范示，郡县的官吏就很少不是酷吏了。

始皇的长子扶苏，却是一个蔼然仁者，对于始皇的暴行，大不谓然。当坑儒命令下时，曾替诸儒缓颊，说他们都是诵法孔子的善士，若绳以重法，恐天下不安。始皇大怒，把他派去北边监蒙恬的军。但二世皇帝的位，始皇还是留给他的。及三十七年七月，始皇巡行至沙丘_{今河北平乡县东北}。病笃，便写定遗书，召他回咸阳会葬，并嗣位。书未发而始皇死。书和玺印都在宦官赵高手。而始皇的死只有赵高、李斯和别几个宦官知道。赵高和蒙恬有仇隙，而蒙恬是太子的亲信，李斯也恐怕蒙恬夺去他的相位。于是赵李合谋，秘不发丧，一面把遗书毁了，另造两封伪诏，一传位给公子胡亥，_{当时从行而素与赵高亲昵的。}一赐扶苏、蒙恬死。后一封诏书到达时，扶苏便要自杀，蒙恬却疑心它是假的，劝扶苏再去请示一遍，然后自杀不迟。扶苏说："父亲要赐儿子死，还再请示什么？"立即自杀。

胡亥即二世皇帝位时，才二十一岁；他别的都远逊始皇，只有在残暴上是"跨灶"的。赵高以拥戴的首功最受宠信；他处处要营私，只有在残暴上是胡亥的真正助手。在始皇时代本已思乱的人民，此时便开始摩拳擦掌了。

第八章

秦汉之际

第一节　陈胜之起灭

　　二世皇帝元年七月，在旧楚境的蕲县大泽乡停留着附近被征发去防守渔阳的闾左兵九百人。适值大雨，道路不通。这队伍已无法如期达到指定的处所。照当时的法律，将校误期，要被处斩。有两位下级将校陈胜和吴广，便秘密图谋免死的办法。他们想当今的二世皇帝并不是依法当立的，当立的乃是公子扶苏，百姓多称赞他的贤惠，却不知道他已死；又从前楚国最后抗秦而死的名将项燕，亲爱士卒，很得民心，民间传说他还活着，假如冒称扶苏、项燕起兵，响应的必定很多。他们去问卜，卜者猜到来意，连称大利；最后并说道："你们何不再向鬼神占卜一下？"二人会意。

　　不几天，兵士买鱼，忽然在鱼肚里得着一小卷绢帛，上面写着朱字道："陈胜王。"晚间兵士又忽然发现附近树林中的神祠有了火光，同时怪声从那里传来，像狐狸作人语道："大楚兴，陈胜王。"这种怪声每每把兵士们从梦中惊醒。从此他们遇到陈胜每每指目着他窃窃私语。

　　有一天统领官喝醉了酒，吴广在旁，出言特别不逊。统领官大怒，鞭了他一顿，又把剑拔出。吴广素来很得兵士心，在旁的兵士都替他不平。他抢过了剑，把统领官杀掉。陈胜帮着他，把另外两个将官也结果了。陈、吴号召军中，大意说道："你们因为大雨，已误了期，误了期就要处斩。即使不处斩，去戍守长城，也是十有六七要死的。大丈夫不死便了，死就要成个大名。王侯将相难道是有种的吗？"在全军喧阗应和之下，陈吴二人以扶苏和项燕的名义树起革命的旗帜。军士袒着右臂，自号大楚。陈胜自立为将军，吴广为都尉。

旬日之间大泽乡、蕲县、陈城和附近若干县城，皆落在革命军之手。而革命军在进攻陈城之时已有车六七百乘，骑千余，步卒数万人了。陈城在战国末年曾一度为楚国都，革命军即以此为根据地。先是魏遗民大梁名士张耳、陈余为秦廷悬赏缉捕，变姓名隐居于陈。陈胜既入陈，二人进谒。是时陈中父老豪杰正议推陈胜为王。二人却劝陈胜暂勿称王，而立即领兵西进，同时派人立六国王室之后，以广树秦敌，使秦的兵力因敌多而分散，因分散而薄弱，然后乘虚入据咸阳，以号令诸侯，诸侯感再造之德，必然归服，如此则帝业可成。陈胜不听，遂受推戴为张楚王，都于陈，以吴广为"假王"。假有副贰之意。

自陈胜发难后，素日痛恨秦吏的郡县，随着事变消息的传到，纷纷戕杀守长，起兵响应。特别是在旧楚境内，几千人成一伙的不可胜数。陈胜遣将招抚略地，分途进取。举其要者，计有六路：（1）符离人葛婴略蕲以东；（2）陈人武臣及张耳、陈余略赵地；（3）魏人周市略魏地；（4）吴广西击荥阳；（5）陈人周文为卜者，故项燕僚属。西进，向函谷关；（6）铚人宋留取道南阳向武关。

葛婴至东城，立襄强为楚王，后来闻得陈胜已立为张楚王，乃杀襄强，归陈复命，陈胜诛之。

武臣到邯郸即自立为赵王，分命张耳、陈余为将相。陈胜闻讯大怒，把三人的家属拘捕，将加诛戮，继而听了谋士的劝谏，又把他们迁到宫中，而派人去给武臣等道贺，并请他们速即进兵关中。他们哪里肯听，却派韩广去略取燕地。韩广至燕，旋即自立为燕王。

周市定了魏地，东进至齐，时齐王室之后田儋已自立为齐王，以兵拒之。市军败散，还归魏，魏人推戴他为王，他不肯，却要立魏王室之后魏咎。时咎在陈胜军中，市派人迎之，往返五次，陈胜才答应放他赴魏。

武臣之立在八月，韩广、田儋之立在九月。周文军越过函谷关到达戏亦在九月。戏离咸阳不到一百里，而此时周文的军队已增加到兵卒数十万、车千余乘了。东方变乱的真情，赵高一直瞒着二世，到这时已瞒不住了。可是秦廷有什么办法呢？帝国的军队几乎尽在北边和南越，急猝间调不回来，咸阳直是一座空城，只得赦免在骊山工作的刑徒，并解放奴隶所生的男子，派章邯带去应战。周文军来势虽盛，却经不起章邯一击便败走出关，章邯追至渑池，又大破之。周文自刎死，其军瓦解，这是二世二年十一月的事。秦以十月为岁首，二年十一月在是年正月之前，下仿此。

章邯乘胜东下。先是吴广围荥阳不下，其部将田臧等私计，秦兵早晚要到，那时前后受敌，必无幸理，不如留少数军队看守住荥阳，而用全部精兵去迎击章邯。他们认为吴广骄不知兵，不足与谋，假托陈王的命令把他杀掉，并把他的首级传送至陈。陈王拜田臧为上将，并赐以楚令尹的印信。田臧迎击章邯于敖仓，一战败死。章邯进击至陈西，陈王出监战，军败遁走，他的御者某把他杀掉，拿他的首级去投降。这是十二月的事。

陈胜，字涉，少时在田间做工。有一次放下锄头叹气痴想了许久，却对一个同伴说道："有一天我富贵了，定不会忘记你。"那位同伴笑道："你做长工，怎样富贵法？"后来陈胜做了张楚王，这位同伴便去叩阍求见。阍人几乎要把他缚起来，凭他怎样解释总不肯给他传达。他等陈胜驾出，拦路叫喊，陈胜认得他，把他载归宫里。他看见殿堂深邃，帷帐重叠，不禁嚷道："夥颐！涉大哥为王！沉沉的！"楚人叫多为夥颐。由此"夥涉为王"，传为话柄。这客人出入王宫，扬扬自得，谈起陈胜的旧事，如数家珍。有人对陈胜说，这客人无知妄言，轻损王威，陈胜便把他杀掉。由此陈胜的故旧尽皆退避。

宋留已定南阳。南阳人闻陈胜死，复叛归于秦。宋留既无法入武关，东还至新蔡与秦军遇，解甲投降，秦又把他解到咸阳，车裂示众。

章邯既破陈胜，进击魏王咎于临济，围其城。六月，齐王田儋救临济，败死。同月魏咎自杀，临济降于秦。其后儋子市继立为齐王，咎弟豹继立为魏王。

第二节　项羽与巨鹿之战

项燕的先人累世做楚将，封于项，因以项为氏，而家于下相。项燕有子名项梁，梁有侄名项籍，字羽。项羽少时学书写，不成，弃去；学剑，又不成。项梁怒责他。他说："书写只可以记姓名罢了，剑是一人敌，也不值得学，要学万人敌！"项梁于是教他兵法。他略通大意，再不深求。项梁曾因事杀人，带着项羽，逃匿于吴，_{今吴县，秦会稽郡治。}吴中名士大夫都奉他为领袖，遇着地方有大徭役或大丧事，每请项梁主办，项梁暗中用兵法部勒宾客子弟，因此他的干才为人所知。项羽长成，身材魁岸，力能扛鼎，尤为吴中子弟所敬畏。

二世元年九月，会稽郡守和项梁商议起兵响应陈胜，打算派项梁和某人为将，是时某人逃匿山泽中。项梁说，只有他的侄子知道某人所在。说完，离座外出，对项羽嘱咐了一番，又走进来，请郡守传见项羽，使召某人。项羽进见后，项梁向他使个眼色，说道："可以了！"项羽拔剑，砍下郡守的头。项梁拿着郡守的首级，佩了他的印绶。项羽连杀了好几十人，阖署慑伏听命，共奉项梁为会稽守。项梁收召徒众，得八千人。项羽为裨将，时年二十四。

二世二年二月项梁叔侄率兵渡江而西。先是广陵人召平为陈胜取广陵不下，闻陈胜败走，秦兵将到，渡江至吴，假传陈胜之命，拜项梁为上柱国。项梁一路收纳豪杰，到了下邳_{今江苏邳县。}已有了六七万人。离下邳不远，在彭城之东，有秦嘉所领的一支义军，奉景驹_{旧楚贵族景氏之后。}为楚王。是时陈胜的下落，众尚不知。项梁声言秦嘉背叛陈王擅立景驹大逆不道，即进击之。秦嘉败死，军降，景驹走死。

既而项梁得知陈胜确实已死，乃从居巢老人范增之策，访得楚怀王之孙_{名心。}于牧场中，立以为王，仍号楚怀王，都于盱眙，_{安徽今县。}项梁自号武信君。这是六月的事。

自四月至八月间，项梁叔侄军与秦军转战于今苏北、鲁南及豫东一带，连获大捷。项梁由此轻视秦军，时露骄色，部下宋义力谏他道："战胜而将骄卒惰乃是败征；现在士卒已渐形怠懈，而秦兵日增，大可忧虑。"项梁不以为意。九月章邯得到关中派来众盛的援兵之后,还击楚军,大破之于定陶,项梁战死。

章邯破项梁军,认为楚地无足忧虑,乃渡河击赵。先是赵地内乱,武臣被杀,张耳、陈余访得赵王室之后赵歇,继立为赵王,居信都。章邯入邯郸,迁其民于河内,夷其城郭。张耳与赵王走入巨鹿城,章邯使王离围之,而自军于巨鹿南。陈余北收兵于常山得数万人,军于巨鹿北。巨鹿城被围数月,粮乏兵单,危在旦夕,求援于陈余,而陈自以力薄非秦敌,按兵不肯动。

项梁死后,楚军集中于彭城附近,怀王亦移节于彭城。巨鹿围急,求救于诸侯,怀王拟派兵赴之。宋义自预言项梁之败而中,以知兵名于楚军。怀王召他来筹商,听了他的议论,大为赞赏,派他为援赵军的统帅,称上将军,以长安侯项羽为次将军,范增为末将。宋义行至安阳,_{河南今县}。逗留四十六日不进,项羽主张急速渡河,与赵军内外夹击秦军。宋义却主张先让赵、秦决战;然后秦胜则乘其疲敝而击之,秦败则引兵西行,乘虚袭取咸阳。于是严申军令,禁止异动。宋义派其子某为齐相,大排筵席为其饯行。是时岁荒粮绌,又适值天寒大雨,士卒饥冻。项羽昌言军中,责备宋义但顾私图,不恤士卒,不忠楚王。一天早晨,项羽朝见宋义,就在帐中把他的头砍下,号令军中;说他通齐反楚,奉怀王令把他诛戮。诸将尽皆慴服,共推他为"假上将军"。项羽使人报告怀王,怀王就派他代为上将军。自杀了宋义之后,项羽威震楚国,名闻诸侯。

项羽既受了援赵军统帅之任,立即派二万人渡河救巨鹿,先锋连获小胜,陈余又请添兵。项羽于是率全军渡河。既渡,凿沉船只,破毁釜甑,焚烧房舍,令士卒每人只带三日粮,示以决死无归还之心。既至巨鹿,反围王离,九战秦军,绝其粮道,大破之,王离被虏,其部下将领或战死或自杀。这是二世三年十二月的事。先是诸侯援军营于巨鹿城外的,不下十几个壁垒,都不敢出战。及楚军开始进攻,诸侯军将领皆从壁上观看。楚兵无不以一当十,呐喊声动天地,诸侯军士卒无不心惊胆震。项羽既破秦军,召见诸侯军将领,他们将入辕门,个个膝行而前,不敢抬头瞧望。于是项羽成了联军的统帅,诸侯军将领皆隶他麾下。

是时章邯尚军于巨鹿南,外见迫于项羽,内受二世的责备,又见疾于赵高,陷入进退维谷之境。陈余乘机投书给他,说道:

> 白起为秦将,南征鄢郢,北坑马服,马服谓赵将马服君赵括,此指长平之战。攻城略地,不可胜计,而竟赐死。蒙恬为秦将,北逐戎人,开榆中地数千里,竟斩阳周。何者?功多,秦不能尽封,因以法诛之。今将军为秦将三岁矣,所亡失以十万数,而诸侯并起,滋益多。彼赵高素谀日久,今事急,亦恐二世诛之,故欲以法诛将军以塞责,使人更代将军,以脱其祸。夫将军居外久,多内隙,有功亦诛,无功亦诛。且天之亡秦,无愚智皆知之。今将军内不能直谏,外为亡国将,孤特独立,而欲常存,岂不哀哉!将军何不还兵,与诸侯为纵,约共攻秦,分王其地,南面称孤,此孰与身伏铁质、妻子为戮乎?

章邯得书,心中更加狐疑,秘密派人和项羽议降。议未成,项羽连接进击章邯军,大破之。章邯遂决意投降。项羽以军中粮绌许之。二世三年七月,章邯与项羽相会于洹水南殷墟上,即今安阳殷墟。立盟定约。章邯与项羽言及赵高事,为之泪下。

第三节 刘邦之起与关中之陷

当怀王派定了宋义等北上援赵之际,又派砀郡长武安侯刘邦西行略地,向关中进发。

刘邦,字季,泗川郡沛县江苏今县。人,家世寒微,从小即不肯学习生产技艺,壮年做了本县的泗水亭长。秦制若干户为一里,十里为一亭,十亭为一乡。他使酒好色,却和易近人,疏财乐施,县署的属吏,常给他嘻嘻哈哈的大开玩笑。有一次县令的旧友吕公来沛县作客,县中属吏都去拜贺,萧何替他收礼,声明贺礼不满千钱的坐在堂下。刘季骗阍人道:"贺礼万钱!"实在不名一钱。阍人领了他进来,吕公一见,看了他的相貌大为惊讶,特加敬重。萧何笑道:"刘季只会吹牛,本领有限。"刘季满不在乎地据了上位,嘲弄座客,言语之间,一点也没有屈服。酒罢,吕公暗中使眼色留他。客散之后,吕公对他说,生平喜欢看相,看过的相也不少,从未见过他这样好的相貌,望他自爱。就在这一次叙会中,吕公把女儿许嫁了给他,后来吕婆虽严重抗议也无效。

秦朝初年征各地刑徒赴骊山工作。沛县的刑徒,由泗水亭长押去。这些刑徒半路逃脱了许多。刘季预计到得骊山时,他们势必跑个精光。行至丰县西泽中,停下痛饮,半夜,把剩下的刑徒通通放了,自己也准备逃亡。刑徒中有十几个壮汉要跟随他。刘季于是领了这班人匿在芒、砀两县的山泽岩石之间。他们所以维持生活的方法似乎是不很名誉的,所以历史上没有交代。

陈胜发难后,沛县令打算响应。县吏萧何和曹参替他计议,以为他以秦吏背秦,恐怕沛中子弟不服,不如把本县逃亡在外壮士召来,可得几百人,有他们相助,众人就不敢不听命了。于是派樊哙去招刘季。这樊哙是刘季的党羽,以屠狗为业。刘季率领着部下约莫一百人,跟着樊哙回来,沛令反悔,闭城不纳,并打算把萧、曹二人杀掉。二人跳城投奔刘季。刘季射书城上,劝县人诛沛令起事,否则城破之后,以屠城对付,县人遂共杀沛令,开城相迎。刘季受父老的推戴为沛公,收县中子弟得二三千人。这是二世元年九月的事。此后七个月内刘季转战于今独山湖以西,苏鲁两省相接之境,先后取沛、丰、砀皆江苏今县。做根据地。替刘季守丰的部将叛而附魏,刘季攻他不下,走去留县求助于景驹。他始终没有得到景驹的帮助,却在留县遇到了张良。张良原是韩国的贵公子,其先人五世相韩,亡国后散家财谋报国仇。秦始皇在博浪沙遇刺,那凶手就是他所买的。这时他领了一百多个少年,想投景驹,遇了刘季,情投意合,便以众相从。后来楚怀王既立,张良说动了项梁,更立故韩公子韩成为韩王,只得辞别刘季,往佐韩王。

景驹败死后,刘季往见项梁,项梁给他补充五千人。他得了这援助,才于二世二年四月把丰县攻下。从此刘季归附了项梁。他和项羽似乎很相得，两人总是共领一军出战或同当一面，像是形影不离的。据说当怀王派刘季西行时项羽也请求同往，只是怀王左右的老将们极力反对，以为项羽剽悍残暴，是屠城的能手，关中人民，久苦苛政，可以德服；他一去，反失人心；惟有刘季，忠厚长者，可胜宣抚之任；怀王因此不许项羽和刘季偕行。

宋义、项羽等北上救赵之军和刘季西进之军，同于二世二年闰九月_{当时称后九月。}分途出发。刘季转战于今豫东豫南，取道南阳以向武关。这时秦军的主力被吸在河北，这一路的楚军并未遇着劲敌。刘季从洛阳南下，复与张良相会。先是，张良同了韩王领兵千余，西略韩地，取了数城，又被秦军夺回，只得在颍川一带作游击战。至是，领兵与刘季合，占领了韩地十余城。刘季令韩王留守阳翟，而同了张良前进，略南阳郡，郡守兵败，退守宛城。刘季便越过宛城而西。张良谏道：现在虽急于入关，但关中兵尚众，且凭险相拒，若不攻下宛城，腹背受敌，这是危道。刘季便半夜隐匿旗帜，绕道回军，黎明，围宛城三匝。南阳守以城降，刘季封他为殷侯，由此西至武关，一路所经城邑纷纷迎降。二世三年八月武关陷。是月，赵高弑二世，使人来约降，刘季等以为诈，继进。九月峣关陷。刘季初欲急攻峣关。张良以为守将乃屠户之子，可以利动。于是楚军一面派人先行，预备五万人的餐食，并在山上多树旗帜为疑兵；一面派人拿重宝去说守将，守将果然变志，愿和楚军同入咸阳。刘季将要答应他，张良以为只是守将要反，怕士卒不从，不从可危，不如乘其怠懈进击。刘季依计遂破峣关。是月秦军再战于蓝田南，复大败。次月刘入咸阳。先是赵高既弑二世，继立其侄子婴，贬去帝号，称秦王，子婴又袭杀赵高。至是，子婴以绳系颈，乘素车白马，捧着皇帝的玺印，迎接刘季于霸上_{长安东十三里。}的帜道旁。

秦历以九月为岁终，而秦历可说是终于二世三年九月。后此五十四个月，即四年半，刘季乃即皇帝位，汉朝乃开始。中间纪事，系年系月，甚成问题。若用公元，年次固可约略相附，但月份则尚无正确的对照。汉人以二世三年之后为汉元年；汉初沿秦历法，以十月为岁首，故以汉元年十月接秦二世三年九月。但此时尚无汉朝，何有汉年？今别无善法，只得依之。

第四节　项羽在关中

刘季到了咸阳，看着堂皇的宫殿，缛丽的帷帐和无数的美女、狗马、珍宝，便住下不肯出。奈不得樊哙和张良苦劝婉谏，才把宫中的财宝和府库封起，退驻霸上，以等待各方的领袖来共同处分。他又把父老召来，宣布废除秦朝的苛法，只约法三章："杀人者死，伤人及盗抵罪。"人民大喜，纷纷送上牛羊来犒军，刘季一概辞谢不受。

项羽既定河北，率楚军诸侯军及秦降军西向关中，行至新安，闻秦降卒有怨声，虑其为变，尽坑之。

当初怀王曾与诸将约，谁先入关中，即以其地封他为王。刘邦因此以关中的主人自居。而项羽西进之前已封了章邯为雍王，秦地古称雍州。大有否认怀王初约之意。刘季闻讯，派兵守函谷关，拒外军入境，同时征关中人民入伍以扩充实力。

项羽至函谷关，不得入，大怒，攻破之。进驻鸿门，与刘季军相距只四十里。是时外军四十万，号百万；内军十万，号二十万。项羽大飨军士预备进攻。项羽的叔父项伯曾受张良救命之恩，半夜去给张良通消息，劝张良快跟他走。张良却替他和刘季拉拢。刘季会项伯一见如故，杯酒交欢，约为婚姻。刘季道："我入关以来，秋毫不敢有所沾染，簿籍吏民，封闭府库，以等待项将军。派人守关，只是警备盗贼。日夜盼望项将军到，哪里敢反？"恳求项伯代为解释。项伯答应，并约他次早亲到鸿门营中来。

项羽听了项伯的话，芥蒂已消，又见刘邦亲到，反而高兴起来，留他宴饮。项羽、项伯坐西，范增坐北，刘季坐南，张良坐东。范增主张剪除刘季最力，席间屡次递眼色给项羽，同时举起所佩的玉玦。项羽默然不应。范增出去，一会儿又入来。随后不久，项庄入来奉酒祝寿。奉毕说道："君王和沛公饮酒，军营里没有什么可以助兴的，让我来舞剑！"项羽说："好！"他便舞起剑来。项伯亦拔剑起舞。项庄屡屡逼近刘季，项伯屡屡掩护着刘季。正对舞间，张良出去，一会儿又入来。随后，门外喧嚷声起，一人带剑持盾闯进来，鼓起眼睛盯着项羽。项羽按剑翘身_{时席地坐}。问做什么？张良说："那是沛公的骖乘樊哙。"项羽说："壮士！赏他酒。"是一大杯。樊哙拜谢了，一口喝干。项羽说："赏他一个猪肩！"那是生的。樊哙把盾覆在地上，把猪肩放在盾上，拔剑切肉便啖。项羽问他可还能饮不，他说："臣死也不避，何况杯酒？"接着他痛陈刘季的功劳，力数项羽的不是。项羽无话可说，只请他坐，他便挨张良坐下。自从樊哙闯入，舞剑停止。樊哙坐下不久，刘季说要如厕走开，张良跟着他。过了许久，张良单独回来，带好些玉器。张良作礼道："沛公很抱歉，因饮酒过多，不能亲来告辞。托下臣带了白璧一对献与大王，_{项羽}。玉斗_{酒器}。一对献与大将军。"_{范增}。项羽问沛公在哪里，张良说："他听说大王有意责难他，已回营去了。"项羽收下白璧，放在几上。范增把玉斗放在地下，拔剑撞个粉碎。

随后项羽入咸阳，屠城，杀子婴，烧秦宫室，收财宝妇女，然后发号施令，分割天下。他尊怀王为义帝，却只给他湘江上游弹丸之地，都于郴。_{今县}。自立为西楚霸王，占旧楚、魏地九郡，都于彭城；此外他封立了十八个王国，列表如下：

王号	姓名	原来地位	国都	领地	附注
汉王	刘季		南郑	汉中、巴蜀	
雍王	章邯	秦降将	废丘	咸阳以西	三人共分关中地，三国合称三秦
塞王	司马欣	章邯部下长史	栎阳	咸阳以东至河	
翟王	董翳	章邯部下都尉	高奴	上郡	
西魏王	魏豹	魏王	平阳	河东	
河南王	申阳	张耳部将，先定河南	洛阳	河南郡	
韩王	韩成	韩王	阳翟	韩地若干郡	

续表

王号	姓名	原来地位	国都	领地	附注
殷王	司马卬	赵将，先定河内	朝歌	河内	
代王	赵歇	赵王		代郡	
常山王	张耳	赵相，从项羽入关	襄国	赵地大部分	
九江王	英布	项羽部将	六	九江郡一带	后降刘季，封淮南王
衡山王	吴芮	百越君长，从入关	邾	楚地一部分	
临江王	共敖	怀王柱国	江陵	楚地一部分	死于汉三年；子尉嗣，四年十二月为汉所虏
辽东王	韩广	燕王		辽东	后拒臧荼，为所杀
燕王	臧荼	燕将，从项羽入关	蓟	燕地大部分	
胶东王	田市	齐王	即墨	齐地一部分	
齐王	田都	齐将	临淄	齐地大部分	
济北王	田安	齐王室后，项羽部将	博阳	齐地一部分	

我们看这表便可知道，其中哪些是不会悦服项羽的宰割的人。刘季指望割据关中而只得到僻远的汉中、巴蜀，不用说了。魏豹由魏王而缩为西魏王，赵歇由赵王而缩为代王，田市由齐王而缩为胶东王，韩广由燕王而缩为辽东王，都是受了黜降。此外项羽在瓜分天下时所树的敌人，不见于表中的还有故齐相田荣和故赵将陈余。当初田儋战死后，齐人立田假为王，田荣田儋弟。逐田假更立儋子田市而专齐政。田假走依项梁，由此田荣与项氏有隙。项羽以齐地分王田市、田都、田安，而田荣无份。田荣怎肯甘心？陈余本与张耳为"刎颈交"。巨鹿之围，张求援于陈，而陈竟以利害的计较，按兵不动。两人从此成仇。但两人的

"革命功绩",实不相上下。项羽因张耳相从入关以赵地的大部分封他为常山王,而仅以南皮等三县之地封陈余为侯。陈余由此深怨项羽。

第五节　楚、汉之战及其结局

汉元年四月,在咸阳新受封的诸王分别就国。张良辞别刘季,往佐韩王,却送刘季到褒中,临别,劝他烧绝所过栈道,示无北还之心,刘季依计。

五月,田荣发兵拒田都,击走之。田荣留田市,不让他赴胶东。田市惧怕项羽,逃亡就国。田荣追杀之,而自立为齐王。是时昌邑人彭越以盗贼起。聚众万余人于巨野,无所属。田荣给他将军印,使攻济北。越击杀济北王。于是田荣尽有全齐之地。彭越又进击楚军,大破之。陈余请得田荣的助兵,并尽发南皮三县兵,共袭常山,张耳败逃。二年十月陈余迎故赵王歇于代,复立为赵王。于是齐赵地尽反楚。是月义帝在就国途次,为项羽命人袭杀于江中。

刘季乘齐变,于元年八月突入关中。章邯兵败,被围于废丘。二年六月废丘始陷,章邯自杀。塞王、翟王皆降汉。先是项羽挟韩王成归彭城,不使就国,继废之为侯,继又杀之。于是张良逃就刘季于关中。刘季以故韩襄王战国时。孙信为韩太尉,使共张良将兵取韩地。二年十一月,韩地既定,刘季立信为韩王。先是河南王申阳亦降汉。

项羽权衡西、北两方敌人的轻重,决定首先击齐。二年正月,大败田荣于城阳。田荣遁逃,为人民所杀。项羽坑田荣降卒。提兵北进,一路毁城放火,掳掠妇女。齐人怨叛。荣弟田横,收散兵,得数万人,复反城阳。项羽还战,竟相持不下。刘季乘齐、楚相斗之际东进,降西魏王豹,虏殷王卬,为义帝发丧,率诸侯兵五十六万伐楚,遂入彭城。项羽以精兵三万人还战,汉军大溃,被挤落谷水和泗水死的据说有十余万人。再战灵璧东,汉军又溃,被挤落睢水死的据说也有十余万人,睢水几乎被死尸填塞了。楚军围了刘季三匝。适值大风从西北起,折树发屋,飞沙走石,阴霾蔽天,白昼昏黑。楚军逆着大风,顿时散乱,刘季才得带了几十骑遁走。但项羽一去齐,田横复定齐地,立田荣子田广为王。刘季收聚散卒,又得萧何征调关中壮丁转运关中粮食来援,固守荥阳、成皋,并在今河南成皋县境,荥阳在东,成皋在西。军势复振。先是魏王豹于汉军败后,复叛归楚。汉使淮阴人韩信击之。九月,韩信俘魏王豹,定魏地。

此后战争的发展,可分为三个阶段。

第一阶段尽汉三年九月。在这一阶段,汉正面大败,而侧面猛进。在正面,汉失荥阳、成皋。刘季先后从荥阳、成皋突围先遁。其出荥阳时,将军纪信假扮着他,从东门出,以诳楚军,他才得从西门逃走,纪信因此被烧杀。在侧面,韩信取赵。先是,张耳败走,投奔汉。刘季微时曾为张耳客,因善待之。及会诸侯兵伐楚,求助于赵,陈余以汉杀张耳为条件。刘季把一个貌似张耳的人杀了,拿首级送去,陈余才派兵相助。后来陈余闻得张耳未死,便绝汉。汉使韩信击赵,杀陈余。在这阶段,还有两件大事可记。其一,楚将九江王英布先已离心,又受了汉所遣辩士的诱说,遂举九江降汉。英布旋被项羽击败,只身逃入汉,但项羽已失去一有力的臂助了。其二,项羽中了汉的反间计,对一向最得力的谋臣范增起了猜疑,范增愤而告退,归近彭城,疽发背死。

第二阶段尽汉四年九月。在这一阶段,韩信南下取齐,楚军援齐大败,韩信遂定齐地;而彭越于田荣死后归汉。为汉守魏地,时出游兵断楚粮道,荥阳、成皋的楚军大窘;项羽抽军自领回击彭越,汉乘机收复成皋,并进围荥阳。项羽引兵还广武在荥阳附近,荥泽与汜水之间。与汉相持数月。项羽以前方粮绌、后方又受韩信的抄袭,想和汉决一死战,而汉按兵不出,只得与汉约和。约定楚汉平分天下,以鸿沟在广武荥泽间。为界准,其东属楚,其西属汉;楚放还前所掳汉王之父及妻。约成,项羽便罢兵东归。

以下入最后阶级。初时刘季也打算罢兵西归,张良等力劝乘势灭楚。五年十月,汉追击项羽军于固陵,今河南淮阳县西北。大败之。刘季约韩信、彭越会师,而二人不至。先是韩信既定齐,自请立为齐王,刘季忍怒许之;彭越只拜魏相国。至是张良献计:韩信故乡在楚,指望做楚王；彭越据魏地亦指望做魏王；若能牺牲楚、魏地的一部分，许与他们，他们必然效命。刘季依计，二人立即会师。十一月，汉遣别将渡淮围寿春，又诱降楚舒城守将，使以舒屠六。十二月，项羽至垓下，今安徽灵璧县东南。兵少食尽，汉军围之数重。项羽率八百余骑溃围而出，所当辟易；到了长江西岸的乌江今安徽和县东北乌江浦。只剩下二十六骑。乌江渡口单摆着一只小船。乌江亭长请他立即下渡，说道："江东虽小，也有几千里地，几十万人；现在只有这一只船，汉兵即使追来，也无法飞渡。"项羽说："我当初领江东子弟八千，渡江西去，如今无一人归还，即使江东父老怜恤我，奉我为王，我也有何面目再见他们？他们即使不说话，难道我不问心有愧？"于是把所乘的骓马赏给了亭长，令他先走。自与从人步行，持短兵接战。他连接杀了几百人，身上受了十几伤，然后拔剑自刎。

五年正月，汉王立韩信为楚王，领淮北，都下邳；立彭越为梁王，领魏地，都定陶。随后，诸侯向汉王上了一封献进书如下：

> 楚王韩信，韩王信，淮南王英布，梁王彭越，故衡山王吴芮，项羽所立，旋废之。赵王张敖，汉立张耳为赵王，先是已死，其子敖嗣。燕王臧荼昧死再拜言：大王陛下，先时秦为无道，天下诛之。大王先得秦王，定关中，于天下功最多。存亡定危，救败继绝，以安万民，功盛德厚，又加惠于诸侯王，有功者使得立社稷。地分已定，而位号比拟无上下之分，大王功德之著于后世。不宣。昧死再拜上皇帝尊号。

刘季经过一番逊让之后，于二月即皇帝位于定陶附近的汜水之北。是月封吴芮为长沙王，领长沙、象郡、桂林、南海四郡；又封故粤王无诸秦所废，后从诸侯伐秦。为闽粤王，领闽中地。初定都洛阳，五月迁都于长安。

刘季做了七年皇帝而死，前二〇二至前一九五年。庙号太祖高皇帝。《广阳杂记》卷二："考得高祖起沛年四十八，崩时年六十三。"不知何据。

第九章

大汉帝国的发展

第一节 纯郡县制的重建

刘邦即帝位之初,除封了七个异姓的"诸侯王"外,又陆续封了一百三十多个功臣为"列侯"。汉朝的封君,主要的就是这诸侯王和列侯两级。在汉初,这两级的差异是很大的。第一,王国的境土"多者百余城,少者乃三四十县";这七个王国合起来就占了"天下"的一大半。但侯国却很少有大过一县的。刘邦序次功臣,以萧何为首,而萧何初受封为酂侯时,只食邑八千户;后来刘邦想起从前徭役咸阳时,萧何多送了二百钱的赆,又加封给他二千户;后来萧何做到相国,又加封五千户;合共才一万五千户。终汉之世,也绝少有超过四万户的列侯。第二,诸侯王除享受本国的租税和徭役外,又握着本国政权的大部分。王国的官制是和中央一样的。汉代的官制大抵抄袭秦朝。中央有丞相,王国也有之;中央有御史大夫,王国也有之;中央有太尉,王国则有中尉。王国的官吏,除丞相外,皆由诸侯王任免。但列侯在本"国",只享受额定若干户的租税和徭役,譬如某列侯食五千户,而该国的民户超过此数,则余户的租税仍归中央。并没有统治权。他们有的住长安,有的在别处做官,多不在本国。侯国的"相"实际是中央所派的地方官,和非封区里的县令或县长相等。汉制万户以上的县置令,万户以下的县置长。他替列侯征收租税,却不臣属于列侯。在封君当中,朝廷所须防备的只有诸侯王,列侯在政治上是无足轻重的。

最初，诸侯王都是异姓的。异姓诸侯王的存在，并非刘邦所甘愿。不过他们在新朝成立之前都早已据地为王。假如刘邦灭项之后，不肯承认他们既得的地位，他们在自危之下，联合起来，和刘邦对抗，刘邦能否做得成皇帝，还未可知。所以当刘邦向群臣询问自己所以成功的原因，就有人答道：

> 陛下慢而侮人，项羽仁而爱人。然陛下使人攻城略地，所降下者，因以予之，与天下同利也。项羽妒贤嫉能，有功者害之，贤者疑之，战胜而不予人功，得地而不予人利，此所以失天下也。

不过刘邦在未做皇帝之前，固能"与天下同利"；做了皇帝之后，就不然了。他在帝位未坐稳之前，不能把残余的割据势力一网打尽；在帝位既坐稳之后，却可以把他们各个击破。他最初所封诸王，除了仅有众二万五千户的长沙王外，后来都被他解决了。假如刘邦有意重振前朝的纯郡县制度，他很可以把异姓诸侯王的国土陆续收回归中央。此时纯郡县制度恢复的主要障碍似乎只是心理的。秦行纯郡县制十五年而亡，周行"封建"享祀八百，这个当头的历史教训，使得刘邦和他的谋臣认"封建"制为天经地义。异姓的"诸侯王"逐渐为刘邦的兄弟子侄所替代，到后来，他立誓："非刘氏而王者天下共击之。"不过汉初的"封建"制和周代的"封建"制，名目虽同，实则大异。在周代，邦畿和藩国都包涵着无数政长而兼地主的小封君；但在汉初，邦畿和藩国已郡县化了。而且后来朝廷对藩国的控制也严得多：藩国的兵符常在朝廷所派的丞相手，诸侯王非得他的同意不能发兵。

在高帝看来，清一色的刘家天下比之宗室的异姓杂封的周朝，应当稳固得多了。但事实却不然。他死后不到二十年，中央对诸侯王国的驾驭，已成为问题。文帝初即位的六年间，济北王和淮南王先后叛变，虽然他们旋即被灭，但拥有五十余城的吴王濞又露出不臣的形迹。他收容中央和别国的逃犯，用为爪牙；又倚恃自己镕山为钱、煮海为盐的富力，把国内的赋税免掉，以收买人心。适值吴太子入朝，和皇太子即后日的景帝。赌博，争吵起来，给皇太子当场用博局格杀了。从此吴王濞称病不朝，一面加紧地"积金钱，修兵革、聚谷食"。文帝六年，聪明盖世的洛阳少年贾谊时为梁王太傅。上了有名的《治安策》，认为时事有"可为痛哭者一，可为流涕者一，今本作可为流涕者二，此处据夏炘《贾谊政事疏考补》改。可为长太息者六。"其"可为痛哭者一"便是诸侯王的强大难制。他比喻道："天下之势，方病大膧，一胫之大几如腰，一指之大几如股。"他开的医方是"众建诸侯而少其力"，那就是说，分诸侯王的土地，以封他们的兄弟或子孙，这一来诸侯王的数目增多，势力却减少。后来文帝分齐国为六，淮南国为三，就是这政策一部分的实现。齐和淮南被分之前，颍川人晁错提出了一个更强硬的办法，就是把诸侯王土地的大部分削归中央。这个提议，宽仁的文帝没有理会，但他的儿子景帝继位后，便立即采用了。临到削及吴国，吴王濞便勾结胶东、胶西、济南、淄川、四国皆从齐分出。楚、赵和吴共七国，举兵作反。这一反却是汉朝政制的大转机。中央军在三个月内把乱事平定。景帝乘着战胜的余威，把藩国一切官吏的任免权收归朝廷，同时把藩国的官吏大加裁减，把它的丞相改名为相。经过这次的改革后，诸侯王名虽封君，实为食禄的闲员；藩国虽名封区，实则中央直辖的郡县了。往后二千余年中，所行的"封建制"多是如此。

景帝死，武帝继位，更双管齐下地去强干弱枝。他把贾谊的分化政策，极力推行。从此诸侯王剩余的经济特权也大大减缩，他们的食邑最多不过十余城，下至蕞尔的侯国，武帝也不肯放过，每借微罪把它们废掉。汉制，皇帝以八月在宗庙举行大祭，叫作"饮酎"，届时王侯要献金助祭，叫作"酎金"。武帝一朝，列侯因为酎金成色恶劣或斤两不够而失去爵位的，就有一百多人。

景、武之际是汉代统治权集中到极的时期，也是国家的富力发展到极的时期。

秦代十五年间空前的工役和远征已弄到民穷财尽。接着八年的苦战。光算楚、汉之争，就有"大战七十，小战四十"。好比在赢瘵的身上更加剡戕。这还不够。高帝还定三秦的次年，关中闹了一场大饥荒，人民相食，死去大半。及至天下平定，回顾从前的名都大邑，多已半付蒿莱，它们的户口往往十去七八。高帝即位后二年，行过曲逆，登城眺望，极赞这县的壮伟，以为在所历的都邑中，只有洛阳可与相比，但一问户数，则秦时本有三万，乱后只余五千。这时不独一般人民无蓄积可言，连将相有的也得坐牛车，皇帝也无力置备纯一色的驷马。

好在此后六七十年间，国家大部分享着不断的和平，而当权的又大都是"黄老"的信徒，守着省事息民的政策。经这长期的培养，社会又从苏复而趋于繁荣。当武帝即位的初年，据同时史家司马迁的观察："非遇水旱之灾，民则人给家足。都鄙廪庾皆满，而府库余货财。京师之钱累巨万，万万。贯朽而不可校。计算。太仓之粟，陈陈相因，充溢露积于外，至腐败不可食。众庶街巷有马，阡陌之间，（马聚）成群。"

政权集中，内患完全消灭；民力绰裕，财政又不成问题；这正是大有为之时。恰好武帝是个大有为之主。

第二节　秦、汉之际中国与外族

在叙述武帝之所以为"武"的事业以前，我们得回溯秦末以来中国边境上的变动。

当秦始皇时，匈奴既受中国的压迫，同时它东边的东胡和西边的月氏，亦一游牧民族，在今敦煌至天山间，其秦以前的历史全无可考。《管子·揆度篇》和《逸周书·王会篇》中的禺氏，疑即此族。均甚强盛。因此匈奴只得北向外蒙古方面退缩。但秦汉之际的内乱和汉初国力的疲敝，又给匈奴以复振的机会。适值这时匈奴出了一个枭雄的头领冒顿单于。冒顿杀父而即单于位约略和刘邦称帝同时。他把三十万的控弦之士套上铁一般的纪律，向四邻攻略：东边，他灭了东胡，拓地至朝鲜界；北边，服属了丁零匈奴的别种。等五小国；南边，他不独恢复蒙恬所取河套地，并且侵入今甘肃平凉至陕西肤施一带；西边，他灭了月氏，把国境伸入汉人所谓"西域"中。即今新疆及其以西和以北一带。这西域包涵三十多个小国，其中一大部分不久也成了匈奴的臣属，匈奴在西域设了一个"僮仆都尉"去统辖它们，并且向它们征收赋税。冒顿死于文帝六年，_前_{一七四年。}是时匈奴已俨然一大帝国，内分三部：单于直辖中部，和汉的代郡、云中郡相接；单于之下有左右贤王，分统左右两部；左部居东方，和上谷以东的边郡相接；右部居西方，和上郡以西的边郡及氐羌_{在今青海境。}相接。胡俗尚左，左贤王常以太子充任。

匈奴的土地虽广，大部分是沙碛或卤泽，不生五谷，而除新占领的月氏境外，草木也不十分丰盛，因此牲畜不会十分蕃息。他们的人口还比不上中国的一大郡。当匈奴境内人口达到饱和的程度以后，生活的艰难，使他们不得不以劫掠中国为一种副业。而且就算没有生活的压迫，汉人的酒谷和彩缯，对于他们也是莫大的引诱。匈奴的人数虽寡，但人人在马背上过活，全国皆是精兵。这是中国人所做不到的。光靠人口的量，汉人显然压不倒匈奴。至于两方战斗的本领，号称"智囊"的晁错曾作过精细的比较。他以为匈奴有三种长技：

1. 上下山阪，出入溪涧，中国之马弗如也。

2. 险道倾仄，且驰且射，中国之骑兵。弗如也。

3. 风雨疲劳，饥渴不困，中国之人弗如也。

但中国却有五种长技：

1. 平原易地，轻车突骑，则匈奴之众易扰乱也。

2. 劲弩长戟，射疏广阔。及远，则匈奴之弓弗能格也。

3. 坚甲利刃，长短相杂，游弩往来，什伍俱前，则匈奴之兵器。弗能当也。

4. 材官骑射之兵。驺骤。发，矢道同的，则匈奴之革笥木荐弗能支也。

5. 下马地斗，剑戟相接，去就相薄，则匈奴之足弗能给也。

这是不错的。中国的长技比匈奴还多，那么，汉人对付匈奴应当自始便不成问题了。可是汉人要有效地运用自己的长技，比之匈奴，困难得多。匈奴因为是游牧的民族，没有城郭宫室的牵累，"来如兽聚，去如鸟散"，到处可以栖息。他们简直用不着什么防线。但中国则从辽东到陇西_{辽宁至甘肃}。都是对匈奴的防线，而光靠长城并不足以限住他们

145

的马足。若是沿边的要塞皆长驻重兵，那是财政所不容许的。若临时派援，则汉兵到时，匈奴已远飏，汉兵要追及他们，难于捉影。但等汉兵归去，他们又卷土重来。所以对付匈奴，只有两种可取的办法：一是一劳永逸的大张挞伐，拼个你死我活；二是以重赏厚酬，招民实边，因为匈奴的寇掠，边地的居民几乎逃光。同时把全体边民练成劲旅。前一种办法，武帝以前没有人敢采。后一种办法是晁错献给文帝的，文帝也称善，但没有彻底实行。汉初七八十年间对匈奴的一贯政策是忍辱修好，而结果殊不讨好。当高帝在平城给冒顿围了七昼七夜，狼狈逃归后，刘敬献了一道创千古奇闻的外交妙计：把嫡长公主嫁给单于，赔上丰富的妆奁，并且约定以后每年以匈奴所需的汉产若干奉送，以为和好的条件。这一来匈奴既顾着翁婿之情，又贪着礼物，就不便和中国捣乱了。高帝想不出更好的办法，只舍不得公主，于是用了同宗一个不幸的女儿去替代。不过单于们所稀罕的毋宁是"蘖酒万石，稷米五千斛，杂缯万匹"之类，而不是托名公主而未必娇妍的汉女。所以从高帝初年到武帝初年间共修了七次"和亲"，而遣"公主"的只有三次。和亲使单于可以不用寇掠而得到汉人的财物。但他并不以此为满足，他手下没得到礼物或"公主"的将士们更不能满足。每度和亲大抵只维持三几年的和平。而堂堂中国反向胡儿纳币进女，已是够丢脸了，贾谊所谓"可为流涕"的事，就是指此。

上面讲的，是汉初七八十年间西北两方面的边疆状况，让我们再看其他方面的情形。

在东北方面，是时朝鲜半岛上，国族还很纷纭；其中较大而与中国关系较密的是北部的朝鲜和南部的真番。真番在为燕所征服之前无史可稽。朝鲜约自周初以来，燕、齐的人民或因亡命，或因生计所迫，移殖日众。至迟到了秦汉之际，朝鲜在种族上及文化上皆已与诸夏为一体，在语言上和北燕属同一区域。在战国末期确年无考。燕国破胡的英雄秦开即副荆轲入秦的秦舞阳的祖父。曾攻朝鲜，取地二千余里。不久，朝鲜和真番皆成了燕的属地，燕人为置官吏。秦灭燕后，于大同江外空地筑障以为界，对朝鲜控制稍弛，朝鲜名虽臣服于秦，实不赴朝会。汉朝初立，更无远略，把东北界缩到大同江。高帝死时，燕王卢绾率叛众逃入匈奴，燕地大乱，燕人卫满聚党千余人，渡大同江，居秦故塞，收容燕、齐的亡命之徒；继灭朝鲜，据其地为王，并降服真番及其他邻近的东夷小国。箕子的国祀，经八百余年，至此乃绝。卫满沿着朝鲜向来的地位，很恭顺地对汉称臣，约定各保边不相犯，同时半岛上的蛮夷君长要来朝见汉天子时，朝鲜不加阻碍。但到了卫满的孙右渠，与武帝同时。便再不和汉朝客气，一方面极力招诱逃亡的汉人，一方面禁止邻国的君长朝汉。

在南方，当秦末的内乱，闽越和西南夷，均恢复自主；南越则为故龙川县属南海郡。令真定赵。人赵佗所割据。汉兴，两越均隶藩封。但南越自高帝死后已叛服不常，闽越当武帝初年亦开始侵边。而西南夷则直至武帝通使之时，还没有取消独立。

以上一切边境内外的异族当中，足以为中国大患的只有匈奴。武帝对外也以匈奴为主要目标。其灭朝鲜有一部分为的是"断匈奴左臂"；其通西域全是为"断匈奴右臂"。

第三节　武帝开拓事业的四时期

武帝一朝对待外族的经过，可分为四期。

1.第一期包括他初即位的六年，前一四一至前一三六年。这是承袭文、景以来保境安民政策的时期。武帝即位，才十六岁，太皇太后窦氏掌握着朝政。这位老太太是一个坚决的"黄老"信徒。有她和一班持重老臣的掣肘，武帝只得把勃勃的雄心暂时按捺下去。当建元三年前一三八年。闽越围攻东瓯，今浙江东南部。武帝就对严助说："太尉不足与计，吾新即位，不欲出虎符发兵郡国。"结果，派严助持"节"去向会稽太守请兵，"节"并不是发兵的正式徽识，严助几乎碰了钉子。在这一期里，汉对匈奴不但继续和亲，而且馈赠格外丰富，关市的贸易也格外起劲；可是武帝报仇雪耻的计划早已决定了。他派张骞去通使西域就在即位的初二年间。

2.第二期从建元六年窦太后之死至元狩四年大将军霍去病之兵临瀚海，凡十六年，_{前一三五至前一一九年。}这是专力排击匈奴的时期。

窦氏之死，给汉朝历史划一新阶段。她所镇抑着的几支历史暗流，等她死后，便一齐迸涌，构成卷括时代的新潮。自她死后，在学术界里，黄老退位，儒家的正统确立；政府从率旧无为变而发奋兴作，从对人民消极放任变而为积极干涉。这些暂且按下不表。现在要注意的是汉廷的对外政策从软弱变而为强硬。她死后的次年，武帝便派重兵去屯北边；是年考试公卿荐举"贤良"，所发的问题之一，便是"周之成、康……德及鸟兽，教通四海，海外肃慎，……氐、羌徕服。……呜呼，何施而臻此欤？"次年，便向匈奴寻衅，使人诈降诱单于入塞，同时在马邑伏兵三十万骑，要把单于和他的主力一举聚歼。这阴谋没有成功，但一场狠斗从此开始。

晁错的估量是不错的。只要汉廷把决心立定，把力量集中，匈奴绝不是中国的敌手。计在这一期内，汉兵凡九次出塞挞伐匈奴，前后斩虏总在十五万人以上，只最后元狩四年_{前一一九年。}的一次，也是最猛烈的一次，就斩虏了八九万人。先是元狩二年，_{前一二一年。}匈奴左地的昆邪王惨败于霍去病将军之手，单于大怒，要加诛戮，他便投降汉朝，带领去的军士号称十万，实数也有四万多。光在人口方面，匈奴在这一期内，已受了致命的打击。_{匈奴比不得中国，中国便遭受同数目的耗折也不算一回事。}计汉初匈奴有控弦之士三十万，后来纵有增加，在此期内壮丁的耗折总在全数一半以上。在土地方面，匈奴在这一期内所受的损失也同样的大。秦末再度沦陷于匈奴的河套一带_{当时称为"河南"。}给将军卫青恢复了。武帝用《诗经》中赞美周宣王征伐猃狁"出车彭彭，城彼朔方"的典故，把新得的河套地置为朔方郡；以厚酬召募人民十万，移去充实它；又扩大前时蒙恬所筑凭黄河为天险的边塞。从此畿辅才不受匈奴的威吓。后昆邪王降汉，又献上今甘肃西北的"走廊地带"，_{包括月氏旧地。}为匈奴国中最肥美的一片地。武帝把这片地设为武威、酒泉两郡。_{后来又从中分出张掖、敦煌两郡，募民充实之。}从此匈奴和氐羌_{在今青海境。}隔绝，从此中国和西域乃得直接交通，从此中国自北地郡以西的戍卒减去一半。后来匈奴有一首歌谣，纪念这一次的损失道：依汉人所译。

> 亡我焉支（燕支）山，
> 使我妇女无颜色！
> 失我祁连山，
> 使我六畜不蕃息！

最后在元狩四年的一役，匈奴远遁至瀚海以北，汉把自朔方渡河以西至武威一带地今宁夏南部，介于绥远和甘肃间地。也占领了，并且在这里开渠屯田，驻吏卒五六万人，惟未置为郡县。更渐渐的向北蚕食。是年武帝募民七十余万充实朔方以南一带的边境。

3.元狩五年至太初三年，凡十七年间，前一一八至前一〇二年。是武帝对外的第三期。在这一期内，匈奴既受重创，需要休息，不常来侵寇；武帝也把开拓事业转向别方：先后征服了南越、西南夷、朝鲜，皆收为郡县；从巴蜀开道通西南夷，役数万人；戡定闽越，迁其种族的一大部分于江淮之间，并且首次把国威播入西域。

西域在战国时是一神话的境地，屈原在《招魂》里描写道：

西方之害，流沙千里些！
旋入雷渊，靡散而不可止些！
幸而得脱，其外旷宇些！
赤蚁若象，玄蠭若壶些！
五谷不生，丛菅是食些！
其土烂人，求水无所得些！

一直到张骞出使之时，汉人还相信那里的昆仑山，为日月隐藏之所，其上有仙人西王母的宫殿和苑囿。对这神话的境界武帝首先作有计划的开拓。武帝在即位之初，早已留意西域。先时月氏国给匈奴灭了以后，一部分的人众逃入西域，占据了塞国，今伊犁一带。驱逐了塞王，另建一新国，是为大月氏，_{余众留敦煌、祁连间为匈奴役属的叫作小月氏。}对于匈奴，时图报复。武帝从匈奴降者的口中得到这消息，便想联络月氏，募人去和它通使。汉中人张骞应募。这使事是一件很大的冒险。是时汉与西域间的交通孔道还是在匈奴掌握中，而西域诸国多受匈奴的命令。张骞未入西域，便为匈奴所获，拘留了十多年。他苦心保存着所持的使"节"，终于率众逃脱。这十多年中，西域起了一大变化。先前有一个游牧民族，叫作乌孙的，在故月氏国东，给月氏灭了。他们投奔匈奴，被收容着，至是，受了匈奴的资助，向新月氏国猛攻。月氏人被迫作第二次的逃亡，又找到一个富厚而文弱的国家——大夏_{今阿富汗}，把它鸠居鹊巢地占据了；遗下塞国的旧境为乌孙所有。张骞到大夏时，月氏人已给舒服的日子软化了，再不想报仇。张骞留居年余，不得要领而返，复为匈奴所获，幸而过了年余，单于死，匈奴内乱，得间逃归。骞为人坚忍、宽大、诚信，甚为蛮夷所爱服。他出国时同行的有一百多人，去了十三年，仅他和一个胡奴堂邑父得还。这胡奴在路上给他射鸟兽充饥，否则他已经绝粮死了。

张骞自西域归还，是轰动朝野的大事。他给汉人的政治、商业和文化开了一道大门；后来印度佛教的输入，就是取道西域的。这次我国史上空前的大探险，不久成了许多神话的挂钉。《张骞出关志》《海外异物记》等类夸诞的书，纷纷地堆到他名下。可惜现在都失传了。

张骞第二次出使是在元狩四年，匈奴新败后。这回的目的是乌孙。原来乌孙自居塞地，国势陡强，再不肯朝事匈奴，匈奴派兵讨它，不胜，从此结下仇隙。张骞向武帝献计：用厚赂诱乌孙来归旧地，_{敦煌祁连间}。并嫁给公主，结为同盟，以断"匈奴右臂"；乌孙既归附，则在它西边大夏_{即新月氏}。等国皆可收为外藩。武帝以为然，因派张骞再度出使。这回的场面比前次阔绰得多。受张骞统率的副使和将士共有三百多人，每人马二匹，带去牛羊以万数，金币价值"巨万"。_{万万}。骞至乌孙，未达目的，于元鼎二年_{前一一五年}。归还，过了年余便死。但乌孙也派了一行数十人跟他往汉朝报谢。这是西域人第一次来到汉朝的京都，窥见汉朝的伟大。骞死后不久，他派往别些国的副使也陆续领了报聘的夷人回来；而武帝继续派往西域的使者也相望于道，每年多的十几趟，少的也五六趟，每一行大的几百人，小的也百多人；携带的礼物也大致同张骞时一般。于是请求出使西域，或应募前往西域，成了郡国英豪或市井无赖的一条新辟的出路。西域的土产，如葡萄、苜蓿、石榴等植物；音乐如摩诃、兜勒等曲调，成了一时的风尚。乌孙的使人归去，宣传所见所闻，乌孙由此通汉。匈奴闻它通汉，要讨伐它。乌孙恐惧，乃于元封中前一一〇至前一〇五年。实行和汉室联婚，结为兄弟。但匈奴闻讯，也把一个女儿送来，乌孙王也不敢拒却，也就一箭贯双雕地做了两个敌国的女婿。中国在西域占优势乃是元封三年至太初三年前一〇八至前一〇二年。间对西域的两次用兵以后的事。第一次用兵是因为当路的楼兰、姑师两小国，受不了经过汉使的需索和骚扰，勾通匈奴，攻劫汉使。结果，楼兰王被擒，国为藩属；姑师兵败国破，虽尚倔强，其后二十年前八九年。终被武帝征服。第二次用兵因为大宛国隐匿着良马，不肯奉献；结果在三年苦战之后，汉兵包围大宛的都城，迫得大宛贵人把国王杀了投降。楼兰、姑师尚近汉边，大宛则深入西域的中心。大宛服，而汉的声威震撼西域，大宛以东的小国纷纷遣派子弟，随着凯旋军入汉朝贡，并留以为质。于是汉自敦煌至罗布泊之间沿路设"亭"；驿站。又在渠犁国驻屯田兵数百人，以供给使者。

　　自汉结乌孙，破楼兰，降大宛，匈奴渐渐感到西顾之忧。初时东胡为匈奴所灭后，其余众分为两部：一部分退保鲜卑山，因号为鲜卑；一部分退保乌桓山，因号乌桓。二山所在，不能确指，总在辽东塞外远北之地。汉灭朝鲜后，又招来乌桓，让它们居住在辽东、辽西、右北平、渔阳、上谷五郡的塞外。从此匈奴又有东顾之忧。元封六年前一〇五年。左右，匈奴大约因为避与乌桓冲突，向西退缩；右部从前和朝鲜、辽东相接的，变成和云中郡相当对；定襄以东，无复烽警，汉对匈奴的防线减短了一半。

　　武帝开拓事业，也即汉朝的开拓事业，在这第三期，已登峰造极。计在前一期和这一期里，他先后辟置了二十五新郡；此外他征服而未列郡的土地尚有闽越、西域的一部分和朔方以西、武威以东一带的故匈奴地。最后一批的新郡，即由朝鲜所分的乐浪、临屯、玄菟、真番四郡，四郡占朝鲜半岛偏北的大部分及辽宁省的一部分。此外在半岛的南部尚有马韩、弁韩、辰韩三族谓之三韩，包涵七十八国，皆臣属于汉。置于元封三年。前一〇八年。越二年，武帝把手自扩张了一倍有余的大帝国，重加调整，除畿辅及外藩，分为十三州；每州设一个督察专员，叫作"刺史"。这是我国政治制度史上一个重要的转变。

刺史的制度，渊源于秦朝各郡的监御史。汉初，这一官废了；有时丞相遣使巡察郡国，那不是常置的职官。刺史的性质略同监御史，而所监察的区域扩大了。秦时监御史的职权不可得而详。西汉刺史的职权是以"六条"察事，举劾郡国的守相。那"六条"是：

（1）强宗豪右田宅逾制，以强凌弱，以众暴寡。

（2）二千石即食禄"二千石"的官，指郡国的守相。不奉诏书，遵承典制，倍公向私，旁诏牟利，侵渔百姓，聚敛为奸。

（3）二千石不恤疑狱，风厉杀人，怒则任刑，喜则淫赏，烦扰刻暴，剥截黎元，为百姓所疾；山崩石裂，妖祥讹言。

（4）二千石选署不平，苟阿所爱，蔽贤宠顽。

（5）二千石子弟，恃怙荣势，请托所监。

（6）二千石违公下比，阿附豪强，通行货赂，割损政令。

第一和第六条的对象都是"强宗豪右"——即横行乡曲的地主。这一流人在当时社会上的重要和武帝对他们的注意可以想见了。

4.武帝对外的第四期——包括他最后的十五年。前一〇一至前八七年。在这一期，匈奴巨创稍愈，又来寇边。而中国经了三四十年的征战，国力已稍疲竭，屡次出师报复，屡次失利。最后，在征和三年前九〇年。的一役，竟全军尽覆，主帅也投降了。祸不单行，是年武帝又遭家庭的惨变，太子冤死。次年，有人请求在西域轮台国添设一个屯田区，武帝在心灰意冷之余，便以一道忏悔的诏书结束他一生的开拓事业，略谓：

前有司奏，欲益民赋三十每口三十钱。助边用。是重困老弱孤独也。而今又请遣卒田轮台！……乃者贰师李广利。败，军士死略离散，悲痛常在朕心。今请远田轮台，欲起亭隧，是扰劳天下，非所以优民也。今朕不忍闻。……当今务在禁苛暴，止擅赋，力本农，修马复令，_{马复令谓许民因养马以免徭役之令。}以补缺，毋乏武备而已。

又二年，武帝死。

不过这一期中匈奴的猖獗只是"回光返照"的开始。在武帝死后三十四年内，_{前八六至前五三年。}匈奴天灾人祸，外患内忧，纷至沓来，弄成它向汉稽首称臣为止。其间重要的打击凡三次。第一次，_{前七二年。}匈奴受汉和乌孙夹攻，人畜的丧亡已到了损及元气的程度；单于怨乌孙，自将数万骑去报复，值天大雪，一日深丈余，全军几尽冻死；于是乌孙从西面，乌桓从东面，丁令又从北面，同时交侵，人民死去什三，畜产死去什五；诸属国一时瓦解。又一次_{前六八年。}闹大饥荒，据说人畜死去什六七。最后一次，国内大乱，始则五单于争立，终则呼韩邪与郅支两单于对抗；两单于争着款塞纳降，为汉属国，并遣子入侍。后来郅支为汉西域都护所杀，匈奴重复统一，但终西汉之世，臣服中国不改。跟着匈奴的独立而丧失的是它在西域的一切宗主权。它的"僮仆都尉"给汉朝的西域都护替代了。都护驻乌垒国都，_{今新疆库车。}其下有都尉分驻三十余国。

第四节 武帝的新经济政策

武帝的开拓事业，论范围，论时间，都比秦始皇的加倍；费用自然也加倍。军需和边事有关的种种工程费，募民实边费，_{徙民衣食仰给县官数年，政府假与产业。}犒赏和给养降胡费，使节所携和来朝蛮夷所受的遗赠——这些不用说了。光是在元朔五、六年间_{前一二四至前一二三年。}对匈奴的两次胜利，"斩捕首虏"的酬赏就用去黄金二十余万斤。武帝又厉行水利的建设，先后在关中凿渠六系：其中重要的是从长安引渭水傍南山下至黄河，长三百余里的运渠；为郑国渠支派的"六辅渠"和连接泾渭长二百余里的白公渠。又尝凿渠通褒水和斜水长五百余里，以联络关中和汉中；可惜渠成而水多湍石，不能供漕运之用。这些和其他不可胜述的水利工程，又是财政上一大例外的支出。加以武帝笃信幽冥，有神必祭，大礼盛典，几无虚岁。又学始皇，喜出外巡行，却比始皇使用更豪爽。元封元年第一次出巡，并登封泰山，所过赏赐，就用去帛百余万匹，钱以巨万计。可是武帝时代的人民，除商贾外，并不曾感觉赋税负担的重增。这真仿佛是一件奇迹。

汉朝的赋税是例外地轻的，在武帝以前只有四项。一是田租：自景帝以后确定为三十税一。二是算赋和口赋：每人从十五岁至五十六岁年纳百二十钱，商人与奴婢加倍，这叫作算赋；每人从三岁至十四岁，年纳二十钱，这叫作口赋。三是郡国收来贡给皇帝的献费：每人年纳六十三钱。四是市租：专为工商人而设的。这些赋税当中，只有口赋武帝加增了三钱，其余的他不曾加增过分文。此外他只添了两种新税，一是舟车税：民有的轺小车。车纳一算，百二十钱。商人加倍；船五丈以上一算。二是工商的货物税：商家的货品，抽价值的百分之六，缗钱二千而一算，工业的出品减半，这叫作"算缗钱"。货物的价值听纳税者自己报告，报不实或匿不报的，罚戍边一年，财产没收，告发的赏给没收财产的一半，这叫作"告缗"。无论当时悭吝的商人怎样叫苦连天，据说当时中产以上的商人大抵因"告缗"破家。这两种新税总不能算什么"横征暴敛"。

那么武帝开边的巨费大部分从何而出呢？除了增税，除了鬻爵，民买爵可以免役除罪，武帝前已然。武帝更设"武功爵"，买至五级的可以补官。除了募民入财为"郎"，入奴婢免役，除了没收违犯新税法的商人的财产外；据说政府因"告缗"所得，财产以亿计，奴婢以万计；田，大县数百顷，小县百多顷；宅亦如之。武帝的生财大道有二：新货币政策的施行和国营工商业的创立。

（1）武帝最初的货币政策，是发行成本低而定价高的新币。以白鹿皮方尺，边加绘绣，为皮币，当四十万钱，限王侯宗室朝觐聘享必须用作礼物。又创铸银锡合金的货币大小凡三种：龙文，圆形，重八两的当三千；马文，方形的当五百；龟文，椭圆形的当三百。又把钱改轻，令县官镕销"半两钱"，更铸"三铢钱"；后因三铢钱轻小易假，令更铸"五铢钱"。又由中央发行一种"赤仄钱"，赤铜做边的。以一当五，限赋税非赤仄钱不收。但银币和赤仄钱，因为抵折太甚，终于废弃。而其他的钱币，因为盗铸者众，量增价贱。于是武帝实行币制的彻底改革。一方面集中货币发行权，禁各地方政府铸钱。一方面统一法币，由中央另铸新钱，把从前各地方所造质量参差的旧钱收回镕销。因为新钱的质量均高，小规模的盗铸无利可图，盗铸之风亦息。汉朝的币制到这时才达到健全的地步。集中货币发行权利和统一法币的主张是贾谊首先提出的。

（2）武帝一朝所创的国家企业可分为两类：一、国营专利的实业；二、国营非专利的商业。

国营专利的实业，包括盐铁和酒。酒的专利办法是由政府开店制造出售，这叫作"榷酤"。盐的专利办法是由"盐官"备"牢盆"等类煮盐器具，给盐商使用，而抽很重的税，同时严禁民间私造煮盐器具。铁的专利办法是由政府在各地设"铁官"主办铁矿的采冶及铁器的铸造和售卖。盐铁官多用旧日的盐铁大贾充当。

国营非专利的商业有两种。其一是行于各地方的。以前郡国每年对皇帝各要贡献若干土产。这些贡品有的因为道路遥远，还不够抵偿运费，有的半途坏损了。有人给武帝出了一条妙计：让这些贡品不要直运京师，就拿来做货本，设官经理，运去行市最高的地方卖了，得钱归公。这叫作"均输"。其二是行于京师的。武帝在长安设了一所可以叫作"国立贸易局"，网罗天下货物，"贱则买，贵则卖"。这叫作"平准"。当时许多商人之被这贸易局打倒是可想见的。

均输、平准和盐铁专利终西汉之世不变。惟榷酤罢于武帝死后六年。前八一年。是年郡国所举的"贤良文学"议并罢盐铁专卖。主持这些国营实业的桑弘羊和他们作了一次大辩论。这辩论的记录便是现存的《盐铁论》。

第十章

汉初的学术与政治

第一节　道家学说的全盛及其影响

汉初在武帝前的六七十年是道家思想的全盛时代，帝国的政治和经济都受它深刻的影响。

为什么道家会在这时有这么大的势力呢？

道家学说的开始广布是在战国末年。接着从秦始皇到汉高祖的一个时期的历史恰好是道家学说最好的注脚，好像是特为马上证实道家的教训而设的。老子说："法令滋章，盗贼多有。"秦朝就是法令滋章而结果盗贼多有。老子说："民不畏死，奈何以死惧之？"秦朝就是以死惧民而弄到民不畏死。老子说："飘风不终朝，骤雨不终日。"秦始皇和楚项羽就都以飘风骤雨的武功震撼一世，而他们所造成的势力都不终朝日。老子说："为者败之，执者失之。"秦始皇就是最"有为"的，而转眼间秦朝败亡；项羽就是一个"战胜而不予人功，得地而不予人利"的坚执者，终于连头颅也失掉。老子说："柔弱胜刚强。"刘邦就是以柔弱胜项羽的至刚至强。老子说："自胜者强。"刘邦的强处就在能"自胜"。他本来是一个"酒色财气"的人，但入了咸阳之后，因群臣的劝谏，竟能"财帛无所取，妇女无所幸"，并且对项羽低首下心。老子说："将欲歙之，必固张之；将欲弱之，必固强之；将欲夺之，必固与之。"刘邦所以成帝业的阴谋，大抵类此。他始则装聋作哑，听项羽为所欲为；继则侧击旁敲，力避和他正面冲突；终于一举把他歼灭。他始则弃关中给项羽的部将，并且于入汉中后，烧毁栈道，示无还心；继则弃关东给韩信、英布，以树项羽的死敌；而终于席卷天下。像这样的例，这里还不能尽举。道家的学说在战国末年既已流行，始皇的焚书，并不能把简短精警的五千言从学人的记忆中毁去。他们当战事平息，痛定思痛之际，把这五千言细加回味，怎能不警觉它是一部天发的神谶。况且当时朝野上下都是锋镝余生，劳极思息；道家"清静无为"的政策正是合口的味，而且是对症的药。我们若注意，当第一次欧洲大战后，于道家学说素无历史因缘而且只能从译本中得到朦胧认识的德国青年，尚且会对老子发生狂热的崇拜，一时《道德经》的译本有十余种_{连解释的书共有四五十种}之多；便知汉初黄老思想之成为支配的势力是事有必至的了。

第一个黄老思想之有力的提倡者，是高祖的功臣曹参。他做齐国的丞相时，听得胶西有一位盖公，精通黄老学说，就用厚币请了来，把自己的正房让给他住，常去请教；果然任职九年，人民安集，时称贤相。后来汉丞相萧何死了，曹参被调去继任。他一切遵照旧规，把好出风头的属员都免了职，换用了朴讷的人。他自己天天饮酒，无所事事。有人想劝他做点事，他等那人来时就请他喝酒，那人正想说话时，便敬上一杯，直灌到醉了，那人终没有说话的机会。丞相府的后园，靠近府吏的宿舍，他们常常饮酒，呼叫和歌唱的声音闹得人不得安静。府吏讨厌了，请丞相去游园，让他听听那种声音，好加以制止；哪知他反在园中摆起酒来，一样的呼叫和歌唱，竟同隔墙的吏人们相应答。继曹参的汉相是另一个高帝的功臣陈平。他虽然不像曹参一般装懒，也是一个黄老信徒。第二个黄老思想之有力的提倡者是文帝的皇后窦氏。她自己爱好《老子》不用说，并且令太子和外家的子弟都得读这书。有一次她向一位儒生问及这书，那儒生不识好歹，批评了一句，她便大怒，罚他到兽圈里打野猪，幸亏景帝暗地给他一把特别快的刀，他才不致丧命。她在朝廷中，供养了一位精通黄老学说的处士王生。有一次公卿大会，王生也在场，袜带解了，回头瞧着廷尉_{最高执法官}张释之道："给我结袜！"释之跪着给他结了。后来王生解释道，"吾老且贱，自度终无益于张廷尉；廷尉方_为天下名臣，吾故聊使结袜，欲以重之。"事在景帝时。一位黄老大师的青睐,能增重公卿的声价,则当时道家地位可想而知了。

文帝对于黄老学说的热心,虽不及他的皇后,但他一生行事,确是守着道家的"三宝"——"一曰慈,二曰俭,三曰不为天下先"。他慈,他废除"收孥相坐"_{罪及家属。}的律令;废除"诽谤讹言之罪";废除"肉刑";_{残毁人体的刑。}废除"秘祝"。_{掌移过于臣下的巫祝。}他首颁养老令,每月以米和酒肉赐给八十岁以上的人;他甚至把人民的田赋完全免掉。_{后景帝时恢复。}他俭,他身穿厚缯,有时著草鞋上殿;他最宠爱的慎夫人衣不拖地,帷帐无文绣。有次他想造一座露台,匠人估价需百金,他便道这是中人十家之产,停止不造。他不肯为天下先,所以一任北边的烽火直逼到甘泉;所以酿成淮南王长、济北王兴居的叛变;所以养成吴王濞的跋扈,为日后七国之乱的张本。他的一朝,只有消极的改革,没有积极的兴建;只有保守,没有进取;只有对人民增加放任,没有增加干涉。不独他的一朝,整个汉初的六七十年也大抵如此。

但汉初,尤其是文帝时代,黄老思想之最重要的影响,还在经济方面。自从春秋以来,交通日渐进步,商业日渐发达,贸迁的范围日渐扩张,资本的聚集日渐雄厚,"素封之家"_{素封者,谓无封君之名,而有封君之富。}日渐增多,商人阶级在社会日占势力。战国时一部分的儒家_{如荀子。}和法家_{如商鞅、韩非。}对这新兴的阶级,都主张加以严厉的制裁;儒家从道德的观点,痛恶他们居奇垄断,括削农民;法家从政治的观点,痛恶他们不战不耕,减损国力。商鞅治秦,按照军功限制人民私有田土奴婢的数量和服饰、居室的享用。这是对于商人的一大打击。但他这政策后来被持续到什么程度,还是问题。始皇曾给一个擅利丹穴的富孀筑女怀清台,又使牧畜大王乌氏倮岁时奉朝请,同于封君;他和大资本家是打过交道的。但至少在灭六国后,他对于一般商人是采用法家的方略,他在琅琊刻石中的自豪语之一是"上农除末"。在兵役法上,他使商人和犯罪的官吏同被尽先征发。秦汉之际的大乱,对于资本家,与其说是摧残,毋宁说是解放;因为富人逃生,照例比贫民容易;而勾结将吏,趁火打劫,尤其是乱世资本家的惯技,这是最值得注意的事。高帝登极后第三年，前一九九年。便下令"贾人毋得衣锦绣绮縠絺纻罽，操兵，乘，车。骑马"，高帝又尝规定商人纳加倍的"算"赋，商人及其子孙不得为官吏，史不详在何年，当去此令不久或与同时。假如大乱之后，富商大贾所余不多，则这样的诏令根本没有意义，决不会出现的。此时此令，表示连纯驷马车也坐不起的新兴统治阶级，对于在革命历程中屹立如山的"素封之家"，不免羡极生妒了。高帝此令在商人中间必然惹起很大的忿激。所以过后两年代相陈豨作反，手下的将帅全是商人。但高帝死后不几年，道家放任主义的潮流便把他的抑商政策压倒。关于商人服用之种种屈辱的限制给惠帝撤销了。"市井子孙，不得仕宦为吏"的禁令，虽在文景之世犹存，恐亦渐渐的有名无实。在武帝即位之初，十三岁为侍中，后来给武帝主持新经济政策的桑弘羊便是洛阳贾人子。道家放任主义，在经济上之重要的实施莫如文帝五年的取消"盗铸钱令"。此禁令至景帝中元六年始恢复。于是富商大贾，人人可以自开"造币厂"，利用奴隶和贱值的佣工，入山采铜，无限制地把资本扩大。结果造成金融界的大混乱，通货膨胀，物价飞腾，人民和政府均受其害。

汉朝统一中国后，一方面废除旧日关口和桥梁的通过税，一方面开放山泽，听人民垦殖；这给工商业以一个空前的发展机会。而自战国晚期至西汉上半期是牛耕逐渐推行的时代，农村中给牛替代了的剩余人口，总有一部分向都市宣泄；这又是工商业发展之一种新的原动力。此诸因缘，加以政府的放任，使汉初六七十年间的工商业达到一个阶段，为此后直至"海通"以前我国工商业在质的方面大致没有超出过的。这时期工商界的状况，司马迁在《史记·货殖列传》里有很好的描写。据他的估计，是时通都大邑至少有三十几种企业，各在一定的规模内，可以使企业家每年的收入比得上食邑千户的封君，每户年收二百钱。计：

> 酤一岁千酿，醯酱千瓨，浆千甔，屠牛羊彘千皮，贩谷粜千钟，薪藁千车，船长千丈，诸船积长千丈。木千章，竹竿万个，其轺车百乘，牛车千辆，木器髹者千枚，铜器千钧，素木铁器若卮茜千石，马蹄躈千，牛千足，羊彘千双，僮手指千，筋角丹沙千斤，

其帛絮细布千钧，文采千匹，榻布皮革千石，漆千斗，蘖曲盐豉千荅，鲐鮆千斤，鲰千石，鲍千钧，枣栗千石者三之，狐貂裘千皮，羔羊裘千石，旃席千具，佗果菜千钟，子贷金钱千贯。

富商往往同时是大地主，"专川泽之利，管山林之饶"，或抽岁收千分之五的田租。他们的生活，据晁错所说是"衣必文采，食必粱肉。……因其富厚，交通王侯；力过吏势；以利相倾；千里游遨，冠盖相望，乘坚策肥，履丝曳缟"。据贾谊说，"白縠之表，薄纨之里"的黼绣，古时天子所服，"今富人大贾，嘉会召客者，以被墙"。

这时期先后产生了两项制度，无形中使富人成了一种特权阶级。一是买爵赎罪制，始于惠帝时；其制，人民出若干代价，初定钱六万，后有增减。买爵若干级，使得免死刑。于是有了钱的人，简直杀人不用偿命。二是"买复"制，始于文帝时；其制，人民纳粟若干，初定四千石。买爵若干级，便免终身的徭役。汉民的徭役有三种：应役的年限，有些时是从二十三岁到五十六岁，有些时从二十岁起。一是充"更卒"，就是到本郡或本县或诸侯王府里服役，为期每年一月，但人民可以每次出钱三百替代，谓之"过更"。其次是充"正卒"，即服兵役。为期两年，第一年在京师或诸侯王府充卫士；第二年在郡国充材官，骑士，在庐江、浔阳、会稽等处则充楼船兵。在这期内习射御骑驰战阵。其次是戍边，每丁为期一年。除了在北方，边郡的人民不得"买复"外，在其他的地方，上说三种徭役，富人都可以免掉。

当时的儒者，本着儒家思想，对于骄奢的商贾自然主张制裁的。贾谊便是一例。他说，商贾剥蚀农民的结果，"饥寒切于民之肌肤。……国已屈矣，盗贼直须时耳！然而献计者曰，毋动为大耳！夫俗至大不敬也，至无等也，至冒上也，进计者犹曰，毋为！可为长太息者〈此其〉一也"。这里泄露一个重要的消息，当时得势的黄老派学者无形中竟成了商贾阶级的辩护士。司马迁推崇道家，而亦主张对商人放任。故曰："善者因之，其次利导之，其次教诲之，其次整齐之，最下者与之争。"可为旁证。这却不是因为他们拜金，或受了商人的津贴。道家要一切听任自然，富贾大商的兴起,并非由于任何预定的计划,也可以说是一种自然的现象,道家自然不主张干涉了。他们从没有梦想到人类可以控制自然而得到幸福。"清静无为"之教结果成了大腹贾的护身符!这诚非以少私寡欲为教的老聃所能梦想得到,但事实确是如此滑稽。

但到了黄老学说成为大腹贾的护身符时,黄老的势力就快到末日了。

第二节　儒家的正统地位之确立

儒家在汉朝成立之初,本已开始崭露头角。高帝的"从龙之彦",固然多数像他自己一般是市井的无赖,但其中也颇有些知识分子。单讲儒者,就有曾著《新语》十一篇,时常强聒地给高帝讲说《诗》《书》的陆贾;有曾为秦博士,率领弟子百余人降汉的叔孙通;而高帝的少弟刘交,被封为楚王。乃是荀卿的再传弟子,《诗》学的名家。高帝即位后,叔孙通奉命和他的弟子,并招鲁国儒生三十多人,共同制作朝仪。先时,群臣都不懂什么君臣的礼节,他们在殿上会饮,往往争论功劳;醉了,就大叫起来,拔剑砍柱。朝仪既定,适值新年,长乐宫也正落成,群臣都到那边朝贺。天刚亮,他们按着等级,一班班的被谒者引进殿门。那时期廷中早已排列了车骑,陈设了兵器,升了旗帜。殿上传一声"趋",殿下的郎中们数百人就夹侍在阶陛的两旁;功臣、列侯、诸将军、军吏都向东站立;文官丞相以下都向西站立。于是皇帝坐了辇车出房,百官传呼警卫;从诸侯王以下,直到六百石的吏员依了次序奉贺,他们没一个不肃敬震恐的。到行礼完毕,又在殿上置酒,他们都低着头饮酒,没有一个敢喧哗失礼的。斟酒到第九次,谒者高唱"罢酒",他们都肃静地退出。高帝叹道:"我到今天才知道皇帝的尊贵呢!"于是拜叔孙通为太常,掌宗庙礼仪,诸博士即在其属下,故亦名太常博士。赐金五百斤。他的助手各有酬庸,不在话下。高帝本来轻蔑儒者,初起兵时,有人戴了儒冠来见,总要把它解下来,撒一泡尿在里边。但经过这回教训,他对于儒者不能不另眼相看了。后来他行经鲁国境,竟以太牢祀孔子。

高帝死后，儒家在朝中一点势力的萌芽，虽然给道家压倒，但在文、景两朝，儒家做博士的也颇不少；儒家典籍置博士可考者有《诗》《春秋》《论语》《孟子》《尔雅》等。而诸侯王中如楚元王交、河间献王德，皆提倡儒术，和朝廷之尊崇黄老，相映成趣。元王好《诗》，令诸子皆读《诗》；并拜旧同学申公等三位名儒为中大夫。献王兴修礼乐，征集儒籍，立《毛氏诗》《左氏春秋》博士；言行谨守儒规。山东的儒者多跟随着他。

武帝为太子时的少傅就是申公的弟子王臧，武帝受儒家的熏陶是有素的。他初即位时，辅政的丞相窦婴窦太皇太后的侄子。和太尉田蚡，武帝的母舅。皆好儒术，他们乃推荐王臧为郎中令——掌宿宫殿门户的近臣，又推荐了王臧的同学赵绾为御史大夫。在这班儒家信徒的怂恿之下，武帝于即位的次年建元元年。诏丞相、御史大夫、列侯、诸侯王相等荐举"贤良方正直言极谏之士"来朝廷应试。这次征举的意思无疑是要网罗儒家的人才。广川大儒董仲舒在这次廷试中上了著名的"天人三策"。在策尾，他总结道：

> 《春秋》大一统者，天地之常经，古今之通谊也。今师异道，人异论，百家殊方，指意不同，是以上无以持一统；法制数变，下不知所守。臣愚以为诸不在六艺之科、孔子之术者，皆绝其道，勿使并进。邪辟之说灭息，然后统纪可一，而法度可明，民知所从矣。

同时丞相卫绾也奏道：

> 所举贤良或治申、商、韩非、苏秦、张仪之言，乱国政，请皆罢。

这奏给武帝批准了。卫绾不敢指斥黄老，因为窦太皇太后的势力仍在，但董仲舒所谓"诸不在六艺之科、孔子之术者"，则把黄老也包括在内了。当文、景时代，太常博士有七十多人，治《五经》及"诸子百家"的均有。经董、卫的建议，武帝后来把不是治儒家《五经》的博士，一概罢黜了，这是建元五年前一三六年。的事。

武帝又听王臧、赵绾的话，把申公用"安车蒲轮"招请了来，准备做一番制礼作乐的大事业和举行一些当时儒者所鼓吹的盛大的宗教仪式。

儒家的张皇生事已够使窦老太太生气的了。更兼田蚡等，把窦氏宗室中无行的人，除了贵族的名籍，又勒令住在长安的列侯各归本国。住在长安的列侯大部分是外戚，且娶公主，不是窦老太太的女婿，便是她的孙婿，都向她诉怨。建元二年，赵绾又请武帝此后不要向窦太皇太后奏事，她忍无可忍，便找寻了赵绾、王臧的一些过失，迫得武帝把他们下狱，结果他们自杀。同时窦婴、田蚡也被免职，申公也被送回老家去了。但过了四年，窦老太太寿终内寝，田蚡起为丞相。儒家终于抬头。而且从此稳坐了我国思想史中正统的宝座。

儒家之成为正统也是事有必至的。要巩固大帝国的统治权非统一思想不可，董仲舒已说得非常透彻。但拿什么做统一的标准呢？先秦的显学不外儒、墨、道、法。墨家太质朴、太刻苦了，和当时以养尊处优为天赋权利的统治阶级根本不协。法家原是秦自孝公以来国策的基础，秦始皇更把他的方术推行到"毫发无遗憾"。正唯如此，秦朝昙花般的寿命和秦民刻骨的怨苦，使法家此后永负恶名。贾谊在《过秦论》里，以"繁刑严诛，吏治刻深"为秦的一大罪状。这充分地代表了汉初的舆论。墨、法既然都没有被抬举的可能，剩下的只有儒、道了。道家虽曾煊赫一时，但那只是大骚乱后的反动。它在大众尤其是从下层社会起来的统治阶级。的意识里是没有基础的，儒家却有之。大部分传统信仰，像尊天敬鬼的宗教和孝悌忠节的道德，虽经春秋战国的变局，并没有根本动摇，仍为大众的良心所倚托。道家对于这些信仰，非要推翻，便存轻视；但儒家对之，非积极拥护，便消极包容。和大众的意识相冰炭的思想系是断难久据要津的。况且道家放任无为的政策，对于大帝国组织的巩固是无益而有损的。这种政策经文帝一朝的实验，流弊已不可掩。

无论如何，在外族窥边，豪强乱法，而国力既充，百废待举的局面之下，"清静无为"的教训自然失却号召力。代道家而兴的自非儒家莫属。

第三节　儒家思想在武帝朝的影响

武帝虽然推崇儒家，却不是一个儒家的忠实信徒。他所最得力的人物，不是矩范一代的真儒董仲舒，仲舒应举后，即出为江都相，终身不在朝廷。也不是"曲学阿世"的伪儒公孙弘，虽然弘位至丞相。而是"以峻文决理著""以鹰隼击杀显"的酷吏义纵、王温舒……之徒，是商人出身的搜括能手桑弘羊、孔仅等。在庙谟国计的大节上，他受儒家的影响甚小。儒家说，"远人不服，则修文德以来之"，他却倾全国的力量去开边。他对匈奴的积极政策，董仲舒是曾婉谏过的。儒家说，"国不以利为利，以义为利"，他的朝廷却"言利事析秋毫"。他的均输、平准和盐铁政策正是董仲舒所谓"与民争利业"，违反"天理"的。

不过除了形式上表章六艺、罢黜百家外，武帝也着实做了几件使当时儒者喝彩的事。

（一）是"受命"改制的实现。邹衍的"五德终始"说自战国末年以来已成了普遍的信仰，在汉初，这一派思想已完全给儒家吸收了过来，成了儒家的产业。秦朝倒了，新兴的汉朝应当属于什么德呢？当初高帝入关，见秦有青、黄、赤、白帝四个神祇的祠，却没有黑帝，便以黑帝自居。在五行中说黑是和水相配的，高帝遂以为汉朝继承了秦的水德，正朔服色等和"德"有关的制度，一仍旧贯。这倒是百忙中省事的办法。贾谊却以为汉革秦命，应当属于克水的土德，提议改正朔，易服色，并于礼乐、政制、官名有一番兴革，亲自草具方案。在当时的儒者看来，这种改革是新朝接受天命的表示，不可缺的大典。贾谊把草具的方案奏上文帝，但在道家"无为"主义的势力之下，未得施行。这方案的内容现在只知道"色尚黄，数用五"，这两点都给武帝采用了。为着"改正朔"，武帝又征集民间治历者凡十八派，二十余人，互相考较，终于采用浑天家浑天家是想象天浑圆如鸡蛋，地是鸡蛋中黄，天空半覆地上，半绕地下的。落下闳等的测算,制定"太初历"。这历法的内容,详在《汉书·律历志》。这里单表它的两个要点。以前沿用的秦历以一年的长度为$365\frac{1}{4}$日,现在以一年的长度为$365\frac{385}{1569}$日,较精密得多。秦历"建亥",现在改用"建寅"。这句话得加解释,古人以冬至所在月为子,次月为丑,余类推;建寅就是以寅月冬至后第二个月。为岁首,余类推。相传夏历建寅,殷历建丑,周历建子。孔子主张"行夏之时"。太初历建寅后来直至民国前相沿不改。就是实行孔子的话。

(二)是商人的裁抑。除了特别增加商人的捐税外,详前章。武帝又规定商人不得"名田"。即置田为产业。"告缗令"施行后,详前章。据说中产以上的商人大抵破家。

董仲舒曾对武帝建议裁抑富豪和救济农民的办法,他说道:

> 秦……用商鞅之法,改帝王之制,除井田,民得卖买〈田〉。富者田连阡陌,贫者无立锥之地。又专川泽之利,管山林之饶,荒淫越制,逾侈以相高。邑有人君之尊,里有公侯之富。小民安得不困?又加月为更卒,已,复为正(卒)一岁,屯戍一岁。力役三十倍于古,田租口赋盐铁之利二十倍于古。或耕豪民之田,见税什伍。故贫民常衣牛马之衣,而食犬彘之食。重以贪暴之吏,刑戮妄加。民愁无聊,亡逃山林,转为盗贼。赭衣半道,断狱岁以千万数。汉兴,循而未改。古井田法虽难猝行,宜少近古,限民名田,谓限制人民私有田地的数量。以赡不足,塞并兼资产集中在少数富豪手中,当时叫作"并兼"或"兼并"。之路。盐铁皆归于民。去奴婢,除专杀之威,废除奴婢制度。薄赋敛,省徭役,以宽民力,然后可善治也。

这是第一次学者为农民向政府请命;这是封建制度消灭后,农民生活的血史第一次被人用血写出。这血史并没有引起好大喜功的武帝多大的同情。但他禁商人名田的法令,似乎是受董仲舒"限民名田"的建议的影响。

（三）是教育的推广。在西周及春秋时代，王室和列国已有类似学校的机关，但只收贵族子弟。孟子"设为庠序"以教平民的理想，至武帝方始实现。先时秦朝以来的太常博士，本各领有弟子；但博士弟子的选择和任用，还没有定制，而他们各就博士家受业，也没有共同的校舍。建元元年，董仲舒对策，献议"立大学以教于国，设庠序以化于邑"。后来武帝便于长安城外给博士弟子建筑校舍，名叫"太学"；规定博士弟子名额五十，由"太常择民年十八以上、仪状端正者"充当。这些正式弟子之外，又增设跟博士"受业如弟子"的旁听生，无定额。由郡国县官择"好文学，敬长上，肃政教，顺乡里，出入不悖"的少年充当。正式弟子和旁听生均每年考试一次，合格的按等第任用。于太常外，武帝又令天下郡国皆立学校。但这诏令实行到什么程度现在无从得知。先是，景帝末，蜀郡太守文翁在成都市中设立学校，招各县子弟入学；学生免除徭役，卒业的按成绩差使；平常治事，每选高材生在旁听遣，出行则带着他们，让传达教令。县邑人民见了这些学生都钦羡不置，争着送子弟入学。这是我国地方公立学校的创始。

第十一章

改制与"革命"

第一节 外戚王氏的专权

　　武帝死后,经昭帝和宣帝两朝,和平而繁荣的两朝,凡四十四年,而至元帝。

　　当元帝做太子时,他的爱妃夭死,临死时,自言死于非命,由姜婢诅咒所致。太子悲痛到极,许久不去接近宫里任何女人,长日精神恍惚的。宣帝很替他担心,叫皇后觅些女子,可以开解他的。皇后选了五人,等他来朝时,给他瞧见,并嘱近身的太监暗中探听太子的意思。太子本来没有把这五人看在眼里,怕拂母后意,勉强答道:内中有一人可以,却没明说是谁。那太监见五人中独有一人穿着镶大红边的长裾,并且坐的挨近太子,认为就是她,照禀皇后,皇后便命人把她送到太子宫里。她叫作王政君,当年她就生了嫡皇孙,即后来的成帝。

　　元帝即位,王政君成了皇后,嫡皇孙成了太子。元帝晚年,太子耽于宴乐,很使他失望,而皇后又已失宠。他常想把太子废掉,而另立他新近所恋一个妃嫔的儿子。当他最后卧病时,这妃嫔母子常在他跟前,而皇后和太子难得和他见面;他屡次查问从前景帝易置太子的故事。是时皇后、太子和太子的长舅王凤,日夜忧惧,却束手无策,幸亏因一位大臣涕泣力谏,元帝竟息了心。

　　成帝之世,王凤四兄弟相继以"大司马"_{大司马乃是当时最高的军政长官。}的资格辅政。据王凤的同僚刘向在一封奏章里的观察:

> 王氏一门，乘朱轮华毂者二十三人。青紫貂蝉，充盈幄内，鱼鳞左右。大将军王凤。乘事用权，五侯凤诸弟。骄奢僭盛，并作威福，击断自恣。……尚书九卿，刺史郡守，皆出其门。筦执枢机，朋党比周。称誉者登进，忤恨者诛伤。游谈者助之说，执政者为之言。排摈宗室，孤弱公族，其有智能者，尤非毁而不进。……兄弟据重，宗族盘互。历上古至秦汉，外戚僭贵，未有如王氏者也。

王凤诸弟继任时，虽然不能像他那样专权独断，但王家的势焰，并没有稍减。

王太后的兄弟共八人，惟独弟曼早死，没有封侯，太后很惦念他，他的寡妇住在宫里，抚育着幼子王莽。王氏众侯的公子，个个骄奢淫逸，只知讲究车马声伎。惟独王莽谦恭俭朴，勤学博览，交结贤俊，穿着得同儒生一般。他对寡母，对诸伯叔，对寡嫂孤侄，无不处处尽道，为人所不能为。王凤病，他在跟前侍候，亲自尝药，蓬头垢面，衣不解带，一连好几个月。王凤临死，特别把他托付给太后和成帝，其他诸伯叔也无不爱重他。他不久便被升擢到侍中宿卫近臣。并封新都侯。他爵位愈尊，待人愈敬谨。散赀财车马衣裘，以赠送宾客，赡养名士，又广交名公巨卿。于是在朝的推荐他，在野的颂赞他，他隐然为一时人望所寄了。

成帝绥和元年，前八年。王莽的叔父大司马王根因病辞职，荐莽自代。这时莽才三十八岁。他虽位极人臣，自奉仍如寒素。有一回，他的母亲病，公卿列侯的夫人来问候，他的夫人出迎，衣不拖地，是时贵妇的衣服是拖地的。用粗布做"蔽膝"，来宾只当她是婢仆，问知是大司马夫人，无不吃惊。他把受赏赐所得的赀财完全散给寒士。又延聘贤良，以充属吏。他的声誉随爵位而起。

次年三月，成帝死，绝后，以侄定陶王嗣位，是为哀帝。王政君虽然升级为太皇太后，王氏的权势却暂时为哀帝的祖母家傅氏和母亲丁氏所压倒。是年七月，王莽称病去职。

第二节　哀帝朝的政治

王莽去职前一月，汉廷议行一大改革，这改革方案的主要条目如下：

（一）一切贵族、官吏及平民，"名田"谓私有田土。皆不得过三十顷。三年后，过限的充公。

（二）商人皆不得"名田"为吏。

（三）诸侯王蓄奴婢不得过二百人，列侯公主不得过一百人，关内侯及吏民不得过三十人。年六十以上，十以下，不在数中。三年后过限的充公。

（四）官奴婢，年五十以上，解放为平民，宫人年三十以下，出嫁之。

（五）废除"任子令"。"任子令"的规定是，官吏二千石以上，任职满三年，得荫子弟一人为"郎"，即皇帝的侍从。这种特权的废除，宣帝时已有人主张。

（六）增加三百石以下的官吏的俸禄。

这改革案的发动人师丹在建议里说道：

> 古之圣王莫不设井田，然后治乃可平。孝文皇帝承亡周乱秦兵革之后……民始充实，未有并兼之害，故不为民田及奴婢为限。今累世承平，豪富吏民，赀数巨万，而贫弱俞困。盖君子为政贵因循而重改作；然所以有改者将以救急也。亦未可详，宜略为限。

我们把这些话和上一章所载董仲舒对武帝说的话对读，便可见一个时代要求的持续性。

这改革案和王莽的关系，史无明文，但从他日后在政治上的措施看来，他赞成这改革案是无可疑的。

这改革案奏上后，一时奴婢田地的价值大减。但丁、傅两家和哀帝的嬖臣董贤觉得它于自己不便，哀帝诏暂缓施行，这就等于把它判了无期徒刑。不久，哀帝赐董贤田二千顷，就把这改革案中最重要的项目宣告死刑。

董贤是我国历史中一个极奇特的角色。哀帝即位时，他才十七岁，比哀帝少三岁。他生得异常姣好，哀帝做太子时早已倾心于他，即位后，依然时常与他同卧起。他们间有一件千古传为话柄的事。一日午睡，董贤枕着哀帝的衫袖，哀帝要下床，却怕惊醒了董贤，把衫袖剪断而起。他对董贤的赏赐，使得他死后董氏家产被籍没时，卖得四十三万万，这还不足为奇。董贤甫二十二岁，在政治上没有做过一点事，便被册为大司马，册文里并且用了"允执厥中"的典故，那是《书经》所载帝尧禅位于舜时说的话。这册文已够使朝野惊骇了。不久哀帝宴董贤父子，酒酣，从容对董贤说道："吾欲法尧禅舜何如？"

哀帝想效法帝尧，原有特殊的历史背景。秦汉以来深入人心的"五德终始"说早已明示没有一个朝代能够永久。而自昭帝以来，汉运将终的感觉每每流露于儒生、方士之口。昭帝时有一位眭孟因天变上书，有一段说道：

> 先师董仲舒有言，虽有继体守文之君，不害圣人之受命。汉家尧后谓汉高帝为帝尧的后裔。有传国之运，汉帝宜……求索贤人，禅以帝位，而退自封百里，如殷、周二王后，以承顺天命。

眭孟虽然以妖言伏诛，其后二十年，在宣帝时，有一位盖宽饶，亦以同类的言论送死。成帝时，大臣谷永因天变上书，也说道："白气起东方，贱人将兴之征也；黄浊尘。冒京师，王道微绝之应也。"稍后，亦在成帝时，方士甘忠可昌言："汉家逢天地之大终，当更受命于天。"并且供献种种重更"受命于天"的法术。忠可虽以"假鬼神罔上惑众"死于狱中，他的弟子夏贺良又把他的一套向哀帝进献。原来哀帝即位后，久病无子。贺良用这类的话恫吓他："汉运已经中衰，应当重新接受天命。成帝不应天命，所以绝嗣。如今陛下久病，天变屡次出现，这就是上天的谴告。"哀帝信了他的话，改建平二年前五年。为"太初元将"元年，自号为"陈圣刘太平皇帝"，改刻漏百度为百二十度，并大赦天下。这些就是"更受天命"的法术。但是一切实行后，毫无效验。哀帝在计穷望绝之下，又被一种异常的情感所驱使，便自觉或不自觉地要实行眭孟的主张了。

哀帝册命董贤为大司马是在元寿元年_{前二年}十二月。次年六月，他还没有"法尧禅舜"，便仓促死了。

第三节 从王莽复起至称帝

王莽罢政后不久，被遣归"国"，_{即本封的新都，在今河南。}闭门韬晦了三年。吏民上书替他讼冤的有一百多次。后来应举到朝廷考试的士人又在试策里大大颂赞王莽的功德。哀帝于是召他还京，陪侍太皇太后。他还京年余，而哀帝死。哀帝又是绝后，他的母后及祖母又皆已前死，大权又回到太皇太后手，这时她七十二岁了。王莽于哀帝死后不几日，以全朝几乎一致的推举，和太皇太后的诏令，复大司马职。是年九月，他才选了一个年方九岁的中山王做继任的皇帝，这时朝中已没有和王莽不协，或敢和王莽立异的人了。次年，王莽既进号太傅安汉公，位诸侯王上，太皇太后又从群臣的奏请，下诏道：

> 自今以来，惟封爵乃以闻。他事，安汉公、四辅平决。州牧、_{成帝末王莽为大司马时，罢刺史，于每州设长官，称州牧。}二千石及茂材吏初除奏事者，辄引入，至近署对安汉公，考故官，问新职，以知其称否。

平帝虽名为天子，连自己的母亲卫后也不得见面。她被禁锢在中山，因谋入长安，全家被诛灭。不久平帝亦郁郁而死。他一共做了五年傀儡。在这五年间，王莽行了不少的惠政和善政，举其要者如下：他大封宗室和功臣的后裔，前后不下二百人。他令官吏自"比二千石"以上，年老退休的，终身食原俸三分之一。值凶年，他献田三十顷，钱百万，以与贫民，同僚仿行的二百三十人。他在长安城中起了五条街，房屋二百所，给贫民居住。他立法，妇女非身自犯法，不受株连；男子八十以上七岁以下，非家犯大逆不道，被诏名捕，不得拘系。他赐天下鳏寡孤独及高年人以布帛。他在郡、王国同。县、侯国同。乡、聚较乡为小。皆设公立学校；在郡的称"学"，在县的称"校"，每所置经师一人；在乡的称"庠"，在聚的称"序"，每所置《孝经》师一人。《孝经》是战国末出现的一部劝孝的书，托为孔子和弟子对话的记录。他扩充太学，增加博士人数至每经五人，于《五经》之外又添立《乐经》；学生增加至万余人。又给太学建筑宏伟的校舍，其中学生宿舍就有万多间。他征求全国通知逸经、古记、天文、历算、乐律、文字训诂、医药、方技和以"五经"、《论语》、《孝经》、《尔雅》秦汉间出现的讲训诂的书。教授的人，由地方官以优礼遣送到京。前后应征的凡数千人，皆令在殿庭上记述所学。他又曾奏上"吏民养生，送终，嫁娶，田宅，奴婢之品"；所谓"品"就是分等级的限制。董仲舒、师丹的建议，他又打算实行。可惜这方案提出不久，适值卫氏之狱，又被搁起，后来不知何故，竟没有重提；其详细节目不得而考了。

讴歌和拥戴王莽的人自然不会缺少。当平帝选后，王莽拒绝把女儿参加候选时，就每日有千余人，包括平民、学生和官吏，守阙上书，"愿得公女为天下母"，结果他的女儿不待候选便直接做了皇后。当皇后正位后，群臣请求给他"大赏"时，就有八千多人上书附和。当他拒绝接受赏田时，就先后有吏民四十八万七千五百七十二人，上书朝廷，声言对他"宜亟加赏"。

在这时期，王莽处处以周公为榜样，朝野也以周公看待他。传说周公辅政时，有南方远夷越裳氏来献白雉，为周公功德及远的表征；是时也有益州塞外今安南境。蛮夷，自称越裳氏，来献白雉和黑雉，其后四夷声言因慕义而来朝贡的络绎不断。周公"托号于周"，所以朝廷的公论要给王莽以安汉公的称号。周公位居总领百僚的太宰，所以朝廷的公论要为他特设"宰衡"一职，位在诸侯王之上。宰衡是兼采太宰和阿衡之号，商汤大臣伊尹，号阿衡，曾辅汤孙太甲。周公的七个儿子都封为诸侯，所以朝廷的公论要把他的两个儿子都封侯。他原有四子，一因杀奴，为他迫令自杀；一因助卫氏，伏诛；后来又一因谋杀他，为他迫令自杀。最后，传说周公当成王幼小时,曾暂时替代他做天子,谓之"居摄",于是就有一位侯爵的宗室上书,说"今帝富于春秋,宜令安汉公行天子事,如周公"。这件想象的史事正要开始重演时,平帝病死,又是绝后。是月就有人奏称,武功县长淘井,得白石,上有丹漆写的文字:"告安汉公莽为皇帝。"王莽却经问卜和看相之后,选了一个最吉的两岁的宗室子婴,做平帝的后嗣,同时他受同僚的推戴和太皇太后勉强下的诏令,实行"居摄",他令臣民称他为"摄皇帝"。他祭祀及朝见太皇太后时,自称"假皇帝"。假有代理之意,非言伪。

在王莽"居摄"的头两年间,安众侯刘崇及东郡太守翟义先后起兵讨伐他,皆败死。第三年,公元八年。宣示天意要王莽做皇帝的"符命"接叠而起。是年十一月,王莽奏上太皇太后,请(许莽):

> 共事神祇宗庙,奏言太皇太后、孝平皇后,皆仍。称假皇帝,其号令天下,天下奏言事,毋言摄,以居摄三年为初始元年,漏刻以百二十为度,用应天命。臣莽夙夜养育,隆就孺子,今与周之成王比德;宣明太皇太后威德于万方,期于富而教之。孺子加元服,"复子明辟",谓待子婴长大后,还他帝位。如周公故事。

次月,某日黄昏时,有梓潼人哀章,穿着黄衣,拿了一个铜盒,送到汉高祖庙。盒里装着两卷东西:一卷题为《天帝行玺金匮图》,一卷题为《赤帝行玺刘邦传予黄帝金策书》。策书的大意是说王莽应为真天子,太皇太后应从天命。守庙的人奏闻王莽。次日一早王莽便到高庙拜受这铜盒,即所谓"金匮",然后谒见太皇太后,然后还坐殿廷,下书道:

> 予以不德,托于皇初祖考黄帝之后,皇始祖考虞帝之苗裔,而太皇太后之末属。皇天上帝隆显大佑,成命统序,符契图文,金匮策书,神明诏告,属予以天下兆民。赤帝汉氏高皇帝之灵,承天命传国金策之书,予甚祗畏,敢不钦受?以戊辰直"定",定是建除等

173

十二日次之一。御王冠,即真天子位。定有天下之号曰"新"。其改正朔,易服色,变牺牲,殊徽帜,异器制。以十二月朔癸酉为始建国元年正月之朔。

第四节　王莽的改革

王莽即真后,除了改正朔,易服色等等外,还要改变全国的经济机构。他自从少年得志以来,可谓从心所欲,无不成为事实。现在他要依照先圣的启示,理性的唤召,为大众的福利和社会的正义,去推行一种新经济的制度,还会遇到不可克服的阻碍吗?孟子所提倡而认为曾经存在过的"井田"制度,时常闪烁于西汉通儒的心中。不过董仲舒和师丹都认为"井田"制"难猝行",不得已而思其次,提出"限民名田"的办法。王莽在胜利和乐观、信古和自信之余,便完全看不见董仲舒和师丹所看见的困难了。他不但要实行"井田"制度,并且要同时改革奴隶的制度,始建国元年公元九年。王莽下诏道:

古者设庐井八家,一夫一妇田百亩,什一而税,则国给民富而颂声作。此唐、虞之道,三代所遵行也。秦为无道……坏圣制,废井田,是以兼并起,贪鄙生,强者规田以千数,弱者曾无立锥之居。又置奴婢之市,与牛马同栏,制于民臣,专断其命。谓吏民得擅杀奴婢。奸虐之人,因缘为利,至略卖人妻子。逆天心,悖人伦,谬于"天地之性人为贵"语出《孝经》。之义。……汉氏减轻田租,三十而税一,常有更赋,疲癃咸出。而豪民侵陵,分田劫假。厥名三十税一,实什税五也。父子夫妇,终年耕耘,所得不足以自存。故富者犬马余菽粟,骄而为邪;贫者不厌糟糠,穷而为奸。俱陷于辜,刑用不措。……今更名天下田曰王田,奴婢曰私属,皆不得卖买。其男口不盈八而田过一井者,分余田予九族邻里乡党。故无田,今当受田者如制度。敢有非井田圣制,无法惑众者,投诸四裔,以御魑魅,如皇始祖考虞帝故事。

这道诏书亦宜与董仲舒请限民名田及废除奴婢的奏章对读。这道诏书所提出的改革，分析如下：

（一）田地国有，私人不得买卖。非耕种的土地，似不在此限。

（二）男丁八口以下之家占田不得过一井，即九百亩。关于男丁八口以上之家无明文，似当以"八丁一井"的标准类推，有爵位食赏田的当不在此限。

（三）占田过限的人，分余田与宗族乡邻。

（四）无田的人，政府与田；所谓"如制度"，似是依"一夫一妇田百亩"的办法。有田不足此数的亦当由政府补足。

（五）现有的奴婢，不得买卖。但没有解放。买卖自由人为奴婢，虽没有提及，当亦在禁止之列。现有的奴婢的子孙是否仍听其承袭为奴婢，亦没有明文。若否，则是王莽要用渐进的方法废奴；若是，则他并不是要完全废奴。

这道诏令实际上曾被施行到什么程度，不可确考，据说"坐卖买田宅奴婢……自诸侯卿大夫至于庶民，抵罪者不可胜数"。可惜这几句话太笼统了。这道诏令的推行所必当碰到的困难和阻碍是怎样，历史上亦没有记载。但是到了始建国四年，有一位中郎区博进谏道：

> 井田虽圣王法，其废久矣。……今欲违民心，追复千载绝迹，虽尧、舜复起，而无百年之渐，弗能行也。天下初定，万民新附，诚未可施行。

王莽听了他的话，便下诏：

> 诸名食王田，皆得卖之，勿拘以法。犯私买卖庶人者，且一切勿治。

这里只涉及上列的第一项及第五项的一部分。其余各节不知是否亦连带撤销。但我们要注意，他的解禁并不否认始建国元年的诏令在四年间所已造成的事实。

除了关于土地和奴婢的新法外，王莽在民生及财政上还有六种重要的兴革：

（一）国营专利事业的推广。武帝时国家已实行盐铁和酒的专卖，其后酒的专卖废于昭帝时；盐铁的专卖，元帝时废而旋复。王莽除恢复酒的专卖外，更推广国家独占的范围及于铜冶和名山大泽的资源的开采，同时严禁人民私自铸钱。

关于这一项立法的用意，王莽曾有诏说道：

> 夫盐，食肴之将；将帅。酒，百药之长，嘉会之好；铁，田农之本；名山大泽，饶衍之藏；五均赊贷，百姓所取平，仰以给赡；钱布铜冶，通行有无，备民用也。——此六者非编户齐民所能家作，必仰于市，虽贵数倍，不得不买。豪民富贾，即要要挟。贫弱。先圣知其然也，故斡之。谓由国家经营。

（二）国家放款的创始。人民因祭祀或丧事所需，得向政府借款，不取利息；还款期限，祭祀十日，丧事三月。人民因经营生业，得向政府借款，每年纳息不过纯净赢利的十分之一。

（三）国营"平价"贸易的创始。五谷布帛丝棉等类日常需用之物，遇滞销时，由政府照本收买。政府在各地算出这类货物每季的平均价格。各地不必同。若货物的市价超过平均价，则政府照平均价出卖，若低过平均价，则听人民自相买卖。这制度虽然与武帝所行的平准法有点相似，但用意则极不相同，后者目的在政府赢利，前者则在维持一定的物价水准，便利消费者而防止商人的囤积居奇。

（四）荒弃土地税的创始。不耕的田和城郭中不种植的空地皆有税。

（五）处理无业游民的新法。无业的人每丁每年须缴纳布帛一匹，不能缴纳的由县官征服劳役，并供给其衣食。

（六）所得税的创始。对一切工商业，包括渔猎牧畜，巫医卜祝，旅店经营以至妇女之养蚕，纺织和缝补。取纯利十一分之一，叫作"贡"，政府收入的贡即为放款与人民的本钱。贡税与现代所得税的异点在前者没有累进的差别，亦没有免征的界限。

以上的制度，除铜冶的专利公布于始建国元年外，其余皆在始建国二年以后陆续公布，其被实际施行的程度和推行时所遇的困难和阻碍，历史上亦均无记载。铜冶的专利弛于始建国五年，山泽的专利弛于地皇三年，公元二二年。次年王莽便败死。

第五节　新朝的倾覆

王莽对于立法的效力有很深的信仰，他认为"制定天下自平"。除上述一切关于民生和财政的新法外，他对于中央和地方的官名官制、行政区域的划分以及礼乐刑法无不有一番改革。他自即真以来，日夜和公卿大臣们引经据典地商讨理想的制度，议论连年不休。他沿着做大司马时的习惯，加以疑忌臣下，务要集权揽事，臣下只有唯诺敷衍，以求免咎。他虽然忙到每每通宵不眠，经常的行政事务，如官吏的遴选、讼狱的判决等却没有受到充分的理会。有些县甚至几年没有县长，缺职一直被兼代着。地方官吏之多不得人是无足怪的。更兼他派往各地的镇守将军，"绣衣执法"，以及络绎于道的种种巡察督劝的使者又多是贪残之辈，与地方官吏相缘为奸。在这样的情形之下，即使利民的良法，也很容易变成病民。何况像贡税和荒地税本属苛细。国家专利的事业禁民私营，像铸钱和铜冶，犯者邻里连坐，这又给奸吏以虐民的机会。

在王莽的无数改革中有一件本身甚微而影响甚大的，即王爵的废除，因此从前受汉朝册封为王的四夷的君长都要降号为侯，并且更换玺印。为着这事，朝鲜的高句骊、西南夷句町先后背叛。王莽对他们纯采高压政策。他派十二将领甲卒三十万，十道并出，去伐匈奴。因为兵士和军用的征发的烦扰，内郡人民致有流亡为"盗贼"的，并州、平州尤甚。出征的军队屯集在北边，始终没有出击的机会。边地粮食不给，加以天灾，起大饥荒，人民相食，或流入内郡为奴婢。边地的屯军，生活困苦，又荼毒地方，五原、代郡，受祸尤甚；其人民多流为"盗贼"，数千人为一伙，转入旁郡，经一年多，才被平定。北边郡县却大半空虚了。为伐匈奴，强征高句骊的兵，结果高句骊亦叛，寇东北边。征句町的大军，十分之六七死于瘟疫，而到底没有得到决定的胜利。为给军用，赋敛益州人民财物至于十收四五。益州因而虚耗。以上都是王莽即位以来八年间的事。

从新朝的第九年_{是年莽六十二岁。}至第十四年_{公元十七至二二年。}间，国内连年发生大规模的天灾，始而枯旱，继以飞蝗。受灾最重的地方是青、徐二州_{今山东的东南部和江苏的北部。}和荆州。_{今河南的南部和湖北的北部。}灾害的程度，除了表现于四方蜂起的饥民暴动外，还有二事可证：其一，山东饥民流入关中求食的就有数十万人；其二，王莽分遣使者往各地，教人民煮草木为"酪"，以代粮食，这种"酪"却被证明是无效的替代品。

暴动的饥民，起初只游掠求食，常盼年岁转好，得归故里；不敢攻占城邑，无文告旗帜，他们的魁帅亦没有尊号，他们有时俘获大吏也不敢杀害。因将吏剿抚无方，他们渐渐围聚，并和社会中本来不饥的枭悍分子结合，遂成为许多大股的叛党。其中最著者为萌芽于琅琊而蔓延于青、徐的"赤眉"；_{暴动者自赤其眉，以别于官军，故名。}和最初窟穴于绿林山_{在今湖北当阳。}而以荆州为活动范围的绿林军。二者皆兴起于新朝的第九年。绿林军后来分裂为下江兵和新市兵。

第十三年，即地皇二年，公元二一年。王莽遣太师羲仲景尚、更始将军王党将兵击青、徐。同时又遣将击句町，并令天下转输谷帛至北边的西河、五原、朔方和渔阳诸郡，每郡以百万数，预备大举伐匈奴。是年曾以剿贼立大功，领青、徐二州牧事的田况，上平贼策道：

> 盗贼始发，其原甚微，部吏伍人所能擒也。咎在长吏不为意，县欺其郡，郡欺朝廷，实百言十，实千言百。朝廷忽略，不辄督责，遂致延蔓连州。乃遣将率_{率乃新朝将帅之称。}多发使者，传相监趣。_{促。}郡县力事上官，应塞诘对。供酒食，具资用，以救断斩，不给暇。复忧盗贼，治官事。将率又不能躬率吏士，战则为贼

所破，吏气寖伤，徒费百姓。前幸蒙赦令，贼欲解散，或反遮击，恐入山谷转相告语。故郡县降贼，皆更惊骇，恐见诈灭。因饥馑易动，旬日之间，更十余万人。此盗贼所以多之故也。今洛阳以东，米石二千。窃见诏书欲遣太师、更始将军。指羲仲景尚与王党。二人爪牙重臣，多从人众，道上空竭；少则无以威视远方。宜急选牧尹以下，明其赏罚。收合离乡、小国、小国，诸侯列中也。无城郭者，徙其老弱，置大城中，积藏谷食，并力固守。贼来攻城则不能下，所过无食，势不得群聚。如此招之必降，击之则灭。今空复多出将率，郡县苦之，反甚于贼。宜尽征还乘传诸使者，以休息郡县，委任臣况以二州盗贼，必平定之。

王莽不听，反免田况职，召还京师。

第十四年二月，羲仲景尚战死。四月，莽继派太师王匡和更始将军廉丹，将锐士十余万，往征青、徐。大军所过百姓唱道：

宁逢赤眉，
不逢太师。
太师尚可；
更始杀我！

十月，廉丹战死，全国震动。十一月，下江、新市兵与平林、春陵兵联合。平林、春陵兵皆以其兴起之地名，先后皆于是年兴起。春陵兵的领袖乃汉朝皇室的支裔刘縯和刘秀两兄弟。

第十五年二月，下江、新市等联军拥立刘玄为皇帝，改元更始。刘玄亦汉朝皇室的支裔，他即位之日，对群臣羞愧流汗，举手不能言语。是时联军攻宛城未下，他驻跸宛城下。三月王莽诏发郡国兵四十余万，号百万，会于洛阳，以司空王邑、司徒王寻为将。五月，二王率其兵十余万由洛阳向宛进发，路过昆阳，时昆阳已降于联军，二王首要把它收复。部将严尤献议道："今僭号的人在宛城下，宛城破，其他城邑自会望风降服，不用费力。"王邑道："百万大军，所过当灭。如今先屠此城，喋血而进，前歌后舞，岂不快哉！"于是纵兵围城数十重，城中请降，王邑不许。严尤又献计：兵法上说，"归师勿遏，围城为之阙"，可依此而行，使城中贼得路逃出，好惊怖宛下。王邑不听。先是当城尚未合围时，刘秀漏夜从城中逃出，请救兵。六月刘秀引救兵到，自将步骑千余为前锋。二王亦派兵迎击，却连战皆败。刘秀乃率敢死队三千人从城西水上冲官军的中坚。二王根本轻视他，自将万余人出阵，令其他营伍各守本部，不得擅动。二王战不利，大军又不敢擅来救援。二王阵乱，刘秀乘势猛攻，杀王寻。城中兵亦鼓噪而出，内外夹击，震呼动天地，官军大溃，互相践踏，伏尸百余里。是日风雷大作，雨下如注，近城的河川盛潦横溢，官兵溺死以万计，得脱的纷纷奔还本乡。王邑只领着残余的"长安勇敢"数千，遁归洛阳。消息所播，四方豪杰，风起云涌地举兵响应，旬月之间，遍于国中，他们大都杀掉州牧郡守，自称将军，用更始的年号，等候着新主的诏命。九月，响应更始的"革命"军入长安，城中市民亦起暴动相应，王莽被杀，手刃他的是一个商人。他的尸体被碎裂，他的首级被传送到宛。

做过王莽的"典乐大夫"的桓谭在所著《新论》里曾以汉高帝与王莽比较，指出王莽失败的原因，说道：

> 维王翁即莽。之过绝世人有三焉：其智足以饰非夺是，辩能穷诘说士，威则震惧群下，又数阴中不快己者。故群臣莫能抗答其论，莫敢干犯匡谏。卒以致亡败。其不知大体之祸也。夫（知）帝王之大体者，则高帝是已。高帝曰：张良、萧何、韩信，此三子者，皆人杰也。吾能用之，故得天下，此其知大体之效也。王翁始秉国政，自以通明贤圣，而谓群下才智莫能出其上，是故举措兴事，辄欲自信任，不肯与诸明习者通……稀获其功效焉。故卒遇破亡。此不知大体者也。高帝怀大智略，能自揆度群臣。制事定法，常谓曰：庳而勿高也，度吾所能行为之。究度内疏，政合于时。故民臣乐悦，为世所思。此知大体者也。王翁嘉慕前圣之治……欲事

事效古而不知……己之不能行其事。释近趋远,所尚非务。……此不知大体者也。高祖欲攻魏,乃使人窥视其国相,及诸将卒左右用事者。乃曰:此皆不如吾萧何、曹参、韩信、樊哙等,亦易与耳。遂往击破之,此知大体者也。王翁前欲北伐匈奴,及后东击青、徐众郡,赤眉之徒,皆不择良将,但以世姓及信谨文吏,或遣亲属子孙素所爱好,或无权智将帅之用。猥使据军持众,当赴强敌。是以军合则损,士众散走。……(此)不知大体者也。

第十二章

汉帝国的中兴与衰亡

第一节 东汉的建立及其开国规模

新朝倒塌后，革命势力的分化和冲突，乘时割据者的起仆和一切大规模和小规模的屠杀、破坏，这里都不暇陈述。总之，分裂和内战，继续了十四年，然后全中国统一于刘秀之手。

刘秀成就帝业的经过，大致如下。他起兵初年追随其兄刘縯之后。昆阳之战后不久，刘縯为更始所杀。时秀统兵在外。闻讯立即驰往宛城，向更始谢罪，沿途有人吊唁，他只自引咎，不交一句私语。他没有为刘縯服丧，饮食言笑，一如平常。更始于是拜他为破虏大将军，封武信侯。是年，更始入驻洛阳，即派他"行大司马事"，去安抚黄河以北的州郡。当他渡河时，除了手持的麾节外，几乎什么实力也没有。他收纳了归服的州郡，利用他们的兵力去平定拒命的州郡。在两年之间，他不独成了黄河以北的主人，并且把势力伸到以南。在这期间，更始定都于长安，封他为萧王；他的势力一天天膨胀；更始开始怀疑他，召他还京了；他开始抗拒更始的命令了，他开始向更始旗下的将帅进攻了。最后，在更始三年六月，当赤眉迫近长安，更始危在旦夕的时候，他即皇帝位于鄗南，改元建武，仍以汉为国号。史家称刘秀以后的汉朝为后汉或东汉，而别称刘秀以前的汉朝为前汉或西汉。先是，有一位儒生从关中带交他一卷"天书"，上面写着：

刘秀发兵捕不道,

四夷云集龙斗野;

四七之际火为主。

是年,赤眉入长安,更始降。接着,刘秀定都于洛阳。十二月,更始为赤眉所杀。赤眉到了建武三年春完全为刘秀所平定。至是,前汉疆域未归他统治的,只相当于今甘肃、四川的全部和河北、山东、江苏的各一小部分而已。这些版图缺角的补足,是他以后十年间从容绰裕的事业。

刘秀本是一个没有多大梦想的人。他少年虽曾游学京师,稍习经典,但他公开的愿望只是:

作官当作执金吾,

娶妻当娶阴丽华。

执金吾仿佛京城的警察厅长,是朝中的第三、四等的官吏。阴丽华是南阳富家女,著名的美人,在刘秀起兵的次年,便成了他的妻室。他的起兵并不是抱着什么政治的理想。做了皇帝以后,心目中最大的政治问题似乎只是怎样巩固自己和子孙的权位而已。他在制度上的少数变革都是朝着这方向的。第一是中央官制的变革。在西汉初期,中央最高的官吏是辅佐君主总理庶政的丞相和掌军政的太尉、掌监察的御史大夫,共为三公。武帝废太尉设大司马,例由最高的统兵官"大将军"兼之。成帝把御史大夫改名为大司空,哀帝又把丞相改名为大司徒。在西汉末期,专政的外戚例居大司马、大将军之位,而大司徒遂形同虚设了。刘秀把大司徒、大司空的大字去掉,把大司马复称太尉,不让大将军兼领。同时他"愠数世之失权,忿强臣之窃命,矫枉过直,政不任下,虽置三公,备员而已"。东汉人仲长统语。他把三公的主要职事移到本来替皇帝掌管文书出纳的尚书台。在官职的等级上,尚书台的地位是很低的。它的长官尚书令禄只千石,而三公禄各万石。他以为如此则有位的无权，有权的无位，可以杜绝臣下作威作福了。第二是地方官制的变革。西汉末年，把刺史改称为州牧，把他的秩禄从六百石增到二千石，但他的职权并没有改变。州牧没有一定的治所，每年周行所属郡国，年终亲赴京师陈奏。他若有所参劾，奏上之后，皇帝把案情发下三公，由三公派员去按验，然后决定黜罚。刘秀定制，州牧复称刺史，有固定治所，年终遣吏入奏，不用亲赴京师，他的参劾，不再经三公按验，而直接听候皇帝定夺。这一来三公的权减削而刺史的权提高了。第三是兵制的变革。刘秀在建武七年三月下了一道重要的诏令道：

> 今国有众军，并多精勇。宜且罢轻车、骑士、材官、楼船士。

这道诏令的意义，东汉末名儒应劭 曾任泰山太守。解释道：

> （西汉）高祖命天下郡国选能引关蹶张、材力武猛者，以为轻车、骑士、材官、楼船。常以立秋后，讲肄课试，各有员数。平地用（轻）车、骑，士。山阻用材官，水泉用楼船。……今悉罢之。

这道诏令使得此后东汉的人民虽有服兵役的义务，却没有受军事训练的机会了。应劭又论及这变革的影响道：

> 自郡国罢材官、骑士之后，官无警备，实启寇心。一方有难，三面救之。发兴雷震……黔首嚣然。不及讲其射御……一旦驱之以即强敌，犹鸠鹊捕鹰鹯，豚羊弋豺虎。是以每战常负。……尔乃远征三边，殊俗之兵，非我族类，忿鸷纵横，多僵良善，以为己功，财货粪土。哀夫！民氓迁流之咎，见出在兹。"不教民战，是为弃之。"迹其祸败，岂虚也哉！

末段是说因为郡国兵不中用，边疆有事，每倚靠雇佣的外籍兵即所谓胡兵；而胡兵凶暴，蹂躏边民，又需索犒赏，费用浩繁。应劭还没有说到他所及见的一事：后来推翻汉朝的董卓，就是胡兵的领袖，凭藉胡兵而起的。

郡国材官、骑士等之罢，刘秀在诏书里明说的理由是中央军队已够强众，用不着他们。这显然不是真正的理由。在征兵制度之下，为国家的安全计，精强的兵士是岂会嫌多的？刘秀的变革无非以强干弱枝，预防反侧罢了。郡国练兵之可以为叛乱的资藉，他是亲自体验到的。他和刘縯当初起兵，本想借着立秋后本郡"都试"——即壮丁齐集受训的机会，以便号召，但因计谋泄露而提早发难。当他作上述的诏令时，这件故事岂能不在他心头？

第二节　东汉与匈奴

当新莽之世及建武初二十年间，匈奴不断侵扰中国的边境。但这时期匈奴的强梁只是他将届末日之前的"回光返照"。约在建武二十年以降，"匈奴中连年旱蝗，赤地数千里，草木尽枯，人畜饥疫，死耗大半"。二十四年，匈奴复分裂为南北。南单于复称"呼韩邪单于"，以所主南边八郡众四五万人降汉。汉朝听他们入居云中。其后南匈奴与北匈奴战失利，汉朝又让他们入居西河美稷。今山西汾县离石一带。南单于派所部分驻北边的北地、朔方、五原、云中、定襄、雁门、西河及代八郡，为郡县侦逻耳目，以防北虏。汉廷在西河置官监督匈奴，并令西河长史领骑二千、弛刑五百人，以卫护匈奴，冬屯夏罢，岁以为常。这是建武二十六年公元五〇年。的事。

直至明帝永平十六年公元七三年。以前，东汉对匈奴一向取容忍羁縻的态度。是年，明帝始大发援边兵，遣将分道出塞，会合南匈奴，挞击北虏。北虏闻风渡大沙漠远去，汉军未得和他们的主力接触，只取了伊吾卢的地方。不数年后，北匈奴内部复起分裂，党众离叛，南匈奴攻其前，丁零攻其后，西域攻其右，鲜卑攻其左，内忧外患之余，加以饥蝗。章和二年公元八八年。章帝死，东汉第三帝。和帝继位，窦太后临朝，南单于上书请求乘机灭北匈奴。适值窦太后见窦宪犯了重罪，请求击匈奴赎死，乃拜窦宪为车骑将军，耿秉为副，将汉兵、南匈奴兵及其他外夷兵伐匈奴。次年，汉将所领的南匈奴兵与北单于战于稽落山，大破之，敌众溃散，降者八十一部二十余万人。宪等登燕然山，立石刻铭而还。铭文的作者即著《汉书》的班固，为东汉一大手笔，是役以中护军的资格从行。兹录铭文如下：

>惟永元元年秋七月，有汉元舅曰车骑将军窦宪，寅亮圣明，登翼王室，纳于大麓，惟清缉熙，乃与执金吾耿秉，述职巡御，理兵于朔方。鹰扬之校，螭虎之士，爰该六师，暨南单于，东乌桓，西戎氐羌，侯王君长之群，骁骑三万，元戎轻武，长毂四分，云一作雷。辎蔽路，万有三千余乘，勒以八阵，莅以威神，玄甲耀日，朱旗绛天。遂陵高阙，下鸡鹿，经碛卤，绝大漠，斩温禺以衅鼓，血尸逐以染锷，然后四校横徂，星流彗扫，萧条万里，野无遗寇，于是域灭区单，反旆而旋。考传验图，穷览其山川，遂逾涿邪，跨安侯，乘燕然，蹑冒顿之区落，焚老上之龙庭，上以摅高文之宿愤，光祖宗之玄灵；下以安固后嗣，恢拓境宇，振大汉之天声。兹所谓一劳而久逸，暂费而永宁者也。乃遂封山刊石，昭铭上德。其辞曰：铄王师兮征荒裔，剿凶虐兮截海外，夐其邈兮亘地界。封神丘兮建隆碣。熙帝载兮振万世。

次年，宪方遣班固等招降北匈奴，而南匈奴深入追击，北单于大败，受伤遁走，其阏氏及男女五人皆被虏。宪见北胡微弱，便想趁势把他灭掉。次年遣耿夔将精骑八百出居延塞，直奔北单于廷于金微山。汉兵凌厉无前，斩杀五千余级。单于领数骑逃亡，他的珍宝财畜尽为汉兵所得。夔等追至去塞五千余里而还。单于远走，当时汉人不知其下落。近今史家或疑四世纪末叶侵入欧洲而引起西方民族大移徙之"匈人"，其前身即此次北单于率以远遁之残众云。但据《后汉书·耿夔传》，是时从北单于逃亡的不过"数骑"，其后裔如何能成为偌大的势力？故吾人于此说不无疑问。北单于既走，其余众降汉，后复叛，为汉所破灭。

耿夔灭北匈奴之后三年，即永元六年，公元九四年。班超亦把西域完全平定。班超，平陵今陕西兴平。人，班固之弟。超之始露头角是在永平十六年伐匈奴之役。是役超为"假司马"，领兵击伊吾卢，战于蒲类海，斩虏很多，因被朝廷赏识。东汉自取伊吾卢后，乃开始经营西域，因派班超往使鄯善。即楼兰。班超初到，鄯善王敬礼备至，后来忽然疏懈。超料定北匈奴有人派来，鄯善王因而动摇，考问服侍的胡奴，果得其实。于是把他关起来，尽召随从的吏士三十六人共饮。酒酣，说道："你们和我都身在绝域，想立大功以取富贵。现在虏使才到了几天，鄯善王的态度便大变，假如他奉命要把我们收送匈奴，又为之奈何？"吏士都道："现今处在危亡之地，死生从司马。"班超便道："不入虎穴，不得虎子。为今之计，只有趁夜放火袭攻虏使，他们不知我们人数多少，必然大起恐慌，可以杀尽。把虏使一行诛灭，鄯善破胆，便功成事立了。"是夜班超领众直奔虏舍，适值有大风。他令十人携鼓藏虏舍后，约定一见火起即擂鼓呐喊，其余的人尽持刀剑弓弩，夹门埋伏。于是乘风放火，前后鼓噪，虏众慌乱。班超亲手格杀三人，吏士斩虏使并从士三十余级，余下的一百人左右通通烧死。明日，班超传召鄯善王，拿虏使的首级给他看。鄯善全国震怖，即纳王子为质，归服汉朝。事变的经过奏上朝廷，朝廷便令超继续往使其他诸国，以竟前功，并要给他增兵。他说：原有的三十六人就够了，倘有不测，人多反而为累。

是时于阗新破莎车，雄霸天山南路，而服属匈奴，匈奴遣使监护之。超离鄯善，西至于阗，其王待他甚冷淡。于阗俗信巫，巫者说：神怒于阗王向汉，要他取汉使的骍马来献祭。他便向班超求马，超秘密探知这事的详情，便答应他，却要那巫者亲自来取。一会儿巫者果到，班超立刻把他斩首，拿他的首级送给于阗王，并责备他。他早已知道班超在鄯善的伟绩，见了巫者血淋淋的首级，更加惶恐，便攻杀匈奴的使者而投降于班超。超厚赏王以下，优加抚慰。

永平十七年，汉始复置西域都护。是年班超去于阗，从间道至疏勒。先是龟兹倚仗匈奴的威势，雄踞天山北路，攻破疏勒，杀其王，而立龟兹人兜题以代之。超既至疏勒，先派属吏田虑去招降兜题，并嘱咐他道：

"兜题本非疏勒种，国人必不替他出死力，他若不降，便把他拘执。"兜题果然无意归降，田虑便乘他无备，把他缚了，他左右的人惊骇而散。班超赶到，召集疏勒将吏，宣布龟兹无道之状，改立旧王的侄子忠为王，疏勒人大悦。忠和官属请杀兜题，班超却把他放了遣送回国。

永平十八年，明帝去世，章帝继位。龟兹和焉耆乘中国的大丧，攻杀都护陈睦，于是班超孤立无援。龟兹姑墨屡次出兵攻疏勒，班超率着那三十几个吏士，协同疏勒王拒守了一年多。章帝初即位，见他势力单薄，怕蹈陈睦的覆辙，便召他回国。疏勒都尉见留他不住，拔刀自刎。他行到于阗，于阗的王侯以下号泣留他，抱住他的马脚。他于是复回疏勒。时疏勒已有两城降于龟兹，和尉头国连兵。班超捕斩叛徒，击破尉头，杀了六百多人，疏勒复安。

章帝建初三年，公元七八年。班超率领疏勒、康居、于阗和拘弥兵一万人攻破了姑墨时姑墨附龟兹，其王为龟兹所立。的石城，斩首七百级。班超想趁势平定西域诸国，上疏请兵。五年，朝廷派弛刑及应募千人来就。先是，莎车以为汉兵不出，降于龟兹，而疏勒都尉番辰亦反叛。援兵既至，超击番辰，大破之，斩首千余级，获生口甚众。超欲图龟兹，建议先联乌孙，朝廷从之。八年，拜超将兵长史。九年，又给他增兵八百。超于是征发疏勒、于阗兵击莎车。莎车秘密勾结疏勒王忠，啖以重利，忠遂反叛。超改立疏勒王，率效忠的疏勒人以攻忠，相持半年，而康居派精兵助忠，超不能下。是时月氏新和康居联婚，相亲善。超派人带了大批的锦帛送给月氏王，请他晓谕康居罢兵，果达目的。忠势穷，被执归国。其后三年，忠又借康居兵反，既而密与龟兹谋，遣使诈降于超。超知道他的奸谋，却装着答应他。他大喜，亲来会超，超暗中布置军队等待他。他到，设筵张乐款待他。正行了一轮酒，超呼吏把他缚起，拉去斩首。继击破他的部众，杀了七百多人，疏勒全定。次年，超征发于阗等国兵二万五千人复击莎车，而龟兹王遣左将军征发温宿、姑墨、尉头兵合五万人救莎车。超召集将校和于阗王等商议道："现在我们兵少，打不过敌人，计不如各自散去，于阗军从这里东归，本长史亦从这里西归，可等夜间听到鼓声便分途进发。"同时暗中把夺得的生口放了。龟兹王得到这消息大喜，自领万骑在西界拦截班超，而命温宿王领八千骑在东界拦截于阗军。超探知他们已出发，密令诸部准备，于鸡鸣时突击莎车营。敌军大乱四窜，追斩五千多级，获马畜财物无算。莎车穷蹙纳降，龟兹等各自散去。班超由此威震西域。

和帝永元二年，公元九〇年。超又定月氏。先是月氏以助汉有功，因求汉公主，为超所拒绝，因怀怨恨。是年派其副王领兵七万攻超。超的部众自以人数单少，大为忧恐。超晓谕军士道："月氏兵虽多，但越过葱岭，经数千里而来，并无运输接济，何须忧惧呢？我们只要把粮食收藏起来，据城坚守。他们饥饿疲困，自会投降，不过几十天便了结。"月氏攻超不下，钞掠又无所得，超预料他们粮食将尽，必向龟兹求援。于是伏兵数百，在东界等候。果然遇到月氏派去龟兹的人马，带着无数的金银珠玉，伏兵把他们解决了。班超把使人的首级送给月氏副王。他看了大惊，派人请罪并求放他生还。班超答应了他。月氏由此慑服，每年纳贡。永元三年，即耿夔灭北匈奴的一年，龟兹、姑墨、温宿皆向班超投降。朝廷拜超为西域都护，超设都护府于龟兹，废其王，拘送京师，而另立新王。是时西域五十多国，除焉耆、危须、尉犁因从前曾攻杀都护，怀着二心外，其余尽皆归附汉朝。其后永元六年，这三国亦为班超所平定。

第三节　外戚与东汉的衰亡

莽末之乱，其经过约二十年。虽然不算很久，然而蔓延的范围很广，扰乱的情形，也十分厉害。所以民生的凋敝，更甚于秦汉之间。光武帝平定天下后，亦是以安静为治。内之则减官省事，外之则拒绝西域的朝贡，免得敝中国，以事四夷。而又退功臣，进文吏，留心于政治。所以海内日渐康宁。明、章两代，也能继承他的治法。这三朝，称为后汉的治世。

后汉的政治，坏于外戚宦官的专权，而外戚的专权，起于和帝之世。先是章帝皇后窦氏无子，贵人宋氏生子庆，立为太子。梁氏生子肇，窦后养为己子，后诬杀二贵人，废庆为清和王，而肇立为太子。章帝崩，肇立，是为和帝，太后临朝。后兄宪为大将军，专权骄恣。和帝既长，和宦官郑众谋杀之。是为后汉皇帝，与宦官谋诛外戚之始。和帝崩，殇帝立，生才百余日，明年，又崩。太后邓氏，迎立安帝，临朝凡十五年。邓太后崩后，安帝自用其皇后之兄阎显。又宠信诸中常侍和乳母王圣等。阎皇后无子，后宫李氏生顺帝，立为太子，阎皇后潜废之。安帝崩，阎后迎立北乡侯，未逾年薨。宦者孙程等迎立顺帝，杀阎显，迁阎后于离宫。顺帝用其父梁商为大将军。商死后，子冀继之，专恣较前此之外戚为更甚。顺帝崩后，子冲帝立，一年而崩。冀与太后定策禁中，迎立质帝。质帝虽年少，而知目冀为"跋扈将军"，遂为冀所弑，迎立桓帝。桓帝和宦官单超等合谋，把梁冀杀掉，于是后汉外戚专权之局终，而宦官转横。

```
                   ┌ 清河王庆—（六）安帝祜—（八）顺帝保—（九）冲帝炳
                   │（四）和帝肇—（五）殇帝隆
       （三）章帝炟 ┤ —（七）北乡侯懿
                   │ —（　）—（　）—（十）质帝缵
                   │  ┌（　）—（十一）桓帝志
                   └  └（　）—（　）

                              ┌（十三）废帝辩
                  （十二）灵帝宏┤
                              └（十四）献帝协
```

外戚宦官，更迭把持，朝政自然很腐败。因此而引起羌乱，因此而激成党祸。

羌人本住在湟水流域，后来弃湟水，西依鲜水、盐池。湟水，今大通河。鲜水，今青海。盐池，今青海西南盐池。莽末，乘乱内侵。光武、明、章、和四代，屡次发兵，把他打破。然而降羌散处内地的很多，郡县豪右，都要侵陵役使他。安帝时，羌遂反叛。降羌本是个小寇，造反时，连兵器都没有。然而当时带兵的人，都观望不战。凉州一方面的长官，则争着迁徙到内地，置百姓于不顾，或则强迫迁徙，于是羌寇转盛。至于东寇三辅，汉初，本以内史治京师。后分为左右。武帝改右内史为京兆尹，左为左冯翊，又改主爵都尉为右扶风。使治内史右地，谓之三辅。后汉虽都洛阳，以其为陵庙所在，不改其号。南略益州，汉兵仅能保守洛阳附近而已。而兵费的侵渔，又极厉害。安帝时，用兵十余年，兵费至二百四十亿，才算勉强平定。顺帝时，羌乱又起，兵费又至八十余亿。直到桓帝，任用段颎，尽情诛剿，又经过好几年，才算平定。然而汉朝的元气，则自此而大伤了。

党祸起于后汉的士好立名，初则造作名目，互相标榜，进而诽议公卿，裁量执政。这时候，游学极盛，太学诸生，至三万余人，恰好做了横议的大本营。当时宦官兄弟姻亲，布满州郡，尽情惩治，自然是人情之所欲，而亦是立名的一个机会。于是宦官与名士，势成水火。桓帝也是相信宦官的，宦官遂诬他们结连党与，诽议朝政，一概加以逮治。后因后父窦武替他们解释，才放归田里，然而还禁锢终身。桓帝崩，无子，窦后和窦武定策禁中，迎立灵帝。年方十二，太后临朝。窦武为大将军，陈蕃为太傅，谋诛宦官贾节、王甫等，不克，反为所杀。于是党狱复兴，诸名士身受其害，和因其逃亡追捕，而人民因之受祸的更多。善类遭殃，天下丧气。灵帝年长，尤其相信宦官。又喜欢"私稽"卖官、厚敛，无所不为。于是民穷财尽，而黄巾之祸又起。

黄巾的首领，是巨鹿张角，借符水治病以惑众。其徒党，遍于青、徐、幽、冀、荆、扬、兖、豫八州。角遂谋为乱。暗中署置其众，为三十六方。约以公元一八四年举事，未及期而事泄，角遂驰敕诸方，一时俱起。虽然乌合之众，旋即打平。然自此盗贼群起，都以黄巾为号，郡县莫能捕治。于是听刘焉的话，改刺史为州牧，外官的威权渐重，又伏下一个乱源。

而中央又适有变故，以授之隙。灵帝皇后何氏，生废帝。美人王氏，生献帝。灵帝意欲废嫡立庶，未及行而病笃，把这事，属托宦官蹇硕。时何皇后之兄进为大将军。灵帝崩后，蹇硕意欲诱杀何进而立献帝。何进知之，拥兵不朝。蹇硕无如之何。于是废帝立，而蹇硕亦被杀。何进因欲尽诛宦官，太后不肯。进乃谋召外兵，以迫胁太后，宦官知事急，诱进入宫，把他杀掉。进官属袁绍等，遂举兵攻杀宦官，正当大乱之际，而凉州将董卓适至，京城中大权，遂落其手。董卓既握大权,废废帝而立献帝。袁绍奔山东,号召州郡,起兵讨卓,推绍为盟主。董卓劫献帝奔长安。山东州郡,并无讨贼的决心,各据地盘,互相吞并。而董卓暴虐过甚,为司徒王允和其部将吕布所杀。卓将李傕、郭汜,起兵为卓报仇,攻破长安,王允被杀。吕布奔东方。后来傕、汜二人,又自相攻击。献帝崎岖逃到洛阳,空虚不能自立。其时曹操据兖州,颇有兵力。乃召操入洛阳以自卫。操既至,迁帝都许。今河南许昌县。于是大权尽归曹氏,献帝仅拥虚名而已。而纷纷割据的人多,曹操亦一时不能平定,遂终成为三国鼎立之局。

第十三章

魏晋南北朝

第一节 三国的鼎立

柳宗元说汉代"有叛国而无叛郡",这是因为郡的区域太小了,其势不足以反抗中央。到后汉末年,把刺史改成州牧,所据的地方,大过现在的一省,其情形就大不相同了。

当曹操主持中央政府,把汉献帝迁到许都时,天下正是纷纷割据。举其最大的,便有:

袁绍　　据幽、并、青、冀四州。
袁术　　据寿春。
刘表　　据荆州。
刘焉　　据益州。
刘备　　据徐州。
张鲁　　据汉中。
马腾、韩遂　　据凉州。
公孙度　　据辽东。

当时还有个本无根据地的吕布,从长安逃向东方去,投奔刘备。刘备收容了他。吕布却乘刘备与袁术兵争之时,袭其后方,而取徐州。刘备投奔曹操,操表备为豫州牧。和他合兵,攻杀吕布。袁术在寿春,站不住了，谋走河北，曹操使刘备邀击之于山阳，今江苏淮安县。袁术兵败还走，未几而死。刘备和外戚董承密谋，推翻曹操，曹操又把他打败。

这时候，曹操的大敌，实在是袁绍。雄据河北，其声势和实力，都在曹操之上。公元二〇〇年，袁、曹之兵，遇于官渡。城名，在今河南中牟县北。相持许久，曹操毕竟把袁绍打败。袁绍因此惭愤而死。其子谭、尚，互相攻击，都为曹操所灭。二〇八年，操遂南征荆州。

这时候，在北方屡次失败的刘备，亦在荆州，依托刘表。而长江下流，则为孙权所据。孙权的父亲名坚，是汉朝的长沙太守。当山东州郡起兵讨董卓时，孙坚也发兵北上。后来受袁术的指使，去攻刘表，为表军所射杀。其子孙策，依托袁术，长大之后，袁术把孙坚的部曲还他，他就渡江而南，把汉朝的扬州打定。孙策死后，传位于孙权。曹操的兵，还未到荆州，刘表已先死了。刘表的长子刘琦，因避后母之忌，出守江夏。今湖北黄冈县。其少子刘琮，以襄阳降操。今湖北襄阳县。刘备南走江陵。曹操发轻骑追之，一日一夜行三百里，及之于当阳长坂。在今湖北当阳县。刘备败走江夏。于是诸葛亮建策，求救于孙权。孙权手下，周瑜、鲁肃等也主张结合刘备，以拒曹操。于是孙、刘合兵，大破操兵于赤壁。山名，在今湖北嘉鱼县。曹操引兵北还，而南方之形势始强。

然而当时的刘备，还是并无根据之地。荆州地方，依当时的诸侯法，则当属于刘琦。俗有借荆州之说，谓荆州是孙权借给刘备的，这句话毫无根据。《廿二史劄记》有论此事的一条，可看。诸侯法，谓当时割据的人，大家所以承认的习惯。而琦不能有，事实上，刘备和孙权，都屯兵其间。孙权一方面，身当前敌的周瑜，要"徙备置吴"，挟着关羽、张飞等去攻战。刘备一方面，未始不想全吞荆州，而又不敢和孙权翻脸。于是先攻下荆州的南部，就是现在的湖南地方。不久，周瑜死了，继其任者为鲁肃。鲁肃是主张以欢好结刘备的。孙、刘两家的猜忌，暂时和缓。

当诸葛亮未出草庐时，刘备去访问他，他便主张兼取荆、益二州，以为图天下之本。这时候，荆州还未能完全到手，而且"荆土荒残，人物凋敝"，虽是用兵形胜之地，而实苦于饷源之无所出。于是益州天府之国，刘备就不能不生心了。公元二一四年，刘备乘刘璋的暗弱，刘焉的儿子。取了益州。其明年，曹操亦平定汉中。二一八年，刘备攻汉中，又取之。一时形势，颇为顺利。当刘备西入益州时，孙权便想同他争荆州。结果，两家和解，把荆州平分。刘备既定汉中，命关羽出兵攻拔襄阳，又围樊城，在襄阳对岸。败于禁等兵，威声大振。而孙权使吕蒙袭取江陵。关羽还走，为权所杀。吴、蜀因此失和。这事在二一九年。

其明年，曹操死了。子丕，废汉献帝自立，是为魏文帝。又明年，刘备称帝于蜀，是为蜀汉昭烈帝。二二九年，孙权亦称帝，自武昌迁都建业，现在的首都[1]。是为吴大帝。

昭烈帝称帝之后，即自将伐吴。吴将陆逊大败之于猇亭。昭烈帝走至永安，惭愤而死。猇亭，在今湖北宜都县西。永安，宫名，在今四川奉节县。子后主禅立，诸葛亮辅政。诸葛亮是个绝世的奇才，内修政治，用法治的精神，把个益州治得事事妥帖。所以能以一州之地，先平南方之乱，次出师北伐，和中原相抗衡。诸葛亮死后，蒋琬、费祎继之，还能够蒙业而安。费祎死后，姜维继之，屡出兵伐魏，无甚成绩，而民心颇怨。后主昏愚，宠信宦官黄皓，政治亦渐坏，其势就难于支持了。

魏文帝貌似明白，而其实不免于猜忌轻率。当曹操为魏王时，文帝与其弟陈思王植，争为世子，嫌隙甚深。所以即位之后，薄待诸王。把他们限制国中，有同拘禁。文帝死后，子明帝立。性极奢侈，魏事益坏。时诸葛亮连年北伐，明帝尝使司马懿去拒敌他。又使懿讨平辽东。于是司马氏的权势，渐次养成。明帝死后，养子齐王芳立。司马懿和曹爽同受遗诏辅政。曹爽独揽大权。司马懿称疾不出。后来乘曹爽奉齐王去谒陵，司马懿突然而起，关闭城门。到底把曹爽废杀了，独揽大权。司马懿死后，子司马师继之。把齐王芳废掉，而立高贵乡公髦。司马师死后，其弟司马昭又继之。这时候，司马氏篡魏之势已成。魏因抵御吴、蜀，东南、西北两方面，都驻有兵马。西北的兵，本来是司马懿所

---

1 指南京。

统。东南方面，则别是一系。于是王凌、毌丘俭、诸葛诞，三次起兵讨司马氏，都不克。公元二六三年，司马昭遣钟会、邓艾，两道伐蜀，灭之。二六五年，司马昭死，子炎立，就篡魏而自立了。

吴大帝在位颇久，然而其末年，政治已颇紊乱。大帝死后，废帝亮立。诸葛恪辅政，颇有意北图中原。一出无功，旋为孙峻所杀。孙峻死后，其弟孙琳继之。废废帝，立其弟景帝。景帝把孙琳杀掉。然亦无甚作为。景帝死后，太子皓立。荒淫无道。是时只靠一个陆抗，守着荆州，以抵御北方。陆抗死后，吴国的形势就大非。晋武帝命羊祜镇襄阳，王濬镇益州以图吴。羊祜死后，代以杜预。公元二八〇年，荆益之兵，两道并进，势如破竹，而吴遂灭亡。

第二节　晋的统一和内乱

从董卓进长安起，到晋武帝平吴止，共经过九十二年的战乱，真是渴望太平的时候了。当时致乱之源，由于州郡握兵。所以晋武帝既定天下，便命去州郡的兵，刺史专于督察，回复汉朝的样子。

然而这时候，致乱之源，乃别有所在。其（一）两汉之世，归化中国的异族很多，都住在塞内。当时所谓五胡者，便是：

【匈奴】遍于并州境内，即今之山西省。

【羯】匈奴的别种，居于上党武乡羯室，因以为名。在今山西辽县。

【鲜卑】遍布辽东西和今热、察、绥之境。

【氐】本居武都。魏武帝徙之关中。这时候，遍于扶风、始平、京兆之境。扶风，今陕西泾阳县。始平，今陕西兴平县。京兆，今陕西长安县。

【羌】这是段颎诛夷之余。在冯翊、北地、新平、安定一带。冯翊，今陕西大荔县。北地，今陕西耀县。新平，今陕西邠县。安定，今甘肃镇原县。

当时郭钦、江统等，都请徙之塞外。塞外的异族，固亦未尝不足为患，然而究竟有个隔限，和"掩不备之人，收散野之积"者不同，而武帝不能同。

其（二）晋代鉴于魏朝的薄待宗室，以致为自己所篡，于是大封同姓。汉代的诸王，是不再干预政治的。晋朝则可以"入秉机衡，出作岳牧"，在政治上的势力尤大。

晋武帝平吴之后，耽于宴安，凡事都不作久长之计。其子惠帝，近于低能。即位之初，武帝后父杨骏辅政。惠帝后贾氏和楚王玮合谋，把杨骏杀掉，而使汝南王亮和太保卫瓘同听政。后来又和楚王合谋，把汝南王杀掉。后又杀掉楚王。旋弑杨太后。太子遹，非贾后所生，后亦废而杀之。总宿卫的赵王伦，因人心不服，勒兵弑后，废惠帝而自立。于是齐王冏、成都王颖、河间王颙，举兵讨乱。楚王玮，武帝第五子。汝南王亮，宣帝（司马懿）第四子。赵王伦，宣帝第九子。齐王冏，景帝（师）子攸之子，时镇许昌。成都王颖，武帝第十六子，时镇邺。河间王颙，宣帝弟安平王孚之孙，时镇关中。右卫将军王舆，把赵王杀掉，迎接惠帝复位。齐王入洛专政。河间王和长沙王又合谋，武帝第六子。使乂攻杀齐王。又和成都王合兵，把长沙王攻杀。

如此，京师大乱，而胜利卒归于外兵。州郡握兵，从汉以来，已成习惯。晋武虽有去州郡兵权之命，而人心尚未丕变。一旦天下有乱，旧路自然是易于重走的。于是东海王越宣帝弟高密王泰之子。合幽、并二州之兵，把成都、河间两王都打败。遂弑惠帝，而立其弟怀帝。

同族相争，胜利又卒归于异族。五胡之中，本以匈奴为最强，其所处，又是腹心之地，亦最有民族自负之心。于是前赵刘渊，先自立于平阳。今山西临汾县。时东方大乱，许多盗贼，都去归附他。其势遂大盛。东方群盗之中，羯人石勒，尤为强悍。东海王自率大兵去打他。兵到现在的项城，死了。其兵为石勒追击所败，洛阳遂成坐困之势。公元三一〇年，刘渊的族子刘曜，打破洛阳，怀帝被虏。三一二年，弑之。惠帝弟愍帝，立于长安。三一六年，又为刘曜所攻破，明年，被弑。而西晋亡。

于是琅邪王睿，从下邳徙治建康，即建业。因愍帝名"业"，避讳改。即皇帝位，是为东晋元帝。这时候，北方只有幽州都督王浚，并州刺史刘琨，崎岖和胡羯相持，也终于不能自立。北方遂全入混乱的状态。

然而南方亦非遂太平无事。当时中央解纽，各地方都靠州郡的兵来保境安民，自然外权复重。新兴的建康政府，自然不易令行禁止。元帝的首务，便在收上流的实权。元帝的立国江东，是很靠江东的世家名士，所谓"人望"者，帮他的忙的。而王导和其从兄王敦，尤为出力。于是王导内典机要，王敦出督荆州。敦有才略，居然把荆州的权力，收归一人。然而中央就和王敦起了猜忌。其结果，王敦举兵东下。元帝所预先布置防他的兵，无一路不败，被王敦打入京城。元帝忧愤而崩。幸而王敦不久也死了，明帝才把他的党与讨平。明帝颇为英武，可惜在位只有三年。明帝死后，子成帝年幼，太后庾氏临朝。后兄庾亮执政。历阳内史苏峻今安徽和县。和庾亮不平，举兵造反，打进京城。庾亮出奔。幸得镇寻阳的温峤，今江西九江县。深明大义，协同荆州的陶侃，把他打平。陶侃死后，庾亮和庾冰，相继出镇荆州。庾翼在内为宰相。这时候，内外之权，都在庾氏手里，暂无问题。康帝时，庾翼移镇襄阳，庾冰代之镇夏口。庾冰死后，庾翼又还镇夏口，而使其子方之镇襄阳。庾翼不久就死了。临终之际，表请以自己的儿子爰之继任。宰相何充不听，而以桓温代之。于是上流之权，又入于桓温之手。

第三节　边徼民族和汉族的同化

凡事总有相当的代价。两汉时代，异民族入居中国的多了，把许多种族和文化不同的人民，融合为一，自非旦夕间事，且总不免有若干的冲突。五胡之乱，就是我民族融合异族的代价。

晋时，北方割据之国，共有十六之多。然而其中有关大势的，也不过地处中原的几国。我们现在，简单些，把它分做五个时代。

第（一）前、后赵对立时代。

第（二）后赵独盛时代。

第（三）前燕、前秦对立时代。

第（四）前秦独盛时代。

第（五）后燕、后秦对立时代。

第五个时代之后，汉族曾经恢复黄河之南，且曾一度占领关中，而惜乎其不能久。未几，北方遂全入于拓跋魏，变成南北两朝了。这是后话，现在且从前、后赵对立时说起。

刘渊自立后，石勒表面上是他的臣子。可是东方的事，刘渊并顾不到。所以五胡扰乱之初，便径称为前、后赵对立时代。刘渊的儿子刘和懦弱，刘聪荒淫。族子刘曜，较有本领。刘聪被弑后，曜遂立国长安。公元三二九年之战，曜为石勒所擒，前赵就此灭亡。

石勒从子虎，淫暴无人理。在位时，虽西攻前凉，东攻前燕，兵力颇称强盛。然而死后，内乱即作。虎养子冉闵，本是汉人。尽杀虎诸子，而且大诛胡羯，自称皇帝。然而不久，便为前燕所攻杀。

前燕以辽东、西和热河为根据，其势颇盛。然当其侵入中原之际，即其开始衰颓之时。其兵力，只到邺都附近。于是河南和关中，都成为空虚之地。氐酋苻健，西据关中，羌酋姚襄，则借降晋为名，阴图自立。晋朝这时候，中央和上流，仍相猜忌。时桓温灭前蜀，威名日盛。中央乃引用名士殷浩以敌之。公元三五三年，浩出兵北伐，以姚襄为先锋。反为其所邀击，大败。桓温因此奏请废浩。中央不得已，从之。温出兵击斩姚襄，而伐秦、伐燕都不利。于是先行废立之事以立威。废简文帝，立废帝。意图篡位，为谢安、王坦之所持，不果。桓温死后，其兄弟桓冲把荆州让出，南方又算暂安。然已无暇北伐，而前秦遂独盛了。

前秦主苻坚，用王猛为相，修明政治，国富兵强。公元三七一年，灭前燕，又灭前凉，破拓跋氏。《魏书》说：初居北方，后南迁大泽，厥土昏冥沮洳；再迁乃至匈奴故地，似乎自西伯利亚的冻土带南迁到旷野带，再南迁到今外蒙古的。晋初，其部落居今归绥北边的盛乐。其酋长猗卢，助晋并州刺史刘琨，抵御铁弗氏。刘琨请于朝，把陉北之地赏他，封他为代王（陉岭，今山西代县雁门山）。后来什翼犍又徙居云中。这时候，什翼犍年老，秦兵来，不能御，逃到阴山之北。秦兵退后，才回来，为其子实君所弑。秦人闻信，再回兵攻代，杀实君，以其地分属刘卫辰和卫辰的宗人库仁。库仁是拓跋氏的外孙，所以什翼犍的孙珪，幼时反受其保护。长大后，奔贺兰部，渐次吞并诸部。以三八六年，自立。是为后魏道武帝。三八三年，大发兵伐晋。谢玄、谢石等大败之于淝水。苻坚知道当时北方，民族错杂，不能专任自己人的。所以对于归降各民族，表面上都一视同仁。把他的酋长，留在都城之中；而使氐人分镇四方，以实行其监视和驻防的政策。然而民族间的界限，终非旦夕所可破除。苻坚败后，诸族复纷纷自立。而后燕、后秦二国最大，仍回复到前燕、前秦对立的样子。

南方自桓温死后，上下流相持的形势，暂时缓和。而孝武帝委政于其弟琅邪王道子，旋又相猜忌，使王恭镇京口，今江苏丹徒县。殷仲堪镇江陵以防之。这时候，京口的北府兵强了，然而其实权都在刘牢之手里。仲堪亦不会带兵的，一切事都委任南郡相杨佺期。道子则嗜酒昏愚，事都决于其世子元显。孝武帝死后，子安帝立。王恭、殷仲堪连兵而反。元显使人游说刘牢之，倒戈袭杀王恭。而上流之兵已逼，刘牢之不肯再替他出力抵御。于是无可如何，以杨佺期为雍州刺史，桓玄为江州刺史。桓玄是桓温的小儿子。因为桓温在荆州久了，其僚属将士，都归向他。他虽闲住在荆州，其势力反出于现任官吏之上。所以殷仲堪不得不用他。这时候，既有地盘，殷仲堪、杨佺期自然非其敌手。先后为其所并。于是上流的权势，又集于桓玄一身。公元四〇二年，荆州大饥。元显乘机出兵，想把桓玄解决。然而所靠的不过一个刘牢之，而刘牢之又倒戈，元显就失败，和其父道子，都被杀。桓玄入建康。明年，竟废安帝而自立。

这时候，荆州之兵力，实已非北府之敌。所以桓玄得志之后，便夺去刘牢之的兵权。牢之谋反抗，不成，自杀。而北府兵的势力，实在并未消灭。公元四〇四年，北府兵中旧人，刘裕、刘毅、孟昶、何无忌、诸葛长民等起兵讨桓玄。桓玄的兵，到处皆败。逃至江陵，被杀。安帝复位。刘裕入中央政府，主持大权。于是积年以来，朝廷为荆州所挟持的形势一变。然而军人到底是要互相吞并的。于是相互间之问题，不在北府兵和荆州系，而在北府兵里同时并起的几个人。

这时候，后燕因为后魏所破，分为南北，形势已弱。后秦也因受夏国的攻击，日以不振。四〇九年，刘裕出兵，把南燕灭掉。先是妖人孙恩，为乱于江、浙沿海，为刘裕所讨破，赴水死。其余党卢循、徐道覆，于桓玄时据有广州和始兴。始兴，今广东曲江县。至是，乘机出湘、赣北伐。直下长江，兵势甚盛。何无忌为其所杀。刘毅亦为所败。刘裕撤兵还救，又把他打平。于是翦除异己者刘毅、诸葛长民和晋宗室司马休之等。刘毅时为荆州刺史。诸葛长民为豫州刺史。司马休之，晋宗室，继刘毅为荆州刺史。公元四一七年，大发兵灭后秦。此时正值后魏道武帝中衰之际，坐视而不能救。凉州诸国都惴惴待晋兵之至。而裕以急于图篡，南还，长安遂为夏所陷。裕登城北望，流涕而已。公元四一九年，裕受晋禅，是为宋武帝。后三年而卒。自刘裕南还后，不复能经略北方。而北魏自太武帝即位后，复强盛。北方诸国，尽为所并。天下遂分为南北朝。

五胡十六国的事情，是很繁杂的。以上只提挈得一个大纲，现在补列一张简表于下，请诸位参看。

国名	民族	都邑	始末大略（与正文参看，正文已有的不复述）
前赵（初称汉，刘曜改称赵），公元三〇四至三二九年。	匈奴	刘渊自立于左国城（今山西离石县东北），后迁平阳。刘曜居长安。	南匈奴呼厨泉单于，因先世系汉甥，改姓刘氏。曹操以呼厨泉部众强盛，留之于邺（今河南临漳县），而分其部众为五。其中左部最强。晋时，刘渊为其部帅。乘八王之乱，还并州自立。刘渊子和，为其弟聪所弑。聪荒淫。传子粲，为其臣靳准所弑。石勒自襄国（今河北邢台县），刘曜自长安，俱勒兵讨准。曜族灭靳氏，自立于长安。曜为石勒所擒。子熙奔上邽（今陕西南郑县），为石虎所追杀。前赵亡。
后赵，公元三一九至三五一年。	羯	石勒初居襄国，后徙邺。	石勒初为群盗，归降刘渊，然实非渊所能制。后尽有东方，仍称臣于前赵。刘曜时，勒始自立。勒子弘，为勒从孙虎所弑。虎诸子均为虎养子冉闵所杀。复姓，自称魏帝，为慕容儁所灭。事在三五一年。

续表

国名	民族	都邑	始末大略（与正文参看，正文已有的不复述）
前燕，公元三三七至三七〇年。	鲜卑	鲜卑慕容氏，本居棘城（今热河朝阳县），后迁于辽东。至慕容廆又迁居徒河的青山（在今辽宁锦县境）。又迁居大棘城（在今辽宁义县），慕容皝迁居龙城（今朝阳县），灭冉闵后，居邺。	慕容廆，本晋国的平州刺史。传子皝，始称燕王。皝传子儁，灭冉闵。是年，儁亦卒。子暐年幼，慕容恪辅政。恪死后，慕容评继之。时燕宗室慕容垂最有威名，评忌之。垂奔前秦。前燕遂衰。为前秦所灭。
前秦，公元三五一至三九四年。	氐	长安	苻洪，本略阳氐酋。初降刘曜，后降后赵。后赵徙之于东方。后赵亡后，洪居枋头城（在今河南浚县）。击擒赵将麻秋。旋为秋所鸩杀。子健，杀秋，西入关。健子生，为苻坚所弑（坚父名雄，也是苻洪的儿子）。淝水败后，坚奔五将山（在今陕西岐山县），为后秦姚苌所擒杀。坚子丕，自立晋阳，为慕容永所败而死（慕容永，亦前燕同族。时自立于长子，即今山西长子县。后为后燕所灭。不在十六国之列）。坚族子登，又自立于南安（今甘肃平凉县）。三九四年，为姚兴所杀。子崇，奔湟中，为西秦乞伏乾归所杀，前秦亡。
后秦，公元三九四至四一七年。	羌	长安	后秦本南安赤亭羌（在今甘肃陇西县）。其酋姚弋仲，亦降后赵。迁于东方。后赵亡时，弋仲亦死。子襄南降晋。实怀二心，为桓温所败，奔关中，为前秦所杀。弟苌以众降秦，淝水败后，苌自立。传子兴，灭前秦。兴传子泓，为刘裕所灭。时在公元四一七年。

202

续表

国名	民族	都邑	始末大略（与正文参看，正文已有的不复述）
后燕，公元三八四至四〇九年。	鲜卑	慕容垂居中山（今河北定县）。子宝奔龙城。	慕容垂，淝水战后自立。传子宝。三九六年，魏人南伐，大败，奔龙城。被弑。少子盛，定乱自立。因刑罚严峻，又被弑。弟熙立。淫暴。四〇九年，为其将冯跋所篡。
南燕，公元三九八至四一〇年。	鲜卑	广固（今山东益都县西）	慕容德，是慕容皝的小儿子，魏人南伐时，脱离后燕自立。传子超，为刘裕所灭。
北燕，公元四〇九至四三六年。	汉族	龙城	冯跋篡后燕自立。传子宏，为后魏所灭。时在四三六年。
夏，公元四〇七至四三一年。	匈奴	统万（今陕西怀远县）	匈奴铁弗氏，本居新兴。其酋长刘虎，和拓跋氏相攻。虎孙卫辰，引前秦兵灭拓跋氏，后魏道武帝强，卫辰为其所灭。子勃勃，奔后秦。姚兴使守北方。勃勃以四〇七年自立，改姓赫连，后取长安。勃勃死后，子昌立，为魏太武帝所破，奔上邽死。弟定，自立于平凉。四三一年，吐谷浑人执之送魏，夏亡。
西秦，公元三八四至四三一年。	鲜卑	乞伏国仁，居勇士川（在今甘肃金县）。乾归徙苑川（在今甘肃靖远县）。	本陇西鲜卑，属前秦。淝水战后，其酋乞伏国仁自立，传弟乾归。降后秦，后复逃归。乾归传子炽磐，炽磐传子暮末，为赫连定所杀，时在四三〇年。
成（李寿时改称汉。史家亦称为蜀），公元三〇四至三四七年。	氐	成都	本清江流域的廪君蛮，汉末，徙汉中，曹操平张鲁，迁于略阳。晋初，关中氐齐万年反。其酋长李特将流民入蜀，三〇六年，特子雄据成都，又并汉中，三传至特孙寿，荒淫。寿子势，三四七年，为桓温所灭。
前凉，公元三一七至三七六年。	汉族		张轨，晋凉州刺史。晋乱，遂保据凉州。轨及子实，皆事晋，守臣节。实传弟茂，刘曜来攻，始力屈称藩。六传至天锡，三七六年，为前秦所灭。

续表

国名	民族	都邑	始末大略（与正文参看，正文已有的不复述）
后凉，公元三八六至四〇三年。	氐		吕光，亦略阳氐人。苻坚时，为龙骧将军。为坚平西域，兵还，直前秦分裂，遂自立。四〇三年，其子隆，降于后秦。
北凉，公元四〇七至四三九年。	匈奴	张掖	沮渠蒙逊，以三九七年叛后凉。初推太守段业为主，后杀之，自立。传子牧犍，四三九年，为后魏所灭。
西凉，公元四〇〇至四二七年。	汉族	初据敦煌，后迁酒泉。	李暠本段业所署沙州刺史。业死后，据敦煌自立，传子歆，四二七年，为北凉所灭。
南凉，公元三九七至四一四年。	鲜卑	本居乐郡（今甘肃碾伯县），后徙姑臧。	姓秃发氏，与后魏同出。其酋秃发乌孤，以三九七年自立。传弟利鹿孤及傉檀，四一四年，为西秦所灭。

第四节　南北朝的对峙

从公元三〇四年前赵自立起，到四三九年北凉灭亡止，共经过一百三十六年。扰乱中国的五胡，快多和汉族同化了。只有拓跋氏，其起最晚，其入中原也最后，所以又和汉族相持了一百四十年。

此时的南方，虽经宋武帝一度削平异己，然而分争之际，外兵不能遽去，人心的积习未除。而宋武帝以后，为君主的，又没像武帝一般强有力的人物。所以仍是内外相持，坐视北方有机会而不能乘，甚至反给北方以机会。恢复中原，遂尔终成虚语。

当刘宋开国之时，南朝的疆域还包括今山东、河南之境。宋武帝死后，魏人乘丧南伐。取青、兖、司、豫四州。其时正值徐羡之、傅亮、谢晦等废少帝而立文帝。文帝立后，和檀道济合谋，讨除羡之等。后又并杀道济。忙于内乱，无暇对外。而自檀道济死后，功臣宿将亦垂尽。于是四三〇、四五〇年两次北伐都失败。魏太武帝反自将南伐，至于瓜步。镇名，在今江苏六合县。所过郡邑，赤地无余。南北朝时，北强南弱的情势，实始于此。

宋文帝后，孝武帝和明帝都猜忌宗室，大加屠戮。明帝嗣子幼弱，召镇淮阴的萧道成入卫，今江苏淮阴县。朝权遂为所窃。内而中书令袁粲，外而荆州都督沈攸之，起兵讨他，都不克。公元四七九年，道成篡宋自立，是为齐高帝。齐高帝和子武帝，在位都不久。武帝子郁林王荒淫，为高帝兄子明帝所篡。明帝亦猜忌，尽杀高、武二帝子孙。传子东昏侯，荒淫更甚于郁林王，而好杀亦同于明帝。公元五〇二年，而齐为梁武帝所篡。时梁武帝的哥哥萧懿镇历阳。梁武帝刺雍州。东昏侯的兄弟宝融刺荆州。东昏侯先杀掉萧懿，又下命给荆州，叫他杀掉梁武帝。宝融本是个小孩，其长史萧颖胄和武帝合谋起兵。立宝融为皇帝（和帝）。武帝为先锋东下。东昏侯为其下所弑。和帝遂禅位于梁。梁武帝总算是个文武全才。虽其晚年迷信佛法，刑政废弛，致酿成侯景之乱，然而其早年，政治总算是清明的。于是南方暂见康宁，而北方又起扰乱。

北魏当太武帝时，南侵宋，北伐柔然、高车，参看第十四章第三节[1]。国势最盛。孝文帝以四九三年迁都洛阳，大革旧俗。这在鲜卑人，要算一个进化而和汉族同化的好机会。然而国势反自此衰颓。（一）因鲜卑一时不能学得汉族的好处，而反流于奢侈。（二）则魏都平城，本靠武力立国，于其附近设置六镇。武川，今绥远武川县。抚冥，在武川东。怀朔，在今绥远五原县。怀荒，在今大同东北、察哈尔境内。柔玄，在察哈尔兴和县。御夷，在察哈尔沽源县。简拔亲贤，为其统帅。而将士选拔，亦极优异。南迁以后，不能如旧。六镇旧人，因此愤怒逃亡。魏人又恐兵力衰颓，加以制止。于是尽皆怨叛。倚以立国的武力，反做了扰乱秩序的东西。不戢自焚，后魏就不能支持了。

公元四七四年，后魏孝明帝立，太后胡氏执政。侈无度。府库累世之积，不数年而扫地无余。于是苛政大兴。中原之民，亦群起为乱。明帝年渐长，不直其母所为。而为其所制，无可如何。这时候，北方有个部落酋长，唤做尔朱荣，起兵讨平六镇之乱。明帝遂召他入清君

---

[1] 原为"第二十一章"，此处根据本书章节次序。以后同。

侧。后又传诏止住他。太后大惧。把明帝杀掉。尔朱荣借此为名，举兵入洛，杀掉胡太后，而立孝庄帝，自居晋阳，遥制朝权。尔朱荣极善用兵。中原反乱的人，都给他打平。篡谋日急。孝庄帝诱他入朝，手刃把他杀掉。尔朱荣的侄儿子兆，举兵弑帝。自此朝权仍为尔朱氏所握，而各方镇，也都是尔朱氏的人，其势如日中天。然而尔朱氏暴虐不得人心。公元五三二年，高欢起兵信都。韩陵一战，信都，今河北冀县。韩陵，山名，在今河南安阳县东北。尔朱氏心力不齐，大败。遂为高欢所扑灭。高欢所立的孝武帝，又和高欢不睦。高欢仍袭尔朱氏的故智，身居晋阳，孝武帝阴结贺拔岳图他。以岳为关中大行台。高欢使秦州刺史侯莫陈悦，把贺拔岳杀掉。夏州刺史宇文泰起兵诛悦，秦州，今甘肃天水县。夏州，今陕西横山县。孝武帝即以泰继岳之任。公元五三四年，孝武帝发兵讨高欢。高欢亦自晋阳发兵南下。两军夹河而陈。孝武帝不敢战，逃到关中。旋为宇文泰所弑。自此高欢、宇文泰，各立一君，而魏遂分为东西。

东西魏分裂后，高欢、宇文泰争战十余年，各不得逞，而其祸乃中于梁。这时候，梁武帝在位岁久，政治废弛。诸子诸孙，各刺大郡，都有据地自雄之心。而兵力亦不足用。南朝当宋明帝时，尽失徐、兖、青、冀四州及淮北之地。齐明帝时，又失沔北五郡。东昏侯时，又失淮南。梁武帝时，虽恢复合肥、寿春，而又失义阳三关。沔北五郡，为义阳（今河南南阳县），新野（今河南新野县），南乡（今南阳西南），北襄城（今河南方城县东），西汝南，北义阳，同治舞阴（今河南泌阳县北）。义阳三关，为平靖、黄土、武阳，皆在今河南信阳县南。用兵迄不得利。北方乱时，梁遣陈庆之送魏宗室北海王颢归国。庆之兵锋甚锐，直抵洛阳。然而孤军无援，元颢仍为尔朱荣所破。公元五四七年，高欢死。其专制河南之将侯景，举地来降。梁武帝遣子渊明前往救援，不克。渊明为魏所虏。侯景亦兵溃来奔。袭寿阳而据之。即寿春。梁人不能制。五四九年，侯景反。渡江，围台城。建康宫城。救兵虽多，都心力不齐，不能进。台城遂为所陷。梁武帝忧愤而崩。子简文帝立，为侯景所制。这时候，梁武帝的子孙，如湘东王绎、河东王誉、岳阳王督等，河东王在湘州（今长沙），岳阳王在襄阳。都拥兵相争，坐视台城之危而不救。而其形势，以湘东王为最强。侯景西上，至巴陵，今湖南岳阳县。为湘东王将王僧辩所败。勇将多死。遂弑简文帝而自立。湘东王乃即位于江陵，是为元帝。遣王僧辩和陈霸先讨平侯景。而成都的武陵王纪称帝，攻元帝。元帝求救于西魏。西魏袭陷成都。纪遂兵败而死。元帝和西魏，又有违言。公元五五四年，西魏兵攻江陵。王僧辩、陈霸先的兵，都在东方，不及救援。江陵遂陷。元帝为魏兵所杀。西魏立岳阳王詧于江陵，使之称帝，而对魏则称臣，是为西梁。王僧辩、陈霸先立元帝的少子于建康，是为敬帝。是时，东魏已为北齐所篡。又发兵送渊明南归。王僧辩迎战，不胜。就迎接他来，废敬帝而立之。南朝险些儿全做北朝的附庸。幸而陈霸先袭杀王僧辩，复立敬帝。北齐举兵来攻，给他苦战打败。南朝才算勉强自立。公元五五七年，陈霸先废敬帝自立，是为陈武帝。三年而崩。兄子文帝立。这时候，南方承丧乱之后，国力凋敝。国内尚有许多反侧的人，要一一讨定。再也无暇顾及北方。而北方的东西魏，亦先后于五五〇、五五七年，为齐、周所篡。

北齐文宣、武成二帝，均极荒淫。末主纬，奢纵更甚。而北周武帝，颇能励精图治。公元五七七年，齐遂为周所灭。灭齐的明年，周武帝死，子宣帝立。亦极荒淫。在位二年，传位于子静帝。宣帝死后，后父杨坚辅政。大权尽入其手。起兵攻他的都不胜，五八一年，坚废静帝自立。是为隋文帝。时南方为陈后主叔宝，亦极荒淫，五八八年，为隋所灭。西梁已于前两年被废。自晋元帝立国江东至此，凡二百七十三年，而天下复归于统一。

第五节　魏晋南北朝的制度

制度是随事实而变迁的。思想是事实的产物，而亦是事实之母。在某种环境之下，一定要生出某种思想。既有这种思想，一时虽未必实现，而积之久，总是要现于实的。此等情形，看魏晋南北朝的制度，很可明白。

秦、汉时代的宰相，并非天子私人。所以其位甚尊，其权亦重。君权日见发达，则相权必渐见侵削。所以自东汉以后，实权渐移于尚书。曹魏以后，中书又较尚书为亲近。宋文帝以后，门下亦成为亲近之职。两汉时代的宰相，则不过人臣篡弑时所历的阶级而已。平时不复设立。这是内官的变迁。其外官，则自后汉末年以后，州郡握兵之习，迄未能除。东晋以后，疆域日蹙，而喜欢侨置州郡。于是州的疆域，日渐缩小，浸至与郡无异。而掌握兵权的人，所指挥的区域，不容不大，于是有以一人而都督数州或十数州军事的。其实际，仍与以前的州牧无异，或且过之。自东晋至南朝之末，中央的权力总不能十分完整，就由于此。

选举制度，亦起了一个极大的变迁。我国古来，本行乡举里选之制。士之德行、才能，都以乡评为准。风气诚朴之世，自然议论能一秉至公。两汉时，实已不能如此了。然而人之观念上，总还以为士之贤否，须取决于乡评。后汉末，"士流播迁，详覆无所"。于是曹魏的吏部尚书陈群，就于各州置大中正，各郡置中正。令其品评本地的人物，分为九等，而尚书据以选用。品评人物，本是件难事。德已不免于伪为，才则更非临事不能见。而况中正亦未必定有衡鉴之才。甚至有（一）趋势，（二）畏祸，（三）私报恩仇等事。其结果，遂至"惟能论其阀阅，非复辨其贤愚"。于是"上品无寒门，下品无贵族"。以上所论的，是举士之事。至于铨选，则汉世本来权在相府。后来因其弊颇多，而实权渐移于尚书。魏、晋以后，大抵吏曹尚书操选用之权。这时候，仍以全权委之。有衡鉴之才的人，很可以量才委任。然而天下总是徇私和幸进的人多，秉公和廉退的人少。所以到后来，不得不渐趋重于资格。资格用人，起于后魏的崔亮。亮创停年格，选用的先后，专以停解月日为断。这本因为当时军人竞选所以如此的。北齐文襄帝操选权时，已经把它废掉。然而自唐以后，又渐趋重于这一途，就是为此。参看第十四章第五节[1]。

兵制则自东晋以后，恃以御敌的，都是州郡之兵。固亦有时收折冲

---

[1] 原为"第二十三章"。

御侮之效。然而总不免有外重内轻之弊。甚而至于御侮则不足，作乱则有余。北方五胡割据，大抵用其本族之民为兵，而使汉人从事生产。参看本章第七节高欢告汉人和鲜卑人的话[1]。到周、齐之时，五胡的本族，渐趋凋落，又其战争剧烈，而财政竭蹶，还有所谓府兵之制。籍民为兵，蠲其租调，令刺史以农隙教练。每府一郎将主之。分属二十四军，领军的谓之开府。一大将军统两开府，一柱国统两大将，共为六军。隋、唐兵制，都是沿袭它的。

魏晋时代的制度，最可纪念的，便是刑法。汉时法律紊乱，从前汉宣帝时起，至后汉末年止，屡说修改，迄未有成。至魏时，才命陈群、刘邵等删定，共为十八篇。晋武帝还嫌其科网太密，再命贾充等删定，共为二十篇。于公元二六八年，泰始三年。大赦天下行之。这便是有名的《晋律》。宋、齐、梁、陈四朝，虽略有损益，大体都沿用它。就北朝的法律，亦是以此为依据，不过略杂以鲜卑之法而已。如《晋律》，部民杀长官，父母杀子，都同凡论。魏以后，律便不然。见章炳麟《太炎文录》"五朝法律索隐"。自唐至清，大体上亦无甚改变。总而言之，自采用西洋法律以前，我国的法律，迄无大改变。我国的法律，渊源固然很古，而其成为条理系统的编纂，则实自《晋律》始。所以说这是我国法制史上最可纪念的事。

至于租税，则当时颇有杂税。如北朝的酒坊、盐井、关市邸店，南朝之卖买田宅牛马及津市等。都见《隋书·食货志》。然而这些都不甚重要。其最有关系的，还是田税和户税。而这时候的田税和户税，与民生是很有关系的。所以留待本章第七节[2]中讲述。

第六节　魏晋南北朝的文化

从两汉到魏、晋，是中国文化的一个转关。其要点，在破除古代的

---

1 原为"参看第十八章高欢告汉人和鲜卑人的话"。
2 原为"第十八章"。

迷信，而从事于哲理的研究。

两汉时代的迷信，并非下等社会才然，即上流社会，也是如此。试看当时政治上，遇天灾而修省，或省策免之公等，都略有几分诚意，和后世视为虚文的不同。参看《廿二史劄记》"汉儒言灾异"条。在学术上，则阴阳五行之说，盛极一时。以致有所谓谶纬者出。东汉之世，竟以纬为内学，经为外学。便可知其时古代遗传的思想，还遍满于社会上了。乃到魏朝的正始年间，而哲理研究之风渐盛。正始是魏废帝的年号。从公元二四〇至二四八年。清谈的风气，实起于此时。玄学之兴，亦以此时为嚆矢。可看《日知录》"正始"条。至于晋初，风流弥盛。此时知名之士，如王弼、何晏、王衍、乐广等，或以谈论见长，或以著述见称。所研究的，大抵是哲理上的问题。其所宗之书，则为《易经》和《老子》《庄子》等。这固然，由于当时的时势，有以激成人的颓废思想，而使之趋于玄虚。然而在大体上，亦可说是两汉人拘守前人成说的反动。汉代的今文家言，虽多存微言大义，亦不过搬演孔门的成说，并不能独出心裁。古文家好谈名物、训诂，更不免流于琐碎。而自谶纬之说既兴，两派之士，又都不免受其影响，有入于妖妄之势。又其时之人，拘守礼法太甚。礼是古代规范人之行为的。时异势殊，行为之轨范，就当有异，而还强执着古代具体的条件，自不免激起人心的反感。所以激烈的人，就有"礼岂为我辈设"等议论了。虽然这一班人，蔑弃礼法，不免有过甚的地方。而终日清谈，遗弃世务，亦是社会衰颓的一个朕兆。然而以学术思想论，毕竟不能不谓为高尚的。魏晋时代的玄学，在我国学术思想界中，终当占一重要的位置。

这时候的人最重要的思想，是贵"道"而贱"迹"。迹便是事实，而道则是原理。拘守事实，不能算得古人之意。必能明于其原理而应用之，才可谓之善学古人。这正是泥古太过的反响。

其时的儒学，虽还保守相当的领域，而亦为此派思想所侵入。当魏晋之世，今文之学，渐已失传，盛行的是古文之学。古文之学，虽亦有其师法，然而其原始，本是不重师说，而注重自由研究的。自由研究之风既开，其后必至变本而加厉。所以自郑玄、王肃，糅杂今古文后，又有杜预、范宁等,不守成说,自出心裁的学派。以前讲《左氏》的,都借用《公》《穀》两家的条例,到杜预,才就《左氏》自立条例,和《公》《穀》脱离。范宁注《穀梁》,则于三传都不相信,都有驳难之辞,注其书而驳其书,是前此所少有的。至于王弼的《易注》、何晏的《论语集解》等,兼采玄言,则为魏晋时之哲学思想,侵入经学领域的。南北朝时,南方的经学,这两派都盛行。北方还守着汉人之说,然至隋并天下后,而北方的经学,反为南方所征服。郑玄的《易注》废,而王弼的《易注》行。马、郑的《尚书》废,而伪古文《尚书》行。服虔的《左氏》废,而杜预注的《左氏》大行了。

颓废的人生观,是这时代人的一个大病。如王羲之作《兰亭集序》,说:"修短随化,终期于尽。古人云:死生亦大矣,岂不痛哉?"这一类灰心绝望,贪生怖死的话,到处都是。此时国势的所以不振,社会的所以无活气,这实在是一个大原因。而这时代的人,所以崇尚文辞,则亦由于此。隋朝的李谔说:"自魏之三祖,武帝、文帝、明帝。崇尚文辞。竞骋浮华,遂成风俗。江左齐、梁,其弊弥甚。"可见崇尚文辞的风气,是起于魏、晋之世的。魏、晋之世,为什么要崇尚文辞呢?我们看魏文帝说:"年寿有时而尽,荣乐止乎其身。二者必至之期,未若文章之无穷。"就可以知其所由来了。人之年寿有尽,神仙等求长生之术,又不可恃,则不免侥幸于"没世不可知之名"。而文辞原是美术之一,爱好文辞,也不免有些"及时行乐"的意思。所以这时候的文学,多带颓废的色彩。从东汉以后,骈文渐兴,不过是(一)句调渐趋整齐;(二)用字务求美丽,尚未大离其本。至齐梁以后,则"隶事"日益繁富,字句愈趋雕琢。始而辞胜其意,浸至不能达意了。于是有文笔之分。然笔不过参用俗语。其语调仍是整齐啴缓,和自然的语言相去很远的,仍不能十分适用。又古人文字,不甚讲调平仄。齐、梁以后,则渐重四声。于是诗和文都生出律体。凡调平仄的,都可谓之律体,不限于诗赋等有韵之文。如以唐、宋之四六,较六朝之骈文,则六朝之骈文,为骈文中之古体;唐、宋之四六,即为骈文中之律体。虽然音调谐和,而雄壮朴实之气,则远逊古人了。此亦是其时的人,注意于修饰的一证。

文字本所以代语言。我国的文字，则因其构造的特殊，而亦成为美术之一。古代文字，意近图画，本有美的意味。秦时，官、狱务繁，改用隶书，这是专为应用起见。然而后来又渐求其美观。于是又有"挑法"的隶书，谓之八分。汉之末世，章程书兴，即今所谓正书，挑法亦谓之"波磔"。秦隶本无波磔，西汉的隶书，还系如此，章程书即是承此种无波磔的隶书而变的。在当日，章程书为应用之作，八分为美术作品。但到后来，章程书又变为美术品了。详见拙撰《中国文字变迁考》第四章。而草书亦分章草和狂草两种。前者字字分离。后者则一笔不断。草书离正书太远了，乃又有行书，以供藁草之用。凡此种种，无一不求其美化。其风气起于后汉，而极盛于晋代。东晋的右军将军王羲之，即是擅名当世，而后人称其"善隶书，为古今之冠"的。然南朝的帖，虽为后人所宝贵，而北朝的碑，朴茂遒逸，至近世，亦很为书家所推重。

第七节　魏晋南北朝的社会

魏晋南北朝，是一个长期战乱的世界。其时的民生，自然是很为困苦的。然而其中，也有几件可以特别注意的事情。

其（一）是两汉人均田的思想，至此而实行。汉代的人，本都有个恢复井田或限名田的思想，然终未能实行。及王莽行之，而反以致弊。于是当时的人，又有一种议论：以为井田之制，当于大乱之后，人民稀少，土田无主之时行之。荀悦说井田之制，不宜于人众之时。土地布列在豪强，卒而革之，并有怨心，则生纷乱。若高祖初定天下，光武中兴之后，人众稀少，立之易矣。可见当时土地无主的很多。天下事，大家无此思想则已。如其有之，而又为多数人所公认，成为一种有力的舆论，则终必有一次试行的机会。晋武帝的户调式，便是实行此种理想的，其制：男女年十六至六十为正丁。十三至十五，六十一至六十五为次丁。男子一人，占地七十亩，女子三十亩。其外：丁男课田五十亩，丁女三十亩。次丁男半之，女则不课。丁男之户，岁输绢三匹，绵三斤。女及次丁男为户者半输。令天下的人，依年龄属性之别，而各有同等之田，因之而输同等之税。其于平均地权之意，可谓能极意规划了。然而井田制之难行，不难在授人以田，而难在夺人之田。无论如何大乱，土田总不会完全无主的。夺有主之田，而畀之他人，必为人情所不愿，而其法遂难推行。所以北魏孝文帝的均田令，又有桑田、露田之别。桑田为世业，露田则受之于官，而亦还之于官。案《孟子》说"五亩之宅，树之以桑"，则此所谓桑田，疑即是宅田；或者是久经垦熟，世代相传的田，人情必不肯轻弃，所以听其私有。而其余则归之于公。这亦可谓善于调和了。晋武定户调式后，天下不久即乱，究竟曾否实行，很成疑问。便是魏孝文的均田令，曾实行至如何程度，亦很难说。然而以制度论，则确为平均地权的一种良法了。

其（二）是自古相沿的阶级，这时代，因环境的适宜，又有发达之势。社会有所谓士庶，其根源，大约是古代的贵族和平民。古代的贵族，其世系都有史官替他记录。《周官》小史之职。所以家世不至于无考，而士庶亦不至于混淆。自封建制度破坏，国破家亡之际，此等记录，未必更能保存。加以秦人灭学，诸侯史记，被他一把火烧尽。《史记·六国年表序》："秦既得意，烧天下诗书。诸侯史记尤甚。诗书所以复见者，多藏人家，而史记独藏周室，以故灭。"人家的"人"字，疑当作"民"，乃唐人避太宗讳所改。"周室"二字，乃举偏概全，兼包当时各侯国言，并非专指周室。当时史籍系官书，民间没有副本，所以一烧即尽。于是秦、汉以来，公侯子孙，就都"失其本系"了。汉朝是兴于平民的。其用人，亦不论门第。自古相沿的阶级，到此本可铲除。然而政治上一时的设施，拗不过社会上自古相传的观念。向来称为贵族的，还是受人尊敬，称为平民的，还不免受人轻蔑，这又是势所必然。两汉时代的社会，大约便系如此，此乃当时习为固然，而又极普遍的现象，所以没人提起。以上一段，请参看《唐书》柳芳论氏族之语，自可明白。见《唐书》本传。汉末丧乱，士流播迁。离其本土者渐多。其在本土，人人知其为贵族，用不着特别提起。到播迁之后，就不然了。这时代的人，所以于氏族之外，尤重郡望，职此之由。而五胡之族，颇多冒用汉姓的。中国士大夫，耻血统与异族相混淆，而要自行标举，自然也是一个理由。再加以九品中正的制度，为之辅助。士庶的阶级，自然要划若鸿沟了。

区别士庶，当以魏、晋、南北朝为最严。不但"婚姻不相通，膴仕不相假"，甚至"一起居动作之微，而亦不相偕偶"。看《陔馀丛考》"六朝重氏族"一条可知。但是当时的士族，已有利庶族之富，和他们结婚、通谱的。参看《日知录》"通谱"，《廿二史劄记》"财昏"。隋、唐以后，此风弥甚。如此，则血统淆混、士庶之别，根本动摇。所以在隋、唐之世，门阀制度，虽尚保存，其惰力性，一到五代之世，就崩溃无余了。《通志·氏族略》说：五代"取士不问家世，婚姻不问阀阅"。魏晋南北朝，正是门阀制度如日中天的时代。此时的贵族，大抵安坐无所事事。立功立事，都出于庶族中人，而贵族中亦很少砥砺名节，与国同休戚的。富贵我所固有，朝代更易，而其高官厚禄，依然不改。社会不以为非，其人亦不自以为耻。这真是阶级制度的极弊。参看《廿二史劄记》"江左世族无功臣""江左诸帝皆出庶族""南朝多以寒人掌机要"。

这时候，是个异族得势的时代。汉族为所压服，自然不免有种种不平等的事。而社会上的媚外，亦遂成为风气。这真是闻之而痛心的。《颜氏家训》说："齐朝一士夫，尝谓吾曰：我有一儿，年已十七，颇晓书疏。教其鲜卑语及弹琵琶，稍欲通解。以此伏事公卿，无不宠爱。"我们看《隋书·经籍志》，所载学鲜卑语的书籍很多，便知这样的，决不是一两个人。这是士大夫。至于小民，则史称高欢善调和汉人和鲜卑。他对鲜卑说："汉人是汝奴。夫为汝耕，妇为汝织，输汝粟帛，令汝温饱。汝何为陵之？"又对汉人说："鲜卑是汝作客。得汝一斛粟、一匹绢，为汝击贼，令汝安宁。汝何为疾之？"一为武士，一为农奴，此时北方汉人所处的地位，就可想而知了。但是两汉以前，北方的文化，本高于南方，富力亦然。自孙吴至陈，金陵为帝王都者三百六十年。五胡乱后，北方衣冠之族，纷纷南渡。南方的文化，遂日以增高。浸至驾北方而上之，而富力亦然。试看隋唐以后，江淮成为全国财富之区。自隋至清，帝都所在，恒藉江淮的转漕以自给，就可明白了。这也是中国社会的一大转变。

第十四章

隋唐盛世

第一节　隋之统一与政治

从南北朝至隋，可以算我国历史上一个由乱入治之世。但是其为治不久。

论起隋文帝的为人来，也可以算一个英明的君主。他的勤于政治，和其持身的节俭，尤其是数一数二。所以承南北朝丧乱之后，取民未尝有所增加，对于杂税等，反还有所减免。而其时府库极为充实。重要的去处，仓储亦极丰盈。其国富，古今少可比拟的。见《文献通考》。

但是隋文帝有个毛病，便是他的性质，失之于严酷和猜忌。所以他的对付臣下，是要运用手腕的。而其驭民，则偏于任法。因此其所任用的人，如杨素、苏威等，非才知之士，则苟免之徒，并无立朝侃侃，与国同休戚的。而人民也没有感恩的观念。他又偏信皇后独孤氏，废太子勇而立炀帝。荒淫暴虐，兼而有之。而隋遂不免于二世而亡，与嬴秦同其运命了。

南北朝以后，荒淫暴虐的君主颇多。其性质，有近乎文的，如南朝的陈后主是。亦有近乎武的，则如北朝的齐文宣是。这大约和当时异族的得势，不无关系，而南朝的君主，多出身微贱，也是其中的一个原因。当隋及初唐之世，此等风气还未尽除。如隋炀帝，便是属于前一种的。如唐太宗的太子承乾，则是属于后一种的。

炀帝即位之后，即以洛阳为东都。他先开通济渠，引穀、洛二水，通于黄河，又自河入汴，自汴入淮，以接淮南的邗沟。今淮南运河。又开江南河，从京口到余杭，今浙江余杭县。长八百里。他坐了龙舟，往来于洛阳、江都之间。又开永济渠，引沁水，南达黄河，北通涿郡。今河北涿县。又开驰道，从大行到并州，由榆林以达于蓟。今河北蓟县。开运河，治驰道，看似便利交通之事。然而其动机非以利民，而由于纵欲，而其工程，又非由雇募，而出于役使。如此，人民就未蒙其利，而先受其害了。

当南北朝末年，突厥强盛。周、齐二国，恐其为敌人之援，都和他结婚姻，而且还厚加赠遗，以买其欢心。然而突厥益骄，边患仍不能绝。隋文帝劳师动众，又运用外交手腕，才把他克服下来。突厥的启民可汗，算是称臣于隋。又从慕容氏侵入中原之后，辽东空虚，为高句丽所据。至隋时不能恢复。这确是中国的一个大损失。参看本章第三节[1]。为炀帝计，对于突厥，仍应当恩威并用，防其叛乱之萌。对于高句丽，则应先充实国力，军事上也要有缜密的计划，方可谋恢复国土。至于西域诸胡，则本和中国无大关系。他们大抵为通商而来。在两利的条件下，不失怀柔远人之意就好了。而炀帝动于侈心。任用裴矩，招致西域诸胡。沿途盛行供帐。甚至有意使人在路旁设了饮食之肆，邀请胡人饮食，不取其钱，说中国物力丰富，向来如此的。胡人中愚笨的，都惊叹，以为中国真是天上。其狡黠的，见中国也有穷人，便指问店主人道："你这白吃的饮食，为什么不请请他们？"店中人无以为答。如此，花了许多钱，反给人家笑话。他又引诱西突厥，叫他献地数千里。设立西海、河源、鄯善、且末四郡。西海郡在青海附近。河源当在青海西南。鄯善、且末，皆汉西域国名，这两郡，该在今敦煌之西。谪罪人以戍之。这些都是荒凉之地，要内地转输物品去供给他。于是西方先困。他又发大兵去征伐高句丽。第一次在六一一年，大败于萨水。今大宁江。六一三、六一四年，又两次兴兵，高句丽仅貌为请降。而这三次，征兵运饷，却骚动天下。当他全盛时，曾巡行北方。幸突厥始

---

[1] 原为"第二十一章"。

毕可汗衙帐，始毕可汗极其恭顺。到六一五年再往，始毕可汗便瞧他不起。把他围在雁门。今山西代县。靠内地的救兵来了，才算解围。明年，炀帝又坐着龙船到江都。这时候，天下已乱，他遂无心北归。后来又想移都江南，而从行的都是关中人，心上很不愿意。宇文化及等乘机煽惑。炀帝遂于六一八年为化及等所弑。

隋末，首起创乱的，是杨素的儿子玄感。炀帝再征高句丽时，他在黎阳督运，今河南浚县。就举兵造反。当时李密劝他直遏炀帝的归路，次之则先取关中，以立自己的根基。玄感都不能听，而顿兵于东都之下，遂致失败。后来群盗蜂起，李密和河南的强盗翟让合伙。旋把他杀掉，自成一军。据兴洛、回洛诸仓，兴洛仓，即洛口仓，在今河南巩县东南。回洛仓，在今河南孟津县东。招致饥民，至者数十万，声势很盛。在河北，则群盗之中，窦建德最有雄略。而隋炀帝所遣的将王世充，则据东都，和李密相持。唐高祖李渊，本是隋朝的太原留守。以其次子世民——即后来的唐太宗——的计策，于六一七年，起兵先取长安，次平河西、陇右。据河西的为李仁轨。据陇右的为薛举，传子仁杲，被灭。刘武周据马邑，以宋金刚为将，南陷并州，亦给唐兵打败。李密为王世充所败，降唐，旋又借招抚为名，出关想图再举，为唐人伏兵所杀。秦王世民攻王世充，窦建德来救，世民留兵围城，引兵迎击于虎牢，在今河南汜水县。大破之。擒建德，世充亦降。建德将刘黑闼，两次反叛，亦给唐兵打平。长江中流，梁朝之后萧铣，称帝于江陵，地盘颇大。唐朝亦派兵把他灭掉。其下流：陈稜、李子通、沈法兴等，纷纷割据。后皆并于杜伏威。陈稜据江都，李子通据海陵（今江苏泰县），后南徙余杭。沈法兴据毗陵（今江苏武进县）。稜与法兴，皆为子通所破。子通为伏威所擒。而伏威降唐。割据北边的：有高开道、苑君璋、梁师都等。高开道据渔阳（今河北怀来县）。苑君璋，刘武周将。武周死后，据马邑。梁师都据朔方（今陕西怀远县）。大都靠突厥为声援。然天下定后，突厥亦不能拥护他。遂次第为唐所平定。这时候，已在太宗的初年了。梁师都被杀，在公元六二八年，为太宗贞观二年。

第二节　唐的开国及其盛世

汉与唐，同称中国的盛世，汉之治称文、景；唐之治，则称贞观与开元。

唐高祖的得国，本是靠秦王世民之力。太子建成和齐王元吉忌他，彼此结党互争。而高祖晚年，颇惑于嬖妾近习。这竞争倘使扩大了，也许可以演成干戈，人民重受其祸。幸而唐高祖封世民于东方之说，未曾实行。玄武门之变，解决迅速，建成、元吉都为世民所杀。高祖亦传位于太宗。于是历史上遂见到所谓贞观之治。

太宗是三代下令主。他长于用兵，又勤于听政，明于知人，勇于从谏。在位时，任房玄龄、杜如晦为相，魏徵为谏官，都是著名的贤臣。所以其武功、文治，都有可观。参看本章第三、五节[1]自明。

太宗死后，高宗即位，初年任用旧臣，遵守太宗治法，所以永徽之治，史称其媲美贞观。中年后，宠信武才人，废王皇后，立为皇后。国戚旧臣，如长孙无忌、褚遂良等，都遭贬斥。高宗因苦风眩，委政武后，后遂为其所制，唐朝的衰颓，就自此开始了。高宗死后，武后废中宗而立豫王旦——就是后来的睿宗——公元六九〇年，又把他废掉，自称则天皇帝。改国号为周。中宗初废时，幽禁于房陵。今湖北竹山县。后来因狄仁杰的谏劝，才还之于洛阳，代睿宗为皇嗣。七〇五年，宰相张柬之等，乘武后病卧，阴结宿卫将士，迎接中宗复位。

武后以一女主，而易姓革命，这是旷古未有之事，自然要疑心人家暗算她。于是：

（一）大杀唐宗室，又大开告密之门，任用酷吏周兴、来俊臣、索元礼等，用严刑峻法，以劫制天下。

（二）一方面又滥施爵禄，以收拾人心。虽然其用人颇有不测的恩威，进用速而黜退亦速，然而幸进之门既开，仕途遂不免于淆杂。

（三）武后虽有过人之才，然而并无意于为治，所用多属佞媚之臣。

---

[1] 原为"第二十一、二十三两章"。

其嬖宠，如薛怀义、张昌宗、张易之等，无不骄奢淫逸。武后亦造明堂，作天枢，所费无艺，民不堪命。

（四）一面骄奢淫逸，又要尽心防制国内，自然无暇对外。于是突厥、契丹蹂躏河北。发数十万大兵而不能御。吐蕃强盛，西边也时告紧急。参看本章第三节[1]。

这都是武后革命及于政治上的恶影响。中宗是身受武后幽废的，论理当一反其所为，而将武后时之恶势力，铲除净尽。而以武后之才，把持天下二十余年，亦终于失败，则即有野心的人，亦当引以为鉴。然而天下事，每有出于情理之外的。中宗复位之后，即惟皇后韦氏之言是听，任其妄作妄为，不加禁止。而韦后，亦忘却自己是和中宗同受武后幽禁，几遭不测的，反与上官婕妤俱通于武后之侄武三思。于是武氏的势力复盛。张柬之等反都遭贬谪而死，韦后、上官婕妤、韦后的女儿安乐公主等，都骄奢淫逸，卖官鬻爵。政治的浊乱，更甚武后之时。公元七一〇年，中宗竟为韦后所弑。玄宗起兵定乱。奉其父睿宗为皇帝。睿宗立玄宗为太子。时韦后及安乐公主已死，惟武后女太平公主仍在。公主当武后时，即多与秘谋，后来中宗复辟，及玄宗讨韦后之乱，又皆参预其事。属尊而势力大，在朝的人，都有些怕她，附和她的亦很多。公主惮玄宗英明，竭力谋危储位，睿宗又不能英断。其时情势甚险。幸而玄宗亦有辅翼的人，到底把她除去。而睿宗亦遂传位于玄宗。这是公元七一二年的事。当睿宗在位时，贵戚大臣的奢侈，二氏营造的兴盛，还是同武、韦时一样。而从中宗时，韦后和上官婕妤、太平、安乐公主等，都可以斜封墨敕授官。仕途的混杂，尤其不可思议。直到玄宗即位，任姚崇为宰相，才把它澄除掉。玄宗初相姚崇，后相宋璟。崇有救时之才，璟则品性方刚，凡事持正。宋璟之后，又相张九龄，亦是以风骨著闻的。武、韦以后的弊政，到此大都铲除。自高宗中叶以后，失坠的国威，到此也算再振。这个于下一节[2]中叙述。从贞观到开元，虽然

---

1 原为"第二十一章"。
2 原为"下一章"。

中经武、韦之乱,然而又有开元的中兴,总算是唐之盛世。自天宝以后,则又另是一番局面了。

第三节　隋唐的武功

隋、唐两代的武功,是互相继续的。隋朝的武功,虽不如唐朝之盛,然而是唐朝开拓的先声。其规模,较汉代尤为广远。这也是世运进步、交通日益发达的缘故。

中国历代的大敌是北狄。隋、唐时代,自然也是如此。后汉时,匈奴败亡,鲜卑继续据其地。两晋时,鲜卑纷纷侵入中国,于是丁令入居漠北。丁令便是今日的回族。此族现在中国人统称为回,欧洲人则通称为突厥。见《元史译文证补》卷二十七中,其实突厥、回纥,都是分部之名,不是全族的总称。异译称敕勒,亦作铁勒,中国人称为高车。当拓跋魏在塞外时,今热、察、绥境诸部落,殆悉为所并。只有热河境内的奚、契丹,未全随之入中国。其分支入中国的为宇文氏。又有一个部落,称为柔然的,则始终与之为敌。从魏孝文迁都以前,北魏根本之地,实在平城。所以其防御北族,较侵略中国,更为重要。太武帝之世,曾屡出兵击破柔然。柔然败后,逃至漠北,收服铁勒之众,其势复盛。太武帝又出兵征讨,把他打败。这时候,铁勒之众,降者甚多。太武帝都把他迁徙到漠南。柔然遂不能与魏抗。这是公元四百二三十年间的事。东西魏分立后,柔然复强。然其势不能久。至公元五五二年,遂为突厥所破。突厥也是回族,兴于金山的。今阿尔泰山。既破柔然之后,又西破嚈哒。尽服西域诸国。其最西的可萨部,直抵亚洲西界,与罗马为邻,东方则尽服漠南北诸族。其疆域之广,远过汉时的匈奴。

然而突厥声势虽盛,其组织却不甚坚凝。各小可汗的势力,都和大可汗相仿佛。隋文帝于是运用外交手腕,先构其西方的达头可汗,和其大可汗沙钵略构兵。突厥由是分为东西。后又诱其东方的突利可汗,妻以宗女。其大可汗都蓝怒,攻突利。突利逃到中国。隋处之于夏、胜二州之间,胜州,在今鄂尔多斯左翼后旗。赐号曰启民可汗。都蓝死后，启民因隋援，尽有其众。于是突厥一时臣服于隋。隋末大乱，华人多往依突厥。突厥复盛。控弦之士至百万。北边的群雄，无不称臣奉贡。便唐高祖初起时，也是如此。高祖亦尝称臣，《唐书》他处皆讳之。惟《突厥传》载太宗灭颉利时，有"往国家初定，太上皇以百姓故，奉突厥，诡而臣之"之语，微露其消息。天下定后，还很敷衍他。而突厥贪得无厌，仍岁侵边，甚至一岁三四入。太宗仍运用外交手腕，离间其突利可汗。突厥统东方的，均称突利可汗。而是时突厥的大可汗颉利政衰，北边诸部多叛。又连遭荒歉。公元六三〇年，颉利遂为太宗所擒。突厥或走西域，或降薛延陀，而来降的尚十余万。太宗初用温彦博之言，处之河南。后来又徙之河北。这时候，薛延陀继据漠北。公元六四四年，又为太宗所灭。回纥继居其地。率先铁勒诸部，尊中国的天子为天可汗。突厥的遗众，也曾屡次反叛，然都不成大患。到六八二年，骨咄禄自称可汗，中国就不能平定。骨咄禄死后，弟默啜继之。尽复颉利以前旧地，大举入攻河北，破州县数十。武后兴大兵数十万御之而不胜。直到公元七四四年，玄宗才乘其内乱，出兵直抵其庭，把他灭掉。至于西突厥，则是公元六五七年，高宗乘内乱，把他灭掉的。西突厥在当时，本是亚洲西方惟一的大国。西突厥灭亡后，诸国皆震恐来朝，中国所设的都督府州，遂西至波斯。

葱岭以东，汉时十六国之地，后来互相吞并，其兴亡不尽可考。唐时，高昌、焉耆、龟兹、于阗、疏勒较大，太宗于高昌、焉耆、龟兹三国，都用过兵。其余小国，则皆不烦兵力而服。

青海本羌地。晋时，为鲜卑吐谷浑所据。至后藏，则为今藏族兴起之地。其族之北据于阗，其实"嚈哒"二字，即系"于阗"的异译。臣服葱岭以西，和波斯兵争的为嚈哒，为突厥所灭。而印度阿利安人，又有一支入藏，居于雅鲁藏布江流域，是为吐蕃王室之祖。见《蒙古源流考》。吐蕃至唐时始强。太宗时，因求尚主不得，入寇松州。今四川松潘县。太宗遣将击破之。然仍妻以宗女文成公主。公主好佛，是为吐蕃人受佛教感化之始。至今还尊为圣母。弃宗弄赞尚主后，对中国极其恭顺。死后，其大臣钦陵、赞婆等专国，才猾起衅来。东灭吐谷浑，西破西域四镇。龟兹、于阗、焉耆、疏勒。高宗、武后时，与之战争，屡次失败。武后时，王孝杰恢复四镇之地，吐蕃对西域一方面，稍受牵制，而中宗时，又畀以河西九曲之地。青海黄河右岸之地。由是河湟之间，受祸尤烈。直到玄宗时，才把它恢复过来。

印度和中国，虽久有宗教和商业上的关系，至于国交上的关系，则很少的。唐时，有个和尚，法名唤做玄奘，即是后来被尊为三藏法师的，因求法至印度。这时候，印度乌苌国的尸罗逸多二世在位。遣使入贡。太宗又遣王玄策报使。玄策至其国，适值尸罗逸多薨逝，其臣阿罗那顺篡立。发兵拒击玄策。玄策走吐蕃西鄙，发吐蕃、泥婆罗今廓尔喀。两国的兵，把他打败，擒阿罗那顺送阙下。这要算中国对西南，兵威所至最远的一次了。

东北一带，雄据辽东的是高句丽。在今热河境内的是奚、契丹。在松花江流域的，则是靺鞨。中国对东北，国威的涨缩，要看辽东西的充实与否。自汉至晋初，辽东西比较充实。所以高句丽等不能跋扈。慕容氏侵入中国后，辽东空虚，遂至为其所据。辽西亦受侵掠。热河境内的契丹且不能免，吉林境内的靺鞨，其折而入之，自更不必说了。隋朝东征的失败，固由炀帝不善用兵，亦由东北空虚，军行数千里，大敌不能猝克，而中国又不能顿兵与之久持的原故。唐太宗亦蹈其覆辙。六四四年之役，自将而往，未能大克，而损失颇巨。直到高宗时，因其内乱，才于六六三、六六八两年，先后把百济和高句丽灭掉。于是分其地置都督府州，而设安东都护府于平壤以统之。中国的疆域，才恢复两汉时代之旧。然新罗人既阴嗾丽，济余众叛唐，而因之以略唐地。而武后时，契丹反叛，因此牵动了入居营州境内的靺鞨。其酋长大祚荣，逃至吉林境内。武后遣兵追击，不胜。大氏遂自立为国。尽并今吉、黑两省，及俄领阿穆尔、东海滨省，暨朝鲜半岛北部之地。渤海五京：上京龙泉府，在今吉林敦化县附近；中京显德府，在吉林东南；东京龙原府，在海参崴附近；南京南海府，在朝鲜咸兴；西京鸭绿府，在辽宁辑安县。其都城忽汗城，临忽汗海，即今吉林镜泊。是为渤海。于是安东都护，内徙辽东，唐朝对东北的威灵，就失坠了。但是新罗、渤海，对中国都尚恭顺。其文化，也都是摹仿中国的。而日本，亦于是时，年年遣使通唐，其一切制度，亦皆学自中国。中国对东北的政治势力，虽不十分充分，其声教所及，则不可谓之不远了。

第四节　隋唐的对外交通

交通是随世运而进步的，而世运亦随交通而进步，二者是互为因果的。隋、唐时代，国威之盛，不减汉时，而世运又经三百余年的进步，交通的发达，自更无待于言了。

语云："水性使人通，山性使人塞。"观于中、欧陆路相接，而其交通之始，反自海道而来，已可知之。魏晋而后，海道的交通，更形发达。据阿剌伯人《古旅行记》，则公元一世纪后半，西亚细亚海船，始达交趾。其时实在后汉的初叶。及中叶，大秦的使节和商人，大概都是由此而来的。至第三世纪中叶，则中国商船，渐次西向，由广州而达槟榔屿。第四世纪至锡兰，第五世纪至亚丁。终至在波斯及美索不达迷亚，独占商权。至第七世纪之末，阿剌伯人才代之而兴。据梁启超《世界史上广东之位置》。然则自东晋中叶，至唐武后之时，我国的商权，在亚洲可称独步了。

还有一惊人之事，则中国在当时，似已与西半球有交通。古书上说东方有个扶桑国，其道里及位置，很难证实。而《南史·四夷传》，载公元四九九年，其国有沙门慧深，来至荆州。述其风俗制度，多与中国相似。而贵人称对卢，与高句丽同，婚姻之先，婿往女家门外作屋，晨夕洒扫，颇似新罗人风俗。然则扶桑似是朝鲜半岛的民族，浮海而东的。慧深说其国在大汉东二万里，而大汉国在文身国东五千余里，文身国在倭东北七千余里，核其道里，其当在美洲无疑。所以有人说：扶桑就是现在墨西哥之地。但亦有人说：古书所载道里，多不足据，从种种方面看来，扶桑实是现今的库页岛。见冯承钧译《中国史乘中未详诸国考证》。这两说，我们姑且悬而不断。但亦还有一个证据，足证中国人之曾至西半球。法显《佛国记》载其到印度求法之后，自锡兰东归，行三日而遇大风，十三日到一岛。又九十余日而至耶婆提。自耶婆提东北行，一月余，遇黑风暴雨。凡七十余日，折西北行，十二日而抵长广郡。今山东即墨县。近人章炳麟《法显发见西半球说》，说耶婆提就是南美洲的耶科陁尔，法显实在是初陷入太平洋中而至此。至此之后，不知地体浑圆，仍向东方求经，又被黑风吹入大西洋中。超过了山东海岸，再折回来的。其计算方向日程，似乎很合。法显的东归，在东晋义熙十二年，即公元四一六年。其到美洲，较哥伦布要早一千零七十七年，其环游地球较麦哲伦要早一千一百零三年了。

唐中叶后，阿剌伯海运既兴，中国沿海，往来仍极繁盛。据唐李肇《国史补》，则安南、广州，每年皆有海舶前来，《国史补》所记，多系开元、长庆百余年间之事。然则八、九世纪间，外国海舶，必已来交、广无疑。所以当八世纪之初，我国在广州业已设有市舶司。《唐书·柳泽传》，载开元中泽弹劾市舶使周庆立之事。据《册府元龟》卷五百四十六，泽以开元二年为岭南监选史。其弹劾庆立，当在是年（冯攸译《唐宋元时代中西通商史》本文一考证一）。而据《唐书·田神功传》，则七六〇年，神功兵在扬州大掠，大食、波斯贾胡，死者数千。又八三四年，文宗诏书，曾命岭南、福建、扬州，存问蕃客，不得加重税率。《全唐文》卷七十五。则今江苏、福建之境，也有外国商人踪迹了。

陆路的交通，历代亦迄未尝绝。试看南北朝时，币制紊乱，内地多以谷帛代用，独岭南以金银为市，而河西亦用西域金银钱，见《隋书·食货志》。便可知当时对西域贸易之盛。所以隋世设官，陆路有互市监。炀帝招致诸国，来者颇多。当时裴矩曾撰有《西域图记》，惜乎今已不传。而史官纪录，亦多无存，以致《隋书》的《西域传》，语焉不详罢了。隋时通西域的路有三：北道出伊吾，过铁勒、突厥之地，而至**拂菻**。伊吾，新疆哈密县；拂菻，即东罗马。中道出葱岭，经昭武九姓诸国昭武九姓，为康、安、曹、石、米、何、史、火寻、戊地九国，皆在葱岭以西，今俄属中亚之地。而至波斯，南道度葱岭至北印度。唐时，陆路交通，益形恢廓，《唐书·地理志》载贾耽所记入四夷之路，最要者有七：其中第一、第三、第四、第五、第六都是陆路。除第三夏州塞外通大同、云中道，全在今日邦域之内；第五自安西入西域道，与隋时入西域之路略同外。又有：第（一），营州入安东道。自今热河境，东经辽东至平壤，南至鸭绿江，北至渤海。第（四），中受降城入回鹘道。自今绥远境内黄河北岸的中受降城起，渡沙漠，至色楞格河流域。再北逾蒙古和西伯利亚的界山，而至贝加尔湖。贝加尔湖，在东部西伯利亚，古之北海。东北经呼伦湖，《唐书》名俱轮泊。而通兴安岭两侧的室韦。第（六），安南通天竺道。自安南经现今的云南至永昌。今云南保山县。分为南北两道。均经缅甸境入印度。而安南又别有一路，过占城真腊占城，今安南的广和城。真腊，今柬埔寨。而至海口，与第七广州通海之道接。其第（二）自登州今山东蓬莱县。海行入高丽、渤海道，至鸭绿江口，亦分歧为两：由陆路通渤海、新罗。第（一）道自平壤南至鸭绿江，也是与此道接的。

陆路的交通，道路的修治既难，资粮的供给又不易。所以大陆交通的发达，转在海洋交通之后。唐时，国威遐畅，于这两点，亦颇费经营。《唐书·回鹘传》说：太宗时，铁勒诸部来降，请于回纥、突厥部治大涂，号参天至尊道，于是诏碛南鹈鹕泉之阳，在中受降城北五百余里。置过邮六十八所，具群马、湩、肉，以待使客。《吐蕃传》亦说：当时轮台、今新疆轮台县。伊吾屯田，禾菽相望。虽然为物力所限，此等局面不能持久，然而一时则往来之便，确有可观。中外文化的能互相接触，也无怪其然了。

第五节　隋唐的制度

隋唐的制度，大略是将魏、晋、南北朝的制度，加以整理而成的。但自唐中叶以后，因事实的变迁，而制度亦有改变。

自魏、晋以后，平时不设宰相，而尚书、中书和门下，迭起而操宰相之权。隋改中书为内史。唐初复旧。以三省长官为宰相。中书令，侍中，尚书令。太宗曾做过尚书令。后来臣下莫敢当，乃废之，而以左右仆射为长官。中书取旨，门下封驳，尚书承而行之。其后多不除人，但就他官加一个同平章事，或同中书门下三品的名目。而中书门下之事，实亦合议于政事堂，并非真截然分立的。尚书，历代都分曹治事。至隋才设六部，吏、户、礼、兵、刑、工。以总诸曹。自唐以后，都沿其制。御史一官，至唐而威权渐重。以大夫为长官。所属有三院：台院，侍御史属焉；殿院，殿中御史属焉；监院，监察御史属焉。御史弹劾，本来只据风闻。唐贞观中，才于台中置东西二狱。自此御史台渐受辞讼，侵及司法的权限。专制之世，君主威权无限。和君主接近的人，便为权之所在。而君主又每好于正式机关之外，另行委任接近之人。唐朝的学士，本只是个文学侍从之官，翰林尤其是杂流待诏之所，如医卜、绘画、弈棋等技术之士。并不是学士。但是后来，渐有以学士而居翰林中的。初代中书舍人掌文诰。后来就竟代宰相，参与密谋。这也和魏晋以后的中书门下如出一辙。外官则因东晋以来，州的区域缩小，至隋世，遂并州郡为一级。唐代因之，而于其上更置"监司之官"。使名屡有改易，最后称观察使。这颇能回复汉代的旧规。但中叶以后，节度握权，诸使名目尽为所兼，而支郡亦受其压制，尽失其职，不复能与朝廷直接。名为两级，实在仍是三级制了。

两汉行今文经说，只有一大学。晋武帝时，古文经之说既行，才别设国子学。自此历代或国子大学并置，或但设国子学。至隋，国子始自为一监，不隶太常。唐有国子学、太学、四门学、律学、书学、算学六学，都隶国子监。但其学生，多以皇亲、皇太后亲、皇后亲和大臣子弟，分占其额，不尽是平民进的。国子学和太学里，都没有平民。从东汉以后，学校已不是学问的重心，只是进取之阶，选举上之一途而已。

选举制度，隋唐时有一大变迁。隋炀帝始设进士科，而其制不详。唐时则设科甚多，其常行的为明经、进士两科。明经试帖经、墨义，帖经、墨义的格式，见《文献通考》卷二十九、卷三十。其意，则帖经乃责人熟诵经文，墨义则责人熟诵疏注。进士试诗赋。一则但责记诵，失之固陋。一又专务辞藻，失之浮华。然所考试的东西，虽不足取，而以考试之法论，则确是选举制度的一大进步。原来隋唐时的科举，原即两汉以来的郡国选举。前此无正式考试之法，则举者不免徇私。士有才德而官不之举，亦属无可如何。唐制，则士可投牒自列，州县就加考试，送至京师，而试之于礼部。则举否之权，不全操于州县长官，而毫无应试本领的人，也就不敢滥竽充数了。此外唐朝还有一种标明科目，令臣下荐举的，谓之制科。是所以待非常之才的。其选官，则文选属于吏部，武选属于兵部。吏部于六品以下的官，都始集而"试"，观其书判；已试而"铨"，察其身言；已铨而"注"，乃询其便利而"拟"。唐初铨选，仍有衡鉴人才之意。裴光庭始创循资格，以限年蹑级为事，又专以资格用人了。汉世郡县之佐，都由其长官自辟。所辟的大都是本地人。历代都沿其制。隋文帝才尽废之，别置品官，悉由吏部除授。这两事，都是防弊之意多，求才之意少。然而仕宦既成为利禄之途，其势亦不得不如此。

兵制：隋、唐两朝，都是沿袭后周的。而唐朝的府兵，制度尤为详备。其制：全国设折冲府六百三十四，而在关内的二百六十一。每府各置折冲都尉，而以左右果毅都尉为之副。上府千二百人，中府千人，下府八百。诸府皆分隶于卫。平时耕以自养；战时召集。临时命将统率。师还，则将上所佩印，兵各归其府。颇得兵农合一之意。但是练兵是所以对外的。承平无事之时，当然不免废弛。所以高宗、武后之世，其法业已渐坏，至于不能给宿卫。宰相张说，乃请代以募兵，谓之彍骑。如此，边庭上的兵，自然也不能仰给于府兵，而不免别有所谓藩镇之兵了。唐初戍边的兵，大者称军，小者或称守提，或称城，或称镇，都有使而总之以道。道有大总管。后来改称大都督。高宗以后，都督带使持节的，则谓之节度使。玄宗时，于沿边设十节度经略使。其兵多强。而内地守备空虚，遂酿成安史之乱。安史乱后，则藩镇遍于内地。到底不可收拾，而酿成五代的分裂了。

隋、唐的法律，大体也不过沿袭前朝。而刑罚种类等级，则至隋时又一进步。自汉文帝除肉刑而代以髡笞。髡法过轻，而略无惩创。笞法过重，而至于死亡。后乃去笞而独用髡。减死罪一等，即止于髡钳，进髡钳一等，即入于死罪。轻重失宜，莫此为甚。从隋唐以后，才制笞、杖、徒、流、死五刑。其中又各分等级。<small>笞刑五等：自十至五十。杖刑五</small>

等:自六十至一百。徒刑五等:自一年至三年,每等加半年。流刑三等:二千里,二千五百里,三千里。死刑二等:绞、斩。自此以后,刑罚轻重得宜,前此复肉刑的议论,就无人提起了。又隋以前的法律,只有刑法,到唐朝,则又有所谓《六典》。此书是仿照《周礼》,以六部为大纲而编纂的。一切国家大政,都具其中,俨然是一部完备的行政法典。后来明清的《会典》,都是渊源于此的。行政法典,各国都没有完整的,只有中国,《周官经》一书,便有此意,至唐《六典》而规模大具。见日本织田万《清国行政法》第一编第一章第二节。

第六节　隋唐的学术和文艺

隋、唐承南北朝之后,在思想界,佛学的发达,可谓臻于极盛。这个留待下节[1]再讲。而儒家的辟佛,亦起于此时。首创其说者为韩愈。宋人辟佛的,颇乐道其说。经学:自魏、晋以后,两汉专门的授受,渐次失传,于是有义疏之学。在南北朝时,颇为发达。然其说甚繁杂,于是又有官纂的动机,其事至唐代而告成。便是太宗敕修,至高宗时再加订定而颁行的《五经正义》。唐人经学本不盛,治经的大多数是为应明经举起见。既有官颁之本,其他遂置诸不问了,于是义疏之学亦衰。惟啖助、赵匡的治《春秋》,于《三传》都不相信,而自以其意求之于经文,则实为宋人经学的先声。

自汉以后,作史的最重表志纪传和编年两体。而表志纪传一体,尤为侧重。又新朝对于旧朝,往往搜集其史料,勒成一书,亦若成为通例。唐朝自亦不能外此。惟前此作史的,大抵是私家之业,即或奉诏编撰,亦必其人是素来有志于此,或从事于此的。唐时所修晋、宋、齐、梁、陈、魏、周、齐之史,都系合众撰成。自此以后,"集众纂修",遂沿为成例。旧时论史学的,都说众纂之书,不如独撰。在精神方面,固然如此,然后世史料日繁,搜集编排,都非私人之力所及,亦是不得

---

1 原为"下章"。

不然的。又众纂之书，亦自有其好处。因为从前的正史，包蕴宏富，一人于各种学问，不能兼通，非合众力不可。《晋书》的纪传，虽无足观，而其志则甚为史学家所称许，即其明证。唐代的史学，还有可特别记述的。其（一）专讲典章经制的，马端临《文献通考序》说："《诗》《书》《春秋》之后，惟太史公号称良史，作为纪、传、书、表。纪传，以述理乱兴衰，八书以述典章经制。"这两种现象，是中国史学家所最注重的。前此没有，至唐而有杜佑的《通典》。其（二）前此注意于史法的很少，至唐而有刘知幾的《史通》。

与其说隋、唐是学术思想发达的时代，不如说隋、唐是文艺发达的时代。散文和韵文，在其时都有很大的变化。从齐、梁以后，文字日趋于绮靡，以致不能达意，已见第十三章第六节[1]。在此种情势之下，欲谋改革，有三条路可走：其（一）是废弃文言，专用白话。唐代禅家的语录，以及民间通行的通俗小说，《敦煌石室书录》，有《唐太宗入冥记》《伍子胥故事》等书。就是从此路进行的。此法在从前尚文之世，不免嫌其鄙陋。而且同旧日的文章，骤然相隔太远，其势亦觉不便。所以不能专行。其（二）则以古文之不浮靡者为法。如后周时代，诏令奏议，都摹拟三代是。此法专模仿古人的形式，实亦不能达意，而优孟衣冠，更觉可笑。所以亦不可行。第（三）条路，则是用古人作文的义法，来运用今人的语言。如此，既不病其鄙陋，而又便于达意。文学的改革，到此就可算成功了。唐时，韩愈、柳宗元等人所走的，就是这一条路。韩愈字退之，柳宗元字子厚，两人所作为《昌黎集》《河东集》。此项运动，可说起于南北朝的末年，经过隋代，至唐而告成功的。此项新文体虽兴，但旧时通行的文体，仍不能废。中国文字，自此就显分骈散两途。后人以此等文体，与魏晋以来对举，则谓之散文。做这一派文字的人，自谓取法于古，则又自称为古文。

韵文之体，总是随音乐而变化的。汉代的乐府，从东晋以后，音节又渐渐失传了。隋唐音乐，分为三种：一为雅乐，就是所谓古乐。仅用

---

1 原为"第十七章"。

之于朝庙典礼。一为清乐，就是汉代的乐府，和长江流域的歌词，存于南朝的，隋平陈之后，立清商署以总之。其中在唐代仍可歌唱的，只有绝句。只有外国输入的燕乐，流行极盛。唐以前后新声为清乐，合番部乐为燕乐，番部乐如高昌、龟兹等乐皆是。依其调而制作，则为词，遂于韵文中别辟新体。但是唐代最发达的，不是词而是诗。诗是汉朝以来，久已成为吟诵之物。大抵韵文的起源，必由于口中自然的歌调——歌谣。而其体制的恢廓，辞藻的富丽，则必待文人为之，而后能发挥尽致。在唐代，正是这个时候了。其时除五言古诗，沿袭前人体制外，自汉以来的乐府，则又变化而成歌行。自齐、梁以来，渐渐发生的律体，亦至此而告大成。唐有五言律诗、七言律诗及五七排律各体。这是体制的变化，其内容：则前此的诗，都是注重于比兴。唐人则兼长叙事。其中最有力的人物，就是杜甫。他所做的诗，能把当时政治上的事实和社会上的情形，一一写出，所以后人称为诗史。其后韩愈、元稹、白居易等，也是很长于叙事的。唐诗，旧说有初、盛、中、晚之分，虽没有截然的区别，也可代表其变化的大概。大抵初唐浑融，盛唐博大，中唐清俊，晚唐稍流于纤巧，然亦是各有特色的。宋朝人的诗，非不清新，然而比之唐人，就觉其伧父气了。

书法，唐人擅长的也很多。大抵承两晋、南北朝之流，而在画学上，则唐代颇有新开创。古代绘画，最重人物。别的东西，都不过人物的布景。后来分歧发达，才各自成为一科。而山水一科，尤为画家才力所萃。唐时王维和李思训，号称南北两派之祖。南派神韵高超，北派钩勒深显。宋元明清的画家，都不能出其范围。此说起于明代的莫是龙，见所著《宝颜堂画说》。董其昌的《画眼》因之。所谓南北，并非指作画的人的籍贯，只是说自唐以后的山水画，有这两派作风。大抵宗北派的，专门画家居多；宗南派的，则文人为多。其擅长人物的，如吴道子等，亦盛为后世所推重。又有杨惠之，善于塑像。最近，在江苏吴县、昆山间的甪直镇，曾发现其作品。现已由当地郑重保存了。

第七节　佛教的分宗和新教的输入

中国的文明,在各方面都颇充实的,惟在宗教方面,则颇为空虚。此由中国人注重于实际的问题,而不甚措意于玄想之故。信教既不甚笃,则凡无害于秩序和善良风俗的,都可以听其流行。所以在政治上、社会上,都没有排斥异教的倾向。而各种宗教,在中国都有推行的机会。

其中最发达的,自然要推佛教。佛教初输入时,大约都是小乘。公元四〇一年,鸠摩罗什入长安,大乘经论才次第流传,佛教遂放万丈的光焰。

佛教中典籍甚多。大概分之,则佛所说为经;其所定僧、尼、居士等当守的戒条为律;菩萨所说为论。经、律、论总称为三藏。佛教中亦分派别,是之谓宗。各宗各有其所主的经、论。虽然殊途同归,而亦各有其独到之处。自晋至唐,佛教的分宗,凡得十余。今据梁启超《论中国学术思想变迁的大势》中《佛学时代》一章,刊一表如下:梁书系据日本人所撰《佛教各宗纲领》等抄撮而成的。

宗名	开祖	印度远祖	初起时	中盛时	后衰时
成实	鸠摩罗什	诃梨跋摩	五世纪初	五六世纪	八世纪中
三论	嘉祥大师	龙树、提婆	同上	同上	同上
涅槃	昙无识	世亲	同上	五世纪	六世纪中归天台
律	南山律师	昙无德	六世纪初	七世纪中	十三世纪末
地论	光统律师	世亲	同上	五世纪后半	七世纪后归华严
净土	善导大师	马鸣、龙树、世亲	同上	七至十七世纪中	十七世纪中叶后
禅	达摩大师	马鸣、龙树、提婆、世亲	同上	同上	同上
俱舍	真谛三藏	世亲	六世纪中	八世纪中	九世纪后半
摄论	同上	无著、世亲	同上	六世纪末	七世纪后归法相
天台	智者大师		六世纪末	七世纪初	九世纪后半

续表

宗名	开祖	印度远祖	初起时	中盛时	后衰时
华严	杜顺大师	马鸣、坚慧、龙树	同上	七世纪末	同上
法相	慈恩大师	无著、世亲	七世纪中	八世纪中	同上
真言	不空三藏	龙树、龙智	八世纪初	同上	同上

以上十三宗，除涅槃、地论、摄论三家，归并他宗外，其余十宗，俱舍、成实为小乘，余皆大乘。其中华严、天台、禅宗，印度皆无之。俱舍、三论，印度有而不盛。成实宗则印度创之而未行。其中发挥哲理最透彻的，要推华严、法相、天台三宗，是为教下三家。禅宗不立文字，直指心源，谓之教外别传。净土一宗，弘扬念佛，普接利钝，在社会上流行最广。

中国的佛教，有一特色，便是大乘的发达。大乘是佛灭后六百年，才兴于印度的。其时已在汉世。至唐中叶，而婆罗门教复兴。佛教在印度，日渐衰颓，所以大乘在印度的盛行，不过六七百年之谱。其余诸国，不能接受大乘教义，更不必论了。独在中国，则隋唐之间，小乘几于绝迹，而且诸宗远祖，虽在印度，其发挥精透，则实在我国，华严和禅宗皆然。天台宗则本为智者大师所独创，这又可见我国民采取融化他国文化的能力了。

佛教而外，外国宗教输入的，还有几种：

一为祆教（Mezdeisme）。即火教，亦称胡天。此教为波斯的国教。系苏鲁支（Zoroaster）所创。名见《佛祖统纪》卷三十九及五十四。立善恶二元，以光明代表净和善，黑暗代表秽和恶。所以崇拜火和太阳。南北朝时，其教渐传至葱岭以东。因而流入中国。北朝的君主，颇有崇信他的。唐时，大食盛强。波斯和中亚细亚都为所占。祆教徒颇遭虐待，多移徙而东，其流行中国亦渐盛。

二为摩尼教（Manicheisme）。此教原出火教。为巴比伦人摩尼（Mani）所创。事在公元二二四年，亦为波斯所尊信。六九四年，波斯拂多诞，始持经典来朝。七一九年，吐火罗国又献解天文人大慕阇。据近来的考究，都是摩尼教中人。拂多诞、戈提鄂（Gauthiot）谓即古波斯语之Jur-sta-dan，译言知教义者。慕阇、戈提鄂谓即古波斯语之Moze，译言师。见冯承钧译《摩尼教流行中国考》。七三二年，玄宗诏加禁断。见《通典》卷四十。然回纥人信奉其教。安史乱后，回纥人在中国得势。摩尼教复随之而入，传布及于江淮。文宗时，回纥为黠戛斯所破。武宗乃于八四五年，更加禁止。武宗这一次所禁，是并及于佛教的。但是佛教在中国，根柢深厚，所以宣宗即位之后，禁令旋即取消。摩尼教却不能复旧了。然南宋时，其教仍未尽绝。其人自称为明教。教外之人，则谓之吃菜事魔。其教徒不肉食，崇尚节俭，又必互相辅助，所以致富的颇多。见陈垣《火祆教入中国考》。

三为景教。是基督教中乃司脱利安（Nestorius）一派。因为创立新说，为同教所不容，谪居于小亚细亚。波斯人颇信从他。渐次流行于中亚细亚。公元六三八年，波斯阿罗本（Olopen）赍其经典来长安。太宗许其建立波斯寺。七四五年，玄宗因波斯已为伊斯兰教徒所据，而景教原出大秦，乃改波斯寺为大秦寺。见《唐会要》卷四十九。七八一年，寺僧景净，建立《大秦景教流行中国碑》，于明末出土。于基督教初入中国的情形，颇足以资考证。

四为伊斯兰教（Islam）。此教今日通称为回教，乃因回纥人信奉之而然，其实非其本名。此教当唐末，才流行到天山南路。其时适回纥为黠戛斯所破，遁逃至此，渐次信从其教。至元时，西域和天山南路的回族，多入中国，其教遂随之而流行。然其初来，则实从海道。何乔远《闽书》卷七，述其历史，谓吗喊叭德即回教教主（Mahomet），《唐书》作摩诃末。门徒，有大贤四人。唐武德中来朝，遂传教中国。一在广州，一在扬州，其二在泉州云云。其说虽不尽足据，然回教的初至，当随大食人从海道而来，则似无疑义了。

第八节　中外文化的接触

"文化"两字，寻常人对于它，往往有一种误解，以为是什么崇高美妙的东西。其实文化只是生活的方式。各国民所处的境界不同，其生活方式，自然不同，文化也因之有异了。人类是富于模仿性的，见他人的事物和自己不同，自会从而仿效。而彼此的文化，遂可以互相灌输。

中国是文明古国，尤其在东洋，是独一无二的文明之国，其文化能够裨益他人的自然很多，然而他人能裨益我的地方，亦复不少。

在东方，朝鲜半岛的北部，本来是中国的郡县，后来虽离我而独立，可是其民族，久经我国的教导启发。所以高句丽、百济，在四夷之中，要算和我最为相像。《后汉书·东夷传》："东夷率皆土著。喜饮酒歌舞。或冠弁衣锦。器用俎豆。所谓中国礼失，求之四夷者也。"案貉族居本近塞，其文化受诸中国的很多。简直可说是我国文化的分支。而此文化，复经半岛而输入日本。日本初知中国文字，由百济博士王仁所传，其知有蚕织，则由归化人弓月君所传。这两人，据说都是中国人之后，据彼国史籍，谓王仁为汉高祖之后，弓月君为秦始皇长子扶苏之后。这大约是东晋时代的事。至南北朝时，日本也自通中国，求缝工、织工。隋时，其使小野妹子，始带着留学生来。唐时，其国历朝都遣使通唐，带来的留学生尤多。归国后，大革政治，一切都取法于我。从此以后，日本遂亦进为文明之国。朝鲜是我的高第弟子，日本都是我的再传弟子了。

其在南方，则后印度半岛的一部分，自唐以前，亦是我国的郡县。所以华化亦以此为根据，而输入南洋一带。其中如澜沧江下流的扶南，其知着衣服，实由我国使者的教导。见《南史·扶南传》。又如马来半岛的盘盘、投和，其设官的制度，颇和中国相像。大约是效法交州诸郡县的。《唐书·南蛮传》。盘盘在外的官称都延，犹中国刺史也。投和，官有朝请、将军、功曹、主簿、赞理、赞府，分州、郡、县三等。州有参军，郡有金威将军，县有城，有局，长官得选僚属自助。后印度半岛，其文化以得诸印度者为多，然而传诸我国者，亦不是没有了。

西南方及西方，有自古开化的印度和西亚及欧洲诸国，和东南两方榛榛狉狉的不同。所以在文化方面，颇能彼此互有裨益。其裨益于我最大的，自然要推印度。佛教不必说了。我国人知有字母之法，亦是梵僧传来的。《通志·七音略序》。此外建筑，则因佛教的输入，而有寺塔。南北朝、隋、唐，崇宏壮丽的建筑不少。绘画则因佛教的输入，而有佛画。雕刻之艺，亦因之而进步。其中最伟大的，如北魏文成帝时的武州石窟，及宣武帝时的伊阙佛像，武州山，在山西大同县西。伊阙，在河南洛阳县。当时虽稍劳费，至今仍为伟观。在日常生活上，则木棉的种植和棉布的织造，虽不知道究竟从哪一方面输入，然而世界各国的植棉，印度要算很早。我国即非直接从印度输入，亦必间接从印度输入的。而蔗糖的制法，亦系唐太宗时，取之于印度的摩揭陀国。见《唐书》本传。西域文化，影响于我最大的，要算音乐。自南北朝时，开始流行，至隋时，分乐为雅俗二部。俗部中又分九部，其中除清乐、文康，为中国旧乐，及高丽之乐，来自东方外，其余六部，都出自西域。西凉、龟兹、天竺、康国、疏勒、安国。唐太宗平高昌，又益之以高昌乐，共为十部。自古相传的百戏，亦杂有西域的成分。其中最著称的，如胡旋女、泼寒胡等都是。胡旋女，白居易《新乐府》中有一首咏之。泼寒胡，见《唐书·武平一传》。西域各国输入的异物，大抵仅足以广见闻，无裨实用。惟琉璃一物，于我国的工业，颇有关系。此物夙为我国所珍贵。北魏太武帝时，公元四二四至四五一年。大月氏商人，来到中国，自言能造。于是采矿山中，令其制造。《北史》说："自此琉璃价贱，中土不复珍之。"见《北史》本传。可见所造不少。其后不知如何，其法又失传，隋时，又尝招致其人于广东，意图仿造，结果未能成功。然因此采取其法而施之于陶器，而唐以后的磁器，遂大放其光焰。见梁启超《世界史上广东之位置》。这可称所求在此，其效在彼了。西方人得之于我的，则最大的为蚕织。此物在西方，本来最为贵重。罗马时代，谓与黄金同重同价。安息所以要阻碍中国、罗马，不便交通，就在独占丝市之利，而罗马所以拼命要通中国，也是如此。直至公元五五〇年，才由波斯人将蚕种携归君士坦丁。欧洲人自此，始渐知蚕织之事。

北俗最称犷悍，而其生活程度亦最低，似无能裨益于我。然而我国的日常生活，亦有因之而改变的。我国古代的衣服，本是上衣而下裳。深衣则连衣裳而一之。脚上所着的，则是革或麻、丝所制的履或草屦。坐则都是席地。魏晋以后，礼服改用袍衫，便服则尚裙襦。要没有短衣而着袴的。靴则更无其物。虽亦渐坐于床，然仍是跪坐。而隋唐以后，袴褶之服，通行渐广。着靴的亦日多。这实是从胡服而渐变。坐则多据胡床，亦和前此的床榻不同了。历代衣服的变迁，可看任大椿《深衣释例》。这是说北族的文化，被我来取的。至于我国的文化，影响于北族，那更指不胜屈。凡历史所谓去腥膻之习、袭上国之法，无一不是弃其旧俗而自同于我的，如渤海便是一个最好的例证。其事既多，自无从一一列举了。

第九节　唐中叶以后的政局

军人跋扈，是紊乱政治的根本，而亦是引起外患的原因。唐中叶后，却内外俱坐此弊。

其原因，起于武力的偏重。唐自府兵制坏，而玄宗置十节度、经略使以备边。安西，治安西都护府，今新疆龟兹县。北庭，治北庭都护府，今新疆迪化县。河西，治凉州，今甘肃武威县。陇右，治鄯州，今青海西宁县。朔方，治灵州，今宁夏灵武县。河东，治并州，今山西太原县。范阳，治幽州，今河北北平县。平卢，治营州，今热河朝阳县。剑南，治益州，今四川成都县。以上九节度使。岭南经略使治广州，今广东南海县。于是边兵重而内地的守备空虚，遂成尾大不掉之势。其时，东北和西北两边，兵力尤重。而安禄山又以一胡人而兼范阳、平卢两镇，遂有潜谋不轨之心。玄宗在位岁久，倦于政事。初用李林甫为相，任其蔽聪塞明。继又因宠杨贵妃之故，而用杨国忠。国忠是和禄山不合的，又以事激之使反。公元七五五年，禄山遂反于范阳。禄山既反，不一月而河北皆陷。进陷河南，遂入潼关。玄宗奔蜀。至马嵬，驿名，在今陕西兴平县。兵变，迫玄宗杀贵妃和国忠。而父老都请留太子讨贼。玄宗许之。太子即位于灵武，灵州治。是为肃宗。禄山本一军人，并无大略。其部下尤多粗才。既入长安，日惟置酒高会，贪求子女玉帛，更无进取之意。所以玄宗得以从容入蜀，而肃宗西北行，亦无追迫之患。禄山旋又为其子庆绪所杀，贼将多不听命令，其势益衰。于是朔方节度使郭子仪，以兵至行在。先出兵平河东，次借用回纥和西域的兵，收复两京。唐以洛阳为东京。遂合九节度的兵，围安庆绪于邺。其时官军不置统帅，号令不一，军心懈怠。而贼将史思明，既降复叛。自范阳发兵南下。官军大败。思明杀安庆绪，复陷东京。旋进陷河阳、怀州。河阳，今河南孟县。怀州，今河南沁阳县。唐命李光弼统兵，与之相持。思明旋亦为其子朝义所杀。七六二年，肃宗崩，代宗立。朝义诱回纥入寇。代宗命蕃将仆固怀恩，铁勒仆骨部人。仆固，即"仆骨"异译。往见其可汗，与之约和。即借其兵以讨朝义。才算把他打平。然而唐室自此就不能复振了。其原因：

（一）回纥自此大为骄横。又吐蕃乘隙，尽陷河西、陇右。自玄宗时，南诏并六诏为一，蒙嶲诏，在今四川西昌县。越析诏，亦称磨些诏，在今云南丽江县。浪穹诏，在今云南洱源县。邆睒诏，在今云南邓川县。施浪诏，在洱源县之东。蒙舍诏，在今云南蒙化县。蛮语谓王为诏，蒙舍诏地居最南，故亦称南诏。后亦叛中国，与吐蕃合。边患日棘。

（二）史朝义败亡时，仆固怀恩实为大将。怀恩意欲养寇自重，贼将投降的，都不肯彻底解决，而就授以官。于是昭义、成德、天雄、卢龙、平卢诸镇，昭义军，治相州，今河南安阳县。成德军，治恒州，今河北正定县。天雄军，治魏州，今河北大名县。卢龙军，即范阳军。各据土地，擅赋税，拥兵自固。唐朝一方面，亦藩镇遍于内地，跋扈不听命令的很多，甚至有与安、史遗孽互相影响的。

然而根本的大患，还不在此。从来遭直艰难之会，最紧要的是中枢。中枢果能振作，不论如何难局，总可设法收拾的。而唐自中叶以后，其君又溺于宦侍。肃宗既信任李辅国，代宗又信任程元振。遂至吐蕃的兵，打入京城。代宗逃到陕州。今河南陕县。洮西的神策军，自安史乱后，驻扎于此。吐蕃兵退后，宦官鱼朝恩，即以这一支兵，护卫代宗回京城。初为观军使。军将卒，军遂统于朝恩。于是神策军渐与禁军齿，唐初从征之兵，事定之后，无家可归者，给以渭北闲田，仍充天子禁卫，子孙世袭其业。变成天子的亲兵了。

代宗死后，德宗继立。颇思振作。其时昭义已为天雄所并，卢龙对朝廷亦恭顺，而成德、天雄、平卢，联兵拒命，山南东道亦叛。治襄州，今湖北襄阳县。德宗命神策及河东兵与卢龙合攻三镇，淮西兵讨平山南。治蔡州，今河南汝南县。而卢龙及淮西复叛，发泾原兵东讨。治泾州，今甘肃泾川县。过京师，以不得赏赐，作乱。奉朱泚为主。德宗奔奉天。今陕西武功县。为泚所围攻。赖浑瑊力战，又得河中节度使李怀光入援，治蒲州，今山西永济县。围乃解。怀光恶宰相卢杞，欲面陈其奸，为杞所阻，又反。德宗再奔梁州。今陕西南郑县。于时叛者四起，而朝廷的兵力、财力，都很薄弱。不得已，乃听陆贽的话，赦其余诸人的罪，专讨朱泚。幸赖李晟忠勇，得以收复京城。又得马燧，打平河中。然而其余诸镇，就只好置诸不问了。而德宗回銮以后，鉴于人心的反复，遂至文武朝臣，一概不信，而专信宦官。命其主管神策军。而神策军的饷赐，又最优厚，诸军多自愿隶属。其数遂骤增至十五万。宦官得此凭借，遂起而干涉朝政。唐朝的中央政府，就更无振作之望了。

　　德宗崩后，子顺宗立。顺宗为太子时，即深恶宦官。及即位，用东宫旧臣王叔文等，要想除去宦官。而所谋不成，顺宗以疾传位于宪宗，叔文等多贬谪而死。宪宗任用裴度，讨平淮西、河北三镇，卢龙，天雄，成德。亦都听命，实为唐事一大转机。宪宗被弑。穆宗即位。因宰相措置失宜，三镇复叛。用兵不克。只得赦其罪而罢兵。自此河北三镇，终唐之世，不能复取了。穆宗之后，传敬宗以至文宗。初用宋申锡为相，继又不次擢用李训、郑注，谋诛宦官，都不克。甘露之变以后，时鸩杀宦官王守澄。郑注先出守凤翔，谋选精兵入京，送王守澄葬，乘势诛灭宦官。未及期，李训等先发。诈称左金吾殿后有甘露降，派宦官去看，想趁此把他们杀掉。谁知事机泄漏，中尉仇士良、鱼弘志就劫文宗入宫，以神策军作乱。杀李训及宰相王涯、贾𫗧。郑注亦为凤翔监军所杀。帝遂为宦官所制，抑郁而崩。武宗立，颇英武，能任用李德裕，讨平刘稹之叛。义成军，治邢州，今河北邢台县。宣宗立，政治亦颇清明，人称为小太宗。当德宗时，西川节度使韦皋，治成都。招徕南诏，与之共破吐蕃。文宗时，回纥为黠戛斯所破。宣宗时，吐蕃内乱，中国遂乘机收复河湟之地。天宝以后的外患，至此亦算解除。然而自宪宗以后，无一君非宦官所立，参看《廿二史劄记》"唐代宦官之祸"。中央的政治，因此总不能清明；而外重之势，亦无术挽回，总不过苟安罢了。宣宗之后，懿宗、僖宗两代，又均荒淫。僖宗年幼，尤敬信宦官田令孜。一切都听他主持。流寇之祸又起，到底借外力打平，唐室就不能支持了。

沙陀是西突厥别部。其部落本名处月。其酋长姓朱邪，即"处月"异译。处月依北庭都护府以居。其地在金安山（今名金山）之阳，蒲类海（今巴里坤湖）之阴，有大碛名沙陀，中国人称为沙陀突厥，又简称沙陀。西突厥亡后，依北庭都护府以居。后引吐蕃陷北庭。又为吐蕃所疑，乃举部归中国。中国人处之河东。在今山西山阴县北黄花堆。简其精锐的为沙陀军。懿宗时，徐、泗兵戍桂州的作乱，北还。徐州，今江苏铜山县。泗州，今安徽泗县。桂州，今广西桂林县。靠着沙陀兵打平。于是其酋长朱邪赤心，赐姓名为李国昌，用为大同节度使。后又移镇振武。大同军，治云州，今山西大同县。振武军，治单于都护府，今绥远和林格尔县。国昌的儿子克用，叛据大同。为幽州兵所破。父子俱奔鞑靼。鞑靼别部居阴山的。八七五年，黄巢作乱。自河南经山南，沿江东下，入浙东，经福建，至岭南，再北出，渡江，陷东都，入潼关。田令孜挟僖宗走蜀。诸方镇多坐视不肯出兵。讨贼的兵，亦不肯力战。不得已，赦李克用的罪，召他回来。李克用带着沙陀、鞑靼万余人而南。居然把黄巢打平。然而沙陀之势，就不可复制了。

黄巢乱后，唐室的威灵，全然失坠。沙陀雄据河东。黄巢的降将朱全忠据宣武。治汴州，今河南开封县。韩建、王行瑜、李茂贞等，又跋扈关内。韩建镇国军，治华州，今陕西华县。王行瑜邠宁军，治邠州，今陕西邠县。李茂贞凤翔军，治凤翔府，今陕西凤翔县。僖宗崩后，昭宗继立。百计以图挽回，终于无效。朝廷每受关内诸镇的胁迫，多借河东以解围。自黄巢亡后，其党秦宗权复炽。本蔡州节度使，降黄巢。横行河南。此时朱全忠的情势，甚为危险。而全忠居围城之中，勇气弥厉。到底乘宗权兵势之衰，把他灭掉。又吞并山东和淮北，服河北三镇，并河中，降义武。取泽、潞及邢、洺、磁。义武军，治定州，今河北定县。泽州，今山西晋城县。潞州，今山西长子县。洺州，今河北永年县。磁州，今河北磁县。连年攻逼太原，于是河东兵势亦弱，惟全忠独强。昭宗和宰相崔胤谋诛宦官。宦官挟李茂贞以自重。崔胤召朱全忠的兵。宦官遂劫帝如凤翔。全忠进兵围之。茂贞不能抗，奉昭宗如全忠营。于是大诛宦官。而昭宗亦被全忠劫迁于洛阳。旋弑之而立昭宣帝。九〇七年，唐遂为梁所篡。

这时候，除河东以外，又有吴、吴越、楚、闽、南汉、前蜀六国，遂入于五代十国之世。

第十节　隋唐的社会

从南北朝到隋唐，是由战乱而入于升平的。隋文帝本是个恭俭之主。在位时，国富之盛，甲于古今。虽然中经炀帝的扰乱，然而不久，天下即复见清平。唐太宗尤为三代以下令主。贞观、永徽之治，连续至三十年。亦和汉代的文、景，相差不远。六二七至六五五年。汉文、景二帝在位的年代，是前一七七至一四一年。以理度之，天下该复见升平的气象了。果然，《唐书·食货志》说太宗之治，"行千里者不赍粮，断死刑岁仅三十九人"。这话虽或言之过甚，然而当时，海内有富庶安乐的气象，大约不是虚诬的。然而这亦不过总计一国的财富，有所增加，无衣无食的人，或者减少些，至于贫富的不均，有资本的人对于穷人的剥削，则还是依然如故。所以一方面号为富庶，一方面，自晋以来，一贯的平均地权的政策，不但不能因承平日久而推行尽利，反因其有名无实而并其法亦不能维持了。

晋朝的户调式、北魏的均田令、唐朝的租庸调法，三者是相一贯的，而唐制尤为完备。其制：丁男年十八以上，授田一顷。老及笃、废疾四十亩。寡妻妾三十亩——当户的加二十亩——都以二十亩为世业，余为口分。田多可以足其人的为宽乡，不足的为狭乡。狭乡授田，减宽乡之半。乡有余田，是要以给比乡的。州县亦然。庶人徙乡和贫无以葬的，得卖世业田。其自狭乡徙宽乡的，得并卖口分田。这大约是奖励其迁徙，即以卖田所得，作为迁徙的补助费的意思。其取之之法：则岁输粟二石为租。用人之力，岁二十日，闰加二日，不役的每日折输绢三尺，为庸。随乡所出，输丝、绵、麻或其织品为调。此等制度果能尽力推行，亦足使农人都有田可种，而且无甚贫甚富之差。然而政治上有名无实的措施，敌不过社会上自古相沿的习惯。所以民间的兼并如故。而史称开元之世，其兼并，且过于汉代成、哀之时。授田之法，既已有名无实，却因此又生一弊。汉代的田租，所税的是田；口赋，所税的是人，二者本厘然各别。自户调法行，各户既有相等之田，自然该出相等之税，两者遂合为户赋。授田之法既废，田之有无多寡，仍不相等，而仍按其丁中，责以输相同之赋，就不免有田者无税，无田者有税，田多者税少，田少者税多了。于是人民不逃之宦、学、释、老，即自托于客户。版籍混淆，而国家的收入，亦因之而大减。唐玄宗时，宇文融曾请括籍外羡田，以给逃户，行之未有成效。七八〇年，德宗的宰相杨炎，才定两税之法。不再分别主客户，但就其现居之地为簿，按其产业的多少以定税。于是负担的轻重和贫富相合；而逃税的人，亦多变而要输税。财政上的收入，自然可以增加。然而制民之产之意，则荡焉以尽了。从晋武平吴创户调式至此，为时恰五百年。

要解决民生问题，平均地权和节制资本，二者必须并行。节制资本，一则宜将事业之大者，收归官营。一则要有良好的税法。官营事业，在从前疏阔的政治之下，不易实行。至于税法，则从前的人，泥于古制，以为只有田租口赋，是正当的收入。"县官当衣食租税而已"，汉汲黯语，所以反对桑弘羊所兴各种杂税的。见《汉书·食货志》。晋初定律，凡非常行之事，而一时未能罢免者，都别定为令，不羼入律文之中，以便将来废止时，法律可以不受影响。当时酒酤亦定为令，亦是此等思想的表现。于是各种杂税，非到不得已时，不肯收取。一遇承平，就仍旧把它罢免。隋文帝得位之后，即将盐池、盐井、酒坊、入市之税，概行罢免，即其一例。唐中叶以后，虽亦有盐茶等税，然皆因财政竭蹶而然，见第十五章第八节[1]。节制资本之意，丝毫无有，所以资本反而更形跋扈。即如两税以资产为宗，不以身丁为本，似得平均负担之意。然而估计资产，其事甚难。所以当时陆贽就说：有"藏于襟怀囊箧物，贵而人莫窥"的；有"场圃囷仓，直轻而众以为富"的；有"流通蓄息之货，数寡而日收

---

[1] 原为"第三十六章"。

其赢"的；有"庐舍器用，价高而终岁寡利"的。"计估算缗，失平长伪。"须知社会的情形复杂了，赋税便应从多方面征收，尤应舍直接而取间接。而当时的人，只知道以人为主，而估计其家赀，自然难于得实了。而从此以后，役法亦计算丁赀两者而定，诒害尤烈，详见第十五章第三节和第八节[1]。

要社会百业安定，必须物价常保其平衡。《管子·轻重》诸篇，所说的就是这个道理。汉桑弘羊的行均输，亦以平均物价为借口，即系根据这一派学说的。看《盐铁论》可知。后世市场广大，而国家的资力有限，要想控制百物的价格，自然是办不到的。只有食粮，因其与民生关系最大，所以历代政府，总还想控制其价格。其办法，便是汉朝耿寿昌所倡的常平仓。谷贱时增价而籴，谷贵时减价而粜。既可以平市价，而其本身仍有微赢，则其事业可以持久。这原是个好法子。但亦因市场广而资本微之故，不能左右物价。即使当粮食腾贵之时，能将它稍稍压平，其惠亦仅及于城市中人，大多数的农民，实在得不到救济。所以隋朝的长孙平又创义仓之法。以社为范围，收获之日，劝课人民，量出粟麦，即在当社，设仓贮蓄。遇有歉岁，则以充赈济。此法令人民以互助为自助，亦是很好的法子。惜乎其法仅限于凶荒时的赈济，则用之有所不尽。后来并有移之于州县的，那更全失其本意了。

社会的阶级制度，当隋、唐之世，亦是一个转变的时代。六朝时门阀之盛，已见第十三章第七节[2]。隋、唐时，表面上虽尚保持其盛况，然而暗中已潜起迁移。原来所谓门阀，虽不以当时的官位为条件，然而高官厚禄，究是维持其地位的重要条件。魏晋以后，门阀之家，所以能常居高位，实缘九品中正之制，为之维持之故。隋时，把此制废了，又尽废乡官。于是要做官的人，在本乡便无甚根据，而不得不求之于外。门阀之家，在选举上占优势，原因其在乡里有势力之故。离开了乡里，就和"白屋之子"无甚不同。而科举之制，又使白屋之子，可以平步而至

---

1 原为"三十一和三十六章"。
2 原为"第十八章"。

公卿。于是所谓阀阅之家，除掉因相沿的习惯，而受社会的尊敬外，其他便一无所有。此种情势，终难持久，是不待言而可知的。所以一到五代，就要"取士不问家世，婚姻不问阀阅"了。这固然有阶级平夷之美，然而举士本于乡里，多少要顾到一点清议。清议固然不能改变人的心术，却多少能检束其行为。所以无耻之事，即在好利干进之徒，亦有所惮而不敢出。至于离开了乡里，就未免肆无忌惮。就有蹇驴破帽，奔走于王公大人之门的。《文献通考》卷二十七，引江陵项氏说："风俗之弊，至唐极矣。王公大人，巍然于上，以先达自居，不复求士。天下之士，什什伍伍，戴破帽，骑蹇驴，未到门百步，辄下马，奉币刺再拜，以谒于典客者，投其所为之文，名之曰求知己。如是而不问，则再如前所为者，名之曰温卷。如是而又不问，则有执贽于马前，自赞曰某人上谒者。"所谓气节，遂荡焉以尽。藩镇擅土，士亦争乐为之用。其结果，自然有像冯道般的长乐老出来了。宋代士大夫的提倡气节，就是晚唐、五代的一个反动。

第十五章

盛而不强的两宋时代

第一节　五代的混乱

　　五代时的国，原不过唐朝藩镇的变形。这许多武人，虽然据土自专，其实并无经营天下的大志，不过骄奢淫佚而已。所以除中原之地，战争较烈外，其余列国之间，兵事颇少。

　　本族纷争不已，必然要引起外患，这是最可痛心的事。当唐之末年，梁之形势，本已独强，所以能篡唐而自立。然而梁太祖死后，末帝懦弱。而晋则李克用死后，子存勖继立，年少勇于攻战。于是形势骤变。河北三镇和义武都入于晋。梁人屡次攻战，都不得利，只得决河以自守。李存勖自称皇帝，建国号为唐，是为后唐庄宗。九二三年，庄宗破梁兵于郓州。今山东东平县。乘梁重兵都在河外，进兵直袭大梁。末帝自杀。梁亡，后唐迁都洛阳。

　　后唐庄宗，本是个骄淫的异族。虽然略有犷悍之气，却并不懂得什么叫政治的。所以灭梁之后，立刻骄侈起来。宠信伶人宦官，政治大坏。九二五年，命宰相郭崇韬，傅其幼子魏王继岌伐蜀。把前蜀灭掉。而皇后刘氏，听信宦官的话，自为敕与继岌，令其把郭崇韬杀掉。于是中外震骇，讹言四起。魏博的兵，乘机据邺都作乱。庄宗命李克用的养子李嗣源去打他。嗣源手下的兵也变了，劫嗣源以入于邺。嗣源以计诳叛人得出。又听其女婿石敬瑭的话，回兵造反。庄宗为伶人所弑。嗣源即位，是为明宗。明宗在五代诸君中，要算比较安静的。在位八年，以九三三年死。养子从厚立，是为闵帝。时明宗养子从珂镇凤翔，石敬瑭镇河东，闵帝想把他俩调动，从珂便举兵反。闵帝派出去的兵，都倒戈投降。闵帝出奔，被杀。从珂立，是为废帝。又要调动石敬瑭。敬瑭又造反。就把契丹的兵引进来了。

废帝鉴于闵帝的兵的倒戈，所以豫储着一个不倒戈的将，那便是张敬达。于是发兵，把晋阳困起来。石敬瑭急了，乃以割让燕、云十六州为条件，幽州，今河北北平县。蓟州，今河北蓟县。瀛州，今河北河间县。莫州，今河北肃宁县。涿州，今河北涿县。檀州，今河北密云县。顺州，今河北顺义县。新州，今河北涿鹿县。妫州，今河北怀来县。儒州，今河北延庆县。武州，今河北宣化县。云州，今山西大同县。应州，今山西应县。寰州，今山西马邑县。朔州，今山西朔县。蔚州，今河北蔚县。求救于契丹。刘知远劝他："契丹只须饵以金帛，便肯入援，不必要这么优厚的条件。"而石敬瑭急何能择，不听。于是契丹太宗发大兵入援，打破张敬达的兵，挟着石敬瑭南下。废帝自焚死。敬瑭受册于契丹，国号为晋，是为晋高祖。称臣于契丹。沙陀虽是异族，业已归化中国。他自己并无根据地，迟早要同化于中国的。李克用等虽是异族的酋长，一方面亦可算作中国的军人。梁、唐的兴亡，也可算是中国军人的自相陵抟，其性质还不十分严重。至于契丹，则系以另一国家的资格侵入的，其性质，就非沙陀之比了。以地理形势论：中国的北部，本该守阴山和黄河。河套北岸。守现在的长城，已非上策。自燕、云割后，不但宣、大全失，山西方面，只有雁门内险可守；河北方面，则举居庸等险而弃之，遂至专恃塘滦之类，以限戎马。宋朝所以不敢和契丹开衅，最大的原因，实缘河北方面，地利全失之故。燕、云不能恢复，女真之祸，自然接踵而来了。所以十六州的割弃，实在是中国最大的创伤。然而外有强敌，而内争不已，其势必至于此而后止。

晋高祖的称臣于辽，臣下心多不服。高祖知国力不足与辽敌，唱高调的人，平时唱着高调，临事未必肯负责任，甚且有口唱高调，实怀通敌之心的。如安重荣是。可看《五代史》本传。所以始终不肯上当。对辽总是小心翼翼，不失臣礼。九四二年，高祖死了。兄子重贵立，是为出帝。听信侍卫景延广的话，罢对辽称臣之礼。辽人来诘问，景延广又把话得罪他。两国的兵端遂启。国与国的竞争，不但在兵力，而亦在纲纪。纲纪整饬，即使兵力不足，总还可以支持。纲纪荡然，那就无从说起了。晋辽启衅之后，辽兵连年入寇，晋兵从事防御，胜负亦还相当。然而国力疲敝，调兵运饷，弄得骚然不宁，本已有岌岌可危之势。加以假借外力，晋祖既开其端，安能禁人之效尤。于是有替契丹力战的赵延寿，又有举兵以降敌的杜重威。九四六年，辽人遂入大梁，执出帝而去。明年，辽太宗入大梁。

辽太宗是个粗才，不懂得治理中国的——假使这时，来的是太祖，汴梁的能否恢复，就成为问题了——于是遣打草谷军，四出钞掠。契丹军行不赍粮草，但遣打草谷军出而钞掠，见《辽史·兵志》。此时已入中国，仍用行军时之法。又遣使诸道，搜括财帛。多用其子弟亲信为刺史。一班汉奸，因而依附着他，扰害平民，弄得群盗四起。太宗无可如何，反说："我不料中国人难治如此。"乃弃大梁北归。行至滦城而死。今河北滦城县。刘知远先已自立于太原，及是，发兵入大梁，是为后汉高祖。

后汉高祖，也是沙陀人，入汴后两年而死。子隐帝立。三年而为郭威所篡。中原之地，自后唐入据以来，至此始复脱沙陀的羁轭，而戴汉人为主。汉高祖之弟旻，称帝于太原，称侄于辽，受其封册，是为北汉。《五代史》称东汉。

后周高祖篡汉后，三年而殂。养子世宗立。世宗性英武，即位之初，北汉乘丧，合辽兵来伐，世宗自将，大败之于高平。今山西高平县。当时天子的卫兵，实即唐朝藩镇之兵的变相，自唐中叶以后，地擅于将，将擅于兵，已成习惯。小不如意，或有野心之家饵以重利，便可杀其将而另戴一人，此时的藩镇，看似生杀自由，实则不胜其苦。五代时的君主，所以事势一有动摇，立刻势成孤立，亦由于此。而且累朝不加简阅，全是老弱充数，所以卖主则有余，御敌则不足，这要算是五代时最根本的大患了。世宗自高平回来，深知其弊。于是大加裁汰，又命诸州招募壮勇，送至阙下。择其尤者，为殿前诸军。又裁冗费，修政事，于是国富兵强。这时候，南唐、后蜀，都想勾结契丹，以图中原。世宗乃先出兵伐后蜀，取其阶、成、秦三州。阶州，今甘肃天水县。成州，今甘肃成县。秦州，今甘肃秦安县。次伐南唐，尽取江北之地，南唐称臣奉贡。九五九年，世宗遂自将伐辽。时值辽穆宗在位，沉湎于酒，国势中衰。世宗恢复瀛、莫、易三州，直趋幽州，恢复亦在旦夕。惜乎天不假年，世宗因患病回军，不久就死了。子恭帝立，还只七岁。当时兵力，最强的是殿前军，而赵匡胤是殿前军的都点检。当主少国疑之日，自不免有人生心，于是讹言契丹入寇，匡胤带兵去防它。至陈桥驿，在今河南开封县东。兵变，拥匡胤回汴京，废恭帝而自立，是为宋太祖。当时偏方诸国，本都微弱不振，而中原经周世宗的整顿，业已富强，加以宋太祖的英明，因而用之，而统一的机运就到了。

第二节　宋的统一及其初年的政治

于此，得将十国的情形，略一叙述。当唐末，割据的有两种人。其一是藩镇。如：

【吴】杨行密，本是唐朝的庐州刺史。八八六年，乘淮南的扰乱，进据广陵。庐州，今安徽合肥县。广陵，今江苏江都县。后来秦宗权的将孙儒来攻，行密被他打败，逃回庐州，又逃到宣州，今安徽宣城县。仍被孙儒围起，后乘儒军大疫，把他灭掉。还据广陵。尽并淮南之地。

【吴越】钱镠，是唐朝的杭州刺史。平越州董昌之乱，董昌系越州观察使，叛唐僭号。越州，今浙江绍兴县。保据两浙。时在八九六年。

【南汉】刘隐，以九〇五年，做唐朝的岭南节度使。死后，其弟岩继之。保据岭南。

【前蜀】王建，是神策军将。田令孜的养子。随令孜入蜀，为利州刺史。利州，今四川广元县。时令孜以其弟陈敬瑄为西川节度使。王建和他翻脸。八九三年，把成都攻破。八九七年，又攻并东川。

其二是流寇。

【楚】孙儒死后，其将刘建锋、马殷等，逃据湖南。八九五年，建锋为其下所杀，推殷为主。

【闽】王潮，河南固始人。今河南固始县。寿州人王绪造反，攻破固始，用潮为军正。绪因避秦宗权，渡江而南，直流入福建。后为其下所杀，推潮为主，八九三年，占据福州。潮死后，弟审知继之。

诸国之中，吴的地势和中原最为接近。行密子渥，又尽并江西，地亦最大。杨渥时，兵权为牙将张颢、徐温所夺。温又杀颢，自居升州（今首都[1]），留子知训在江都辅政，为他将所杀。养子知诰，讨定其乱，代知训辅政。徐温死后，大权尽归于知诰。遂篡吴自立。复姓李，更名昪。九三七年，吴为李昪所篡，改国号为唐，是为南唐。传子璟，乘闽、楚的内乱，把它灭掉。闽亡于九四五年，楚亡于九五一年。遂有觊觎中原之意。前蜀亡后，后唐以孟知祥为西川节度使。知祥攻并东川。于九三三年自立。传子昶，昏愚狂妄，亦想结契丹以图中原。所以周世宗对于这两国，要加以膺惩。湖南自楚亡后，南唐在实际上并未能有其地。其明年，即为辰州刺史刘言所据。辰州，今湖南沅陵县。自此王逵、周行逢，相继有其地。都居朗州。朗州，今湖南常德县。受署于后周。荆、归、峡三州之地，荆州，今湖北江陵县。归州，今湖北秭归县。峡州，今湖北西陵县。九〇五年，梁太祖以其将高保融为节度使。从后唐以来，自立为一国，是为南平。宋初诸国皆仅自守，惟北汉倚恃辽援与周本系世仇。至宋初，关系亦未能改善。其情势如此。

宋太祖的政策和周世宗不同。周世宗是想先恢复燕、云的，宋太祖则主张先平定中国。这不但避免与辽启衅，亦且西北一带，自五代以来，中国对它的实力，不甚充足。存一北汉，虽然是个敌国，却可替中国屏蔽两面，所以姑置为缓图。九六二年，周行逢卒，子保权幼。潭州将张文表，潭州，今湖南长沙县。意图吞并朗州。保权来求救，宋太祖出兵，先因假道，袭灭南平。文表已为朗州兵所击破，宋兵却前进不已。到底将朗州打破，执保权以归。诸国最昏乱的是后蜀，最淫虐的是南汉。宋于九六五、九七一两年，先后把它灭掉。南唐是事中国最谨的，亦以征其入朝不至为名，于九七五年，把它灭掉。如此，吴越知道不能

---

[1] 指南京。

自立了。灭南唐之岁，太祖崩，太宗立。九七八年，吴越遂纳土归降。其明年，太宗自将伐北汉。先是宋亦屡次伐它，其意只在示威，使之不敢南犯，这一次，则决意要灭掉它。于是先分兵绝辽援兵。北汉遂出降。自朱全忠篡唐自立至此，凡七十三年。

五代时偏方诸国，既不大，又不强，扑灭它们，原不算得什么事。但是从唐中叶以来，所以召乱而致分裂之源，则不可不把它除掉。所以召乱而致分裂之源是什么呢？一是禁军的骄横，一是藩镇的跋扈。禁军虽经周世宗的整顿，究竟结习未除。宋太祖便是因此而得大位的。此弊不除，肘腋之间，就不能保其无变，还说得上什么长治久安之计？所以宋太祖先于杯酒之间，讽示典宿卫之将石守信等，令其自请解去兵权。至于藩镇，唐时业已跋扈不堪，五代时更不必说了。宋太祖乃用渐进的手段。凡藩镇出阙的，逐渐代以文臣。属于节度使的支郡，都令直达中央。各州官出阙，都令京朝官出知，以重其体，又特设通判，以分其权。

中央的大权旁落，总是由于兵权和财权的旁落。宋太祖有鉴于此，所以特设转运使于各路，以收财赋之权。诸州的兵，强的都升为禁军，直隶三衙。殿前司及侍卫马步军司。弱的才留在本州，谓之厢军。不甚教阅，名为兵，其实不过给役而已。如此一来，前此兵骄和外重之患，就都除掉了。然而天下事有利必有弊。宋朝的政策，是聚天下强悍不轨之人以为兵，而聚天下之财于中央以养之。到后来，养兵未得其用，而财政却因之而竭蹶，就成为积弱之势了。又历代的宰相，于事都无所不统。宋朝则中书治民，三司理财，枢密主兵，各不相知，而言路之权又特重。参看第十五章第八节[1]。这原是因大权都集于中央，以此防内重之弊的。立法之初，亦可谓具有深意。然而宰相既无大权，而举动又多掣肘，欲图改革，其事就甚难了。这就是后来王安石等所以不能有所成就，而反致酿成党争的原因。

---

[1] 原为"第三十六章"。

第三节　变法和党争

宋辽的竞争，开始于九七九年。太宗既灭北汉，即举兵以攻幽州。大败于高梁河。在北平西。九八五年，太宗听边将的话，命曹彬、田重进、潘美等分道伐辽，又不利。自此以后，宋就常立于防御的地位。一〇〇四年，辽圣宗自将入寇，至澶州。今河北濮阳县。是时太宗已崩，真宗在位。宰相寇准，力劝帝亲征。真宗车驾渡河，乃以岁币银十万两，绢二十万匹成和议。辽主以兄礼事帝。一〇四二年，辽兴宗又遣使来求关南之地。瓦桥关，在雄州。周世宗复瀛、莫二州，与契丹以此关为界。宋仁宗使富弼报之。又增岁币银、绢各十万两、匹。当仁宗时，夏元昊造反。宋人屯大兵于陕西，屡战不胜。一〇四三年，亦以银、绢共二十五万五千成和议，谓之岁赐。

对外的不竞如此，内之则养兵之多，至一百十六万，英宗时兵数。财政为之困敝，而仍不可以一战。宋代的财政，和前代不同。前代开国之时，大抵取于民者甚轻，所以后来还有搜括的余地。宋朝则因养兵之故，唐中叶后所兴盐、茶等税，都没有除掉。就是藩镇的苛税，虽说是削平之时，都经停罢，实亦去之未尽。所以人民的负担，在承平之时，业已不胜其重了。

内治则从澶渊和议成后，宋真宗忽而托言有天书下降。于是封泰山，祀汾阴，斋醮宫观之事纷起，财用始患不足。而政治亦日益因循。真宗之后，仁宗继之。在位最久，号为仁君，然而姑息弥甚。仁宗之后，英宗继之，则在位不过四年而已，未能有所作为。当仁宗时，范仲淹为相，曾有意于改革。然未久，即不安其位而去。至一〇六八年，神宗即位，用王安石为宰相，力行新法，而政治的情势始一变。

王安石的新法，范围所涉甚广。然举其最重要的，亦不过下列三端：

其（一）青苗、免役之法，是所以救济农民的。宋承唐、五代之后，版籍之法既坏，又武人擅土，暴政亟行，其时的农民，很为困苦。而自两税法行之后，估计丁、赀之数，以定户等，而签差以充役。役事重难，有破产不能给的。人民因此，至于不敢多种田；父子兄弟，不敢同居；甚至有自杀以免子孙之役的，其惨苦不可胜言。王安石乃立青苗之法，将各处常平、广惠仓的蓄积，当农时借与人民，及秋，随赋税交纳。取息二分，谓之青苗钱。又立免役之法，令本来应役之户出免役钱，不役之户出助役钱，以其钱雇人充役，免却签差。

其（二）裁兵、置将及保甲，是所以整顿军政的。宋朝既集兵权于中央，沿边须戍守之处，都由中央派兵前往，按时更调，谓之番戍。其意原欲令士卒习劳，不至于骄惰。然而不悉地形，又和当地的百姓不习熟，不能得其助力，往往至于败北。却因此多添出一笔"衣粮"之费，财政更受其弊。安石先将兵额大行裁减。置将统兵，分驻各地，以革番戍之弊。安石之意，以为根本之计，是要行民兵的。于是立保甲之法。令人民以五家为一保，五十家为一大保，五百家为一都保。保有保长，大保有大保长，都保有都保正、副。户有二丁的，以其一为保丁。初令保丁每日轮派五人，警备盗贼。后来教保长以武艺，令其转教保丁。募兵阙，则收其饷，以充民兵教阅之费。

其（三）改革学校、贡举之法，是所以培养人才的。自魏、晋以后，学校久已有名无实，不过是进取之一途而已。科举则进士、明经，所学都失之无用。王安石是主张行学校养士之法的。于是于太学立三舍。初入学的居外舍，以次升入内舍、上舍。上舍生得免礼部试，授之以官。又立律学、武学及医学。于科举，则因自唐以来，俗重进士而轻诸科。乃罢诸科，独存进士。改试经义、论、策。其所谓经义，则改墨义为大义。又立新科明法，以待士之不能改业的。

王安石所行的新法，以这几件为最有关系。此外尚有农田水利，方田均税等。方田为一种丈量法。以东西南北各千步之地为一方。方之角，立木为标帜。丈量之后，面积既定，参以地味，以定赋税。此法在神宗时行之未广。后来徽宗时复推行之，然都有名无实。变法之初，特设制置三司条例司，以规划财政。安石对于理财，最为注意。当其时，一岁的用度，都编有定式。经其整顿之后，中央和各州的财政，都有赢余。宋初官制，最为特别。治事都以差遣，官不过用以定禄、秩而已。神宗才革新官制。一切以唐代为法。遂罢三司，还其职于户部。枢密仅主兵谋，所管兵政，亦还之兵部。新设的机关，亦都废罢。

王安石的新法，范围既广，流弊自然不能没有的。特如青苗，以多散为功，遂不免于抑配。抑配之后，有不能偿还的，又不免于追呼，甚或勒令邻保均赔。保甲则教阅徒有其名，而教阅的人，反因此而索诈。都是显而易见的。然而宋朝当日，既处于不能不改革之势，则应大家平心静气，求其是而去其弊。而宋朝人的风气，喜持苛论，又好为名高。又因谏官权重，朋党之风，由来已久。至此，反对新法的人，遂纷纷而起。反对无效，则相率引去。安石为相，前后凡七年。一〇六〇至一〇六六年。终神宗之世，守其法不变。一〇八五年，神宗崩，哲宗立。年幼，太皇太后高氏临朝。以司马光、吕公著为宰相。新法遂尽废。安石之党，多遭斥逐。当时朝臣都奉太皇太后为主，于哲宗的意思，不甚承顺。哲宗怀恨在心。太皇太后崩后，遂相章惇，复行新法，谓之"绍述"。旧党亦多遭斥逐。一一〇〇年，哲宗崩，徽宗立。太后向氏权同听政。颇进用旧党，欲以消弭党见，而卒无成效。徽宗亲政后，亦倾向新党，复行新法。然用一反复无常的蔡京。徽宗性本奢侈，蔡京则从各方面，搜括钱财，去供给他。于是政治大坏，北宋就迫于末运了。

第四节　辽夏金的兴起

文化是逐渐扩大的。中国近塞诸民族，往往其初极为野蛮，经过若干年之后，忽崭然露头角。其政治兵力和社会的开化，都有可观。这并非其部落中一二伟人所能为，而实在是其部落逐渐进化的结果。辽、夏、金的兴起，都是此例。

现在的热河，自秦、汉至唐，本系中国的郡县。不过地处边陲，多有异族杂居罢了。杂居在这区域中的异族，主要的是鲜卑。当两晋时，鲜卑部落纷纷侵入内地，独有所谓奚、契丹的，仍居住于西辽河上游流域，没有移动。奚在土护真河流域，就是现在的英金河。契丹在潢、土河流域。潢河是现在的西剌木伦。土河是现在的老哈河。南北朝时，契丹曾为柔然及高句丽所破。隋时，休养生息，渐复其旧。唐武后时，其酋长李尽忠造反，又遭破坏。于是其酋长大贺氏亡，遥辇氏起而代之。然亦积弱不振。到唐末，而其部落中有一伟人出，是为契丹太祖耶律阿保机。契丹旧分八部，部各有一大人。尝公推一大人司旗鼓。"及其岁久，或国有疾疫而畜牧衰。"则公议，更立其次。太祖始并八部为一。遂于九一六年，代遥辇氏，为契丹的君长。《五代史》只说契丹八部，共推一大人为主。《辽史》则大贺氏、遥辇氏相承为酋长，并非由八部公推。《唐书》亦同。大约契丹自有酋长，而实权则在八部大人。这时候，北方适无强部。于是太祖东征西讨，东北灭渤海，服室韦。西北服黠戛斯。西征回鹘，至于河西。其疆域，东至海，西接流河，北至胪朐河，胪朐河，今克鲁伦河。南与中国接壤，俨然北方一大国了。

太祖初与李克用约为兄弟，后又背之，通好于梁，所以李克用很恨他。后唐之世，契丹和中国交兵。其时后唐兵力尚强，契丹不得逞。然而后唐的幽州守将周德威恃勇，弃渝关不守，平州遂为契丹所陷。渝关，今山海关。平州，今河北卢龙县。至于营州，则唐朝设立都督府，本所以管理奚、契丹的。此时契丹盛强，唐室的威灵，久已失坠，其为所占据，更不待言了。太祖死于九二六年，次子太宗立。越十年，而石晋来求援，安坐而得燕云十六州。两河之地，遂为契丹所控制。

太宗是个粗才，所以入中国而不能有。先是太祖的长子名倍，通诗书，善绘画，又工医药等杂技，是个濡染中国文化极深的人。而太祖的皇后述律氏，不喜欢他。平渤海之后，封为东丹王，命其镇守东垂，东丹王浮海奔后唐。废帝败亡时，先杀之而后死。太宗死后，述律后又要立其第三子李胡。李胡暴虐，国人不附。于是契丹人就军中拥立东丹王的儿子，是为世宗。李胡发兵拒敌，给世宗打败。世宗在位仅四年。死后，太宗的儿子穆宗继立。沉湎于酒，不恤国事。中国当此时，很有恢复燕、云的机会，惜乎周世宗早死，以致大功不成。九六九年，穆宗被弑，世宗之子景宗立。在位十四年。子圣宗继之。圣宗年幼，太后萧氏同听政。圣宗时，为辽的全盛时代。澶渊之盟，即成于此时。一〇三一年，圣宗死，子兴宗立。年少气盛，于是有派人到中国来求割关南之举。中国遣富弼报使，反复争辩，才算把求地之议打消。此次所增岁币，中国和契丹，争论"纳""贡"两个字。《宋史》上说系用"纳"字，《辽史》上则说用"贡"字的，未知孰是。然而即使用"纳"字，也体面得有限了。兴宗时，算是契丹蒙业而安的时代。一〇五五年，兴宗死，子道宗立。任用佞臣耶律乙辛，政治始坏。一一〇一年，道宗死，孙天祚帝立。荒于游畋，于国事简直置诸不管。而东北方的女真，适于此时兴起，辽人就大祸临头了。

西夏是党项部落。唐太宗时，归化中国。其酋长姓拓跋氏。大约是鲜卑人，在党项中做酋长的。后裔思敬，以讨黄巢功，赐姓李。为定难节度使。世有夏、银、绥、宥、静五州。夏州，今陕西怀远县。银州，今陕西米脂县。绥州，今陕西绥德县。宥州，今鄂尔多斯右翼后旗。静州，在今米脂县西。传八世，至继捧，以宋太宗时来降。尽献其地。而其族弟继迁叛去。九八五年，继迁袭据银州。明年，降于辽。一〇〇二年，又袭据灵州。明年，为蕃族潘罗支所杀。子德明立。三十年未曾窥边。然以其间西征回鹘，取河西，地益大，一〇三二年，德明子元昊立。立二年，遂反。至一〇四三年才成和。元昊定官制；造文字；设立蕃、汉两学；区划郡县；分配屯兵。其立国的规模，亦颇有可观。

金室之先，是隋、唐时的黑水靺鞨。黑水，今松花江。此江上源称粟末水，会嫩江东折后称黑水。渤海盛时，靺鞨都役属于他。渤海亡后，改称女真。避辽兴宗讳，亦写作"女直"。在混同江以南的，系辽籍，谓之熟女真。以北的不系籍，谓之生女真。见《大金国志》。混同江，即黑水。金朝王室的始祖，是高丽人，名函普。入居生女真的完颜部。劝解部人和他部的争斗。娶其六十未嫁之女，遂为完颜部人。生女真程度，本来很低，函普以高丽的文化教导之，才渐次开化。函普的曾孙献祖，徙居安出虎水，始筑室，知树艺。今阿勒楚喀河。前此金人系穴居。其子昭祖，渐以条教，统辖诸部。昭祖耀武，至于青岭、白山，入于苏滨、耶懒之地。至其子景祖，则统门、五国诸部，亦来听命。青岭，未详。白山，今长白山。苏滨，即金后来之恤品路，地在今兴京西南，逾鸭绿江。耶懒，即金后来的曷懒路，今朝鲜咸州至吉州一带。统门，即"图们"异译，谓此水流域。五国部，在今朝鲜的会宁府，后来宋徽、钦二宗，被迁于此（据朝鲜金于霖《韩国小史》）。女真民族，渐有统一之望了。景祖始受辽命，为生女真部族节度使。其三子世祖、肃宗、穆宗，相继袭职。以至于世祖之子太祖，遂有叛辽之举。

女真人虽甚野蛮，然自渤海立国以来，业已一度的开化。更加以高丽人的启发，遂渐起其民族自负之心。当这时候，女真人的强悍，非辽人所能敌，女真人亦自知之。特苦于部族众多，势分而弱，不足以与辽敌。从景祖以来，诸部渐次统一，而金朝人的欲望，亦渐次加大。刚又遇着天祚帝的荒淫，年年遣使到海上去求海东青，名鹰之名。骚扰无所不至，为诸部族所同怨。金太祖遂利用之以叛辽。金太祖的叛辽，事在一一一四年。兵一举而咸州、宁江州、黄龙府，次第陷落。咸州，在今辽宁铁岭县东。宁江州，今乌拉旧城，在吉林北松花江右岸。黄龙府，今吉林农安县。天祚帝本是个不懂事的，得女真叛信，立刻自将大兵去征讨。兵未全到，闻后方有人叛乱，又忽遽西还。其兵遂为金人所袭败。东京亦陷落。辽南京析津府，即幽州。西京大同府，即云州。上京临潢府，在今热河开鲁县南。中京大定府，在今热河建昌县。东京辽阳府，即今辽宁辽阳县。天祚帝忽又把金事置诸度外，恣意游畋。而遣使与金议和。迁延不就。至一一二一年，金太祖再进兵，遂陷辽上京。旋辽将耶律余睹来降。金人用为向导，中京、西京，又次第陷落。南京拥立秦晋国王淳，兴宗次子耶鲁斡之子。亦不能自立。而宋人夹攻之兵又起。

第五节　宋和辽夏的关系

宋自仁宗以前和辽、夏的关系，已见本章第三节[1]。神宗时，对辽还保守和平，对夏则又开兵衅。夏元昊死于一〇五一年，子谅祚立。十六年而死。子秉常立，年方三岁。是年，宋鄜州今陕西鄜县。将种谔袭取绥州。明年，为神宗元年，夏人请还前此所取塞门、安远两寨，塞门，在今陕西安塞县北。安远，在今甘肃通渭县境。以换取绥州。神宗许了他。

1　原为"第三十一章"。

而夏人并无诚意。于是改筑绥州，赐名绥德。又进筑了许多寨。夏人遂举兵来犯。神宗用韩绛、种谔，以经营西边，迄不得利。而开熙河之议起。熙河是现在甘肃南部之地。唐中叶后，为吐蕃所陷。后来虽经收回，而蕃族留居其地的很多。大的数千家，小的数十百家为一族。其初颇能助中国以御西夏，后来亦不免有折而入之的。神宗时，王韶上平戎之策。说欲取西夏，必先复河湟。王安石主其议，用为洮河安抚使。王韶就把熙、河等州，熙州，今甘肃狄道县。河州，今甘肃导河县。先后恢复，建为一路。时在一〇七三年。其后八年，有人说秉常为其母所囚。神宗乃发兵五路，直趋灵州。未能达到。明年，给事中徐禧城永乐，城名，在今陕西米脂县西。又为夏人所败。这两役，中国丧失颇多。一〇八六年，为哲宗的元年。是岁，秉常死，子乾顺立。来归永乐之俘。当时执政的人，不主张用兵，就还以神宗时所得的四个寨。而夏人侵寇仍不绝。于是诸路同时拓地进筑。夏人国小，不能支持，乃介辽人以乞和。一〇九九年，和议成。自此终北宋之世，无甚兵衅。

天下事最坏的是想侥幸。宋朝累代，武功虽无足称，以兵力论，并不算薄。然而对辽终未敢轻于启衅。实以辽为大国，自揣兵虽多而战斗力实不足恃之故。徽宗时，民穷财尽，海内骚然。当时东南有方腊之乱。虽幸而打平，然而民心的思乱，兵备的废弛，则已可概见了。乃不知警惕，反想借金人的力量，以恢复燕、云，这真可谓之"多见其不知量"了。宋朝的交通金人，起于一一一八年。所求的，为石晋时陷入契丹故地。金太祖答以两国夹攻，所得之地即有之。一一二二年，童贯进兵攻辽，大败。是岁，辽秦晋国王淳死。辽人立天祚帝次子秦王定。尊淳母萧氏为太后，同听政。辽将郭药师来降。童贯乘机再遣兵进攻，又败。贯大惧，遣使求助于金。于是金太祖从居庸关而入，在今河北昌平县西北。攻破燕京。辽太后和秦王都逃掉。明年，而金太祖死，弟太宗立。是时，辽天祚帝尚展转西北。传言夏人将遣兵迎致。金人分兵经略。夏人亦称藩于金。至一一二五年，而天祚帝卒为金人所获。辽朝就此灭亡。宋朝去了一个和好百余年的契丹，而换了一个锐气方新的女真做邻国了。

以契丹的泱泱大风，而其灭亡如此之速，读史的人，都觉得有点奇怪。然而这亦并无足异。原来契丹的建国，系合三种分子而成：即（一）部族，（二）属国，（三）汉人州县。（二）、（三）的关系，本不密切。便（一）也是易于土崩瓦解的。国民没有什么坚凝的团结力，仅恃一个中心人物，为之统驭；这个中心人物而一旦丧失，就失其结合之具；一遇外力，立即分崩离析，向来的北族，本是如此的，契丹也不过其中之一罢了。

当金人初起兵时，其意至多想脱离辽人的羁绊，而自立一国。说这时候，就有灭辽的思想，是决无此理的。辽人的灭亡，全是自己的崩溃。在金人，只可谓遭直天幸。然而虽有如此幸运，而灭辽之后，全辽的土地，都要经营，也觉力小而任重，有些消化不掉了。所以燕云的攻克，都出金人之力，而仍肯以之还宋。但是金人此时，亦已有些汉人和契丹人，代他谋划了。所以其交涉，亦不十分易与，当时金人提出的条件是：燕京之得，全出金人之力，所以应将租税还给金人。营、平、滦三州，都非石晋所割，营、平二州，见上一节[1]。滦州，今河北滦县，系辽人所置。所以不能还宋。交涉久之，乃以宋岁输金银、绢各二十万两、匹，别输燕京代税钱一百万缗的条件成和。于是燕云之地，金人都次第来归。平心而论，以这区区的代价，而收回燕云十六州，如何不算是得计？然而营、平、滦三州的不复，却不但金瓯有缺，而且是种下一个祸根。这不得不怪交涉的人的粗心，初提条件时，连这一点都不曾想到了。于是金人以平州为南京，命辽降将张觉守之。金人这时候，所有余的是土地，所不足的是人民。尤其是文明国民，若把他迁徙得去，既可免土满之患，又可得师资之益，真是一举两得。于是还宋燕京之时，把人民都迁徙而去，只剩得一个空城。宋人固然无可如何。而被迁徙的人民，颠沛流离，不胜其苦。路过平州，乃劝张觉据城降宋。张觉本是个反复无常的人，就听了他们的话。而宋朝人亦就受了他。等到金人来攻，张觉不能守，逃到燕山。宋得幽州之后，建为燕山府。金人来质问，

---

[1] 原为"上章"。

宋人又把张觉杀掉，函首以畀金。徒然使降将离心，而仍无补于金人的不满。一一二五年，金人遂分两道入寇。

第六节　宋和金的关系

当时的宋朝，万无能抵敌金人之理。于是宗望自平州，宗翰自云州，两道俱下。宗翰之兵，为太原张孝纯所扼。而宗望陷燕山，渡黄河，直迫汴京。徽宗闻信，先已传位于钦宗，逃到扬州。金兵既至，李纲主张坚守。宋人又不能始终信用。宋朝的民兵，本来有名无实。募兵当王安石时，业已裁减。蔡京为相，又利用其阙额，封桩其饷，以备上供。这时候，不但有兵而不可用，亦几于无可用的兵。到底陕西是多兵之地，种师道，姚古，又算那方面的世代将家，先后举兵入援。然亦不能抵抗。不得已，乃以割太原、中山、河间三镇；中山，今河北定县。河间，今河北河间县。宋主尊金主为伯父；宋输金金五百万、银五千万两，牛马万头，表段百万匹；以亲王宰相为质的条件成和。旋括京城内金二十万两，银四十万两，交给金兵。金兵才退去。这是一一二六年的事。此时宗翰还顿兵太原，听得这个消息，也差人来求赂。宋人说既已讲和，如何又来需索？不给。宗翰大怒。分兵攻破威胜军、隆德府。威胜军，今山西沁县。隆德府，今山西长治县。宋人以为背盟，遂诏三镇固守。又把金朝派来的使臣萧仲恭捉起来。这萧仲恭，是辽之国戚。急了，要想脱身之计。乃假说自己亦故国之思，能替宋朝招降耶律余睹。宋朝人信了他，给以蜡书。仲恭到燕山，便把蜡书献给宗望。于是宗望、宗翰，再分兵南下。此时太原已陷，两路兵都会于汴京。京城不守，一一二七年，徽、钦二宗及后妃、太子、宗室诸王等，遂一齐北狩。金人立张邦昌为楚帝。

此时只有哲宗的废后孟氏，因在母家，未被掳去。兵退之后，张邦昌乃让位，请她出来垂帘。立高宗为皇帝，即位于归德。今河南商丘县。

高宗初即位时，用李纲为相，命宗泽留守汴京。二人都是主张恢复的。然而当时北方的情势，实在不易支持。于是罢李纲，而用汪伯彦、黄潜善。高宗南走扬州。这时候,宋使王师正请和于金,又暗中招谕汉人和契丹人,为金人所发觉。于是宗望、宗翰,会师濮州。今山东城濮县。遣兵南下。高宗逃到杭州。金人焚扬州而去。这是一一二九年的事。未几,金宗弼又率兵渡江。陷建康,自独松关入,在今安徽广德县东。陷杭州,高宗先已逃到明州。今浙江鄞县。金兵进逼,又逃入海。金人以舟师入海追之三百里,不及,乃还。宗弼聚其掳掠所得,自平江北还。今江苏吴县。韩世忠邀击之于江中。相持凡四十八日,宗弼乃得渡。自此以后,金人以"士马疲敝,粮储未丰",不再渡江,宋人乃得偏安江南。然而东南虽可偷安,西北又告紧急。当宗翰与宗望会师时,曾遣娄室分兵入陕西。宋人则以张浚为京湖川陕宣抚使。浚以金兵聚于淮上,出兵以图牵制。而宗弼渡江之后,亦到陕西参战。两军会战于富平,今陕西兴平县。宋兵大败。陕西之地多陷。幸而张浚能任赵开以理财,又有吴玠、吴璘、刘子羽等名将,主持军事,总算把四川保全。

这时候,宋人群盗满山。自一一二九年之后,金人不复南侵,乃得以其时平定内乱。而金人亦疲敝已极。于是立宋朝的叛臣刘豫于汴京,国号为齐,畀以河南、陕西之地。想借为缓冲,略得休息。而刘豫又起了野心,想要吞并江南。屡次借兵于金以入寇。又多败衄。至一一三七年,遂为金人所废。先两年,金太宗死了,熙宗继立。挞懒专权用事。当金人立张邦昌时,秦桧为御史大夫,上状于金人,请立赵氏之后。为金人所执。金太宗以赐挞懒。后来乘机逃归。倡言要"南人归南,北人归北",天下才得太平。高宗用为宰相。至此,遣使于金,请将河南、陕西之地相还。挞懒答应了。一一三八年,遂以其地来归。明年,挞懒以谋反伏诛。宗弼入政府,金朝的政局一变。和议遂废。宗弼和娄室,再分攻河南、陕西。此时宋朝的兵力,已较前此略强。而宗弼颇有轻敌之意。前锋至顺昌,今安徽阜阳县。为刘琦所败。岳飞亦自荆襄出兵,败金人于郾城。今河南郾城县。吴璘亦出兵收复陕西州郡。而秦桧主和议,召诸师班师。一一六〇年,以下列的条件成和:东以淮水,西以大散关为界。在今陕西宝鸡县南。宋称臣于金,宋岁输金银、绢各二十五万两、匹。

宋南渡以后之兵，以韩、岳、张、刘为大。四人在历史上，都号称名将，而且都是我国民族的英雄。可惜刘光世死后，其兵忽然叛降伪齐，留下韩世忠、岳飞、张俊之兵，号为三宣抚司。秦桧与金言和，乃召三人论功，名义上虽各授以枢府，而实际上则罢其兵柄。未几，岳飞被害，韩世忠骑驴湖上，亦做了个闲散的军官了。于是诸军虽仍驻扎于外，而改号为某州驻扎御前诸军，直隶中央，各设总领，以司其饷项。关于当时诸将骄横的情形，可参考《文献通考·兵考》。

和议成后八年，金熙宗被弑，海陵庶人立。先迁都于燕，后又迁都于汴。一一六〇年，发大兵六十万入寇。才到采石，在安徽当涂县北。东京业已拥立世宗。海陵想尽驱其兵渡江，然后北还。仓猝间，为虞允文所败。改趋扬州，为其下所弑。金兵遂自行撤退。一一六二年，高宗传位于孝宗。孝宗是有志于恢复的。任张浚为两淮宣抚使。张浚使李显忠等北伐，大溃于符离。在今安徽宿县。一一六五年，和议复成。宋主称金主为伯父。岁币银、绢各减五万。地界则如前。

金世宗时，是金朝的全盛时代。当海陵时，因其大营宫室，专事征伐，弄得境内群盗蜂起，世宗为图镇压起见，乃将猛安、谋克户金朝的制度，部长在平时称字董，战时称猛安、谋克。猛安，译言千夫长。谋克，译言百夫长。大约所统的人，近乎千人的，则称猛安；近乎百人的，则称谋克。移入中原，夺民地以给之。于是女真人的村落，到处散布，中国人要图反抗，更加不容易了。然而金朝的衰弱，亦起于此时，诸猛安、谋克人，都惟酒是务，"有一家百口，垅无一苗"的。既失其强悍之风，而又不能从事于生产，女真人就日趋没落了，然而还非宋人所能侮。

宋孝宗亦以生时传位于光宗，光宗后李氏，与孝宗不睦；光宗又有疾，因此定省之礼多阙。群臣以为好题目，群起谏诤。人心因之颇为恐慌。一一九四年，孝宗崩。光宗因病不能出。丞相赵汝愚，乃因阁门使韩侂胄，请命于高宗的皇后吴氏，请其出来主持内禅之事，光宗遂传位于宁宗。宁宗立后，韩侂胄亦想专权，而为赵汝愚所压。乃将汝愚挤去。朱熹在经筵，论其不当。侂胄遂将朱熹一并排斥。此时道学的声势正盛，侂胄因此大为清议所不与。要想立大功以恢复名誉。当光宗御宇之日，亦即金章宗即位之年。章宗初年，北边仍岁叛乱，河南、山东，又颇有荒歉。附会韩侂胄的人，就张大其辞，说金势有可乘。韩侂胄信了他，暗中豫备。至一二〇六年，遂下诏伐金。开战未儿，到处皆败。襄阳、淮东西，失陷之处甚多。侂胄复阴持和议。金人复书，要斩侂胄之首。侂胄大怒，和议复绝。而宁宗的皇后杨氏，和侂胄有隙，使其兄次山和礼部侍郎史弥远密谋，诱杀侂胄，函首以畀金，和议乃成。岁币增为三十万两、匹。时为一二〇八年。明年，金章宗死，卫绍王立，而蒙古兵亦到塞外了。

第七节　宋的学术思想和文艺

宋朝是一个有创辟的时代。其学术思想和文艺，都有和前人不同之处。

天下事物极必反，有汉儒的泥古，就有魏晋人的讲玄学。有佛学的偏于出世，就有宋学的反之而为入世。

宋学的巨子，当推周、程、张、朱。周子名敦颐，道州人。著有《太极图说》和《通书》。其大意，以为无极而太极。无极而太极，就是说太极无从追溯其由来的意思。即太极亦是合阴阳两种现象而立名，阴阳亦不过归纳各种现象的两个观念，并非实有其物。阴阳且非实体，无极太极，更不必说了。太极动而生阳，静而生阴。因其一动一静，而生五种物质，是为五行，再以此为原质，组成万物。人亦是万物之一，所以其性五端皆具。五端，谓仁、义、礼、智、信。汉儒五行之说，以仁配木，礼配火，信配土，义配金，智配水。但其所受之质，不能无所偏胜，所以人之性，亦不能无所偏。当定之以仁、义、中正而主静。张子名载，陕西郿县横渠镇人。他把宇宙万物，看成一汇。物的成毁，就是气的聚散。由聚而散，为气的消极作用，是为鬼。由散而聚，为气的积极作用，是为神。所以鬼神就在万物的本身，而幽明只是一理。气是一种物质。各种物质相互之间，本有其好恶迎拒的。人亦气所组成，所以对于他物，亦有其好恶迎拒，此为物欲的根源。此等好恶，不必都能合理。所以张子分性为气质之性和义理之性，而说人当变化其气质。周、张二子所发明的，都是很精妙的一元论。二程所发明，则较近于实行方面。二程是弟兄。洛阳人，大程名颢，小程名颐。大程主"识得此理，以诚敬存之"。小程则又提出格物，说"涵养须用敬，进学在致知"。朱子名熹。他原籍婺源，而居于闽，所以周、程、张、朱之学，亦称为濂、洛、关、闽。濂溪，本在道州，即今湖南道县，为潇水的支流。敦颐后居江西庐山莲花峰前，峰下有溪，西北流，合于湓江。敦颐即以其故乡濂溪之名名之。学者因称为濂溪先生。朱子之学，是承小程之绪的。他读书极博，制行极谨严。对于宋代诸家之说，都有所批评，而能折衷去取，所以称为宋学的集大成。但同时有金溪陆九渊，以朱子即物穷理之说为支离。他说心为物欲所蔽，则物理无从格起，所以主张先发人本心之明。大抵陆子之说，是为天分高，能直探本原的人说法的。朱子之说，则为天分平常，须积渐而致的人说法的。然正惟天分高，然后逐事检点，不虑其忘却本原；亦惟天分平常，必先使他心有所主。所以清代的章学诚说朱、陆是千古不能无的同异，亦是千古不可无的同异。以上所说，是宋学中最重要的几个人。此外在北宋时，还有邵雍，则其学主于术数。南宋时，张栻、吕祖谦和朱熹，同称乾淳三先生。乾道、淳熙，宋孝宗年号。乾道自一一六五至一一七三年，淳熙自一一七四至一一八九年。祖谦喜讲史学。永嘉的陈傅良、叶适，永康的陈亮，都受其影响。其说较近于事功。讲宋学的人，不认为正宗。然实亦互相出入。宋学家反对释氏。他们说"释氏本心，吾徒本天"。而他们所谓天，就是理，所以其学称为理学，尊信其说的人，以为其说直接孔、孟；而孔、孟之道，则是从尧、舜、禹、汤、文、武、周公，相传下来的，所以又称为道学。后来的考据家，则谓宋学的根源，是《先天》《太极》两图；而此两图，都是出于宋初华山道士陈抟的，所以说宋学实出道家。《太极图》为众所共知，不必再说。邵子的《先天次序图》如右：其图以白处代《易

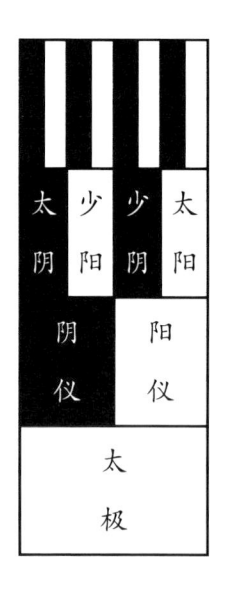

经》的阳画（－），黑处代易经的阴画（－－）。最下一层为太极，是不能分白黑的，图上的白色，不作为白色看。第二层为两仪。第三层为四象。至第四层则成八卦。合二三四三层观之，其次序为乾一，兑二，离三，震四，巽五，坎六，艮七，坤八。又八卦的方位：旧说是离南，坎北，震东，兑西，乾西北，坤西南，艮东北，巽东南。邵子说：这是文王所改，是后天卦位。邵子所传的图，则乾南，坤北，离东，坎西，兑东南，震东北，巽西南，艮西北。说这是先天方位，伏羲所定。案邵子的哲学，是一而二，二而四，四而八……如此递推下去的。其《先天次序图》，表现这种思想。其《卦位图》，则赞成他的人说：天位乎上，地位乎下；日生于东，月生于西；山镇西北，泽注东南；风起西南，雷动东北；自然和天地造化相合。又有因宋儒好谈心性，以为实是释氏变相的。然后一时代的学问，对于前一时代的学问，虽加反对，势不能不摄取其精华；而学问的渊源，和其后来的发展、成就，也并无多大的关系，往往有其源是一，其流则判然为两的。所以此等说，都无足计较。宋学总不失为一种独立而有特色的学术。

清代的汉学家，对于宋学，排斥颇力。其实考据之学的根源，亦是从宋代来的。宋儒中如著《困学纪闻》的王应麟，著《日钞》的黄震，都是对于考据很有功夫的。所以宋朝人对于史学，亦很有成绩。自唐以后，正史必出于合众纂修，已成通例。只有宋代，《新五代史》是欧阳修所独撰；《新唐书》为修及宋祁所合撰。虽出两人之手，亦去独撰的不远。司马光修《资治通鉴》，自战国迄于五代，为编年史中的巨著。朱子因之而作《纲目》，虽其编纂不如《通鉴》的完善，而其体例，则确较《通鉴》为优。《通鉴》事实甚繁，苦于无从检阅。司马光因此另编《目录》三十卷。然《目录》与本书，分而为二；而小事《目录》中又不能尽载，检阅仍苦不便。朱子因此而创纲目之例。纲用大书，目用分注。要检查的，只要看其纲就得了。《纲目》一书，朱子仅发凡起例，其编纂则属之天台赵师渊。师渊编辑得不甚精善。所以考求事实的人，都据《通鉴》而不据《纲目》。但编纂尽善与否是一事；体例的善否，又是一事。论事实的考订去取，《纲目》确不如《通鉴》之精，论体例则《纲目》确较《通鉴》为善。试取两书，略一翻阅便知。袁枢又因《通鉴》而作《纪事本末》，为史书开一新体。马端临因《通典》而作《文献通考》。其事实的搜辑，实较《通典》为备；而门类的分析，亦较详。郑樵包括历代的史书而作《通志》，虽其编纂未善，然论其体例，确亦能囊括古今，删除重复的。而二十略中，尤多前人未及注意之点。二十略里，《氏族》《七音》《都邑》《草木》《昆虫》为略，是前此史志所无的。此外宋朝人对于当代的史料，搜辑之富，亦为他时代所不及。而史事的考证和金石之学，亦始自宋人。考证之学，如刘攽、刘奉世的《两汉书刊误》，吴缜的《新唐书纠缪》等。金石之学，如欧阳修的《集古录》等。

唐朝虽为古文创作时代，其实当时通行的仍是骈文。至于宋朝，则古文大盛。如欧阳修、王安石、三苏父子、曾巩等，都为极有名的作家。宋朝人的骈文，亦生动流利，和唐以前人所作，虽凝重而不免失之板滞的不同。诗，亦于唐人之外，别开新径。唐人善写景，宋人则善言情。比较起来，自然是唐诗含蓄而有余味。然而宋人亦可谓能开拓诗的境界，有许多在唐代不入诗的事物，至此都做入诗中了。词则宋代尤推独绝，南北宋都有名家。宋学家是讲究道理，不注重词华的。所以禅家的语录，宋学家亦盛行使用。又其时平民文学，甚为发达。说话之业甚盛。后来笔之于书，就是所谓平话体的小说了。

印刷术的发达，是推动宋代文化的巨轮。古代的文字，书之于简牍。要特别保存得长久的，则刻之于金石。不论金石和简牍，总是供人观览，而非以为摹拓之用的。汉魏的《石经》，还是如此。但是后来渐有摹拓之事。摹拓既兴，则刻之于木，自较刻之于石，为简易而省费。据明代陆深所著的《河汾燕间录》，说隋文帝开皇十年——公元五九〇年——敕天下废像遗经，悉令雕板。这是我国印刷术见于记载之始。然当隋、唐之世，印刷之事，还不盛行。所以其时的书，还多是钞本，得书尚觉艰难。至公元九〇八年，即后唐明宗长兴三年，宰相冯道、李愚，才请令国子监校正《九经》，刻板印卖。是为官家刻书之始。此后官刻和私人为流传而刻，书贾为牟利而刻的就日多。宋以后的书籍，传于世的，远非唐以前所能比，就是受印刷术发达之赐。活字板是宋代毕昇所创，事在仁宗庆历中——公元一〇四一至四八年——其时字以泥制。到明代，无锡华氏，才改用铜制。可参看孙毓修《中国雕板源流考》。

第八节　宋的制度和社会

宋代的兵制，和北宋以前学校选举之制，已见本章第三节和第六节[1]。今再补述其余的制度如下：

宋代的制度，都是沿袭唐代的。其取之于民的，共分五项：（一）为公田之赋；（二）为民田之赋，这都是田税；（三）为丁口之赋，是身税；（四）为城郭之赋，是宅税和地税；（五）为杂变之赋，亦谓之沿纳，是唐行两税之后，复于两税之外，折取他物，而后遂变为常赋的。凡此种种，其取之都用两税之法，于夏、秋分两次交纳。宋代病民的，不在于税而在于役。自王安石行青苗法后，元祐复行科差，绍圣再变为雇役。自后差雇两法并行。因欲行签差之法，必须调查人民的资产。其中责令人民自行填报的，谓之"手实"。由官派人查轧的，则谓之"推排"。卖买田产时，将物力簿同时改正的，则谓之"推割"。诸法都难得公平，又难于得实，总是厉民之政。在中国法律上，官和人民交易，亦同人民和人民交易一样，谓之"和"。所以和籴及和买，本应确守私法上的原则。然而其后，都有短给和迟给的；甚或竟不给钱，而所籴所买，遂变为赋税。这亦是厉民之政。

两税以外的赋税，都起于唐中叶以后。因其时藩镇擅土，中央的收入减少，不得不求之于此。宋代养兵太多，遂沿而未改。其中最重要的是盐税。其法起于唐之刘晏。借民制盐，而免其徭役，谓之灶户，亦称亭户。在刘晏时，还是行就场征税之法。一税之后，任其所之。后来渐变为官卖。又或招商承买，则谓之通商。茶法，亦起于唐中叶之后。制茶的人，谓之园户。岁输定额的茶，以代赋税。其余悉数由官收买。官买茶的价钱，都是先给的，谓之"本钱"。于江陵、真州、海州、汉阳军、无为军、蕲州的蕲口，真州，今江苏仪征县。海州，今江苏东海县。

1　原为"第三十一和三十四章"。

汉阳军,今湖北汉阳县。无为军,今安徽无为县。蕲州,今湖北蕲春县。设立榷货务六处。除淮南十三场外,其余的茶,都运到这六榷货务,由官发卖。京师亦有榷货务,但只主给钞而不积茶。酒:州郡都置务官酿。县、镇、乡、间,则听民酿而收其税。坑冶:官办的置监、冶、场、务等机关,民办的,则按一定分数,"中卖"于官。商税,起于唐代的藩镇,而宋因之。州县各置收税的机关,名之为务。税分过税和住税两种。过税取百分之二,住税取百分之三。所税的物品和其税额,各处并不一律。照例都应得榜示出来,然而实际能否一一榜示;榜示之后,能否确实遵守,就很难言之了。这实在也是厉民之政,和清代的厘金无异。宋代还有一种借官卖以省漕运的办法,是为"入边"和"入中"。其法:令商人入刍粟于边,或入现钱及金帛于京师榷货务。官给以钞,令其到指定的地方,支取货物。其初只解池的盐,解州、安邑两池所产的盐。解州,今山西解县。安邑,今山西安邑县。用此办法,为陕西沿边之备。后来东南茶盐,和榷货务的缗钱,都许商人指射,谓之三说。说即今兑换的"兑"字。更益以犀、象、香药,则谓之四说。在实物经济时代,运输货物,本是件最困难的事。如此,既省行政上的麻烦,又省转运时的弊窦,本是个好法子。但官吏和商人,通同作弊,把商人所入的刍粟,高抬其价,谓之"虚估",而官物遂不免虚耗。又且入刍粟的土人,并不会做盐茶等卖买,得钞都是卖给商人,或京师的交引铺,他们都要抑勒钞价,实际入刍粟的并无利益,群情遂不踊跃,边备仍不充实。后来乃令商人专以现钱买茶,官亦以现钱买刍粟。于是茶不为边备所需,而通商之议起。通商之议既起,乃停给茶户本钱,但计向者所得的息钱,取之茶户,而听其与商人卖买。到蔡京出来,又变茶法。由官制长引、短引,卖给商人。商人有此引的,即许其向茶户买茶。如此,便只是一种买茶的许可证了。后来淮浙之盐,亦用此法,为后世所沿袭。南渡之后,地方削小,而费用增广。盐茶等利,较北宋都有所增加。又有所谓经总制钱、板帐钱等。系将各种杂税,或某种赋税上增取之数,以及其他不正当的收入,凑起来的。其厉民更甚。

宋代的人民,是很为困苦的。因为唐中叶以后,武人擅土,苛税繁兴，又好用其亲信做地方官或税收官吏之故。宋兴，此等苛税，多所捐除，然而仍不能尽。至于豪强兼并，则自天宝以来，本未有抑强扶弱的政令；加以长期的扰乱，自然更为厉害了。所以宋代的平民，其受剥削特甚。当时民间借贷，自春徂秋，出息逾倍。太宗时尝禁之，见《宋史·食货志》。而且各种东西，都可以取去抵债。见《宋史·陈舜俞传》。折算之间，穷人自然格外吃亏了。当时司马光上疏，诉说农民的疾苦，曾有这几句话：

> 幸而收成，公私之债，交争互夺。谷未离场，帛未下机，已非己有。所食者糠籺而不足，所衣者绨褐而不完。直以世服田亩，不知舍此更有何可生之路耳。亦见《宋史·食货志》。

可谓哀切极了。王安石所以要推行青苗法，其主意，就是为防止民间的高利贷。然而以官吏办借贷之事，总是无以善其后的。所以其法亦不能行。在宋代，得人民自助之意，可以补助行政的，有两件事：其（一）是社仓。社仓之法，创于朱子。其以社为范围，俾人民易受其益，而且易于感觉兴味，便于管理监督，和义仓之法同。而在平时可兼营借贷，则又得青苗法之意。其（一）是义役。义役是南宋时起于处州的松阳县的。今浙江松阳县。因为役事不能分割，所以负担不得平均。乃由众出田谷，以助应役之家。此两法若能推行尽利，确于人民很有益处，而惜乎其都未能。南渡之后，两浙腴田，多落势家之手，收租很重。末年，贾似道当国，乃把贱价强买为官田，即以私租为税额。田主固然破家者众，而私租额重而纳轻，官租额重而纳重，农民的受害更深。南宋亡后，虽其厉民之政，亦成过去。然而江南田租之重，则迄未尝改。明太祖下平江。恶其民为张士诚守，又即以私租为官赋。江南田赋之重，就甲于天下。后来虽屡经减削，直到现在，重于他处，还是倍蓰不止。兼并之为祸，可以谓之烈了。

宋代士大夫的风气，亦和前代不同。宋人是讲究气节的。这固然是晚唐、五代以来，嗜利全躯的一个反动，而亦和其学术有关系。宋朝人的议论，是喜欢彻底的，亦是偏于理论的。所以论事则好为高远之谈，论人则每作诛心之论。这固然也有好处，然而容易失之迂阔，亦容易流于过刻。而好名而激于意气，则又容易流为党争。自辽人强盛以来，而金，而元，相继兴起，宋人迭受外力的压迫，其心理亦易流于偏狭。所以当国事紧急之时，激烈的人，往往发为"只论是非，不论利害""宁为玉碎，毋为瓦全"的议论。这固然足以表示正义，而且也是民族性应有的表现。然而不察事势，好为高论，有时亦足以偾事。而此等风气既成之后，野心之家，又往往借此以立名，而实置国家之利害于不顾，则其流弊更大。此亦不可以不知。

第十六章

蒙元帝国的盛衰

第一节　元的勃兴和各汗国的创建

当公元十三世纪之初，有一轩然大波，起于亚洲的东北方，欧、亚两洲，都受其震撼。这是什么事？这便是蒙古的兴起。

蒙古，依中国的纪载，是室韦的分部。唐时，其地在望建河南。见《新唐书》。望建河，即今黑龙江。但其人自称为鞑靼。蒙人自著的《秘史》即如此。鞑靼是靺鞨别部，居于阴山的。据蒙古人自著的《元朝秘史》看起来：他始祖名孛儿帖赤那，十传而至孛儿只吉歹。孛儿只吉歹的妻，唤做忙豁勒真豁阿。忙豁勒真豁阿，译言蒙古部的美女。我们颇疑心孛儿只吉歹是鞑靼人。因其娶蒙古部女，才和蒙古合并为一。和金朝王室的始祖，以高丽人而为生女真的完颜部人一样。

蒙古部落，自孛儿只吉歹之后，又十一传而至哈不勒，是为成吉思汗的曾祖，始有可汗之号。可以想见其部落的渐强。哈不勒死后，从弟俺巴孩，继为可汗。为金人所杀。部人立哈不勒子忽都剌为可汗。向金人报仇，败其兵。忽都剌死后，蒙古无共主，复衰。成吉思汗早年，备受塔塔儿、蔑儿乞及同族泰亦赤兀诸部的龃龉。后来得客列部长王罕、札答剌部长札木合为与部，乃把诸部次第打平。此时沙漠西北的部落，以乃蛮为最强。而金朝筑长城，自河套斜向东北，直达女真旧地，使汪古部守其冲。乃蛮约汪古部同伐蒙古。汪古部长来告。成吉思汗先举兵伐乃蛮，破之。公元一二〇六年，漠南北诸部，遂大会于斡难木涟之源，公上成吉思汗的尊号。塔塔儿，即"鞑靼"异译。据《元朝秘史》，地在捕鱼儿海附近，即今达里泊。蔑儿乞，在鄂尔坤、色楞格两水流域。泰亦赤兀，系俺巴孩之后。客列部，在土剌河流域。札答剌，亦蒙古同族，成吉思汗十一世祖孛端察儿，娶一有孕妇人，生子曰札只剌歹，其后为札答剌氏。乃蛮酋长太阳罕，地南近沙漠。其弟不亦鲁黑，则北近金山。汪古之地，在今绥远归绥县北。斡难木涟，即今敖嫩河。

成吉思汗既即汗位，其目光所注，实在中原。于是于一二一〇年，伐夏。夏人降。明年，成吉思汗遂伐金。此时金朝的兵力，业已腐败。加以这一次，汪古与蒙古言和，放其入长城，出其不意。于是金兵四十万，大败于会河堡。在今察哈尔万全县西。蒙古兵遂入居庸关，薄燕京。明年，成吉思汗再伐金。留兵围燕京。自将下山东。分兵攻河东和辽西。到处残破，黄河以北，其势就不可守了。此时金人已弑卫绍王，立宣宗。成吉思汗还兵，屯燕城北。金人妻以卫绍王之女，请和。蒙古兵已退，金宣宗迁都于汴。成吉思汗说他既和而又迁都，有不信之心。再发兵陷燕京。此时金人的形势，本已岌岌待亡，因成吉思汗有事于西域，乃又得苟延残喘。

成吉思汗的西征，是花剌子模国的骄将所引起的。Khmarizm.即《唐书》的货利习弥。先是唐中叶以后，大食强盛，葱岭以西诸国，悉为所并。然不及三百年，威权渐替。东方诸酋，多据地自擅，其间朝代的改变甚多。当辽朝灭亡时，雄视西亚的塞而柱克朝已衰，花剌子模渐盛。Seljuks.辽朝的宗室耶律大石，逃到唐朝的北庭都护府，会合十八部王众，选其精锐而西。遂灭塞而柱克，服花剌子模。立国于吹河流域的虎思斡耳朵，是为西辽。乃蛮既亡，其酋长太阳罕的儿子古出鲁克，逃到西辽。和花剌子模王阿拉哀丁·谟罕默德Alai-ud-dinMohammed.内外合谋，篡西辽王之位。于是乃蛮复立国于西方，而花剌子模亦乘机拓土，成为西方的大国。这时候，雄张于西域的，实在仍是回族。成吉思汗既定漠南北，在天山北路的畏吾儿和其西的哈剌鲁畏吾儿，即"回纥"异译。哈剌鲁，即《唐书》的葛逻禄。都来降。蒙古和西域交通的孔道遂开。花剌子模王有兵四十万，都是康里人。Cancalis.王母亦康里部酋之女。将士恃王母而骄恣；王母亦因举国的兵，都是其母族人，其权之大与王埒。所以国虽大而其本不固。成吉思汗既侵入中原，古出鲁克和前此逃往西域的蔑儿乞酋长忽秃，都乘机谋复故地。成吉思汗怕漠北根本之地，或有摇动，乃于一二一六年北还。命速不台打平忽秃，哲别打平古出鲁克。于是蒙古的疆域，就和花剌子模直接。成吉思汗因商人以修好于花剌子模，花剌子模王也已应允了。未几，蒙古人四百余，随西域商人西行。花剌子模讹打剌城的镇将，_{城在锡尔河滨。镇将系王母之弟。}指为蒙古间谍，把他尽数杀掉。其中只有一个人，得逃归报信。成吉思汗闻之，大怒，而西征的兵遂起。

成吉思汗的西征，事在一二一九年。先打破讹打剌和花剌子模的都城寻思干，_{今撒马儿干。}花剌子模王遁走。成吉思汗命哲别、速不台追击。王辗转逃入里海中的小岛而死。其子札剌哀丁 Djelal-ud-dinmangou-birti. 逃到哥疾宁，_{城名，在巴达克山西南，印度河东。}成吉思汗自将追之。破其兵于印度河边。乃东归。时在一二二二年。哲、速二将的兵，别绕里海，越高喀斯山_{今译作高加索。此依《元史译文证补》。}败阿速、撒耳柯思和钦察的兵。钦察的酋长逃到阿罗思。二将追击。阿罗思人举兵拒敌，战于孩儿桑。阿罗思大败。亡其六王七十侯，兵士死掉十分之九。列城都没有守备，只待蒙古兵到迎降。而二将不复深入，但平康里而还。_{阿速（Aces），在高喀斯山北。撒尔柯思（Circasses），在端河滨。钦察，亦作乞卜察兀（Kiptchacs），在乌拉岭西，里海、黑海之北。阿罗思，即俄罗斯。}

成吉思汗东归后，于一二二七年，再伐西夏，未克而殂，遗命秘不发丧。夏人乃降。一二二九年，太宗立，再伐金。金人从南迁后，尽把河北的猛安谋克户，调到河南。又夺人民之地以给之。人民怨入骨髓，而这些猛安谋克户，既不能耕，又不能战，国势益形衰弱。于是宋人乘机，罢其岁币。金人想用兵力胁取；又和夏人因疆场细故失和，三方都开了兵衅。国力愈觉不支。到一二二五年，宣宗殂，哀宗立，才和夏人以兄弟之国成和，而对于宋朝的和议，则始终不能成就。当成吉思汗西征时，拜木华黎为太师国王，命其经略太行以南。这时候，蒙古兵力较薄，在金人，实在是个恢复的好机会。然而金人亦不能振作。仅聚精兵二十万，从邳州到潼关，列成一道防线。邳州，今江苏邳县。太宗因此线不易突破，乃使拖雷假道于宋，宋人不允，拖雷遂强行通过。从汉中历襄、邓而北，与金兵战于三峰山，在今河南禹县。金兵大败。良将、锐卒都尽。太宗又自白坡渡河，在今河南孟津县。命速不台将汴京围起，攻击十六昼夜，因金人守御坚，不能破，乃退兵议和。而金朝的兵，又逞血气之勇，把蒙古使者杀掉，和议复绝。汴京饥窘不能立。金哀宗乃自将出攻河北的卫州，今河南汲县。想从死里求生，又不克，乃南走蔡州。而宋人此时，又袭约金攻辽的故智，和蒙古人联合以攻金，金人遂亡。时在一二三四年。

约元攻金，是袭约金攻辽的故智，而其轻于启衅，亦是后先一辙的。金宣宗死的明年，宋宁宗也死了。宁宗无子，史弥远援立理宗，因此专横弥甚。弥远死后，贾似道又继之。贾似道的为人，看似才气横溢，实则虚浮不实，专好播弄小手段，朝政愈坏。灭金之后，武人赵葵、赵苑等，创议收复三京，宋以大梁为东京，洛阳为西京，宋州为南京，大名为北京。宰相郑清之主之。遣兵北侵。入汴、洛而不能守，却因此和蒙古启了兵衅。川、楚、江淮，州郡失陷多处。这时候，是蒙古太宗时代，还未专力于攻宋。一二四一年，太宗死了。到一二四六年，定宗才立。又因多病，不过三年而殂。所以此时，宋人还得偷安旦夕。一二五一年，蒙古宪宗立。命弟阿里不哥留守漠北，忽必烈专制漠南。一二五八年，宪宗大举入蜀，围合州。今四川合川县。先是忽必烈总兵自河洮入吐蕃，平大理。留兀良合台经略南方而北还。及是，忽必烈亦自河南南下，围鄂州。今湖北武昌县。兀良合台又出广西、湖南，和他会合。贾似道督兵援鄂，不敢战，遣使于忽必烈，约称臣，输岁币，划江为界以请和。适会蒙古宪宗死于合州城下，忽必烈急于要争夺汗位，乃许宋议和而还。贾似道却讳其和议，以大捷闻于朝。

明年，忽必烈自立，是为元世祖。时世祖以各方面多故，颇想与宋言和，而贾似道因讳和为胜之故，凡元使来的，都把他拘囚起来。一二六四年，元世祖迁都于燕。明年，理宗崩，度宗立。此时元人尚未能专力攻宋，而宋将刘整，因与贾似道不合，叛降元，劝元人专力攻襄阳。一二六八年，元人就把襄阳围起。围经六年，宋人竟不能救。一二七三年，襄阳陷落，宋势遂危如累卵。一二七四年，度宗崩，恭帝立。年幼，太后谢氏临朝。元使伯颜总诸军入寇。伯颜分兵平两湖。自将大军，长驱东下。陷建康。一二七六年，临安陷。太后及恭帝皆北狩。宋故相陈宜中等，立益王于福州。旋为元兵所逼，走惠州。后崩于硇洲。宋人又立其弟卫王，迁于厓山。一二七九年，元将张宏范来攻。宋宰相陆秀夫，负帝赴海而死。大将张世杰收兵到海陵山，亦舟覆而死。福州，今福建闽侯县。惠州，今广东惠阳县。硇洲，在今广东吴川县海中。厓山，在今广东新会县海中。海陵山，在今广东海阳县海中。中国至此，遂整个为蒙古所征服。汉族武力之不竞，至此可谓达于极点了。

蒙古不但征服中国，当太宗时，又尝继续遣兵西征。再破钦察，入阿罗思。遂进规孛烈儿和马札剌。入派特斯城。西抵威尼斯。欧洲全境震动，会太宗凶问至，乃班师。宪宗时，又遣兵下木剌夷，平报达。渡海收富浪岛。孛烈儿，即今波兰。马札剌，今匈牙利。木剌夷（Mulahida），为天方教中之一派，在今里海南岸。当金末，辽东和高丽之间，叛乱蜂起。蒙古因遣兵平定，和高丽的兵相遇，约为兄弟之国。后来蒙古使者，为盗所杀，蒙人疑为高丽人所为，两国遂起兵衅。直至一二五九年，和议才成。高丽内政，自此常受元人的干涉。甚至废其国王，而立征东行省于其地。对于南方，则兀良合台尝用兵于安南。其后世祖时，又尝用兵于安南、占城及缅，都不甚利。然诸国亦都通朝贡。对于南洋，曾一用兵于爪哇，其余招致而来的国亦颇多。惟用兵于日本，最为不利。世祖先命高丽人往招日本，后又自遣使往招，日本都不应。一二七四年，遣忻都往征，拔对马，陷壹歧，掠肥前沿海。以飓风起而还。一二八一年，再遣忻都、范文虎率兵二十万东征。兵至鹰岛，以"飓征"见，文虎等择坚舰先走。余众遂多为日人所杀。世祖大怒，更谋再举，以正用兵安南，遂未果。以当日蒙古的兵力，实足以踏平日本而有余，乃因隔海之故，致遭挫衄，在日本，亦可谓之遭直天幸了。

综观蒙古用兵，惟对于东南两方，小有不利，其余则可谓所向无前。这也是遭际时会，适逢其时各方面都无强国之故。蒙古是行封建之制的,而成吉思汗四子,分地尤大。因为蒙人有幼子袭产的习惯,所以把和林旧业,和林城,太宗所建。今额尔德尼招,是其遗址。分与第四子拖雷。此外长子术赤,则分得花剌子模、康里、钦察之地。三子窝阔台,即太宗,则分得乃蛮故地。二子察合台,则分得西辽故地。说本日本那珂通世,见所撰《成吉思汗实录》。其后西域直到宪宗之世,才全行戡定。其定西北诸部,功出于术赤之子拔都,而定西南诸部,则功出于拖雷之子旭烈兀。所以术赤分地,拔都之后,为其共主。伊兰高原,则旭烈兀之后君临之。西史所谓窝阔台汗国,就是太宗之后。察合台汗国,是察合台之后。钦察汗国,是拔都之后。伊儿汗国,是旭烈兀之后。窝阔台之后称Km of Oghatai,亦称Naiman(乃蛮)。察合台之后称Km of TeHaghatai。拔都之后称Km of Kiptchak,亦称Golden Horde。旭烈兀之后称Km of Iran。总而言之,世祖灭宋之日,就是元朝最盛之时。然而其分裂,也就于此时开始了。

第二节 中西文化的交通

从近世西方东渐以前,有元一代,却算得一个中西交通最盛的时代。因为前此中西交通,差不多只靠海路,至此时,则陆路也发达了。

在西半球尚未发现,绕行非洲南端之路,亦未通航,黑海、地中海、红海、波斯湾,实在是东西两洋交通的枢纽。而其关键,实握于大食人之手。所以在当时,东西交通,以大食人为最活跃。当北宋中叶,十字军兴,直至南宋之末,这二百年之中,虽然天方教国,和景教国蹀血相争,极宗教史、政治史上的惨苦,然而开发文明的利器,罗盘针、印刷术、火药,中国人所发明的,都经大食人之手,而传入欧洲。给近世的欧洲以一个大变化。至元代西征成功之后,其疆域跨据欧洲,而其形势又一变了。

元太宗时,曾因奉使的人,都经民地,既费时,又扰民,商诸察合台,拟令千户各出夫马,设立站赤。察合台也赞成了。他即于所辖境内设立。西接拔都,东接太宗辖境。如此,欧亚两洲之间,就不啻开辟出一条官道了。

当时景教诸国，正因和天方教国兵争，要想讲远交近攻之策。于是一二四五年，罗马教皇派柏朗嘉宾（Plan Carpin），一二五三年，法王路易第九又派路卜洛克（Rubruck），先后来到和林。而当时的商人，更为活跃。他们或从中央亚细亚经天山南路，或从西伯利亚经天山北路，远开贩路于和林及大都。日本桑原骘藏《东洋史要》近古期第三篇第七章。至于水路：则自唐宋以来，交通本极繁盛。在宋时，浙江的澉浦、杭州、秀州、明州、台州、温州，福建的福州、泉州，广东的广州，以及今江苏境内的华亭和江阴，山东境内的板桥镇，都曾开作通商港。秀州，今浙江嘉兴县。台州，今浙江临海县。温州，今浙江永嘉县。泉州，今福建晋江县。板桥镇，即今青岛，当时属密州。密州，今山东诸城县。输入的犀、象、香药等，很为社会所宝贵。政府至用以充籴本，称提钞价。而税收或抽分所得，尤为岁入大宗。元时，还继续着这般盛况。

蒙古是新兴的野蛮民族，戒奢崇俭，不宝远物等古训，是非其所知的。所以对于远方的珍品，极其爱好。尤优待商人和工人。其用兵西域时，凡曾经抗拒的城池，城破后都要屠洗，独工人不在其列。太宗时，西商售物于皇室的，都许驰驿。太宗死后，皇后乃蛮氏称制，信任西商奥鲁剌合蛮，至于把御宝宫纸交给他，听其要用时填发。又下令：凡奥鲁剌合蛮要行的事，令史不肯书写的，即断其腕。此等行为，给久经进化的中国人看起来，真是笑话。然却是色目人在元朝活动的惟一好条件。元代本是分人为三级，以蒙古为上，色目次之，汉人、南人为下。所以当时，大食、波斯的学者、军人，意大利、法兰西的画家、职工，都纷集于朝。亦见《东洋史要》。特如意大利的马哥博罗（Marco Polo），以一二三七年来到中国。仕至扬州达鲁花赤。居中国凡三十年。归而刊行游记，为欧人知道东方情形之始。

和元朝关系最深的，自然还是大食的文化。蒙古本来是没有文字的。成吉思汗灭乃蛮之后，获塔塔统阿，才令其教太子、诸王"以畏兀字书国言"。后来世祖命八思巴造新字，于一二七〇年颁行。案成吉思汗的灭乃蛮，事在一二〇四年，则蒙古人专用畏兀字，实在有六十余年。蒙古字颁行之后，虽说"玺书颁降，皆以蒙古字书之，而以其本国字为副。百官进上表章，则以汉字为副。有沿用畏兀字者罚之"，然而后来又说：亦思替非文字，便于计账，依旧传习。而终元之世，回回国子学，亦是和普通学及蒙古国子学并立的。西方输入中国的文化，除宗教而外，要推美术和工业两端。《元史·阿尔尼格传》，说他善于画塑及铸金为像。当时元朝，有王楫使宋所得明堂针灸铜像。年久坏掉了，没有会修的人。世祖叫把给他看。他居然制成了一具新的。关鬲脉络，无不完备。当时两京寺观的像，多出其手。元代诸帝的御容，织锦为之的，亦是阿尔尼格所制。当时的人，叹为图画弗及。其弟子刘元，则精于西天梵相。两都名刹的塑像，出于其手的很多。又火药的发明，虽起自中国，而火炮的制造，则中国人似乎反从欧洲学来。《明史·兵志》说：古代的炮，多系以机发石。元初得西域火炮，攻蔡州始用之，而造法不传。直到明成祖平交趾，得其枪炮，才设神机营肄习。至武宗末，白沙巡检何儒，得佛郎机炮。一五二九年，中国才自行制造起来。有最初的发明，而后来不能推广之以尽其用。这个，中国人就不能不抱愧了。

第三节 元的制度

凡异族入居中国的，其制度，可以分做两方面来看：（其一）他自己本无所有，即使略有其固有的习惯，入中国以后，亦已不可复用，乃不得不改而从我。在这一点上，异族到中国来做皇帝，和中国人自己做差不多，总不过将前代的制度，作为蓝本，略加修改罢了。（又其一）则彼既系异族，对于中国人，总不能无猜防之心。所以其所定的制度，和中国人自己所定的，多少总有些两样。元朝的制度，便该把这种眼光来看。

元朝中央的官制，是以中书省为相职，枢密院主兵谋，御史台司监察，而庶政则分寄之于六部的。这可说大体是沿袭宋朝。至于以宣政院列于中央，而管理吐蕃，则因元朝人迷信喇嘛教之故，这也不足为怪。其最特别的，乃系于路、府、州、县之上，更设行省。在历代，行省总是有事时设置，事定则废的。独至元朝而成为常设之官。这即是异族入居中国，不求行政的绵密，而但求便于统驭镇压的原故。这本不是行政区域，明朝乃废其制而仍其区域；至清代，督抚又成为常设之官，就不免政治日荒，而且酿成外重之弊了。元代定制，各机关的长官，都要用蒙古人的。汉人、南人，只好做副贰，而且实际见用的还很少。这也是极不平等之制。

学校，元朝就制度上看，是很为注重的。虽在当时未必实行，却可称为明朝制度的蓝本。我国历代，学校之制，都重于中央而轻于地方。元制，除京师有普通的国子学和蒙古国子学、回回国子学外，一二九一年，世祖诏诸路、府、州、县都立学。其儒先过化之地，名贤经行之所，和好事之家，出钱粟以赡学的，都许立为书院。诸路亦有蒙古字学、回回学。各行省所在之地，都设儒学提举司，以管理诸路、府、州、县的学校。江浙、湖广、江西三省，又有蒙古提举学校官。其制度，总可算得详备了。

其科举，则直到一三一五年才举行。那已是灭金之后八十一年，灭宋之后三十七年了。其制：分蒙古、色目，和汉人、南人为二榜。第一场：汉人南人试经疑、经义，蒙古色目人则但试经问。第二场：蒙古、色目人试策，汉人、南人试古赋诏诰章表内科一道。第三场：汉人、南人试策，蒙古色目人则不试。案宋自王安石改科举之制后，哲宗立，复行旧制。然士人已有习于经义，不能作诗赋的，后来乃分经义、诗赋为两科。金朝在北方开科举，亦是如此。至此则复合为一。此亦明制所本。而其出身，则蒙古人最高，蒙人科目出身的，授六品官。色目、汉人，递降一级。色目人和汉人南人，要递降一级，这也是不平等的。

其猜防最甚的为兵制。元朝的兵，出于本族的，谓之蒙古军。出于诸部族的，谓之探马赤军。入中原后，发中国人为兵，谓之汉军。平宋所得，谓之新附军。蒙古和诸部族，是人尽为兵的。男子年十五以上，七十以下，都入兵籍。调用汉人之法：其初或以户论，或以丁论，或以贫富论。天下既定之后，则另立兵籍，向来当过兵的人都入之。其镇戍之法：边徼襟喉之地，命宗王带兵驻扎。河洛、山东，戍以蒙古军和探马赤军。江淮以南，则戍以汉兵和新附军。都是世祖和其一二大臣所定。元朝的兵籍，是不许汉人阅看的。在枢密院中，亦只有长官一二人知道。所以有国百年，而汉人无知其兵数者。其民族的色彩，可谓很显著了。

法律亦很不平等的。案辽当太祖时，治契丹及诸夷，均用旧法，汉人则断以律令。太宗时，治渤海亦依汉法。到道宗时，才说国法不可异施，命更定律令，把不合的别存之，则辽已去亡不远了。金朝到太宗时，才参用辽宋旧法。熙宗再取河南，才一依律文。这都是各适其俗的意思。元朝则本族人和汉人，宗教徒和非宗教徒，都显分畛域。如蒙古人杀死汉人，不过"断罚出征"和"全征烧埋银"。又如"僧、道、儒人有争，止令三家所掌会问""僧人惟犯奸盗诈伪，至伤人命，及诸重罪，有司归问。其僧侣相争，则田土与有司会问"等都是。《元史·刑法志》职制上及杀伤。

赋税，行于内地的，分丁税及地税，仿唐的租庸调法。行于江南的，分夏税及秋税，仿唐朝的两税法。役法称为科差。有丝料和包银之分。丝料之中，又有二户丝、五户丝之别。二户丝输官，五户丝则输于本位。元诸王、后妃、公主、勋臣，各有采地。这五户丝，是由地方官征收，付给本人的。包银之法：汉人纳银四两。二两输银，二两折收丝绢颜色。此外又有俸钞一项。把诸项合起来，作一大门摊，分为三次征收。赋役而外，仍以盐、茶两税为大宗。其行盐各有郡邑，是为"引地"之始。此外总称为额外课。就是征收随其多少，不立定额的意思，其名目颇为琐碎。

宋、金、元、明四代，有一厉民之政，便是钞法。钞法是起于北宋时的。因宋于四川区域之内，行使铁钱，人民苦于运输的不便，乃自造一种纸币，名为交子。一交一缗。三年一换，谓之一界。以富人十六户主之。后来富人穷了，付不出钱来，渐起争讼。真宗时，转运使薛田，才请改为官办。这本是便民的意思。然而后来，官方遂借以筹款，而推行于他处。蔡京时谓之钱引。南宋则始称交子，末造又造会子。成为国家所发行的纸币了。交会本当兑换现钱的，然而后来，往往不能兑换，于是其价日跌。大约每一缗只值二三百文。然而这还算好的。金朝亦行其法于北方，名之为钞，则其末造，一文不值，至于以八十四车充军赏。金朝的行钞，原因现钱阙乏，不得不然。后来屡谋铸钱。然而所铸无多，即铸出来，亦为纸币所驱逐。所以元定天下之后，仍不得不行钞。乃定以钞与丝及金、银相权。丝、金、银是三种东西，岂能一律维持其比价？这本是不通的法子。况且后来所造日多，其价日落，就连对于一物的比价，也维持不住了。至于末年，则其一文不值，亦与金代相同。明有天下，明知其弊，然因没有现钱，仍无法不用钞。而行用未几，其价大落。至宣宗宣德初——一四二六年——明朝开国不满六十年，已跌得一贯只值一两文了。于是无可如何，大增税额；又创设许多新税目，把钞都收回，一把火烧掉。从此以后，钞就废而不用了。当金朝末年，民间交易，已大多数用银。至此，国家亦承认了它。一切收入及支出，都银钱并用。银亦遂成为正式的货币。然而量物价的尺，是不能有二的。银铜并用，而不于其间定出一个主辅的关系来，就成为后来币制紊乱的根源了。

第四节　元帝国的瓦解

元朝从太祖称汗，到世祖灭宋，其间不过七十四年，而造成一个空前的大帝国，其兴起可谓骤了。然而其大帝国的瓦解，实起于世祖自立之时，上距太祖称汗之岁，不过五十五年。而其在中国政府的颠覆，事在一三六八年，上距太祖称汗之岁，亦不过一百七十一年；其距世祖灭宋，则不过九十年而已。为什么瓦解得这么快？

原来元朝人既不懂得治中国之法，而其自身又有弱点。蒙古人的汗，本系由部众公推的。忽图剌之立，便系如此。见《元朝秘史》。太祖之称成吉思汗，则是汉南北诸部的大汗，亦系由诸部公推。太祖以后，虽然奇渥温氏一族，声势煊赫，推举大汗，断无舍太祖之后而他求之理。然而公举之法，总是不能遽废的。所以每当立君之际，必须开一"忽烈而台"。译言大会。宗王、驸马和诸管兵的官，都得与议。太宗之立，因有成吉思汗的遗言，所以未有异议。太宗死后，太宗的后人和拖雷的后人，已有竞争。定宗幸而得立。又因多病，三年而死。这竞争便更激烈起来。太宗后人，多不惬众望；而拖雷之妃，很有交际的手腕，能和宗王中最有声望的拔都相结。宪宗遂获登大位。太宗之孙失烈门等谋叛，为宪宗所杀。并杀太宗用事大臣，夺太宗后王兵柄。蒙古本族的裂痕，实起于此。宪宗死后，世祖手下汉人和西域人多了，就竟不待忽烈而台的推戴，自立于现在的多伦。于是阿里不哥亦自立于漠北。拖雷后人之中，又起了纷争。后来阿里不哥总算给世祖打败。而太宗之孙海都，复自擅于远。察合台、钦察两汗国都附和他。蒙古大帝国，遂成瓦解之势。

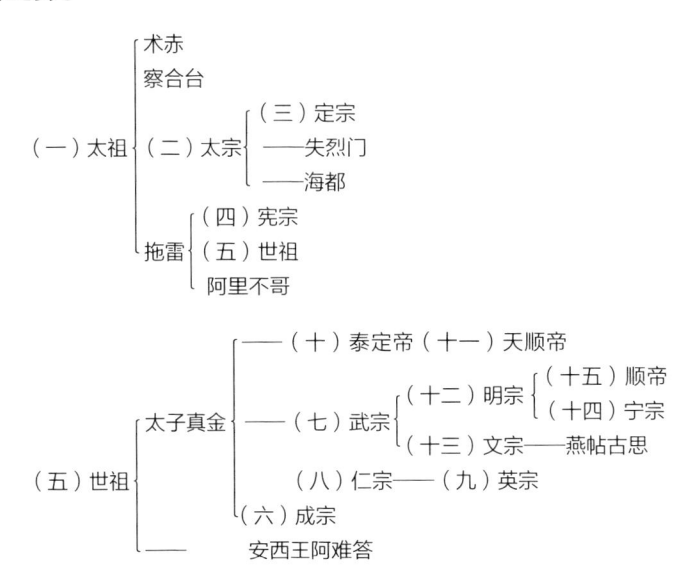

```
                 ┌ 术赤
                 │ 察合台
                 │         ┌ （三）定宗
（一）太祖 ┤（二）太宗 ┤── 失烈门
                 │         └── 海都
                 │       ┌ （四）宪宗
                 └ 拖雷 ┤ （五）世祖
                         └ 阿里不哥

              ┌── （十）泰定帝 （十一）天顺帝
              │                               ┌ （十二）明宗 ┌ （十五）顺帝
              │                               │              └ （十四）宁宗
（五）世祖 ┤ 太子真金 ┤── （七）武宗 ┤
              │                               └ （十三）文宗 ── 燕帖古思
              │         （八）仁宗 ──（九）英宗
              │ （六）成宗
              └── 安西王阿难答
```

因海都的抗命，于是常须派亲王宿将，镇守和林。世祖是用汉法立太子的，而又早死。其时成宗戍守北边。世祖死后，伯颜以宿将重臣，归附成宗，所以未曾有乱。成宗既立，武宗继防北边。成宗死后，皇后伯岳吾氏，要立安西王阿难答。而右丞相哈剌哈孙，要立武宗。因为武宗在远，先使人迎其弟仁宗于怀州，监国以待。武宗既至，杀安西王，弑伯岳吾后而自立。武宗以仁宗为太子。武宗死后，仁宗继之。却自立其子英宗为太子，而出武宗之子明宗于云南。其臣奉之奔阿尔泰山，依察合台后王。仁宗死，英宗立。为奸臣铁木迭儿所弑。无子。泰定帝立。死于上都。子天顺帝立。签密院燕帖木儿，追胁大都百官，迎立武宗之子。元世祖即位于今多伦，以其地为上都。定都今北平，称为大都。于是抄袭武宗的老文章，一面先使人迎文宗于江陵，先即皇位。发兵陷上都。天顺帝不知所终。明宗至漠南，即位。文宗和燕帖木儿入见，明宗暴死。文宗再即位。然而心不自安。遗命必立明宗之子。文宗死后，燕帖木儿要立其子燕帖古思。文宗皇后翁吉剌氏不肯。于是先迎立宁宗。数月而死。燕帖木儿又要立燕帖古思。翁吉剌氏仍不肯。乃再迎顺帝。顺帝既至，燕帖木儿不让他即位。迁延数月，恰好燕帖木儿死了，顺帝乃得立。既立之后，追治明宗暴死故事。毁文宗庙主。流翁吉剌氏和燕帖古思于高丽，都死在路上。

如此，每当继承之际，必有争乱，奸臣因之擅政，政治自然不会清明的。况且蒙古人本也不知道治中国之法。他无非想朘削中国人以自利。试看他户、工二部，设官最多，便可见其一斑。其用人，则宿卫勋臣之家，以及君主的嬖幸、诸王公主的私属，都得以平流而进。真是所谓"仕进有多途，铨衡无定法"。《元史·选举志》语。再加以散居各处的蒙古、色目人对于汉人的陵侮，喇嘛教僧侣的骚扰，见下一章第七节[1]。自然弄得不成个世界了。

元代之主，惟世祖最为聪明，颇能登用人才，改定制度，然亦好用言利之臣。后来则惟仁宗以李孟为相，政治稍见清明。此外大都仍是游牧部落酋长的性质，全不了解中国文化的——元代诸主，大都不认得汉字的——而又都运祚短促。在位长久的，世祖外，惟有顺帝，而其荒淫又特甚。客帝的宝位，自然要坐不住了。

元朝当世祖时，江南还屡有叛乱，后来才逐渐镇定。顺帝初年，反者屡起。然尚未为大患。至一三四八年，方国珍起兵于台州，元朝就不能戡定。于是白莲教徒刘福通，起兵安丰，今安徽寿县。奉教主之子韩林儿为主。李二起于徐州。徐寿辉起于湖北。郭子兴起于濠州。今安徽

---

1 原为"第四十七章"。

凤阳县。张士诚起于高邮。今江苏高邮县。长江流域，几于非元所有。

顺帝既荒淫无度，其臣脱脱、太平、韩嘉纳等，因而结党相争。嬖臣哈麻、雪雪，初和脱脱相结，后又变而互排。南方乱起，脱脱的兄弟也先铁木儿带兵去征讨，连年无功，反大溃于沙河，军资器械，丧失殆尽。脱脱不得已，自出督师。已把李二打平，进围张士诚。而二人把他排掉。于是大局愈坏。革命军之中，气势最盛的，要算刘福通。居然于一三五八年，分兵三道北上。自挟韩林儿陷开封。但元朝的兵虽无用，而其时，有起兵河南，护卫元朝的察罕帖木儿和李思齐，则颇有能力。刘福通攻陕西的兵，给他打败。回兵再救山东。刘福通的将，遣人把察罕刺死。其子库库帖木儿，代将其军，到底把山东也打平。刘福通还有一支兵，北出晋冀的，虽然打破上都，直攻到辽东，也终于破散了。福通在开封站不住，只得走回安丰。革命军的势力又一挫。然而驻扎大同的孛罗帖木儿，先已因图据冀宁之故，元路名，治今山西阳曲县。和察罕相攻。至此，仍与库库构兵不止。顺帝次后奇氏，生太子爱猷识里达腊。后及太子，都阴谋内禅。哈麻、雪雪，亦与其谋。事发，二人都杖死。然宰相搠思监，仍系因谄事奇后的阉人朴不花而得的。搠思监和御史大夫老的沙不协，因太子言于顺帝，免其职。老的沙奔大同。搠思监遂诬孛罗谋反。孛罗举兵犯阙。杀搠思监和朴不花。太子奔库库。库库奉以还京。此时孛罗已给顺帝遣人刺死。而奇后又要使库库以兵力胁顺帝内禅。库库不可。顺帝封库库为河南王。命其总统诸军，进平南方。李思齐自以和察罕同起兵，耻受库库节制，和陕西参政张良弼连兵攻库库。库库之将貊高、关保，亦叛库库。于是下诏削库库官爵，命太子总统天下兵马讨之。未几，明兵北上，又复库库官爵，叫他出兵抵抗，然而已来不及了。

明太祖朱元璋，初从郭子兴起兵。后自为一军，渡江，取集庆。元以今首都[1]为集庆路。时徐寿辉为其将陈友谅所杀，据江西、湖北，形势最强。而张士诚徙治平江，亦在肘腋之下。太祖先后把他们打定。又降

---

[1] 指南京。

方国珍。一三六八年，乘北方的扰乱，命徐达、常遇春分道北伐。达自河南，遇春自山东，两道并进。会于德州。今山东德县。北扼直沽。顺帝遂弃大都而去。于是命徐达下太原，乘胜定秦陇。库库逃奔和林。顺帝匿居上都，太祖命常遇春追击。顺帝又逃到应昌。城名，在达里泊旁，为元外戚翁吉剌氏之地。未几而死。太祖再命李文忠出击。爱猷识里达腊逃奔和林，未几亦死。子脱古思帖木儿袭。时元臣纳哈出，尚据辽东。一三八七年，太祖命蓝玉等把他讨平。乘胜袭破脱古思帖木儿于捕鲁儿海。脱古思帖木儿北走，为其下所弑。其后五传都遇弑。蒙古大汗的统绪，就此中绝了。元朝分封诸王，大都不能自振。惟梁王把匝剌瓦尔密，据云南不降。太祖当出兵北伐之时，即已分兵平定闽、广。徐寿辉死后，其将明玉珍据四川自立，传子昇，亦为太祖打平。一三八一年，又遣兵平云南。南方亦都平定。

第十七章

大明王朝

第一节 明初的政局

明朝虽然驱逐胡元,把中国恢复过来,然而论其一代的政治,清明的时候,却是很少的。这个推原其始,亦可说是由于太祖诒谋之不臧。

太祖初定天下,即下诏禁止胡服胡语,把腥膻之俗扫除。_{见本章第七节[1]}。所定制度,亦颇详备。边防的规模,亦是很远的。然而专制的气焰太盛,私天下之心又太重。只要看其废除宰相,加重御史之权,及其所定的兵制,就可知道了。_{见本章第五节[2]}。而其诒害尤巨的,则为封建之制。

太祖定都金陵,称为应天府。以开封为北京。又择名城大都,分封诸子,共计二十五人。虽定制不许干预政治,然而体制崇隆,又各设有卫兵,在地方政治上,总觉得不便。而燕王棣在北平,晋王㭎在太原,均得节制诸将,威权尤重。太祖太子早死,立建文帝为太孙。太祖崩,建文帝立。用齐泰、黄子澄之谋,以法绳诸王。燕王就举兵反。太祖时,功臣宿将,杀戮殆尽。这时候,更无能够抵御的人。燕兵遂陷京城。建文帝不知所终。燕王即位,是为成祖。改北平为北京,于一四二一年迁都。

---

1 原为"第四十七章"。
2 原为"第四十五章"。

成祖是个暴虐的人,当其破南京时,于建文诸臣,杀戮甚惨。后来想迁都北京,营建宫室,又极扰累。在位时,北征鞑靼、瓦剌;南平安南,又遣郑和下南洋,见本章第二、三节[1]。武功亦似乎很盛的。然而太祖时所定北边的防线,到成祖时,规模反缩小了。原来明初北边的第一道防线,是开平卫。这就是元朝的上都。据此,则可以俯临漠南,宣、大都晏然无事了。后来元朝的大宁路来降,又设泰宁、朵颜、福余三卫。其地直抵今吉林境。都隶北平行都司。使宁王权居大宁以节制之。泰宁卫在元海西的台州站。海西为元代行政区域之名,就是后来扈伦四部之地。见本章第三节[2]。朵颜卫,在今吉林北珠家城子附近。福余卫,在今吉林省农安县附近。大宁在今热河省赤峰、承德之间。见《清朝全史》第二章。明朝这时候,东北方的防线,实在超越辽河,而达到现在的松花江流域。所以对于女真人,威力所至,亦极远。一四〇九年所设的奴儿干都司,远至黑龙江口;库页岛亦来臣服。《明会典》:永乐七年,设奴儿干都司于黑龙江口。清朝曹廷杰,以光绪十一年,奉命视察西伯利亚东偏。曾在庙尔以上二百五十余里,混同江东岸特林地方,发现明代《敕建永宁寺记》及宣德六年《重建永宁寺记》,均系太监亦失哈述征服奴儿干和海中苦夷的事情。苦夷,即今"库页"的异译。永乐,成祖年号。宣德,宣宗年号。其七年,为公元一四三二年。成祖起兵,怕宁王议其后,诱而执之,而徙北平行都司于保定。把三卫地方,给了兀良哈。保定,今河北清苑县。兀良哈,即今乌梁海。开平卫的形势就孤了。一四二四年,成祖崩,仁宗立。在位仅一年。宣宗继立。就徙开平卫于独石。独石口,在今察哈尔沽源县南。其南十里,有城,为明代所建。清独石口厅治所。于是宣、大的形势赤露,而兀良哈为瓦剌所胁服,其势愈张。遂有土木之变。

明太祖定制,内侍本不许读书。成祖起兵,颇得阉人内应之力。即位后,就选官入内教习。又设京营提督,使之监军。又命随诸将出镇。并有奉使外国的。当太祖时,以锦衣卫治诏狱,本已轶出正式司法机关

---

[1] 原为"第四十二、四十三章"。
[2] 原为"第四十四章"。

之外。成祖又立东厂。以司侦缉，亦命宦官主其事。于是自平民以至官吏，无不在宦官伺察之中。终明之世，毒害所及，真乃不知凡几。宣宗崩后，英宗即位。年幼，宠信司礼太监王振。此时瓦剌强盛，王振不度德，不量力，轻与挑衅。瓦剌酋长也先入寇，王振又劝帝亲征。至大同，知不敌，急班师。又因振家在蔚州，想邀英宗临幸，定计走紫荆关，后来又变计走居庸关。回旋之间，遂为敌兵追及于土木堡。蔚州，今察哈尔蔚县。紫荆关，在今河北易县西。土木堡，在今察哈尔怀来县西。英宗北狩。振死于乱军之中。警报达京师，议论蜂起。侍讲徐有贞等主张迁都。侍郎于谦则主张坚守。到底于谦一派战胜了。于是以太后之命，奉英宗的兄弟郕王监国。旋即位，是为景帝。尊英宗为太上皇。也先挟太上皇，自紫荆关入攻京城。于谦督总兵石亨等力战，总算把他击退。谦乃整顿边备，以重兵守大同、宣府。也先屡入寇，总不得志，乃奉太上皇还。

这是明人一天之喜。君主被掳，仍能安稳归来，和西晋、北宋，可谓大不相同了。然而政变即因此而起。徐有贞因于谦有功，自觉惭愧。石亨亦因恃功骄恣，为谦所裁抑，内怀怨望。乃和太监曹吉祥等结托，乘景帝卧病，以兵闯入宫中，迎接太上皇复位。是为"夺门"之变。于谦被杀。有贞旋为石亨所排挤，贬死。亨又以谋反伏诛。英宗复辟之后，亦无善政。死后，宪宗立。宠任太监汪直。于东厂之外，别立西厂，使直主其事。宪宗崩，孝宗立。任用刘健、谢迁、李东阳等，政治总算清明。孝宗之后，武宗继之。则其荒淫，又较前此诸君为甚。初宠东宫旧竖刘瑾，日事游戏。别立内厂，使瑾主其事，并东西厂亦在监察之中。武宗坐朝，有人投匿名书于路旁，数瑾罪恶。瑾便矫诏，诏百官三百余人，跪在午门外，加以诘责。至于半日之久，然后把他们送入狱中。其专横如此，朝臣自然无从举发他的罪恶了。后来安化王寘鐇，反于宁夏。都御史杨一清，前往征讨，把他打平。凯旋之日，杨一清劝监军太监张永，举发刘瑾罪恶。武宗才算省悟，把他除掉。又有个大同游击江彬，交结内监家奴，以蹴鞠侍帝。导帝出游宣、大、延、绥等处。于是人心惶惶。宁王宸濠，又因此反于南昌。幸得南赣巡抚王守仁，起兵蹑其后，总算一战而平。武宗却又借亲征为名，出游江南而还。此时畿南、山东，盗贼横行，连年不得平定。其不至于土崩瓦解，只算侥幸罢了。一五二一年，武宗崩。无子，世宗入继大统。世宗颇知学问，性质亦近于严厉。驾御宦官颇严。明自中叶以后，宦官的敛迹，无过于世宗时的。然严而不明。中年以后，又溺于神仙，不问政事。严嵩因之，盗窃朝权，一味蒙蔽。内政既坏，外患又深，明朝遂几成不可收拾之局了。

第二节　明和北族的关系

明朝是整个中国，被胡人陷没之后，把他恢复过来的。论理，对于北方的边防，应较历代格外注重。然而终明之世，只有太祖一朝，规模稍远。成祖时，虽兵出屡胜，而弃地实已甚多。从此以后，就更其不能振作了。

明代的北方，是鞑靼、瓦剌，迭起称雄的时代。瓦剌，元时称为斡亦剌，亦系北方部族之一。明初，其部落分而为三。成祖时来降。都封其首领以王号。而顺宁王马哈木最强。元朝的大汗统绪绝后，有个唤做鬼力赤的，自称鞑靼可汗。后为知院阿鲁台所杀。迎立元朝后裔本雅失里。成祖曾亲征，把他们打破。又曾打破马哈木。后来本雅失里，到底为马哈木所杀。其子脱欢，并瓦剌三部为一。又袭杀阿鲁台。要想自立为可汗，其部下的人不肯。乃迎立元裔脱脱不花。脱欢子也先，声势更甚，并兀良哈亦为所胁服。遂有土木之变。此为瓦剌极盛时代。土木变后，也先杀脱脱不花自立。一四五二年，为知院阿剌所杀。瓦剌复衰。

于是鞑靼酋长，有名为孛来的，杀阿剌，立脱脱不花的儿子麻儿可儿，号为小王子。麻儿可儿死后，众共立马古可儿吉思，为孛来所杀。有唤做毛里孩的，又杀孛来，迎立他可汗。又有唤做斡鲁出的，和毛里孩互相仇杀。先是鞑靼的入寇，或在辽东，或在宣府、大同，或在宁夏、庄浪。<small>明卫名，今甘肃庄浪县。</small>往来无常，为患不久。英宗复辟后，斡鲁出才入据河套，和别部长孛鲁乃合。至宪宗时，则孛来、小王子、毛里孩，先后皆至，为患益深。孛来死后，又有唤做满鲁都的，继之而至。这便是明朝所谓"套寇"。总而言之，自也先死后，瓦剌之患已衰；此时的鞑靼，亦只是些零碎部落，并不足为大患。然而明朝措置无方，北边遂迄无息肩之日。到一五〇四年，达延汗再即汗位，而其形势又一变了。

为蓝玉所袭破而遇弑的脱古思帖木儿，《明史》谓是爱猷识里达腊之子，《蒙古源流考》则谓系爱猷识里达腊之弟。其子曰额勒伯克汗，尝杀其臣而娶其妻，是为洪郭斡拜济。洪郭斡拜济归汗时，有了三个月的身孕。又四个月而生一子，名为阿寨。阿寨的儿子名阿噶巴尔济，是个助卫拉特以攻蒙古的人。阿噶巴尔济生子曰哈尔固楚克，为也先的女婿。生子，名巴图蒙克。是为达延汗。达延汗为中兴蒙古的伟人。他有四个儿子：长名图鲁特，早死。季子格埒森札赉尔，留守漠北，是为喀尔喀诸部之祖。达延汗以次子乌鲁斯为右翼，三子巴尔苏为左翼。乌鲁斯为满鲁都所杀。达延汗怒，命巴尔苏击杀满鲁都。这时候，漠南北本无强部，满鲁都死后，蒙古遂复呈统一之观。达延汗和图鲁特之卜赤，徙牧南近长城，称为插汉儿部，就是现在的察哈尔。巴尔苏二子：长名衮必里克图，为鄂尔多斯部之祖。次为阿勒坦汗，即《明史》的俺答，为土默特部之祖。衮必里克图早死，其众皆归于俺答，所以俺答独强。世宗时，屡为北边之患，一五五〇、一五五九、一五六三三年，曾三次进犯京畿。严嵩以荦彀之下，败不可掩，戒诸军不得与战，因此寇益得志。后来俺答之孙把汉那吉，娶妻而美，为俺答所夺，发怒来降。把汉那吉是幼孤而育于俺答之妻的。俺答之妻，怕中国把他杀掉，日夜哭泣。俺答才遣使请和。于是穆宗于一五七〇年，封俺答为顺义王。此时俺答亦已受了喇嘛教的感化，见下一章第四节[1]。自此不复犯边。而东方的插汉儿部转盛。其时高拱当国，用戚继光守蓟镇，李成梁守辽东。继光持重，善守御，而成梁屡战却敌。神宗时，张居正当国，对于这两个人，任用更专。所以十六、十七世纪之间，北边颇获安息。明朝末年，

---

1 原为"第四编第六章"。

漠南诸部,仍以插汉儿为最盛。插汉儿的林丹汗,为达延汗的八世孙。其妻,为叶赫部女。而叶赫为清所灭,所以林丹汗与清为仇。明朝就重加岁赐,命其联合诸部,以牵制满洲。然林丹汗骄恣,为同族所恶。先是一五九三年,蒙古东方的科尔沁等部,曾联合满洲诸部以伐清,为清太祖所败,科尔沁等遂附于清。至是,并西方的土默特等部,亦和清通声气。一六三八年,清太宗会合蒙古诸部,出其不意,袭击林丹汗。林丹汗欲拒战,而下不听命,乃出走。死于青海的大草滩。明年,其子额哲降清。于是漠南蒙古,就全为清人所征服了。

有明一代,对于北方的边防,不可谓不认真。现在的长城,就大都是明代造的。最初防线撤废之后,后来又以辽东、蓟州、宣府、大同、榆林、宁夏、甘肃、固原、太原为九边,都成为节制调度的重心。沿边的兵额,配置颇为充足。兵额亦常能维持。器械亦比较精利。读《明史·兵志》可见。论其实力,本可以扫荡漠南北而有余。然而将骄卒惰之弊,亦在所不免;玩敌而不恤士卒,尤为通常之弊。所以兵力虽厚,而士气不盛,始终只立于防御的地位。对于区区的套寇,尚且不能扫穴犁庭,更无论绝漠而北了。

第三节　明朝的殖民事业和外患

中国人移殖的能力,是很大的。在很古的时代,中国人在海外的航线,业已很远;而第三世纪以后,已几乎把欧、亚的航路打通了。在这很长的时期中,中国人一定有在海外经营拓殖之业的。惜乎年深月久,文献多已无征。现在可考见的,大都是明以来的事迹罢了。

在大陆上,最易和海洋接触的是半岛。亚洲大陆,有三个最大的半岛——前后印度、朝鲜——其中两个,本来都有一部分属于中国的。自唐、五代以来,才逐渐地丧失了。明成祖时,因安南陈、黎二氏的篡夺,安南首脱离中国自立的为丁部领,事在九〇七年。越十年而为黎氏所篡。宋太宗讨之,不克。因其来降而封之。自是安南的自立,遂得中国的承认。一〇一〇年,黎氏为李氏所篡。传国至一二二七年,其末代女主佛金,让位于其夫陈日照。至一三九九年，乃为外戚黎季犛所纂。季犛实姓胡，篡位后，即复姓，改国号为大虞，而传位于其子汉苍。旋为成祖所灭。发兵戡定其地。于一四〇六年设立交趾布政司，和内地的制度一样。因守土的官吏，不尽得人，奉使的中官，尤多暴横，土人叛乱不绝。于是一四二七年，宣宗又把他弃掉。然当元、明两代，西南的土司，还几于包括伊洛瓦谛江流域。看《明史·土司传》可知。安南、暹罗，虽各列为国，亦都朝贡于我。南洋群岛的交通，亦是历代不绝的。所以航行很为便利。

元朝人是好勤远略的。当世祖时，曾遣唆都、李庭璧招致南洋诸国。当时南洋之国，以俱蓝、马八儿为纲维。马八儿便是今印度的马拉巴尔（Malabar）。俱蓝为其后障，当在马拉巴尔之北。当时先后来朝的，共有十国。都是今印度沿岸和南洋群岛之地。明初，使节所至亦远。成祖又命中官郑和往使。和乃自造大船，长四十四丈，宽十八丈。共有六十二只，带着士卒三万七千人，从苏州娄家港出海，现在江苏的娄河口。遍历南洋诸国。有不服的，则威之以兵。自一四〇五至一四三三年，三十年之间，凡七奉使，三擒番长。后来奉使海外的，无不盛称和以眩耀诸国。其事业，亦可谓之伟大了。《明史·郑和传》，于和事迹，记载不详。近代梁启超作《郑和传》，推考其航路：则当自南海入暹罗湾。沿马来半岛南下，至新嘉坡。绕苏门答腊和爪哇两岛。入孟加拉湾。循行印度半岛的两岸。绕锡兰岛。又入波斯湾。沿东岸北航，至底格利斯河口。再循西岸南航，至亚丁，越亚丁湾，入红海。北航至麦加。南航，出莫三鼻给海峡，掠马达加斯加岛的南端而东归。其航线所至，亦可谓之极远了。当时华人移殖海外的甚多。在小吕宋一带，尤为繁盛。而作蛮夷大长的，亦大有其人。其见于《明史》的：则有吕宋的潘和五，婆罗的王，爪哇新邦的邦主，三佛齐的梁道明、陈祖义。其事在明开国至万历年间，约当十四世纪后半至十五世纪之末。梁启超作《中国殖民八大伟人传》，得诸口碑的：又有戴燕国王吴元盛，昆仑国王罗大，都是清朝乾嘉年间，战胜土蛮的。又有叶来，则为英属海峡殖民地的开辟者。其事在嘉道之间，则已在十八世纪中叶至十九世纪前半了。还有潮州郑昭，随父流寓暹罗，为其宰相。乾隆时，暹罗为缅甸所灭，郑昭起兵恢复，事见下一章第四节[1]。近代西人的东航，实在明中叶以后。哥伦布的发现美洲，事在一四九三年；葡萄牙人的发现印度新航路，则事在一四九八年，较郑和的下西洋，实后八九十年。西人东航之初，中国人的足迹，早已遍布南洋了。中国西北负陆，而东南面海。闽、广之北，限以重山，其民不易向中原分布，所以移徙到海外的很多。南洋群岛，气候和煦，物产丰饶，实在是中国的一片好殖民地。不但如此，中国人做事平和，凡事都以共存共荣为目的。假使开发南洋的责任，而由中国负之，南洋群岛的土人，决没像现在饱受压迫，濒于灭亡之惨。徒以昔时狃于"不勤远略"之见，有此基础，不能助以国力，向前发展，这真是一个大错误。不但如此，因海防的废弛，通商政策的不得宜，反还因海洋交通，而深受其害，这便是所谓倭寇。

倭寇是起于元、明之间的，至明中叶而大盛。原来日本自与元构衅后，禁止其人民，不许和中国往来。于是冒禁出海的，都是无赖的边民，久之遂流为海寇。当元中叶，日本分为南北朝。后来南朝为北朝所并。遗民亦有入海，与海寇合的。朝鲜沿海，受患最深，而中国亦所不免。所以明初，于沿海设卫甚多；而明代的市舶司，意亦不重于收税，而重于管理制驭。世宗时，废司不设。贸易之事，移主于达官势家。多负倭直不偿。倭人贫不能归，遂都变为海盗，沿海的莠民，亦都附和他；或则冒其旗帜，以海岛为根据地，饥则入掠，饱则远扬。沿海七省，无一不受其患。甚至沿江深入，直抵南京。明朝竟无如之何。直至一五五六年，胡宗宪总督浙江军务，诱诛奸民，绝其内应，倭寇势才渐衰。又约十年，乃为戚继光、俞大猷所剿平。然而沿海之地，已凋敝得不堪了。

倭寇平定未几，复有朝鲜之役，则其事已在神宗时了。日本自开国以来，世与虾夷为敌。八世纪之末，日本拓地益广，乃于东北边置征夷大将军。源、平二氏，世守其地。后来中央政争，多借源、平二氏为助。平氏先以外戚执政，后为源氏所灭。乃遍置武职于诸州，以守护

---

[1] 原为"第四编第六章"。

封土，而总其权于征夷大将军。于是大权尽入幕府，皇室徒拥虚名而已——日本皇室，所以始终未曾易姓，就是为此。源氏之后，北条氏、足利氏，相继以家臣覆灭幕府，格外大封将士；而其将士，又以其地分封其下，遂成全国分裂之势。十六世纪之末，有个唤做丰臣秀吉的，起而平定全国。因念乱源终未尽绝，意欲把一班军人，赶到外国去，遂有一五九二年渡海攻朝鲜之举。朝鲜开国之主李成桂，本是以打倭寇出名的。当元朝时候，屡次干预高丽的内政。其国王，多数是元朝的女婿。举国多剃发易服，习为胡化。明兴之后，高丽王氏的末主，还想扶翼元朝。李成桂则倾向中国。于是覆王氏而自立。革新内政，输入中国的文化，气象一新。然而承平日久，兵备亦不免于废弛。日本兵一至，遂势如破竹。其王先奔平壤，后走义州，遣使求援于中国。神宗命李如松前往。一战而胜，尽复汉江以北之地。旋因轻进，败于坡州的碧蹄馆。于是抚议复起。迁延数年，终不能就。直至一五九八年，丰臣秀吉死，日本兵乃解而东归。这一次，明朝运兵筹饷，骚动全国，而竟没有善策，可见其政治军备的废弛了。

第四节　明末的政局

明朝当世宗之时，万事废弛，本已成不能复振之局。世宗崩后，穆宗立，在位六年而崩。神宗立。时为一五七二年。穆宗时，张居正、高拱，相继为相。神宗立，年幼，拱复罢，居正辅政。居正有综核之才。史称其当国之时，一纸文书，"虽万里之外，无敢不奉行维谨"的。当时吏治败坏，又承累朝的奢侈，国计民生，均极困难，居正乃裁减用度，刷新庶政。"行官吏久任之法，严州县讳盗之诛。"在相位十年，颇有"起衰振敝"之效。然神宗本性是昏惰的。所以自居正死后，纲纪便又废弛了。而中年后的怠荒，尤为前此列朝所未有。

明朝的君主，视朝本不甚勤谨的。神宗则中年以后，不视朝者至二十余年。专一听信中官。派他们出去做税使，并到各处开矿，借端诬索，毒流天下。皇帝既不管事，群臣就结党相攻。而言路一攻，其人即自去，于是言路之权反重。明朝人本来和宋朝人一样，喜欢争意气的。当时顾宪成等讲学于无锡的东林书院，往往讽议执政，裁量人物。即朝士亦有遥相附和的。于是党祸复起。

清室之先，就是隋唐时的白山靺鞨。辽时，谓之长白山女真。清人自谓国号满洲。据近人所考证，则"满洲"二字，明人写作"满住"，乃大酋之称，不徒非国名，并非部族之名。清室之先，实在是明朝的建州女真。明朝分女真为三卫：曰海西，在今吉林的西部，辽宁的西北部。曰野人，在今吉、黑两省的极东。曰建州，初设于朝鲜会宁府的河谷。事在一四一二年。受职为指挥使的，名猛哥帖木儿，即清人所谓肇祖。后为七姓野人所杀。弟凡察嗣职，迁居佟佳江流域。后来猛哥帖木儿的儿子董山出来，和凡察争印。明朝乃将建州分为左右二卫，以董山为左卫，凡察为右卫指挥使。董山渐渐桀骜。一四六六年，明朝橄调他到广宁，把他杀掉。并出兵攻破其部落。部人拥戴其子脱罗扰边，声言复仇。久之，也就寂然了。于是左卫衰而右卫盛。右卫酋长王杲，其地在今宽甸附近。为李成梁所破。逃到扈伦四部中之哈达。据《清实录》所载，当时的女真，分为满洲、长白山、扈伦、东海四大部。满洲、长白山，就是明朝的建州卫。东海为明朝的野人卫。扈伦则野人部落，南迁而据海西之地的。其中哈达、叶赫，明人称为南北关，哈达为南关，在今辽宁开原县北。叶赫为北关，在今吉林省城西南。倚以捍边，视之尤重。王杲逃到哈达后，哈达酋长把他执送李成梁。李成梁把他杀掉。王杲的儿子阿台，是清景祖的孙婿。景祖，《清实录》名觉昌安，明人谓之叫场，即清太祖之祖。其第四子显祖塔克世，明人谓之他失，为太祖之父。阿台既抱杀父之怨，助叶赫以攻哈达。满洲的苏克苏浒部长尼堪外兰，为李成梁乡导，以攻阿台。阿台被杀。叫场、他失亦俱死。清太祖向明边吏呼冤，明人乃将叫场、他失的尸体还给他。此时清太祖势甚微弱。至一五八三年，乃起兵以攻尼堪外兰。一五八六年，尼堪外兰奔明边。明人非但不加保护，反把他执付清太祖。并开抚顺、清河、宽甸、瑷阳四关，许他互市。从此满洲，就渐渐强盛起来了。以上清朝初兴时事迹，可参看日本稻叶君山《清朝全史》（中华书局译本），近人孟森《心史史料》。清人既渐强，满洲五部，都为所征服。扈伦、长白山联合蒙古的科尔沁等部来伐，亦为清太祖所败。太祖又联合叶赫，以灭哈达。至一六一六年，遂起兵叛明。

清兵既起，明以杨镐为经略，发大兵二十万，分四路东征。三路皆败。清人遂陷铁岭，进灭叶赫。明以熊廷弼为经略。旋代以袁应泰。应泰有吏材，无将略，辽、沈遂陷。清太祖自赫图阿拉迁居辽阳。一六二五年，又迁居沈阳。俨然和明朝对抗了。

边事如此，而明朝方忙于三案之争。三案，就是梃击、红丸、移宫。神宗皇后无子，恭妃王氏，生子常洛，贵妃郑氏，生子常洵。常洛长，而神宗宠郑贵妃，欲立常洵，借口待中宫有子，久不建储。群臣屡以为言。一六〇一年，才立常洛为皇太子。一六一五年，忽有不知姓名男子，持梃闯入东宫，击伤守门内侍。把他拘来审讯。他自说姓张，名差，是郑贵妃宫中太监刘成、庞保主使他的。于是众论哗然，都攻击郑贵妃。后来把张差、刘成、庞保三个人杀掉算了结。神宗崩于一六二〇年。常洛立，是为光宗。不久即患病。鸿胪寺丞李可灼，进红丸一粒。光宗服之，明日而崩。有人主张彻究李可灼，有人以为可灼无罪。后来亦未曾彻究。光宗崩后，熹宗即位。时年十六，光宗选侍李氏，亦住在乾清宫。御史左光斗力争，乃移到哕鸾宫。此三案，大致东林党人是主张彻究张差、李可灼，以移宫为然的。非东林党则反是。事虽已过，仍彼此攻击不已。魏忠贤得志之后，恨东林党的人，和他交结。御史崔呈秀，乃将东林党人的名字，都开给他，叫他一网打尽。于是魏忠贤提督东厂，把杨涟、左光斗等东林党中极有名的人物都杀掉。又毁天下书院。而魏忠贤的生祠，反而遍于各处。党祸之烈，阉宦之横，真是从古所未有。东林、非东林，互相攻击。熹宗时，非东林党人结中官魏忠贤，把东林党人一网打尽。忠贤的骄横，尤其前此宦官所未有。直到一六二七年，毅宗即位，才把他除掉。然而外患未平，流寇复起，终于不能支持了。

流寇是毅宗初年起于陕西的。流入山西，又流入河北。渡河，犯湖广、四川、襄郧。明朝命陈奇瑜督剿。一六三四年，奇瑜蹙贼于车箱峡。在今陕西安康县。贼势业已穷蹙，而奇瑜信其伪降，受之，贼出峡即大掠。于是分为两股：一为高迎祥、李自成。一为张献忠。四处流窜。一六三六年，迎祥为孙传庭所擒，自成逃向甘肃。献忠亦给卢象昇打败，诣湖北伪降。贼势又已衰挫。而满洲又于此时入犯，诸将都撤兵东援，贼势遂复炽。

明自辽、沈陷后，再起熊廷弼为经略。因为广宁巡抚王化贞所掣肘，计不得行。辽西城堡多陷。明逮廷弼、化贞，俱论死。以王在晋为经略。在晋主守山海关。时袁崇焕以佥事监军关外，主张守宁远。大学士孙承宗是崇焕议。乃罢在晋，代以承宗。旋又代以高第。第性恇怯，尽撤守备入关。崇焕誓以死守宁远。一六二六年，清太祖见明大兵已撤，以为机有可乘，自将攻宁远。大败，受伤而死。见《清朝全史》第十二章。太宗立。先定朝鲜。还攻宁远、锦州，又大败。一六二九年，太宗乃避正面，自喜峰口入长城。崇焕亦兼程入援。两军大战，胜负未分。先是崇焕以皮岛守将毛文龙皮岛，今图作海洋岛。跋扈，借阅兵为名，把他杀掉。毅宗虽加抚慰，实则不能无疑。至是，清人纵反间之计，毅宗遂将袁崇焕下狱杀掉。于是边事愈坏。毛文龙死后，其部将孔有德、耿仲明等逃到登州。登州，今山东蓬莱县。后来造反，给官军打败，浮海降清。引清兵攻陷广鹿岛。今图作光禄岛。守将尚可喜降。皮岛亦陷。明人前此，常藉海军势力，牵制辽东，至此亦消灭了。然而辽西兵力还厚。太宗乃仍绕道长城各口，于一六三六、一六三八、一六四〇等年，入犯京畿，蹂躏山东。明朝剿匪的兵事，因此大受牵制。一六四〇年，清兵大举攻锦州。今辽宁锦县。明蓟辽总督洪承畴往援，战于松山，大败。明年，松山破，承畴降。锦州亦陷。于是关外重镇，只有一个宁远了。然而明兵塞住山海关，清人还不敢深入。

李自成、张献忠再叛之后，献忠窜入四川，自成则再攻河南。是时，河南大饥，民从之者如流水，势遂大炽。一六四三年，自成陷西安。明年，称帝。东陷太原。分兵出真定。今河北正定县。而自率大兵陷大同。遂陷宣府，自居庸关陷京师。毅宗自缢死。毅宗死的前一年，清太宗也死了。子世祖立。年才六岁，郑亲王济尔哈朗、睿亲王多尔衮同摄政。明山海关守将吴三桂，闻京城被围，发兵入援。至丰润，京城已陷。李自成招他投降，三桂已经答应了。后闻爱妾陈沅被掠，大怒，走回降清。多尔衮方略地关外，闻之，大喜，疾驰受其降。合兵打破李自成。自成逃回陕西。清兵遂入北京，世祖即迁都关内。

第五节　明的制度

有明一代，政治虽欠清明，制度则颇为详密。其大部，都为清代所沿袭，有到现在还存在的。<small>如鱼鳞册之法。</small>所以明代的制度，在近世的历史上，颇有关系。

明太祖初仍元制，以中书省为相职。后因宰相胡惟庸谋反，遂废省不设。并谕后世子孙，毋得议置丞相。遂成以天子直领六部的局面。这断非嗣世的中主，所能办到的。于是殿、阁学士，遂渐起而握宰相的实权。前代的御史台，明时改称都察院。设都御史、副都御史、佥都御史，都分左右。又有十三道监察御史。除纠弹常职外，提督学校、清军、巡漕、巡盐诸务，亦一以委之。而巡按御史，代天子巡守，其权尤重。给事中一官，历代都隶门下省。明朝虽不设门下省，而仍存此官，以司封驳稽察。谓之科参。六部之官，没有敢抗科参而自行的，所以其权亦颇重。外官则废元朝的行省，而设布政、按察两司，以理政事及刑事。但其区域，多仍元行省之旧。巡抚，本系临时遣使。后来所遣浸广，以其与巡按御史不相统属，乃多以都御史为之。再后来，则以他官奉使，而加以都御史的衔。其兼军务的，则加提督，辖多权重的称总督。已有巡按，而又时时遣使，实亦不免于骈枝。但在明代，还未成为常设之官罢了。

明朝的学校选举制度，是很有关系的。原来自魏、晋以后，国家所设立的学校，久已仅存其名，不复能为学校的重心；而且设立太少，亦不足以网罗天下之士。所以自唐以后，变为学问由人民自习，而国家以考试取之的制度，而科举遂日盛。科举有但凭一日之短长之弊。所以宋时，范仲淹执政，有令士人必须入学若干日，然后得以应试之议。王安石变法，则主张以学校养士。徽宗时，曾令礼部取士，必由学校升贡。其后都未能行。然应举之士，仍宜由学校出身，则为自宋以来，论法制的人所共有的理想。到明朝，而此理想实现了。明制：京师有国子监。府、州、县亦皆有学。府州县学，初由巡按考试，后乃专设提举学校之官。提学官在任三载，两试诸生。一名岁试，是所以考其成绩优劣的。一则开科之年，录取若干人，俾应科举。应科举的，以学校生徒为原则。间或于此之外，取录一二，谓之充场儒士，是极少的。国子监生及府州县学生，应乡试中式的，谓之举人。举人应礼部试中式，又加之以殿试，则为进士。分三甲。一甲三名，赐进士及第。第一人授职修撰，第二、三人授职编修。二甲若干人，赐进士出身。三甲若干人，赐同进士出身。都得考选庶吉士。庶吉士是储才之地，本不限于进士。而自中叶以后，非进士不入翰林，非翰林不入内阁。所以进士之重，为历代所未有，其所试：则首场为四书五经义。次场则论、判及诏、诰、表内科一道。三场试经、史、时务策。乡会试皆同。此亦是将唐时的明经进士，及宋以后经义、词赋两科，合而为一。所试太难，实际上无人能应。于是后来都偏重首场的四书文，其他不过敷衍而已。其四书文的格式：（一）体用排偶，（二）须代圣贤立言，谓之八股。初时还能发挥经义，后来则另成为一种文字，就不懂得经义的人，也会做的。应试之士，遂多不免于固陋了。

　　明朝的兵制，名为摹仿唐朝，实在亦是沿袭元朝的。其制：以五千六百人为卫，一千一百十二人为千户所，一百十二人为百户所。每所设总旗二人，小旗十人。诸卫或分属都司，或直属中左右前后五军都督府。都司则都属都督府。卫所的兵，平时都从事于屯田。有事则命将充总兵官，调卫所之兵用之。师还，则将上所佩印，兵各归其卫所。于此点最和唐朝的府兵相像。而卫指挥使和千户、百户，大都世袭；都督、同知、佥事等，多用勋戚子孙，则是摹仿元朝的。元朝以异族入居中国，这许多人，多半是他本族，所以要倚为腹心。明朝则事体不同，而还沿袭着他，实在很为无谓。凡勋戚，总是所谓世禄之家。骄奢淫佚惯了，哪里有什么勇气？明朝后来，军政的腐败，这实在是一个很大的原因。其取兵之途有三：一为从征，二为归附，都是开国时的兵，后来定入军籍的。这亦是摹仿元朝。而明朝最坏的是谪发，便是所谓充军。

有罪的人，罚他去当兵，这已经不尽适宜，却还有理可说。而一人从军，则其子孙永隶军籍。身死之后，便要行文到其本乡去，发其继承人来充军，谓之句补。继承人没了，并且推及其他诸亲属，这实在是无理可说。而事实上弊窦又多。要算明朝第一秕政。

法律：明初定《大明律》，大致以《唐律》为本。又有《会典》，亦是摹仿《唐六典》的。参看第十四章第五节[1]。中叶以后，则律与例并行。参看下一章第六节[2]。其刑法，亦和前代相同，惟充军则出于五刑之外。

明代最精详的，要算赋役之制。其制：有黄册，以户为主，备载其丁、粮之数。有鱼鳞册，以土田为主，详载其地形地味，及其属于何人。按黄册以定赋役。据鱼鳞册以质土田之讼，其制本极精详。后来两种册子都失实，官吏别有一本，据以征赋的册子，谓之白册。白册亦是以田从户的。其用意本和黄册一样。但自鱼鳞册坏后，田之所在不可知，就有有田而不出赋役，无田而反出赋役的，其弊无从质正，而赋役之法始坏。明代的役法：系以一百十户为一里。分为十甲。推丁多之家十人为长。分户为上中下三等以应役。役有"银差"，有"力差"。中国财政，向来量入为出的，惟役法则量出为入。所以其轻重繁简，并无一定。明朝中叶以后，用度繁多，都藉此取之于民。谓之加派。就弄得民不聊生。役法最坏的一点，还不在其所派的多少，而在一年中要派几次，每次所派若干，都无从预知。后来乃有"一条鞭"之法。总计一年的赋役，按照丁粮之数，均摊之于人民。此外更有不足，人民不再与闻。力役亦由官召募。人民乃少获苏息。惟其末年，又有所谓三饷，共加至一千六百七十万，明朝的田赋：一五一四年，武宗因建乾清宫，始加征一百万。一五五一年，世宗因边用，加江浙田赋百二十万。清兵起后，神宗于一六一八、一六一九、一六二〇三年，共增赋五百二十万。毅宗又于一六三〇年，加一百六十万。两共六百八十万，谓之辽饷。后来又加练饷、剿饷，先后共加赋一千六百七十万。人民不堪负担，卒至于亡国而后已。赋役而外，仍

---

1 原为"第二十三章"。
2 原为"第四编第二十二章"。

以盐、茶为收入的大宗。明初，命商人纳粮于边，而给之以盐，谓之开中盐，而以茶易西番之马。商人因运输困难，就有自出资本，雇人到塞下屯垦的。不但粮储丰满，亦且边地渐渐充实。国马饶足，而西番的势力，多少要减削几分。真是个长驾远驭之策。后来其法坏了，渐都改为征银，于是商屯撤废，沿边谷价渐贵，而马群也渐耗减了。茶盐之外，杂税还很多。大抵以都税所或宣课司榷商货，抽分场局，税竹、木、柴薪，河泊所收鱼税，都不甚重要。惟钞关之设，初所以收回纸币，后遂相沿不废，成为一种通过税。在近代财政上，颇有关系。

第六节　元明的学术思想和文艺

元明的学术思想，是承宋人之流的。在当时，占思想界的重心的，自然还是理学。理学是起于北方的。然自南宋以后，转盛行于南方，北方知道的很少。自元得赵复后，其说乃渐行于北。元时，许衡、姚枢等，都号为名儒，大抵是程朱一派。只有一个吴澄，是想调和朱陆的。明初，也还是如此。到公元十五、十六世纪之间，王守仁出，而风气才一变。

王守仁之说，是承陆九渊之绪，而又将他发挥光大的。所以后来的人，亦把他和九渊并称，谓之陆王，和程朱相对待。守仁之说，以心之灵明为知。为人人所同具。无论如何昏蔽，不能没有存在的。此知是生来就有的，无待于学，所以谓之良知。人人皆有良知，故无不知是非之理。但这所谓知，并非如寻常人所谓知，专属于知识方面。"如恶恶臭，如好好色"，知其恶，自然就恶，知其善，自然就好。决非先知其恶，再立一个心去恶；先知其好，再立一个心去好的。好之深，自然欲不做而不能自已。恶之甚，自然万不肯去做。所以说"知而不行，只是未知"，所以说知行合一。既然知行就是一事，所以人只要在这知上用功夫，就一切问题，都解决了。时时提醒良知，遵照他的指示做；莫要由他昏蔽，这个便是致良知。如此，凭你在"事上磨炼"也好，"静处体悟"也好。简单直捷，一了百了。这真是理学中最后最透彻之说，几经进化，然后悟出来的。

讲理学的人，本来并没有教人以空疏。但是人心不能无所偏重。重于内的，必轻于外。讲理学的人，处处在自己身心上检点，自然在学问和应事上，不免要抛荒些，就有迂阔和空疏之弊。程朱一派，注意于行为，虽然迂阔空疏，总还不失为谨愿之士。王学注重于一心——在理学之中，王学亦称为心学——聪明的人，就不免有猖狂妄行之弊。本来猖狂的人，也有依附进去的。其末流流弊，就大著。于是社会上渐渐有厌弃心学，并有厌弃理学的倾向。但这所谓厌弃，并不是一概排斥，不过取其长，弃其短罢了。在明末，顾炎武、黄宗羲、王夫之三先生，最可以为其代表。

这三位先生，顾王两先生，是讲程朱之学的。黄先生则是讲陆王之学的。他们读书都极博，考证都极精，而且都留意于经世致用，制行又都极谨严，和向来空疏、迂阔、猖狂的人，刚刚一个相反。中国自秦汉以后，二千年来，一切事都是因任自然，并没加以人为的改造。自然有许多积弊。平时不觉得，到内忧外患交迫之日，就一一暴露出来了。自五代以后，契丹、女真、蒙古，迭起而侵掠中国。明朝虽一度恢复，及其末造，则眼看着满洲人又要打进来。返观国内，则朝政日非，民生日困，风俗薄恶，寇盗纵横，在在都觉得相沿的治法，有破产的倾向。稍一深思熟考，自知政治上、社会上都须加一个根本的改造。三先生的学问，都注意到这一方面的。黄先生的《明夷待访录》，对于君主专制政体，从根本上下攻击。王先生的《黄书》，这种意见也很多。顾先生的《日知录》，研究风俗升降、政治利弊，亦自信为有王者起，必来取法之书。这断非小儒呫哔，所能望其项背。后来清朝人的学问，只讲得考据一方面，实不足以继承三先生的学风。向来讲学术的人，都把明末诸儒和清代的考证学家，列在一处，这实在不合事实，不但非诸先生之志而已。

讲到文艺，元明人的诗文，亦不过承唐宋之流，无甚特色。其最发达的，要算戏曲。古代的优伶，多以打诨、取笑为事。间或意存讽谏，饰作古人，亦不可谓之扮演。扮演之事，惟百戏中有之。如《西京赋》

叙述《平乐观》角觚，说"女娲坐而清歌，洪崖立而指挥"之类。然而不兼歌舞。南北朝时，兰陵王入陈曲、踏谣娘等，才于歌舞之中带演故事。然还不是代言体。宋时的词，始有叙事的，谓之传踏。后来又有诸宫体。至于元代的曲，则多为代言体。演技者口中所歌，就作为其所饰的人所说的话，其动作，亦作为所饰的人的表情。就成为现在的戏剧了。戏剧初起时，北方用弦索，南方用箫笛。明时，魏良辅再加改革，遂成为今日的昆曲。以上论戏曲的话，可参看王国维《宋元戏曲史》。此外说话之业，虽盛于宋，然其笔之于书，而成为平话体小说，则亦以元明时代为多。总而言之，这一个时代，可以算得一个平民文学发达的时代。

第七节　元明的宗教和社会

元代是以蛮族入据中国，没什么传统的思想的。所以对于各种宗教，一视同仁。各教在社会上，遂得同等传播的机会。其中最活跃的，则要算佛教中的喇嘛教。喇嘛教是佛教中的密宗。其输入西藏，据《蒙古源流考》，事在七四七年。始祖名巴特玛撒巴斡。密宗是讲究显神通的。和西藏人迷信的性质，颇为相近。所以输入之后，流行甚盛。元世祖征服西藏后，其教遂流行于蒙古。西僧八思巴，受封为帝师。其后代有承袭。受别种封号的还很多。天下无论什么事情，不可受社会上过分的崇信。崇信得过分，其本身就要成为罪恶了。喇嘛教亦是如此。元世祖的崇信喇嘛教，据《元史》上说，是他怀柔西番的政策，未知信否。然即使如此，亦是想利用人家，而反给人家利用了去的。当时教徒的专横，可说是历代所无。内廷佛事，所费无艺，还要交通豪猾，请释罪囚以祈福。其诒害于政治，不必说了。其在民间，亦扰害特甚。当时僧徒，都佩有金字圆符，往来得以乘驿。驿舍不够，则住在民间。驱迫男子，奸淫妇女，无所不至。还要豪夺民田，侵占财物。包庇百姓，不输赋税，种种罪恶，书不胜书。其中最盛的杨琏真伽，至于发掘宋朝钱塘、绍兴的陵寝和大臣家墓一百零一所，杀害平民四人，受人献美女宝物无算。攘夺盗取财物，计金一千七百两、银六千八百两、玉带九条、玉器一百十一件、杂宝一百五十二件、大珠五十两、钞十一万六千二百锭、田二万三千亩，包庇不输赋的人民二万三千户。真是中国历史上，从来未有的事情。次于喇嘛教，流行最盛的，大约要算回教。因为元时，西域人来中国的很多，大多数是信回教的。至于基督教，则意大利教士若望高未诺（Monte Gorvino），曾以一二九四年，奉教皇的命令来华。元世祖许其在大都建立教堂四所。信教的亦颇不乏，但都是蒙古人。所以到元朝灭亡，又行断绝了。广东一方面，亦有意大利教士奥代理谷（Odoric）来华，都是罗马旧教。

元代社会的阶级，也很严峻的。蒙古人、色目人和汉人、南人，在选举和法律上，权利都不平等，已见第十六章第三节[1]。此外最厉害的，要算掠人为奴婢一事。元初的制度，大约俘掠所得，各人可以私为己有；至于降民，则应得归入国家户籍的。然而诸王将帅，都不能遵守。其中最甚的，如灭宋时平定两湖的阿里海涯，至将降民三千八百户，没为家奴，自行置吏治之，收其租赋。见《元史·张雄飞传》。虽然一二四〇年，太宗曾籍诸大臣所俘男女为民。然一二八二年，御史台言阿里海涯占降民为奴，而以为征讨所得。世祖令降民还之有司，征讨所得，籍其数赐臣下，则仍认俘掠所得，可以为私奴。均见本纪。《廉希宪传》说他行省荆南时，令凡俘获之人，敢杀者，以故杀平民论。则当时被俘的人，连生命也没有保障了。

北族是历代都辫发的。所以在《论语》上，已有被发左衽的话。《宪问》。南北朝时，亦称鲜卑为索虏，但是自辽以前，似乎没有敢强行之于中国的。金太宗天会七年，公元一一二九年。才下削发之令。但其施行的范围，仍以官吏为限，蒙古则不然，不论公人私人，都要强迫剃发。其时几于举国胡化，明有天下，才把他恢复过来。明太祖洪武元年公元一三六八年。的《实录》说：

> 诏使复冠如唐制。初，元世祖自朔漠起而有天下，尽以胡俗变

---

[1] 原为"第三十九章"。

易中国之制，士庶成辫发椎髻，深襜胡帽，无复中国衣冠之旧。甚至易其姓名，为胡名，习胡语。俗化既久，恬不知怪。上久厌之。至是悉命复旧，衣冠一如唐制。士民皆以发束顶。……其辫发、椎髻、胡服、胡言、胡姓，一切禁止。……于是百有余年之胡俗，尽复中国之旧。以上关于辫发的话，据日本稻叶君山《清朝全史》。

这个真要算中国人扬眉吐气的一天了。

然而明太祖虽能扫除衣冠辫发的污点，至于社会上的阶级，则初无如之何。太祖数蓝玉的罪，说他家奴数百，可见明初诸将的奴仆，为数亦不在少。后来江南一带，畜奴的风气更盛。顾亭林《日知录》说："江南士大夫，一登仕籍，投靠多者，亦至千人，其用事之人，主人之起居食息，出处语默，无一不受其节制。有王者起，当悉免为良，而徙之以实远方空虚之地。则豪横一清，四乡之民，得以安枕；士大夫亦不受制于人，可以勉而为善。政简刑清，必自此始。"可以想见这一班人倚势横行，扰害平民的行径。然亦明朝的士大夫，居乡率多暴横，所以此辈有所假借。明朝士大夫，暴横最甚的，如梁储的儿子次摅，和富人杨端争田，至于灭其家，杀害二百余人，王应熊为宰相，其弟在乡，被乡人诣阙击登闻鼓陈诉，列状至四百八十余条，赃至一百七十余万。温体仁当国，唐世济为都御史，都是乌程人。其乡人为盗于太湖的，至于以其家为奥主，都是骇人听闻的事。这大约仍是元代遗风。因为当时劫于异族的淫威，人民莫敢控诉。久之，就成为这个样子了。清朝管束绅士极严，虽说是异族入据，猜忌汉人，要减削其势力，而明代绅士的暴横，亦是一个大原因。

第十八章

最后的封建王朝

第一节　明清之际

"人必自侮，而后人侮之"，以中国之大，岂其区区东北一个小部落所能吞并？金朝的兵力，不算不强，然而始终不能吞灭南宋，便是一个证据。然则明朝的灭亡，并非清之能灭明，还只是明朝人的自己亡罢了。

北部沦陷之后，明朝的潞王常涝、福王由崧，都避难南来。当时众议，因潞王较贤，多想立他。而凤阳总督马士英，挟着兵力，把福王送到仪征。众人畏惧他，只得立了福王，是为弘光帝。士英引阉党阮大铖入阁，而把公忠的史可法排挤出去，督师江北。正人君子，非被斥，即引去。弘光帝又沉迷声色。南都之事，就不可为了。

清朝的能入关，也并非全靠自己的兵力。占据北京，已为非望，如何会有吞灭全中国的心理呢？所以世祖入关后，给南方的檄文，还有"明朝嫡胤无遗，势难孤立，用移大清，宅此北土。其不忘明室，辅立贤藩，戮力同心，共保江左，理亦宜然，予不汝禁"之语。然而南都既不能自立，清朝就落得进取。当清兵入北京之后，即已分兵打定河南、山东、山西。及世祖入关，又遣英亲王阿济格，带着吴三桂、尚可喜出榆、延；豫亲王多铎，带着孔有德出潼关；以攻陕西。李自成走死湖北的通城。多铎的兵，就移攻江南。这时候，史可法分江北为四镇。而诸将不和，互相仇视。可法命刘泽清驻淮北，以经理山东；高杰驻泗水，以经理开、归；刘良佐驻临淮，以经理陈、杞；黄得功驻庐州，以经理光、固。诸将互相仇视。可法乃把高杰移到瓜洲，黄得功移到仪征。高杰感可法忠义，颇愿为之用。多铎陷归德，杰进驻徐州。为睢州镇总兵许定国所杀，定国降清。武昌的左良玉，又和阮大铖不合，以清君侧为名，举兵东下。大铖大惧，急檄可法入援。可法兵到燕子矶，左良玉已死在路上，其兵给守芜湖的黄得功打败了。可法再回江北，则清兵已至。可法檄诸镇赴援，没有一个来的。可法守扬州七日，城陷，死之。清兵遂渡江而南。弘光帝奔芜湖。清兵追袭。黄得功拒战，中箭而死。帝遂北狩。后来殉国于北方。清兵直打到杭州而还。时为一六四五年。

于是明人奉鲁王以海，监国绍兴。唐王聿键，即位福州，是为隆武帝。当清兵初入北京之日，曾下令，强迫人民剃发。二十日之后，又听民自由。及下江南，复下剃发之令。于是江南人民，纷纷起兵抗拒。然既无组织，又无训练，大多数旬月即败。清廷复遣肃亲王豪格和吴三桂攻四川。张献忠阵殁于西充。其党孙可望、李定国、白文选、刘文秀，溃走川南。旋入贵州。清兵追至遵义，粮尽而还。贝勒博洛攻闽、浙，鲁王走入海。隆武帝颇为英武，而为郑芝龙所制，不能有为。时何腾蛟招降李自成余众，分布湖南、湖北。杨廷麟也起兵江西，恢复吉安。隆武帝想出就廷麟，未果而清兵至。帝从延平走汀州，入于清军。后来崩于福州。时为一六四七年。

明人又立唐王之弟聿𨮁于广州，桂王由榔于肇庆，是为永历帝。清使李成栋攻广东，聿𨮁殉国。孔有德、尚可喜、耿仲明攻湖南，何腾蛟退守桂林。金声桓攻江西，杨廷麟亦败殁。未几，李成栋、金声桓都反正，何腾蛟乘机复湖南。川南、川东亦来附。于是永历帝有两广、云、贵、江西、湖南、四川七省之地，形势颇张。而张名振亦奉鲁王，以舟山为根据地，出入江、浙沿海。清廷乃使洪承畴镇江宁，吴三桂取四川，耿仲明、尚可喜攻江西，孔有德攻湖南。金声桓、李成栋、何腾蛟都败死。一六五〇年，清兵进陷桂林，瞿式耜亦殉节。明年，张名振和起兵浙东的张煌言合兵攻吴淞，不克，而舟山反为清所袭陷，二人奉鲁王奔厦门。名振死后，把兵事都交给张煌言。郑成功是受知于隆武帝的，鲁王和隆武帝，曾有违言，所以成功不愿推戴鲁王，然和煌言甚睦。成功大举入江之役，煌言曾分兵攻皖南。后因成功兵败，乃收兵出浙东而还。永历帝避居南宁，遣使封孙可望为秦王。可望遣兵三千，扈桂王居安隆；今广西西隆县。而使刘文秀攻四川，李定国攻桂林。孔有德伏诛。吴三桂也战败，逃回汉中。清乃命洪承畴镇长沙，以保湖南；李国英镇保宁，以守川北；尚可喜镇肇庆，以保广东；无意于进取了。而永历帝因孙可望跋扈，密使召李定国，定国迎帝入云南。可望攻之，大败，遂降清。洪承畴因之请大举。一六五八年，清兵自湖南、四川、广西三道入滇。李定国扼北盘江力战，不能敌。乃奉帝如腾越，而伏精兵于高黎贡山。腾越，今腾冲县。高黎贡山，在保山之西，腾越之东。清兵追之，遇伏，大败而还。时刘文秀已死，李定国、白文选奉帝入缅甸。一六六〇年，三桂发大兵出边。缅人乃奉帝入三桂军。一六六二年，为三桂所弑，明亡。白文选从永历帝入滇。李定国旋卒于缅甸。此时清世祖亦已死，这一年，是圣祖的康熙元年了。

明朝的统绪虽绝，然而天南片土，还有保存着汉族的衣冠，和清朝相抗的，是为郑成功。成功是芝龙的儿子，芝龙降清时，成功不肯顺从，退据厦门，练着海陆兵，屡攻沿海之地。清兵入滇时，成功大举入江以图牵制。破镇江，薄南京，清廷大震。旋为清兵所袭破，乃收军，出海而还。一六六〇年，成功攻取台湾。当时台湾为荷兰人所据，见下一章第一节[1]。于是务农练兵，定法律，设学校，筑馆以招明之遗臣渡海，归之者如织。天南片土，俨然独立国的规模了。

即以闽、广、云南而论，实亦非清朝实力所及。清朝的定南方，原靠一班汉奸，为虎作伥。所以事定之后，仍不得不分封他们，以资镇摄。于是以尚可喜为平南王，镇广东；耿仲明为靖南王，镇福建；吴三桂为平西王，镇云南；是为三藩。三藩之中，三桂功最高，兵亦最强。他当时用钱用兵，户、兵二部，不能节制。用人亦不由吏部，谓之西

---

1 原为"第二章"。

选。西选之官半天下。清朝之于南方，简直是徒有其名，不但鞭长莫及而已。然而"偾军之将，不可以言勇；亡国之大夫，不足与图存"，既已靦颜事仇，忽又起而反抗，就不免有些进退失据。天下的人，未免要不直他，士气亦易沮丧。和始终以忠义激励其下的，大不相同了。这是三藩之所以终于无成。尚可喜受封之时，年已老迈。乃将兵事交给其儿子之信。久之，遂为所制。乃请撤藩归老辽东。清廷许之。时耿仲明已死，传子继茂以及精忠，和吴三桂都不自安，亦请撤藩，以觇清朝的意向。当时明知许之必反，廷议莫敢主持。清圣祖独断许之。一六七三年，三桂遂举兵反。三桂的意思，本想走到中原，突然举事的，而为清朝的巡抚朱国治所逼，以是不得不发。既举兵之后，有人劝他弃滇北上。三桂也暮气深了，不能用。三桂举兵之后，贵州首先响应。明年，攻下湖南。广西、四川和湖北的襄阳，亦都响应。福建、广东，更不必说了。于是三桂亲赴常、澧督战。派一支兵出江西，以应福建；一支兵出四川，以攻陕西。清朝的提督王辅臣，亦据宁夏以应三桂。三桂想亲出兵以应辅臣，不曾来得及，而清朝的兵，反从江西打入湖南。三桂虽然回兵，把他打退，然自此遂成相持之局。这是于三桂不利的。而耿、尚二藩，又因一和郑成功的儿子郑经相攻，一苦三桂征饷，复叛而降清，三桂势穷。乃于一六七八年，称帝于衡州，国号周，建元昭武。世璠改元洪化。以图维系人心。未几而死。孙世璠立。诸将又互相乖离。一六八一年，清兵自湖南、广西、四川，分三道入滇，世璠自杀。尚可喜先已为清人所杀，至此又杀耿精忠。中国大陆之上，就真无汉族自立的寸土了。

然而台湾，还非清朝兵力所及。郑成功以一六六二年卒，子经继立。和耿精忠相攻。曾略取漳、泉等地。后为清兵所败。并失金门、厦门，退归台湾。三藩平后，清廷想照琉球之例，听其不剃发，不易衣冠，与之言和，而闽督姚启圣不可。水军提督施琅，本是郑氏的降将，尤欲灭郑氏以为功。一六八一年，郑经卒。群小构成功之妻董氏，杀其长子克臧。而立其次子克塽。郑氏内部乖离，一六八三年，施琅渡海入台湾，郑氏亡。汉族遂全被满人所征服。

第二节　清初的内政

清朝的盛衰，当以乾隆时为关键。从世祖入关，到三藩平定，这四十年，算是清朝开创之期。自此至雍正之末，五十余年，为乾隆一朝，表面上看似极盛，实则衰机潜伏于其中。至其末年，内乱一起，就步步入于否运了。

清朝的初起，和辽、金、元情形又微有不同。辽、金、元初起时，都不甚了解中国的情形。清朝则未入关时，已颇能译汉书、用汉人了。当太祖之时，憎恶汉人颇甚，当时俘获汉人，都发给满人为奴。尤其是读书人，得者辄杀。到太宗时，才知道欲成大业，单靠满洲人，是不行的。所俘汉人，都编为民户，令其与旗人分居，且另选汉官治理。对于读书人，则加以考试。录取的或减免差徭，赏给布帛。于明朝的降臣、降将，尤其重视。清朝当日的创业，和一班投效的汉人，如范文程、洪承畴、吴三桂等，确是很有关系的。

但是其了解中国深者，其猾夏亦甚。所以清朝的对待汉人，又非辽、金、元之比。即如剃发一事，历代北族，没有敢强行之于全中国的。据日本稻叶君山所撰《清朝全史》：金太宗天会七年，曾下削发令，然施行之范围，惟限于官吏。元时，华人剃发的甚多。然元朝实未尝颁此禁令，见《东方杂志》三十一卷第三号《中国辫发史》。清朝则以此为摧挫中国民族性的一种手段，厉行得非常利害。入关之后，籍没明朝公、侯、伯、驸马、皇亲的田。又圈占民地，以给旗人。也是很大的虐政。而用兵之际，杀戮尤甚。读从前人所著的《嘉定屠城》《扬州十日》等记，就可以见其一斑了。

北族的政治，演进不如中国之深。所以其天泽之分，也不如中国之严，继嗣之际，往往引起争乱。清朝也未能免此。当太祖死时，其次子代善，五子莽古尔泰和太祖弟舒尔哈齐之子阿敏，还是和太宗同受朝拜，并称为四贝勒的。后来莽古尔泰和阿敏，次第给太宗除去了。代善是个武夫，不能和太宗争权。所以在关外之时，幸未至于分裂。太宗死后，世祖年幼。阿敏的儿子济尔哈朗和多尔衮同摄政。后来实权都入于多尔衮之手。当时一切章奏,都径由多尔衮批答,御宝亦收归其第。一时声势,是很为赫奕的。幸而多尔衮不久就死了,所以没酿成篡弑之局。世祖亲政后,大体还算清明,颇能厘定治法,处理目前的问题。当时中国的遗黎,经死亡创痛之余,实在更无反抗的实力,而又得一班降臣,为虎作伥,就渐渐的给他都压下去了。世祖在位不久。圣祖初立,亦年仅八岁。辅弼大臣鳌拜,颇为专权。然不久,亦就给圣祖除去。圣祖的聪明和勤于政治,在历代君主中,也颇算难得的,而在位又很长久。内政外交,经其一番整顿,就颇呈新气象了。

中国的国民,自助的力量,本来是很大的。只要国内承平,没甚事去扰累他,那就虽承丧乱之余,不过三四十年,总可复臻于富庶。清朝康熙年间,又算是这时候了。而清初的政治,也确较明中叶以后为清明。当其入关之时,即罢免明末的三饷。又厘定《赋役全书》,征收都以明万历以前为标准。圣祖时,曾叠次减免天下的钱粮。后来又定"滋生人丁,不再加赋"之例,把丁赋的数目限定了。参看本章第六节[1]。这在农民,却颇可减轻负担。而当时的用度也比较的节俭。所以圣祖末年,库中余蓄之数,已及六千万。世宗时,屡次用兵,到高宗初年,仍有二千四百万。自此继长增高,至一七八二年,就达到七千八百万的巨数了。以国富论,除汉、隋、唐盛时,却也少可比拟的。

圣祖晚年,诸子争立。太子允礽,两次被废。后来就没有建储。当时觊觎储位的,以圣祖庶长子允禔和第八子允禩为最甚。允礽初以狂易被废。后发觉允禔命蒙古喇嘛厌魅之状,乃因允禔而复立允礽。然允礽复立之后,狂易如故,未几,又被废。此事在一七〇八年。圣祖自此以后,就不提建储问题。群臣奏请的多获罪。至世宗时,乃创储位密建之法。皇帝将拟立的儿子,亲自写了名字,密封了,藏在乾清宫最高处正大光明殿匾额之后,到皇帝死后,再行启视。就成为清朝的家法。世宗即位之后,世宗之所以得立,据他自己说,是他的母舅隆科多面受圣祖遗命的。但当时谣传:圣祖弥留时,召隆科多入内,亲写"皇十四子"四字于其掌内。给世宗撞见了,硬把"十"字拭去的。这话固无据,况

---

[1] 原为"第二十二章"。

雍正和皇十四子允禵乃同母兄弟，圣祖断无舍兄立弟之理。和他争立的兄弟，都次第获罪。因此撤去诸王的护兵。清初八旗，有上三旗、下五旗之别。上三旗即正黄、镶黄、正白，为禁军，亦称内府三旗，下五旗为诸王护卫。所以他们都是有兵权的。世宗才借口允禵擅杀军士，把他撤掉。并禁止诸王和内外官吏交通。满洲内部特殊的势力，可以说至此而消灭。但清朝的政治，却亦得世宗整饬之益。圣祖虽然勤政，其晚年亦颇流于宽弛。各省的仓库，多不甚盘查；钱粮欠缴的，也不甚追究。世宗则一反其所为。而且把关税、盐课，彻底加以整顿。征收钱粮时的火耗，亦都提取归公。所谓耗，是官吏征收赋税时，借口转运、存储，都有耗损，额外多取，以为弥补之地的。当钱粮征收本色时，即有耗米等名目。明中叶以后，改而征银，则借口碎银熔成大锭，然后起解，不免有所耗损，所以多取，谓之火耗。如此，财政上就更觉宽裕。而康雍对外的兵事，也总算徼天之幸，成功时多。清朝至此，就臻于全盛。

世宗死后，高宗继之。高宗在表面上，是专摹效圣祖的，但他没有圣祖的勤恳，又没有世宗的明察，而且他的天性是奢侈的，正合着从前人一句话，"内多欲而外施仁义"。在位时六次南巡，供帐之费无算。对外用兵，所费亦属不赀。凡事专文饰表面，虚伪和奢侈之风养成了。而中年后，更任用和珅，其贪黩为古今所无。内外官吏，都不得不用贿赂去承奉他。于是上官贪取于下属，下属诛求于小民，至其末年，内乱就一发而不可遏了。

"国于天地，必有与立。"清朝历代的君主，对于种族的成见，是很深的。他们对于汉人，则提倡尚文。一面表章程、朱，提倡理学，利用君臣的名分，以箝束臣下。一面开博学鸿词科，屡次编纂巨籍，以牢笼海内士大夫。但一面又大兴文字之狱，以摧挫士气。乾隆时，开四库馆，征求天下的藏书，写成六部，除北京和奉天、热河的行宫外，还分置于江、浙两省。北京文渊阁、圆明园文源阁、奉天文溯阁、热河文津阁，谓之内廷四阁。扬州文汇阁、镇江文宗阁、杭州文澜阁，谓之江浙三阁。太平军兴，文汇、文宗都被毁，文澜亦有散亡。庚申之役，文源被焚。文溯现亦流落沈阳。现在幸全的，只有文渊、文津两部而已。看似旷古未有的盛举，然又大搜其所谓禁书,从事焚毁。据当时礼部的奏报,被焚的计有五百三十八种,一万三千八百六十二卷之多。清帝室对于士子,是严禁其结社讲学,以防其联合的。即其对于大臣,亦动辄严词诘责,不留余地。还要时用不测的恩威,使他们畏惧。使臣以礼之风,是丝毫没有的。如此,他们所倚为腹心的,自然是旗人了。确实,他们期望旗人之心,是很厚的。旗人应试,必须先试弓马。旗兵是世袭的。一人领饷,则全家坐食。其驻防各省的,亦都和汉人分居,以防其日久同化,失其尚武的风气。而又把东三省和蒙古,都封锁起来,不准汉人移殖。东三省在清朝,只有少数民地,其余都是官地和旗地。汉人出关耕垦,是有禁的。蒙古亦有每丁私有之地,和各旗公共之地,都不准汉人前往垦殖。其因汉人业已移殖,而设厅管理,都是嘉道以后的事。至于要想移民开拓,则更是光绪末年的事了。他们的意思,以为这是子孙帝王万世之业了。然而旗人们既失其尚武之风,而又不能勤事生产,亦和前代的女真、蒙古人相同。而至其末造,汉人却又没有慷慨奋发,帮他的忙的,于是清朝就成为萎靡不振的状态,以迄于亡。参看本章第八节[1]。这是他们在前半期造成的因,至后半期而收其果。

第三节 清初的外交

清初的外交,是几千年以来外交的一个变局,因为所交的国,和前此不同了。但是所遇的事情变,而眼光手段,即随之而变,在人类是无此能力的。新事情来,总不免沿用旧手段对付。而失败之根,即伏于此。不过当此时,其失败还潜伏着罢了。

清初外交上最大的事件,便是黑龙江方面中俄境界问题。因为这时候,俄国的远征队,时向黑龙江流域剽掠。该处地方的居民,几于不能安其生了。当一六七〇年,圣祖尝诒书尼布楚守将,请其约束边人,并交还逃囚罕帖木儿。系什勒喀河外土酋。因俄人侵掠来降。怨清人待遇薄,复奔俄。罕帖木儿后徙居墨斯科入希腊教。索额图知其不可复得,所以尼布楚之

---

[1] 原为"第二十四章"。

会，未曾提出索取。尼布楚守将允许了，而不能实行。及一六七五年，俄人遣使来议划界通商。圣祖致书俄皇，又因俄人不通中国文字，不能了解。中国此时，于俄国情形，亦全然隔膜。当时称俄人为罗刹。圣祖致书俄皇，则用蒙古话，称他为鄂罗斯察罕汗。交涉遂尔停顿。一六八一年，三藩平定，圣祖乃决意用兵。命户部尚书伊桑阿赴宁古塔造大船，并筑齐齐哈尔、墨尔根两城，置十驿，以通饷道。一六八五年，都统彭春，以水军五千，陆军一万，围雅克萨城。俄将约降，逃往尼布楚。彭春毁其城而还。俄将途遇援兵，复相率偕还，筑城据守。明年，黑龙江将军萨布素，再以八千人围之。城垂下，而圣祖停战之命至。

是时俄皇大彼得初立，内难未平，又外与波兰、土耳其竞争，无暇顾及东方。在东方的实力，亦很不充足，无从与中国构衅。适会是时，圣祖又因荷兰使臣，诒书俄皇。俄皇乃复书，许约束边人，遣使议划疆界，而请先解雅克萨之围。圣祖亦许之。于是俄使费耀多罗 Feodor Alexenvnch Golovin. 东来，而圣祖亦使内大臣索额图等前往会议。一六八八年，相会于尼布楚。当费耀多罗东来时，俄皇命以黑龙江为两国之界；而索额图奉使时，亦请自尼布楚以东，黑龙江两岸之地，俱归中国，议既不谐，圣祖所遣从行的教士徐日昇、张诚_{徐日昇见本章第九节[1]。张诚，Gerbillon。}从中调停，亦不就。兵衅将启。此时俄使者从兵，仅一千五百，而清使臣扈从的精兵万余，都统郎坦又以兵一万人，从瑷珲水陆并进。兵衅若启，俄人决非中国之敌。俄人乃让步，如中国之意以和。定约六条：西以额尔古讷河，东自格尔必齐河以东，以外兴安岭为界。岭南诸川入黑龙江的，都属中国，其北属俄。立碑于两国界上，_{此次所立界碑，一在格尔必齐河东岸，见《清一统志》《盛京通志》。一在额尔古讷河南岸，见《清通典》。杨宾《柳边纪略》，谓东北威伊克阿林大山，尚有一碑。}再毁雅克萨城而还。

《尼布楚条约》既定，中俄的疆界问题，至此暂告结束，而通商问题，仍未解决。一六九三年，俄使伊德斯 Ides. 来。圣祖许俄商三年一

---

1 原为"第三章"。

至京师，人数以二百为限；居留于京师的俄罗斯馆，以八十日为限；而免其税。旋因俄人请派遣学生，学习中国语言文字，又为之设立俄罗斯教习馆。

当尼布楚定约前三年，蒙古喀尔喀三汗，为准噶尔所攻，都溃走漠南，至一六九七年，乃还治漠北。见下一节[1]。是蒙、俄划界通商的问题复起。土谢图汗和俄国是本有贸易的。此时仍许其每年一至。然因互市之处无官员管理，颇滋纷扰。蒙人逃入俄境的，俄国又多不肯交还。于是因土谢图汗之请，于一七二二年，绝其贸易。至一七二七年，才命郡王策凌等和俄使定约于恰克图。自额尔古讷河以西，至齐克达奇兰，以楚库河为界。自此以西，以博木沙奈岭为界。而以乌带河地方，为瓯脱之地。在京贸易，与旧例同。俄、蒙边界，以恰克图和尼布楚为互市之地。一七三七年，高宗命停北京互市，专在恰克图。此时中、俄交涉，有棘手时，中国辄以停止互市为要挟。乾隆一朝，曾有好几次。一七六五、一七六八、一七七九、一七八五年，均曾停市。而一七八五年一次停闭最久，至九二年乃复开。

清初的中、俄交涉，看似胜利，然得地而不能守，遂伏后来割弃之根。这是几千年以来，不勤远略，不饬守备，对于边地仅事羁縻的结果。至于无税通商，在后来亦成为恶例。然关税和财政、经济的关系，当时自无从梦见；而一经允许，后来遂无从挽回，亦是当时梦想不到的。所以中西初期交涉的失败，可以说是几千年以来，陈旧的外交手段不适用于新时代的结果，怪不得哪一个人。其失策，亦不定在哪一件事。要合前后而观其会通，才能明了其真相。

至于海路通商，则因彼此的不了解，所生出的窒碍尤多。通商本是两利之事，所以当台湾平后，清朝沿海的疆吏，亦屡有请开海禁的。当台湾郑氏未亡时，清朝并漳、泉等处沿海之地，亦禁人居住，数百里间，变为荒地。其后广东海禁虽弛，福建人仍禁出海。一七二七年，闽督高其倬奏："福建地狭人稠，宜广开其谋生之路。如能许其入海，则富者为船主、商人，贫者为

---

[1] 原为"第六章"。

舵工、水手，一船所养，几及百人。今广东船许出外国，何独于闽而靳之？"廷议许之，而福建出海之禁乃解。而其开始解禁，则事在一六八五年。当时在澳门、漳州、宁波、云台山，各设榷关。设于澳门的称粤海关，漳州称闽海关，宁波称浙海关，云台山称江海关。一六八八年，又于舟山岛设定海县，将宁波海关，移设其地。一七五五年，英人请泊船定海，而将货物运至宁波，亦许之。乃隔了两年，忽然有停闭浙海之议。原来中国历代海路的对外通商，是最黑暗不过的。官吏的贪婪，商人的垄断和剥削，真是笔难尽述。此事散见于史乘的颇多，一时难于遍举。《唐宋元时代中西通商史》本文五的考证十至十七，可以参看。这是二千年以来，都是如此。到了近代，自然也逃不出此例的。当时在广东方面，外人和人民不能直接贸易，而必经所谓官商者之手。其事在十八世纪之初。后来因官商资力不足，又一人专利，为众情所不服，乃许多人为官商，于是所谓公行者兴。始于一七二〇年。入行的所出的费用，至二三十万之巨。所以其取于外商，不得不重。当时外货估价之权，全在公行之手。公行的估价，系合税项、规费、礼物……并计。估价既定，乃抽取若干，以为行用。其初银每两抽三分。后来军需出其中，贡项出其中，各商摊还洋债，亦出其中，有十倍二十倍于其初的；而官吏额外的需索，还不在内。公行的垄断，亦出意外。如当时输出，以茶为大宗。茶商卖茶于外国的，必须先和公行接洽。其茶都聚于江西的河口，溯赣江过大庾岭，非一两个月，不能到广东。嘉庆时，英商自用海船，从福州运茶到广东，不过十三天。而公行言于当道，加以禁止。英商竟无如之何。而因中国官吏，把税收和管束外人的事，都交托给他，所以外人陈诉，不易见听；即或徇外商之请，暂废公行，亦必旋即恢复。于是外商渐舍粤而趋浙。一七五七年，闽督喀尔吉善、粤督杨应琚，请将浙关税收，较粤关加重一倍。奉谕："粤东地窄人稠，沿海居民，大半借洋船为生；而虎门、黄埔，在在设有官兵，较之宁波之可以扬帆直至者，形势亦异；自以驱归粤海为宜。明年应专令在粤。"英商通事洪任辉愤怒，自赴天津，评告粤海关积弊。中朝怒其擅至天津，命由岸道押赴广东，把他圈禁在澳门。虽亦将广东贪污官吏，惩治一二，当时虽将洪任辉押解回粤，朝廷亦命福州将军赴粤查办。得粤海关监督李永标家人苛勒之状，革其职。

一七六四年，又以闽浙总督岁收厦门洋船陋规银一万两，巡抚八千两。革总督杨廷璋职。然此等惩治，不足以戢贪污之风，是可以意想而知的。而管束外人的苛例，反因此迭兴。当时粤督李侍尧，奏定防范外夷五事：（一）禁夷商在省住冬。（二）夷人到粤，令住洋行，以便管束。（三）禁借外夷资本，及夷人雇倩汉人役使。（四）禁外夷雇人传递消息。（五）夷船收泊黄埔，拨营员弹压。此后迭出的苛例甚多。如居住洋行的外人，不许泛舟江中；并不许随意出入；不许挈眷；不许乘舆；外人有所陈请，必由公行转递；公行壅蔽，亦只许具禀由城门守兵代递，不许擅行入城等；均极无谓。一七九二年，英人派马甘尼东来，近译亦作马嘎尔尼，Earl of Ma Cartney。要求改良通商之事。其时正值清高宗八旬万寿。高宗大开筵宴、赏许多礼物，而颁给英王《敕谕》两道，将其所陈请之事，一概驳斥不准。可参看萧一山《清代通史》卷中七六六至七七〇页。未几，东南沿海，艇盗横行，见本章第五节[1]。而拿破仑在欧洲，亦发布《大陆条例》，以困英国。葡萄牙人不听，为法所破。英人虑其侵及东洋，要派兵代葡国保守澳门，以保护中、英、葡三国贸易，助中国剿办海寇为由，向中国陈请。中国人听了大诧，谕粤督严饬兵备。一八〇八年，英人以兵船闯入澳门，遣三百人登岸。时粤督为吴熊光，巡抚为孙玉庭，遣洋行挟大班往谕，东印度公司的代理人，中国谓之大班。不听，熊光命禁其贸易，断其接济。英人遂闯入虎门，声言索还茶价和商欠。于是仁宗谕吴熊光："严饬英人退兵，抗延即行剿办。"而熊光等因海寇初平，兵力疲敝，主张谨慎，许其兵退即行开舱。乃退兵贸易而去。仁宗怒其畏葸，把熊光、玉庭都革职，代以百龄和韩䓝。于是管理外人愈严。是时整饬澳门防务，定各国护货兵船，均不准驶入内港。禁人民为夷人服役；洋行搭盖夷式房屋；铺户用夷字为店号。清查商欠，勒令分年停利归本；而选殷实的人为洋商——当时称外商为夷商，中国营对外贸易的商人为洋商——一八一〇年，英商以行用过重，诉于韩䓝。䓝与督臣及司道会议。都说夷商无利，或可阻其远来，卒不许减。一八一〇年，英人再遣阿姆哈司Amherst.来聘。又因国书及衣装落后，未得觐见。是时仁宗命户部尚书和

---

1 原为"第七章"。

世泰，工部尚书苏楞额赴天津，迎迓英使。命在通州演礼。英使既不肯跪拜，和世泰又挟之，一昼夜从通州驰至圆明园。国书衣装都落后。明日，仁宗御殿召见，英使遂以疾辞。仁宗疑其傲慢，大怒，绝其贡，命押赴广东。旋知咎在和世泰，乃加以谴责，命粤督慰谕英使，酌收贡品；仍赐英王敕谕，赏以礼物，然英人的要求，则一概无从说起了。于是中、英间的隔阂，愈积愈深，遂成为鸦片战争的远因了。

第四节　清代的武功

中国历代，对北方的用兵，大概最注重于蒙古、新疆地方，是不烦兵力而自服的。至于青海、西藏，则除唐代吐蕃盛强之时外，无甚大问题。而蒙、新、海、藏相互之间，其关系亦甚薄弱。自喇嘛教新派——黄教盛行以后，青海、蒙古，都成了该教的区域；而天山南路，因回教盛行，团结力亦较前为强；而此诸地方，近代的形势，遂较前代又有不同。

黄教始祖宗喀巴，以一四一七年，生于西宁。因旧派末流，颇多流弊，乃入雪山修苦行，自立一派，而黄其衣冠以示别。人因称旧派为红教，喇嘛教自印度来，其衣本尚红色。新派为黄教。黄教的僧徒，是禁止娶妻的。所以宗喀巴遗命，其两大弟子达赖喇嘛、班禅额尔德尼，世世以呼毕勒罕，译言再生。主持宗教事务。因西藏人信教之笃，而达赖和班禅的威权，遂超出乎政治势力之上。驯致成为西藏政教之主。一五五九年，蒙古酋长俺答，参看上一章第一节[1]。遣其二子宾兔、丙兔，袭据青海。两人亦都信了喇嘛教。一五七九年，俺答遂自迎达赖三世到漠南布教，是为喇嘛教化及蒙古之始，其后蒙人信教日笃，乃自奉宗喀巴第三大弟子哲布尊丹巴呼图克图居库伦。而达赖五世，曾通使于清太宗。清太宗亦有报使。至世祖入关，遂迎达赖入京，封为西天大善自在佛。而清人借宗教以怀柔蒙、藏的政策，亦于是乎开始。

---

[1] 原为"第三编第四十一章"。

因喇嘛教的感化，使漠南北游牧民族犷悍之气潜消。向来侵略他人的，至此反受人侵掠，而有待于中国人的保护，这亦是一个新局面。卫拉特，就是元时的斡亦剌，明时的瓦剌。当清初，其众分为四部：曰和硕特，居乌鲁木齐。曰准噶尔，居伊犁。曰杜尔伯特，居额尔齐斯河。曰土尔扈特，居塔尔巴哈台。时红教还行于后藏。后藏的藏巴汗，为其护法。达赖五世的第巴<small>西藏治政务之官</small>。桑结，乃招和硕特固始汗入藏，击杀藏巴汗，而奉班禅居札什伦布。是为达赖、班禅，分主前、后藏政教之始。于是和硕特部徙牧青海，遥制西藏政权。桑结又嫌恶他。再招准噶尔噶尔丹入藏。把固始汗的儿子达颜汗袭杀。其时噶尔丹业已逐去土尔扈特，又把杜尔伯特慑服了。至此，遂统一卫拉特四部，其势大张。

一六八八年，噶尔丹攻喀尔喀。三汗部众数十万，同时溃走漠南。清圣祖乃命科尔沁部假以牧地。而亲自出塞大阅，以耀兵威。一六九五年，噶尔丹以兵据克鲁伦河上流。清圣祖亲自出塞，把他打破。一六九七年，又自到宁夏，发兵邀击。这时候，噶尔丹伊犁旧地，已为其兄子策妄阿布坦所据。噶尔丹穷蹙自杀。阿尔泰山以东悉平。三汗遂各还旧治。

然而伊犁之地，还是未能动摇。清朝乃出兵，先平定西藏和青海。先是达赖五世死后，桑结秘不发丧，而嗾使噶尔丹内犯。噶尔丹败后，尽得其状。圣祖下诏切责。会桑结为固始汗曾孙拉藏汗所杀，奏立新六世达赖。圣祖乃封拉藏为翼法恭顺汗，以为藏事可从此平定了。而青海、蒙古，都说拉藏汗所立达赖是假的。别于里塘迎立一达赖。诏使暂居西宁。正在相持之间，而策妄阿布坦又派兵入藏，把拉藏汗袭杀。于是藏事又告紧急。好在西藏人都承认了青海所立的达赖。圣祖乃派皇子允禵和年羹尧，从西宁、四川两道入藏，把准噶尔的兵击退，而送青海所立的达赖入藏。一七二二年，圣祖死，子世宗立，固始汗之孙罗卜藏丹津，煽动青海诸喇嘛叛变，亦给岳钟琪袭破。于是青海、西藏都平，梗命的只有一个准噶尔了。

一七二七年，策妄阿布坦死，子噶尔丹策凌继立。清朝想一举而覆其根本。还没有出兵，而噶尔丹策凌先已入犯。清兵出战不利。策凌就进犯喀尔喀。为额驸策凌所败。本隶札萨克图汗。清朝嘉其功，因使独立为一部，是为三音诺颜汗。喀尔喀自此始有四部。清高宗乃定以阿尔泰山为准、蒙游牧之界。这是一七三七年的事。到一七四五年，噶尔丹策凌死，准噶尔又生内乱。高宗乃因辉特部长阿睦尔撒纳的降，辉特为土尔扈特属部。用为乡导，发兵把准部荡平。而既平之后，阿睦尔撒纳又叛。亦于一七五七年，给兆惠等打定。

喇嘛教虽然盛行于蒙古和海、藏，而天山南路，则仍自成其为回教的区域。天山南路，在元时本属察合台汗国。后来回教教主之裔和卓木，入居喀什噶尔，因为人民的尊信，南路政教之权，遂渐入其手。而和卓木之后，又分为白山、黑山两宗，轧轹殊甚。和卓木长子加利宴之后为白山宗，次子伊撒克之后为黑山宗。策妄阿布坦曾废白山宗，代以黑山，而质白山酋长的二子于伊犁，是为大小和卓木。大和卓木名布罗尼特，小和卓木名霍集占。清兵定伊犁后，二子归而自立。一七五九年，亦给兆惠、富德等打平。于是从天山南北路以通西域的路全开。葱岭以西之国，如浩罕、哈萨克、布鲁特、乾竺特、博罗尔、巴达克山、布哈尔、阿富汗等，都来通朝贡。清朝对西北的国威，这时候要算极盛了。

其对于西南，则因廓尔喀侵犯西藏，于一七九二年，遣福康安把他打破。廓尔喀人请和。定五年一贡之例。廓尔喀东边的哲孟雄，本来服属于西藏；更东的布丹，则当雍正年间，即已遣使来进贡；也当然成为中国的属国。清朝因为防护西藏起见，乃提高驻藏大臣的职权，令其在体制上和达赖、班禅平等。又颁发金奔巴两个：一个藏在北京雍和宫，一个藏在西藏大昭寺。达赖、班禅和大呼图克图出世有疑义时，就在这瓶中抽签。所以管理西藏的，也渐渐严密了。

以上所述，是清朝对于西、北两方面的武功。至于南方，历代对外的关系，比之西北，似乎不重要些。然至近代，随着世运的进化，而其关系亦渐次重大。原来在南方和中国紧相邻接的，便是后印度半岛。自唐以前，安南本是中国的领土。其余诸地方，开化的程度很浅。自宋以后，安南既已独立，而半岛的西北部，又日益开化。南方的国际关系，也就渐形复杂了。当明初,西南土司,以平缅、麓川为最大。其南为缅甸。又其南为洞吾。又其南为古剌。其在普洱之南的,则为车里。车里之南为老挝。老挝之南为八百。这时候,中国的领土,实尚包括伊洛瓦底江流域和萨尔温、湄公两江上游。平缅、麓川,在元代本为两宣慰司。明太祖初命平缅酋长思氏兼辖麓川。后来又分裂其地,设立若干土司。思氏想恢复旧地,屡次造反。自一四四一年后十年间,明朝尝三次发兵征讨,卒不能克,仅立陇川宣抚司而归。思氏在当时,本有统一后印度半岛西部的资格。自为明所破坏,亦终至灭亡。于是缅甸日强。一五八三年,因寇边,为明将刘綎所击破,然明亦仅定陇川。自此中国对西南,实力所至,西不过腾冲,南不过普洱附近,就渐成为今日的境界了。

缅甸酋长,本姓莽氏。一七五四年,为锡箔江夷族所杀,木梳土司雍籍牙,入据其地。取阿瓦、平古剌。至其子孟驳,又并阿剌干,灭暹罗,国势颇盛。一七六五年,遂寇云南边境。高宗两次发兵,都不能克,仅因其请和,许之而还。暹罗是当明太祖时,受封于中国的。既为缅甸所灭,其故相郑昭——本是中国潮州人——起兵恢复。以一七七八年即王位。旋为前王余党所弑。养子华,Pnaya Cnakri,译名亦作丕耶却克里。其上中国的表文,自称郑华,系袭前王之姓。定乱自立。以一七八六年,受封于中国。缅人怕中国和暹罗夹攻他,才遣使朝贡请封。安南黎氏,自离中国独立后,至一五二七年,而为其臣莫氏所篡。至一六七四年,乃得完全恢复。莫氏篡黎氏时,明朝要出兵讨伐。莫氏惧,请为内臣。乃削去国王的封号,立都统使司,以莫氏为使。其时黎氏后裔,据西京。至一五九二年,入东京,并莫氏,明以其为内臣,又来讨,且立莫氏于高平。其结果,黎氏亦照莫氏之例,受明都统使之职,明乃听其并立。至一六七四年,黎氏乘三藩之乱,中国无暇南顾,乃把莫氏灭掉。当复国之时,实赖其臣阮氏之力。而郑氏以外戚执政。阮氏和他不协,南据顺化,形同独立。至清高宗时,又为西贡的豪族阮氏所破。是为新阮。顺化的阮氏称旧阮。并入东京,灭郑氏,留将贡整守之,贡整想扶黎拒阮,又为阮氏所破。时为一七八六年。清高宗出兵以讨新阮,初破其兵,复立黎氏末主。后复为阮氏所袭败，亦因其请和，封之而还。清朝对于安南、缅甸的用兵，实在都不得利。但是中国国力优厚，他们怕中国再举，所以虽得胜利，仍然请和，在表面上，总算维持着上国的位置。

至清朝对于川、滇、黔、桂诸省的用兵，虽然事在疆域之内，然和西南诸省的开拓，实在大有关系，亦值得一述。原来西南诸省，都系苗、傜、猓玀诸族所据。虽然，自秦、汉以降，久列于版图，而散居其地的种落，终未能完全同化。元时，其酋长来降的，都授以土司之职，承袭必得朝命。有犯顺、虐民，或自相攻击的，则废其酋长，代以中国所派遣的官吏，是之谓改流。虽然逐渐改流的很多，毕竟不能不烦兵力。湖南省中，湘江流域，开辟最早。澧、沅、资三水流域，则是自汉以降，列朝逐渐开拓的，至清朝康雍时代，辟永顺和乾州、凤凰、永绥、松桃等府厅，而大功告成。贵州一省，因其四面闭塞，开辟独晚。直至一四一三年，明成祖永乐十一年。始列于布政司。而水西安氏、水东宋氏，分辖贵阳附近诸土司；和播州的杨氏，仍均极有势力。播州，现在贵州的遵义县。明神宗时，播州酋杨应龙叛。至熹宗时，调川、滇、湖南三省之兵，然后把他打平。其时水东宋氏已衰，而水西安氏独盛。到毅宗初年，才告平定。于是贵州省内，惟东南仍有一大苗疆，以古州为中心。古州，现在贵州的榕江县。而云南东北境，有乌蒙、乌撒、东川、镇雄四土府。乌蒙，现在云南的昭通县。乌撒，现在贵州的威宁县。东川、镇雄，都是现在云南的县。西南部普洱诸夷，亦和江外土司，勾结为患。清世宗以鄂尔泰总督云贵，到底把云南诸土司改流。鄂尔泰又委任张广泗，把贵州的苗疆打定。此等用兵，虽一时不免劳费，然在西南诸省的统治和开发上，总可算有莫大利益。惟四川西北境的大小金川，高宗用兵五年，糜饷七千万，然后把他打下，大金川为今四川理番县的绥靖屯，小金川为四川懋功县，其地势甚险，而又多设碉堡，所以攻之甚难。那就未免劳费太甚。亦可见清高宗的举措，都有些好大喜功，而实际则不免贻累于民了。

第五节　清中叶的内乱

清朝的中衰，是起于乾隆时代的，这个读本章第二节[1]所述，已可见其大概了。清朝是以异族入主中原的，汉人的民族性虽然一时被抑压下去，然而实未尝不潜伏着；得着机会，自然就要起来反抗。如此，就酿成了嘉、道、咸、同四朝的内乱。

清中叶的内乱，是起于一七九五年的。这一年，正是高宗传位于仁宗的一年。其初先借苗乱做一个引子。汉族的开拓西南，从大体上说，自然于文化的广播有功。便苗族，也是受其好处的。然而就一时一地而论，该地方原有的民族，总不免受些压迫，前一节[2]所述湖南永顺、乾州一带，当初开辟的时候，土民畏吏如官，畏官如神。官吏处此情势之下，自不免于贪求。而汉人移居其地的又日多，苗民的土地，多为所占。这一年，遂以"逐客民，复旧业"为名，群起叛乱。调本省和四川、云南、两广好几省的兵力，才算勉强打平。然而事未大定，而教匪已起于湖北了。

白莲教，向来大家都说它是邪教。从它的表面看来，自然是在所不免。但是这种宗教，是起于元代的。当元末，教徒刘福通，曾经努力于光复事业。见第十六章第四节[3]。而当清代，此教的势力，也特别盛，在清代，起兵图恢复的，都自托于明裔，一七二九年，清世宗曾因曾静事降旨说："从前康熙年间，各处奸徒窃发，动辄以朱三太子为名，如一念和尚、朱一贵者，指不胜屈。近日尚有山东人张玉，假称朱姓，托于明之后裔……从来异姓先后继统，前朝之宗室，臣服于后代者甚多；否则隐匿姓名，伏处草野；从未有如本朝奸民，假称朱姓，摇惑人心，若此之众者。"可见在清代，抱民族主义的人很多；即迹涉迷信之徒，实系别有深心的，亦自不乏。不过既经失败，其真相就无传于后罢了。而嘉庆初年的所谓川、楚教匪，其教中首领王发生，亦是诈称明裔的。便可知其与民族主义不无关系。不过人民的程度不

---

1 原为"第四章"。
2 原为"前章"。
3 原为"第三编第四十章"。

一，而在异族监制之下，光复的运动也极难，不能不利用迷信的心理，以资结合，到后来，遂不免有忘其本来的宗旨的罢了。然而其初意，则蛛丝马迹，似乎是不可尽诬的。

所谓白莲教，是于一七七五年被发觉的。教首刘松，遣戍甘肃。然其徒仍秘密传播。至一七九三年，而又被发觉。其首领刘之协逃去。于是河南、湖北、安徽三省大索，骚扰不堪，反给教徒以一个机会。至一七九六年，刘之协等遂在湖北起事。同时，冷天禄、徐天德、王三槐亦起于川东。自此忽分忽合，纵横于川东北、汉中、襄郧之境。官军四面围剿，迄无寸效。你道为什么？原来高宗此时，虽然传位，依旧掌握大权。如此，和珅自然也依旧重用。和珅是贪黩无厌的，带兵的人，都不得不克扣军饷，去贿赂他——当时得一个军营差使，无论怎样赤贫的人，回来之后，没有不买田、买地，成为富翁的——所以军纪极坏。而清朝当这时候，兵力本已不足用。官兵每战，辄以乡勇居前，胜则攘夺其功，败亦抚恤不及。匪徒亦学了他，每战，辄以被掳的难民居前，胜则乐得再进，败亦不甚受伤。加以匪势飘忽，官兵常为所败。再加以匪和官兵，都要杀掠，人民无家可归的，都不得不从匪。如此，自然剿办连年，毫无寸效了。直到一七九九年，高宗死了，和珅伏诛，仁宗乃下哀痛之诏；惩办首祸官吏，优恤乡勇，严核军需，许匪徒投诚。又行坚壁清野之法，一面任能战之将，往来追逐。至一八〇二年，大股总算肃清。明年，余匪出没山林的，也算平定。而遣散乡勇，无家可归的，又流而为盗。又一年余，然后平定。这一次乱事，前后九年，虽然勉强打平，然而清廷之政治力量，就很惰见势绌了。

然而同时东南还有所谓艇盗。艇盗亦是起于乾隆末年的。当新阮得国之后，因财政困难，乃招徕沿海亡命，给以器械，命其入海劫掠商船。广东沿海，就颇受其害。后来土盗亦和他勾通。一发深入闽浙。土盗倚夷艇为声势，夷艇借土盗为耳目。夷艇既高大多炮，土盗又消息灵通。政府以教匪为急，又无暇顾及沿海。于是其患益深。一八〇二年，安南旧阮复国。禁绝海盗，夷艇失势，都并于闽盗蔡牵。后为浙江水师提督李长庚打败。又与粤盗朱濆相合。清朝用长庚总统闽浙水师，而前后督臣，都和他不合，遇事掣肘。一八〇七年，长庚战死南澳洋面，朝廷继任其部将邱良功、王得禄。至一八一〇年，才算把艇盗打平。

川、楚教匪定后，不满十年，北方又有天理教匪之乱。天理教，本名八卦教——后来的义和团，也是出于八卦教的。此时的天理教，是反清的，而后来的义和团，至于以扶清灭洋为口实，民族意识的易于消亡，真可以使人警惕了。当时天理教的首领，是大兴林清和滑县李文成。他们吸收徒众的力量极大。教徒布满于直隶、河南、山东、山西。便是清朝的内监，也有愿意做内应的。他们谋以一八一三年起事。乘清仁宗秋狝木兰时，袭据京城。未及期而事泄。李文成被捕下狱。林清仍进行其预定计划。以内监为乡导，和内应，攻击京城。攻入东西华门的有百余人。文成亦被教徒劫出，攻占县城，杀掉知县。长垣、东明、曹县、定陶、金乡，都起而响应。虽然其事终于无成，亦足使清朝大吃一惊了。

天理教匪乱后八年，便是一八二〇年，仁宗死了，宣宗即位。这一年，回疆又有张格尔之变。天山南路的回民，信教最笃。清廷虽征服回部，本来不能使他们心服的。但是清朝知道他们风气强悍，事定之后，亦颇加意抚绥。回民丧乱之余，骤获休息，所以亦颇相安。日久意怠，渐用侍卫和在外驻防的满员，去当办事领队等大臣。都黩货无厌，还要广渔回女。由是民心愤怨。这一年，大和卓木之孙张格尔，就借兵敖罕[1]，入陷喀什噶尔、英吉沙尔、叶尔羌等城。清廷命杨遇春带着陕甘的兵，前往剿办，把张格尔打败。张格尔走出边。杨遇春又诱其入犯，把他擒杀。于是清廷命浩罕执献张格尔家属。这张格尔是回教教徒，认为教主后裔的，这如何办得到？于是清廷绝其贸易。浩罕就又把兵借给张格尔的哥哥玉普尔，使其入寇。交涉镠轕，直到一八三一年，才定议：清朝仍许浩罕通商，而浩罕允代中国监视和卓木的家族，这交涉才算了结。清朝在这时候，对外的威严，就也有些维持不住了。

---

[1] 别名"浩罕"。

第六节　清代的制度

清代的制度，在大体上可以说是沿袭前朝的。至于摹仿东西洋，改革旧制，那已是末年的事了。

清代的宰相，亦是所谓内阁。但是只管政治，至于军事，则是交议政王大臣议奏的。世宗时，因西北用兵，设立军机处，后遂相沿未撤。从此以后，机要的事务，都归军机；惟寻常本章，乃归内阁。军机处之权，就超出内阁之上了。六部长官，都满、汉并置。尚书满、汉各一人，侍郎各二人。而吏、户、兵、刑四部，尚侍之上，又有管部大臣，以至互相牵制，事权不一。还有理藩院，系管理蒙古的机关，虽以院名，而其设官的制度亦和六部相同。都察院，左都御史和左副都御史亦满、汉并置，左都御史满、汉各一人，左副都御史各二人。其右都御史和右副都御史，则为总督、巡抚的兼衔。外官：督、抚在清代，亦成为常设的官。而属于布、按两司的道，亦若自成一级。于是督、抚、司、道、府、县，几乎成为五级了。压制重而展布难，所以民治易于荒废；统辖广而威权大，所以长官易于跋扈。和外国交通以后，首先设立的，为总理各国事务衙门，后来改为外务部。这是有条约上的关系的。其改为外务部，亦系《辛丑和约》所订定。末年因办新政，复增设督办政务处等，其制度都和军机处相像。到一九〇六年，筹备宪政，才把新设和旧有的机关，改并而成外务、吏、民政、度支、礼、学、陆军、农工商、邮传、理藩、法十一部。民政部，新设之巡警部改。度支部，户部改，新设的财政处、税务处都并入。礼部，太常、光禄、鸿胪三寺并入。学部，新设的学务处改，国子监并入。陆军部，兵部改，太仆寺和新设的练兵处并入。农工商部，工部改，新设的商部并入。理藩部，系理藩院改称。法部，刑部改。革命的一年，设立责任内阁，并裁军机处和吏、礼两部，而增设海军部和军谘府。省的区域，本自元明两代，相沿而来，殊嫌其过于庞大。末年议改官制时，很有主张废之而但存道或府的，但未能实行。当时改订外官制，仍以督抚为一省的长官。但改按察司为提法、学政为提学，而增设交涉司；裁分巡，而增设劝业、巡警两道。东三省和蒙、新、海、藏的官制，在清代是和内地不同的。奉天为陪京，设立户、礼、兵、刑、工五部，而以将军管旗人，府尹治民事。且有奉天、锦州两府。吉黑则只有将军、副都统等官。后来逐渐设厅。奉天将军，统辖旗人，惟实际只问军事，其旗人民刑事件，多归户、刑二部办理，旗人和汉人的词讼，旧例由州县会同将军的属官，如城守尉等办理——因旗人不属汉官——但因他们往往偏袒旗人，而又不懂得事，所以后来于知府以下，都加理事衔，令其专司审判。清代同知通判，通常冠以职名，如捕盗、抚民、江防、海防等是。其设于八旗驻防之地，以理汉人和旗人词讼的，谓之理事同知。同知所驻之地称厅。旗人是兵民合一的，所以将军、副都统以下，凡带兵的官，也都是治民的官。汉人则不能如此。所以后来允许汉人移住，设立管理的机关，都是从设厅始。直至日俄战后，方才改设行省。其蒙古和新疆、青海、西藏，则都治以驻防之官。新疆改设行省，在中俄伊犁交涉了结之后。青海、西藏，则始终未曾改制。

清代取士之制，大略和明代相同。惟首场试四书文，次场试五经文。明代次场所试，在清则不试。惟官缺都分满、汉。而蒙古及汉军、包衣，亦各有定缺，为其特异之点。戊戌变法时，尝废八股文，改试论、策、经义。政变后复旧。义和团乱后，又改。至一九〇五年，才废科举，专行学校教育。但学校毕业之士，仍有进士、举、贡、生员等名目，谓之奖励。到民国时代才废。当时京师立大学堂，省立高等学堂，府立中学堂，县立高、初两等小学堂。高等小学毕业的，为廪、增、附生。中学毕业的，为拔贡、优贡、岁贡。高等学堂毕业的为举人。大学毕业的为进士。其实业、师范等学校，各按其程度为比例。

兵制有八旗、绿营之分。八旗编丁，起于佐领。每佐领三百人。五佐领设一参领。五参领设一都统，两副都统。此为清朝初年之制。后来得蒙古人和汉人，亦都用此法编制。所以旗兵又有满洲、蒙古、汉军之分。入关以后，收编的中国兵，则谓之绿营，而八旗又分禁旅和驻防两种。驻防的都统，改称将军。乾嘉以前，大抵出征以八旗为主；镇压内乱，则用绿营。川楚教匪之乱，八旗绿营，都不足用，反靠临时招募的乡勇，以平乱事，于是勇营大盛。所谓湘、淮军，在清朝兵制上，亦是勇营的一种。中法之战，勇营已觉其不足恃，到中日之战，就更形破产了。于是纷纷改练新操，是为新军。到末年，又要改行征兵制，于各省设督练公所，挑选各州县壮丁有身家的，入伍训练，为常备兵。三年放归田里，为续备兵。又三年，退为后备兵。又三年，则脱军籍。当时的计划，拟练新军三十六镇，未及成而亡。水师之制，清初分内河、外海。太平天国起后，曾国藩首练长江水师，和他角逐，而内河水师的制度一变。至于新式的海军，则创设于一八六二年。法、越战后，才立海军衙门。以旅顺和威海卫为军港，一时军容颇有可观，后来逐渐腐败。而海军衙门经费，又被那拉后修颐和园所移用。于是军费亦感缺乏。中日之战，遂至一败涂地。战后，海军衙门既裁，已经营的军港，又被列强租借，就几于不能成军了。

清朝的法律，大体是沿袭明朝的。其初以例附律。后未就将两种合纂，称为《律例》。其不平等之处，则宗室、觉罗和旗人，都有换刑。而其审判机关，亦和普通人民不同。笞杖，宗室、觉罗罚养赡银，旗人鞭责。徒流，宗室、觉罗板责圈禁，旗人枷号。死罪，宗室、觉罗，都赐自尽。凡宗室、觉罗犯罪，由宗人府审问。八旗、包衣，由内务府审问。徒以上咨刑部。旗人，在京由都统，在外由将军、都统、副都统审问。在京者徒以上咨刑部，在外的流以上申请。盛京旗人狱讼，都由户、刑两部审讯。徒流以上，由将军各部，府尹会断。流寓中国的外国人，犯了罪，由他自己的官长审讯，这是中国历代如此。《唐律疏议》卷六名例云："诸化外人同类自犯者，各依本俗法。异类相犯者，以法律论。"《疏义》说："化外人，谓蕃夷之国，别立君长者。各有风俗，制法不同，所以须问其本国之制，依其俗法断之。"这是各适其俗之意。惟异类相犯，若"高丽、百济相犯之类"，则穷于措置，所以即用中国之法定罪。从前法律，以各适其俗为原则，所以外人犯罪，多令其自行处治，如《宋史·日本传》，倭船火儿藤太明殴郑作死，诏械太明付其纲首，归治以其国之法，是其一例。详见《唐宋元时代中西通商史》本文二，考证十一、十二。在从前，原无甚关系。但是海通以后，把此项办法，订入条约之中，就于国权大有损害了。末年，因为要取消领事裁判权，派沈家本、伍廷芳为修订法律大臣，把旧律加以修改。改笞杖为罚金，徒流为工作，死刑存绞斩，而废凌迟、枭首等。曾颁行《商律》和《公司律》。其民、刑律和民、刑事诉讼律，亦都定有草案，但未及颁行。审判机关，则改大理寺为大理院，为最高审判，其下则分高等、地方、初等三级。但亦未能推行。

赋役是仍行明朝一条鞭之制的。丁税既全是征银，而其所谓丁，又不过按粮摊派，则已不啻加重田赋，而免其役，所以清朝的所谓编审，不过是将全县旧有丁税若干，设法摊派之于有粮之家而已。当时之人，谓之"丁随粮行"。和实际查验丁数，了无干涉。即使按期举行，所得的丁额，亦总不过如此。清圣祖明知其故，所以于一七一二年，康熙五十一年。特下"嗣后滋生人丁，永不加赋；丁赋之额，以康熙五十年册籍为准"之诏。既然如此，自然只得将丁银摊入地粮，而编审的手续，也当然可省，后来就但凭保甲以造户口册了。地丁而外，江苏、安徽、江西、湖北、湖南、浙江、河南、山东八省，又有漕粮。初征本色，末年亦改征折色。田赋而外，以关、盐两税为大宗。盐税仍行引制。由国家售盐于大商，而由大商各按引地，售与小民。此法本有保护商人专利之嫌。政府所以要取此制，只是取其收税的便利。但是初定引地时，总要根据于交通的情形，而某地定额若干，亦是参照该地方消费的数量而定的。历时既久，两者的情形，都不能无变更，而引地和盐额如故，于是私盐贱而官盐贵，国计民生，交受其弊；而商人也不免于坐困了。关有常关和新关两种。常关沿自明代，新关则是通商之后增设于各口岸的。税率既经协定，而总税务司和税务司，又因外交和债务上的关系，限用外国人。革命之后，遂至将关税收入，存入外国银行，非经总税务司签字，不能提用。甚至偿还外债的余款，就是所谓关余的取用，亦须由其拨付，这真可谓太阿倒持了。厘金是起于太平军兴之后的。由各省布政司委员，设局征收。其额系值百抽一，所以谓之厘金。但是到后来，税率和应税之品，都没有一定，而设局过多，节节留难，所以病商最甚。《辛丑和约》，因我国的赔款负担重了。当时议约大臣，要求增加关税，外人乃以裁厘为交换条件。许我裁厘后将关税增加至值百抽五，然迄清世，两者都未能实行。参看第二十三章第三节[1]。

---

[1] 原为"第五编第十六章"。

第七节　清代的学术

清代学术的中坚，便是所谓汉学。这一派学术，以经学为中心。专搜辑阐发汉人之说，和宋以来人的说法相对待，所以得汉学之称。

汉学家的考据，亦可以说是导源于宋学中之一派的。见第十五章第七节[1]。而其兴起之初，亦并不反对宋学。只是反对宋学末流空疏浅陋之弊罢了。所以其初期的经说，对于汉宋，还是择善而从的。而且有一部分工作，可以说是继续宋人的遗绪。如江永所编的《礼书纲目》，即系有志于继续朱子的《仪礼经传通解》的。但是到后来，其趋向渐渐的变了。其工作，专注重于考据。考据的第一个条件是真实。而中国人向来是崇古的。要讲究古，则汉人的时代，当然较诸宋人去孔子为近。所以第二期的趋势，遂成为专区别汉、宋，而不复以己意评论其短长。到此，才可称为纯正的汉学。所以也有对于这一期，而称前一期为汉宋兼采派的。

第一期的人物，如阎若璩、胡渭等，读书都极博，考证都极精。在这一点，可以说是继承明末诸儒的遗绪的。但是经世致用的精神，却渐渐的缺乏了。第二期为清代学术的中坚。其中人物甚多，近人把他分为皖、吴二派。皖派的开山是江永，继之以戴震。其后继承这一派学风的，有段玉裁，王念孙、王引之父子，和末期的俞樾等。此派最精于小学，而于名物制度等，搜考亦极博。所以最长于训释。古义久经湮晦，经其疏解，而灿然复明的很多。吴派的开山是惠周惕、惠士奇、惠栋，父子祖孙，三世相继。其后继承这一派学风的，有余萧客、王鸣盛、钱大昕和陈寿祺、陈乔枞父子等。这派的特长，尤在于辑佚。古说已经亡佚，经其搜辑而大略可见的不少。

汉学家的大本营在经。但因此而旁及子、史，亦都以考证的方法行之。经其校勘、训释、搜辑、考证，而发明之处也不少。其治学方法，专重证据。所研究的范围颇狭，而其研究的功夫甚深。其人大都为学问

1　原为"第三编第三十五章"。

而学问。不拽以应用的，亦颇有科学的精神。

但是随着时势的变化，而汉学的本身，也渐渐的起变化了。这种变化，其初也可以说是起于汉学的本身，但是后来，适与时势相迎合，于是汉学家的纯正态度渐渐地改变。而这一派带有致用色彩的新起的学派，其结果反较从前纯正的汉学为发达。这是怎样一回事呢？原来汉学的精神，在严汉、宋之界。其初只是分别汉、宋而已，到后来，考核的功夫愈深，则对于古人的学派，分别也愈细。汉、宋固然不同，而同一汉人之中，也并非不相违异。其异同最大的，便是今、古文之学。其初但从事于分别汉、宋，于汉人的自相歧异，不甚措意。到后来，汉、宋的分别工作，大致告成，而汉人的分别问题，便横在眼前了。于是有分别汉人今古文之说，而专替今文说张目的。其开山，当推庄存与，而继之以刘逢禄和宋翔凤，再继之以龚自珍和魏源。更后，便是现代的廖平和康有为了。汉代今文学的宗旨，本是注重经世的。所以清代的今文学家，也带有致用的色彩。其初期的庄、刘已然，稍后的龚、魏，正值海宇沸腾，外侮侵入之际。二人都好作政论，魏源尤其留心于时务。其著述，涉及经世问题的尤多。最后到廖平，分别今古文的方法更精了。前此分别今古文的，都不免泥定某部书为今文，某部书为古文，到廖平，才知道多数古书中，都不免两派夹杂，提出几种重要的学说做根据，逐一细加厘剔。所以从此以后，今古文的派别，分别得更精细了。此法并可利用之以看古人各家的学说，都易于明了其真相，并不限于治经。至康有为，则利用经说，自抒新解，把春秋三世之义，推而广之。而又创托古改制之说，替思想界起一个大革命。康有为学说的精髓，在《孔子改制考》一书。此书说古代世界，本是野蛮的；经子中所说高度文化的情形，都系孔子和其余诸子意图改革，怕人家不信，所以托之于古，说古人已是如此。这话在考据上很成问题。但是能引诱人向前进取，不为已往的习俗制度所囿，在鼓舞人心、增加改革的勇气上，实在是很有效力。三世是《公羊春秋》之义，说孔子把春秋二百四十年之中，分为据乱、升平、太平三种世界，表示着三种治法。也是足以导人进取，而鼓舞其改革的勇气的。

清学中还有一派，是反对宋学的空谈，而注意于实务的。其大师便是颜元。他主张仿效古人的六艺，留心于礼、乐、兵、刑诸实务。也很有少数人佩服他。但是中国的学者，习惯在书本上做功夫久了，而学术进步，学理上的探讨和事务的执行，其势也不得不分而为二。所以此派学问，传播不甚广大。

还有一派，以调和汉、宋为目的，兼想调和汉、宋二学和文士的争执的，那便是方苞创其前，姚鼐继其后的桐城派。当时汉、宋二学，互相菲薄。汉学家说宋学家空疏武断，还不能明白圣人的书，何能懂得圣人的道理？宋学家又说汉学家专留意于末节，而忘却圣人的道理，未免买椟还珠。至于文学，则宋学家带有严肃的宗教精神，固然要以事华采为戒；便是汉学家，也多自矜以朴学，而笑文学家为华而不实的。固然，懂得文学的人，汉、宋学家中都有，然而论汉、宋学的精神，则实在如此。其实三者各有其立场，哪里可以偏废呢？所以桐城派所主张义理、考据、辞章三者不可缺一之说，实在是大中至正的。但是要兼采三者之长而去其偏，这是谈何容易的事？所以桐城派的宗旨，虽想调和三家，而其在汉、宋二学间的立场，实稍偏于宋学，桐城派中的方东树，著《汉学商兑》一书，攻击汉学家最烈。而其所成就，尤以文学一方面为大。

清朝还有一位学者，很值得介绍的，那便是章学诚。章学诚对于汉、宋学都有批评。其批评，都可以说是切中其得失。而其最大的功绩，尤在史学上。原来中国人在章氏以前不甚知道"史"与"史材"的分别，又不甚明了史学的意义。于是（一）其作史，往往照着前人的格式，有的就有，无的就无，倒像填表格一样，很少能自立门类，或删除前人无用的门类的。（二）则去取之间，很难得当。当历史读，已经是汗牛充栋，读不胜读了；而当作保存史材看，则还是嫌其太少。章氏才发明保存史材和作史，是要分为两事的。储备史材，愈详愈妙，作史则要斟酌一时代的情势，以定去取的，不该死守前人的格式。这真是一个大发明。章氏虽然没有作过史，然其借改良方志的体例，为豫备史材的方法，则是颇有成绩的。

理学在清朝，无甚光彩。但其末造，能建立一番事功的曾国藩，却是对于理学颇有功夫的，和国藩共事的人，如罗泽南等，于理学亦很能实践。他们的成功，于理学可谓很有关系。这可见一派学问，只是其末流之弊，是要不得，至于真能得其精华的，其价值自在。

以上所说，都是清朝学术思想变迁的大概，足以代表一时代重要的思潮的。至于文学，在清朝比之前朝，可说无甚特色。<small>梁启超说，见所撰《清代学术概论》。</small>称为古文正宗的桐城派，不过是谨守唐、宋人的义法，无甚创造。其余模仿汉、魏、唐、宋的骈文……的人，也是如此。诗，称为一代正宗的王士禛，是无甚才力的。后来的袁、赵、蒋，<small>袁枚、赵翼、蒋士铨。</small>虽有才力，而风格不高。中叶后竟尚宋诗，亦不能出江西派杵臼。词，清初的浙派，尚沿元、明人轻佻之习。常州派继起，颇能力追宋人的作风，但是词曲，到清代，也渐成为过去之物。不但词不能歌，就是曲也多数不能协律；至其末年，则耳目的嗜好也渐变，皮黄盛而昆曲衰了。平民文学，倒也颇为发达。用语体以作平话、弹词的很多。在当时，虽然视为小道，却是现在平民文学所以兴起的一个原因。书法，历代本有南北两派。南派所传的为帖，北派所传的为碑。自清初以前，书家都取法于帖。但是屡经翻刻，神气不免走失。所以到清中叶时，而潜心碑版之风大盛。主持此论最力，且于作书之法，阐发得最为详尽，为包世臣。而一代书家，卓然得风气之先的，则要推邓完白。清代学术思想，都倾向于复古，在书法上亦是如此的。这也可见一种思潮正盛之时，人人受其鼓荡而不自知了。

第八节　清代的社会

论起清代的社会来，确乎和往古不同。因为他是遭遇着旷古未有的变局的。这旷古未有的变局，实在当十六世纪之初——欧人东略——已开其端。但是中国人，却迟到十九世纪的中叶——五口通商——方才感觉到。自此以前，除少数——如在海口或信教——与西人接近的人外，还是丝毫没有觉得。

清代是以异族入主中国的。而又承晚明之世，处士横议，朋党交争之后，所以对于裁抑绅权、摧挫士气二者，最为注意。在明世，江南一带,有所谓投大户的风气。仕宦之家,僮仆之数,盈千累百。不但扰害小民,即主人亦为其所挟制。参看第十七章第七节[1]。到清代,此等风气,可谓革除了。向来各地方,有不齿的贱民,如山、陕的乐籍,绍兴的惰民,徽州的伴当,宁国的世仆,常熟、昭文的丐户,江、浙、福建的棚民,在清世宗时,亦均获除籍。此等自然是好事。然而满、汉之间,却又生出不平等来了。旗人在选举、司法种种方面,所占地位都和汉人不同,具见本章第六节[2]所述。而其关系最大的,尤莫如摧挫士气一事。参看本章第二节[3]。宋、明两朝,士大夫都很讲究气节。风会所趋,自然不免有沽名钓誉的人,鼓动群众心理,势成一哄之市。即使动机纯洁,于事亦不能无害,何况持之稍久,为野心者所利用,杂以他种私见,驯致酿成党争呢?参看第十五章第八节[4]。物极必反,在清代,本已有动极思静之势,而清人又加之以摧挫,于是士大夫多变为厌厌无气之流,不问国事。高者讲考据、治词章,下者遂至于嗜利而无耻。管异之有《拟言风俗书》,最说得出明清风气的转变。他说:

> 明之时,大臣专权,今则阁、部、督、抚,率不过奉行诏命。明之时,言官争竞,今则给事、御史,皆不得大有论列。明之时,士多讲学,今则聚徒结社者,渺焉无闻。明之时,士持清议,今则一使事科举,而场屋策士之文,及时政者皆不录。大抵明之为俗,官横而士骄。国家知其敝而一切矫之,是以百数十年,天下纷纷,亦多事矣。顾其难皆起于田野之间,闾巷之侠,而朝廷学校之间,安且静也。然臣以为明俗敝矣,其初意则主于养士气,蓄人才。今夫鉴前代者,鉴其末流,而要必观其初意。是以三代圣王相继,其于前世,皆有革有因,不力举而尽变之也。力举而尽变之,则于理不得其平,而更起他祸。

---

1 原为"第三编第四十七章"。
2 原为"第二十二章"。
3 原为"第四章"。
4 原为"第三编第三十六章"。

清朝当中叶以后，遇见旷古未有的变局，而其士大夫，迄无慷慨激发，与共存亡的，即由于此。此等风气，实在至今日，还是受其弊的。

我们今日，翻一翻较旧的书，提到当时所谓"洋务"时，率以"通商""传教"两个名词并举。诚然，中西初期的交涉，不外乎此两端。就这两端看来，在今日，自然是通商的关系，更为深刻——因为帝国主义者经济上的剥削，都是由此而来的——其在当初，则欧人东来，所以激起国人的反抗的，实以传教居先，而通商顾在其次。欧人东来后，中国反对他传教的情形，读第十九章第一节[1]已可见其大略。但这还是士大夫阶级的情形。至一八六一年，《天津》《北京》两条约发生效力以来，从前没收的教堂都发还。教士得在中国公然传教。从此以后，洋人变为可畏之物，便有恃入教为护符，以鱼肉邻里的。地方官遇教案，多不能持平，小民受着切肤之痛，教案遂至连绵不绝。一八四五年，即道光二十五年，法人赴粤，请弛教禁。总督耆英奏闻，部议准在海口设立天主堂，然内地之禁如故。至《天津条约》，则英、法、俄、美，都有许传教的明文，《北京条约》第六款，又规定将前此充公的天主堂均行发还。教士得在各省租买田地，建造房屋，教禁至此，始全解除，然是年，江西、湖南两省，即有闹教之事。此后教案迭起，而一八七〇年，即同治九年天津一案，尤为严重。此案因谣传教堂迷拐人口而起。法国领事丰大业，以枪击天津知县刘杰，不中，为人民所殴毙。并毁教堂、医院，教民、洋人死者二十余人。法人必欲以刘杰及天津府张光藻、提督陈国瑞抵偿，调军舰至津迫胁。中国舆论，亦有主战的。曾国藩以署直督往查办，力主持重。结果，将张光藻、刘杰遣戍，滋事之人，正法者十五，军流者四，徒者十七，国藩因此，大为清议所不直。然当时情势，实极危急。国藩赴津之时，至于先作遗书，以诫其子。其情势亦可想见了。直至一九〇〇年，拳匪乱后，而其祸乃稍戢。

至于在经济上，则通商以后，中国所受的侵削尤深。通商本是两利之事，历代中外通商，所输入的，固然也未必是必需品。如香药、犀、象等。然中国所受的影响有限。至于近代，则西人挟其机制之品，以与

---

[1] 原为"第二章"。

我国的手工业相竞争。手工业自然是敌不过他的。遂渐成为洋货灌输，固有的商工业亏折，而推销洋货的商业勃兴之象。不但商工业，即农村亦受其影响，因为旧式的手工，有一部分是农家的副业。偏僻的农村，并有许多粗制品，亦能自造，不必求之于外的。机制品输入而后，此等局面打破，农村也就直接、间接受着外人的剥削了。此等情势，但看通商以后，贸易上的数字，多为入超可见。资本总是向利息优厚之处流入的，劳力则是向工资高昂之处移动的。遂成为外国资本输入中国，而中国劳工纷纷移殖海外的现象。

外人资本的输入，最初是商店——洋行——和金融机关。从《马关条约》以后，外人得在我国通商口岸设厂，而轻工业以兴。其后外人又竞攫我的铁路、矿山等，而重工业亦渐有兴起。此等资本，或以直接投资，或以借款，或以合办的形式输入，而如铁路、矿山等，并含有政治上的意味。至于纯粹的政治借款，则是从一八六六年，征讨"回乱"之时起的。此后每有缺乏，亦时借洋债，以资挹注。但为数不多。中、日战后，因赔款数目较巨，财政上一时应付不来，亦借外债以资应付。但至一九〇二年，亦都还清。而其前一年，因拳乱和各国订立和约，赔款至四万五千万两之巨。截至清末，中国所欠外债，共计一万七千六百万，仅及庚子赔款三之一强，可见拳乱一役，贻累于国民之深了。

我国的新式工业初兴起时，大抵是为军事起见。其中仅一八七八年，左宗棠在甘肃倡办织呢局；稍后，李鸿章在上海办织布局；张之洞在湖北办织布、纺纱、制麻、缫丝四局，可称为纯粹工业上的动机。此等官办或官商合办的事业，都因官场气习太深，经营不得其法，未能继续扩充，而至于停办。前清末造，民间轻工业，亦渐有兴起的，亦因资本不足，管理不尽合宜，未能将外货排斥。在商业上，则我国所输出的，多系天产及粗制品。且能直接运销外国者，几于无之，都是坐待外商前来采运，其中损失亦颇巨。

华人移殖海外，亦自前代即有之。但至近世，因交通的便利，海外事业的繁多，而更形兴盛。其初外人是很欢迎中国人前往的。所以一八五八年的《中英条约》、一八六一年的《中俄条约》、一八六四年的《西班牙条约》、一八六八年的《中美续约》，都有许其招工的明文。今日南洋及美洲繁盛之地，原系华人所开辟者不少。到既经繁盛，却又厌华人工价的低廉，而从事于排斥、苛待、驱逐之事，接踵而起了。外人排斥华工，起于一八七九年，美国嘉理福尼省的设立苛例；其后一八九八年，檀香山属美，一九〇二年菲律宾属美，都将此例推行；南洋等处，设立苛例，以待华侨者，亦属不少。但在今日，华侨之流寓海外者还甚多。虽无国力之保护，到处受人压迫，然各地方的事业，握于华人之手者仍不少。譬如暹罗、新加坡等，一履其地，俨然有置身闽、粤之感。我国的国际收支，靠华侨汇回之款，以资弥补者，为数颇巨。其人皆置身海外，深受异民族压迫之苦，爱国之观念尤强，对于革命事业的赞助，功绩尤伟。若论民族自决，今日华侨繁殖之地，政权岂宜握在异族手中？天道好还，公理终有伸张之日，我们且静待着罢了。

第九节　基督教和西方科学的传入

中国和外国的交通，也有好几千年了。虽然彼此接触，总不能无相互的影响，然而从没有能使我国内部的组织，都因之而起变化的。其有之，则自近世的中欧交通始。这其间固然有种种的关系，然而其最主要的，还是东西文化的差异。东西文化最大的差异，为西洋近世所发明，而为中国所缺乏的，便是所谓科学。所以科学的传入，是近世史上最大的事件。科学与宗教，虽若相反，其最初传入，却是经教士之手的。

基督教的传入中国，亦由来已久。读第十四章第七节、第十六章第二节[1]，就可知道了。可是因中国人迷信不深，对于外国传入的宗教，不能十分相契，所以都不久而即绝。至近世，新教兴于欧洲，旧教渐渐失势，旧教中有志之士，乃思推广其势力于他洲。其中号称耶稣会的，Jesuit.传布尤力。耶稣会的教士，第一个到中国来的，是利玛窦。Mdtteo Ricci.以一五八一年至澳门。初居广东的肇庆。一五九八年，始

---

[1] 原为"第三编第二十五、第三十八两章"。

经江西到南京。旋入北京。一六〇〇年，神宗赐以住宅，并许其建立天主堂。天主教士的传教于中国，和其在他国不同。他们深知道宗教的教理，不易得华人尊信的。所以先以科学牖启中国人。后来才渐渐的谈及教理。利玛窦到北京之后，数年之间，信教的便有二百余人。徐光启、李之藻等热心科学之士，都在其内。当时的教士，并不禁华人拜天、拜祖宗、拜孔子。他们说："中国人的拜天，是敬其为万物之本；其拜祖宗，系出于孝爱之诚；拜孔子，是敬仰其人格；都不能算崇拜偶像。"教士都习华言，通华文。饮食起居，一切改照华人的样子，他们都没有家室，制行坚卓，学问渊深。所以很有敬信他们的人。然亦有因此，而疑其别有用心的。

当利玛窦在日，就有攻击他的人。南京礼部侍郎沈㴶、给事中徐如珂等，既攻西教，并攻其违《大明律》私习天文之禁。神宗因其为远方人，不之听。一六一〇年，利玛窦卒。攻击的人，更为厉害。到一六一六年，就被禁止传布。教士都勒归澳门。然而这一年，正是满洲叛明自立的一年。自此东北一隅，战争日烈，明朝需用枪炮也日亟。至一六二二年，因命教士制造枪炮，而教禁亦解。明朝所行的大统历，其法本出西域。所以当开国时候，就设有回回历科。到了末年，其法疏舛了。适会基督教中深通天文的汤若望 Johann Adam Schall von Bell. 来华。一六二九年，以徐光启之荐，命其在北京历局中，制造仪器，翻译历书，从事于历法的改革。至一六四一年，而新历成。越二年，命以之代旧历。未及行而明亡。清兵入关后，汤若望上书自陈。诏名其历为时宪。汤若望和南怀仁，Ferdinandns Verbiest. 都任职钦天监。这时候，基督教士，可以说很得信任了。到清世祖殁，而攻者又起。

当时攻击基督教最烈的，是习回回历法的杨光先。但他的主意，并不在乎历法。他曾说："宁可使中国无好历法，不可使中国有西洋人。"他又说："他们不婚不宦，则志不在小。其制器精者，其兵械亦精。"他们著书立说，说中国人都是邪教的子孙，万一蠢动，中国人和他对敌，岂非以子弟拒父兄？"以数万里不朝不贡之人，来不稽其所从来，去不究其所从去；行不监押，止不关防；十三省山川形势，兵马钱粮，靡不收归图籍。百余年后，将有知余言之不得已者。"光先之说，都见其所著《不得已书》。杨光先之说如此：利用传教，以作侵略的先锋，这是后来之事——也可说是出于帝国主义者的利用，并非传教者本身的罪恶——基督教初入中国时，是决无此思想的。杨光先的见解，在今日看起来，似乎是偏狭，是顽固。但是中国历代，本有借邪教以创乱的人；而基督教士学艺之精，和其无所为而为之的精神，又是中国向来没有看见过的。这种迷信的精神，迷信不深的中国人，实在难于了解。杨光先当日，有此疑忌，却也无怪其然。不但杨光先，怕也是当日大多数人所同有的心理。即如清圣祖，他对于西洋传入的科学，可以说是颇有兴味的。对于基督教士，任用亦不为不至。然而在他的《御制文集》里，亦说"西洋各国，千百年后，中国必受其累"，这正和杨光先是一样的见解。不过眼前要利用他们，不肯即行排斥罢了。人类的互相了解，本来是不大容易的。在学艺上，只要肯虚心研究，是非长短，是很容易见得的。但是国际上和民族间的猜忌之心，一时间总难于泯灭，就做了学艺上互相灌输的障碍。近世史的初期，科学输入的困难，这实在是一个大原因。

杨光先以一六六四年，上书攻击基督教士，一时得了胜利。汤若望等都因之得罪。当时即以监正授光先。光先自陈"通历理而不知历法"，再四固辞。政府中人不听。不得已任职。至一六六七年，因推闰失实，得罪遣戍。再用南怀仁为监正。自此终圣祖之朝，教士很见任用。传教事业，也颇称顺利。直至一七〇七年，而风波才再起。

原来利玛窦等的容许信徒拜天、拜祖宗、拜孔子，当时别派教士，本有持异议的。后来评诸教皇。至一七〇四年，教皇乃立《禁约》七条，派多罗Tournon，近译亦作铎罗。到中国来禁止。多罗知道此事不可造次。直迟到这一年，才以己意发布其大要。圣祖和他辩论，彼此说不明白。大怒。命把多罗押还澳门，交葡萄牙人监禁。在中国的传教事业，是印度的一部分，本归葡萄牙人保护的。后来法国人妒忌他，才自派教士到中国。在印度和中国的旧教徒，依一四五四年教皇的命令，受葡萄牙王保护。法人所自派的教士，则于一六八四年到中国。葡萄牙人正可恶不由他保护的教士，把多罗监禁得异常严密。多罗就忧愤而死。然而教皇仍以一七一五年,申明前次的禁约。到一七一八年,并命处不从者以"破门"之罚。于是在华教士,不复能顺从华人的习惯,彼此之间,就更生隔碍。一七一七年,碣石镇总兵陈昂,说天主教在各省,开堂聚众,广州城内外尤多,恐滋事端。请依旧例严禁,许之。一七二三年,闽浙总督满保,请除送京效力人员外,概行安置澳门。各省天主堂,一律改为公廨。朝廷也答应了。安置澳门一节,明年,两广总督孔毓珣,因澳门地窄难容,奏请准其暂居广州城内天主堂,而禁其出外行走。诏许依议办理。至各省天主堂改为公廨,则直至一八六〇年《北京条约》定后,方才发还。参看前一节[1]。自此至五口通商以前,教禁就迄未尝解。

基督教士东来以后,欧洲的各种科学,差不多都有输入。历法的改革,枪炮的制造,不必论了。此外很有关系的,则为清圣祖时,派教士到各省实测,绘成的《皇舆全览图》。中国地图中,记有经纬线的,实在从此图为始。当明末,陕西王徵,曾译西书,成《远西奇器图说》,李之藻译《泰西水法》,备言取水、蓄水之法及其器械。徐光启著《农政全书》,也有采用西法的。关于人体生理,则有邓玉函 Jean Terenz. 所著的《人身说概》。关于音乐,则有徐日昇 Thomas Peryira. 所修的《律吕正义续编》。而数学中,利玛窦和徐光启所译的《几何原本》,尤为学者所推重。代数之学,清朝康熙年间,亦经传入,谓之借根方。清朝治天文、历算之士,兼通西法的很多。形而上之学,虽然所输入的,大抵不离乎神学。然而亚里斯多德的论理学,亦早经李之藻之手,而译成《名理探》了。就是绘画、建筑等美术,也有经基督教士之手而传入的。基督教士初来时所带来的,都是些宗教画。今惟杨光先《不得已书》中,尚存四帧。后来郎世宁(Jeseph Castig Lione)等以西洋人而供职画院,其画亦有存于现在的。至于建筑,则圆明园中水木明瑟一景,即系采用西洋建筑之法造成。所以在当时,传入的科学,并不为少。但是(一)因中国人向来不大措意于形而下之学;(二)则科学虽为中国人所欢迎,而宗教上则不免有所障碍;所以一时未能发生很大的影响。

---

1 原为"第二十四章"。

第十九章

剿夷与抚夷

第一节　欧人的东略

从亚洲的东方到欧洲，陆路本有四条：（一）自西伯利亚逾乌拉岭入欧俄。（二）自蒙古经天山北路，出两海之间。谓咸海、里海。（三）自天山南路逾葱岭。（四）自前后印度西北行，两道并会于西亚。第一路荒凉太甚。第二路则沙漠地带，自古为游牧民族荐居之地，只有匈奴、蒙古自此以侵略欧洲，而两洲的声明文物，由此接触的颇少。葱岭以西，印度固斯[1]以南，自古多城郭繁华之国。然第三路有沙漠山岭的阻隔，第四路太觉迂远，而沿途亦多未开化之国，所以欧、亚两洲，虽然陆地相接，而其交往的密切，转有待于海路的开通。自欧洲至东洋的海路：一自叙利亚出阿付腊底斯河流域。二泛黑海，自阿美尼亚上陆，出底格利斯河流域。两路均入波斯湾。三自亚历山大黎亚溯尼罗河，绝沙漠而出红海。这都是自古商旅所经。自土耳其兴，而一二两道，都入其手，第三道须经沙漠，不便，乃不得不别觅新航路。其结果，海道新辟的有二：一绕非洲的南端而入印度洋；二绕西半球而入太平洋。

欧人的航行东洋，首先成功的为葡萄牙。一四八六年，始达好望角。一四八九年，进达印度的马拉巴尔海岸，一五〇〇年，遂辟商埠于

---

[1] 今译作兴都库什。

加尔各答。明年，略西海岸的卧亚，进略东海岸及锡兰、摩洛哥、爪哇、麻六甲。一五一六年，遂来广东求互市。明朝在广州，本设有市舶司。东南洋诸国，来通商的颇多。都停泊在香山县南虎跳门外的浪白洋，就船贸易。武宗正德时，一五〇六至一五二一年。移于高州的电白。一五三五年，指挥使黄庆纳贿，请于上官，移之濠镜，就是现在的澳门。是为西人在陆地得有根据之始。就有筑城置戍的。中国人颇疑忌他。而西人旋亦移去。只有葡萄牙人，于隆庆初，岁纳租银五百两，租地建屋。隆庆，明穆宗年号，自一五六七至一五七二年。葡人的不纳地租，起于一八四九年，即清宣宗道光二十九年。自此就公然经营市埠，视同己有。一六〇七年，番禺举人卢廷龙，入京会试。上书当道：请尽逐澳中诸番，出居电白。当事的人不能用。天启初，明熹宗年号，自一六二一至一六二七年。又有人说"澳中诸番，是倭寇的乡导"，主张把他们移到外洋。粤督张鸣冈说："香山内地，官军环海而守。彼日食所需，咸仰于我。一怀异志，立可制其死命。移泊外洋，大海茫茫，转难制驭。"部议以为然，遂不果徙——这是后来借断绝接济，以制西洋人的根源。

葡萄牙人到好望角后七年，哥伦布始发现美洲，其到广东后三年，则麦哲伦环绕地球。于是西班牙人，于一五六五年，据菲律宾，建马尼剌。一五七五和一五八〇年，两次到福建求通商，都为葡萄牙人所阻。然中国商船，聚集于马尼剌的颇多。

荷兰人以一五八一年，叛西班牙自立。时西班牙王兼王葡萄牙，禁止其出入里斯本。荷人乃自设东印度公司，谋东航。先后据苏门答腊、爪哇、摩鹿加。于好望角和麦哲伦海峡，都筑塞驻兵。其势力反驾乎西、葡之上。一六二二年，荷兰人攻澳门，不克。一六二四年，据台湾、澎湖。至一六六〇年，而为郑成功所夺。清朝因想借荷兰之力，以夹攻郑氏，所以许其每八年到广东通商一次，船数以四为限。

英吉利的立东印度公司，事在一五九九年。东航之后，和葡萄牙人争印度。葡人战败，许其出入澳门。一六三七年，英船至澳门，为其地的葡人所拒。英人乃自谒中国官吏，求通商。至虎门，为守兵所炮击。英人还击，陷其炮台。旋送还俘掠，中国亦许其通商。见《华英通商事略》。此时已值明末。旋广东兵事起，英人贸易复绝。郑经曾许英人通商于厦门和安平。然安平初开，实无甚贸易，止有厦门，英船偶然一到而已。

　　以上所述，是从明中叶到清初，欧人从海道东来的情形。其主要的目的，可说是在于通商。至于从陆路东来的俄人，则自始即有政治的关系。俄人的叛蒙古而自立，事在十五世纪中叶。至葡萄牙人航抵好望角时，则钦察汗国之后裔，殆悉为所坏灭。拔都建国之后，将东部锡尔河以北之地，分给其哥哥鄂尔达。自此以北，西抵乌拉河，则分给其兄弟昔班。西人因其官帐的颜色，称拔都之后为金帐汗；鄂尔达之后为白帐汗；昔班之后为蓝帐汗，亦称月即别族。Usbeg（昔班）的兄弟脱哈帖木儿之后，住在阿速海沿岸，称为哥里米汗。金帐汗后嗣中绝，三家之裔，都想入承其统，因此纷争不绝，遂至为俄所乘。一四七〇年，钦察汗伐俄，败亡。其统绪遂绝。后裔分裂，为大斡耳朵（Orda），阿斯达拉干（Astrakan）两国在窝瓦、乌拉两河之间。其时萨莱北方的喀山，为哥里米汗同族所据。和哥里米汗及咸海沿岸的月即别族，都薄有势力。俄人乃和喀山、哥里米两汗同盟。一五〇二年，哥里米汗灭大斡耳朵。一五三二年，俄人灭喀山。越二年，灭阿斯达拉干，惟哥里米附庸于土耳其，至一七八三年，乃为俄所灭。此时可萨克族就是哈萨克人（Kazak），为唐代黠戛斯之后，俄人称为吉利吉思。附俄，为之东略。蒙古族在叶尼塞、鄂毕两河间的，亦为所击破。一五八七年，俄人始建托波儿斯克。其后托穆斯克、叶尼塞斯克、雅库次克、鄂霍次克，相继建立。一六三九年，直达鄂霍次克海，就想南下黑龙江。至一六四九年，而建立雅克萨城。一六五八年，又建尼布楚城。此等俄国的远征队，只能从事于剽掠，而不能为和平的拓殖。黑龙江流域的居民大受其害。而此时正值清朝初兴，其兵力，亦达黑龙江流域。两国势力的冲突，就不可避免了。

第二节　英国请中国订立邦交

　　在十九世纪以前，中西没有邦交。西洋没有派遣驻华的使节，我们也没有派大使、公使到外国去。此中的缘故是很复杂的。第一，中西相隔很远，交通也不方便。西洋到中国来的船只都是帆船，那时没有苏伊士运河，中西的交通须绕非洲顶南的好望角，从伦敦到广州顶快需三个月。因此商业也不大，西洋人从中国买的货物不外乎丝绸、茶叶及别的奢侈品。我们的经济是自给自足的，用不着任何西洋的出品。所以那时我们的国际贸易总有很大的出超。在这种情形之下，邦交原来可以不必有的。

还有一个缘故，那就是中国不承认别国的平等。西洋人到中国，我们总把他们当作琉球人、高丽人看待。他们不来，我们不勉强他们。他们如来，必尊中国为上国而以藩属自居。这个体统问题、仪式问题就成为邦交的大阻碍，"天朝"是绝不肯通融的。中国那时不觉得有联络外邦的必要，并且外夷岂不是蛮貊之邦，不知礼义廉耻，与他们往来有什么好处呢？他们贪利而来，天朝施恩给他们，许他们做买卖，借以羁縻与抚绥而已。假若他们不安分守己，天朝就要"剿夷"。那时中国不知道有外交，只知道"剿夷与抚夷"。政治家分派别，不过是因为有些主张剿，有些主张抚。

那时的通商制度也特别。西洋的商人都限于广州一口。在明末清初的时候，西洋人曾到过漳州、泉州、福州、厦门、宁波、定海各处。后来一则因为事实的不方便，二则因为清廷法令的禁止，就成立了所谓一口通商制度。在广州，外国人也是不自由的，夏秋两季是买卖季，他们可以住在广州的十三行[1]，买卖完了，他们必须到澳门去过冬。十三行的行总是十三行的领袖，也是政府的交涉员。所有广州官吏的命令都由行总传给外商，外商上给官吏的呈文也由行总转递。外商到广州照法令不能坐轿，事实上官吏很通融。他们在十三行住的时候，照法令不能随便出游，逢八那就是初八、十八、二十八。可以由通事领导到河南边的花地去游一次。他们不能带军器进广州。"夷妇"也不许进去，以防"盘踞之渐"。顶奇怪的禁令是外国人不得买中国书，不得学中文。耶稣教传教士马礼逊博士的中文教师，每次去授课的时候，身旁必须随带一只鞋

---

[1] 清代专做对外贸易的牙行，是清政府指定专营对外贸易的垄断机构。

子和一瓶毒药，鞋子表示他是去买鞋子的，不是去教书的；毒药是万一官府查出，可以自尽。

那时中国的海关是自主的，朝廷所定的海关税则原来很轻，平均不过百分之四，清政府并不看重那笔海关收入。但是官吏所加的陋规极其繁重，大概连正税要收货价的百分之二十。中国法令规定税则应该公开，事实上，官吏绝守秘密，以便随意上下其手。外国人每次纳税都经过一种讲价式的交涉，因此很不耐烦。

中国那时对于法权并不看重。在中国境内，外国人与外国人的民刑案件，我国官吏不愿过问，那就是说，自动地放弃境内的法权。譬如，乾隆十九年，1754。一个法国人在广州杀了一个英国人，广州的府县最初劝他们自己调解。后因英国坚决要求，官厅始理问。中国人与外国人的民事案件总是由双方设法和解，因为双方都怕打官司之苦。倘若中国人杀了外国人，官厅绝不偏袒，总是杀人者抵死，所以外国人很满意。只有外国人杀中国人的案子麻烦，中国要求外国人交凶抵死，在十八世纪中叶以前，外国人遵命者多，以后则拒绝交凶，拒绝接受中国官厅的审理，因为他们觉得中国刑罚太重，审判手续太不高明。

外国人最初对于我们的通商制度虽不满意，然而觉得既是中国的定章，只好容忍。到了十八世纪末，外国人的态度就慢慢地变了。这时中国的海外贸易大部分在英国的东印度公司手里。在广州的外国人之中，英国已占领了领袖地位。英国此时的工业革命已经起始，昔日的手工业都慢慢地变为机械制造。海外市场在英国的国计民生上一天比一天紧要，中国对通商的限制，英国认为最不利于英国的商业发展。同时英国在印度已战胜了法国，印度半岛全入了英国的掌握。因为有了印度作为发展的根据地，以后再往东亚发展也就更容易了。

当时欧洲人把乾隆皇帝作为一个模范的开明君主看。英国人以为在华通商所遇着的困难都是广州地方官吏做出来的，倘若有法能使乾隆知道，他必愿意改革。一七九三年乾隆五十八年。正是乾隆帝满八十岁的一年，如果英国趁机派使来贺寿，那就能得着一个交涉和促进中英友谊的机会。[1] 广州官吏知道乾隆的虚荣心，竭力怂恿英国派使祝寿。于是英国乃派马戛尔尼侯 Lord Macartney. 为全权特使来华。

马戛尔尼使节的预备是很费苦心的，特使乘坐头等兵船，并带卫队，送乾隆的礼物都是英国上等的出品，用意不外要中国知道英国是个富强而且文明的国家。英政府给马戛尔尼的训令是要他竭力迁就中国的礼俗，唯必须表示中英的平等。交涉的目的有好几个：第一，英国愿派全权大使常驻北京，如中国愿派大使到伦敦去，英廷必以最优之礼款待之。第二，英国希望中国加开通商口岸。第三，英国希望中国有固定的、公开的海关税则。第四，英国希望中国给它一个小岛，可以供英国商人居住及贮货，如同葡萄牙人在澳门一样。在乾隆帝方面，他也十分高兴迎接英国的特使，但是乾隆把他当作一个藩属的贡使看待，要他行跪拜礼。马戛尔尼最初不答应，后来有条件地答应。他的条件是：将来中国派使到伦敦去的时候，也必须向英王行跪拜礼；或是中国派员向他所带来的英王的画像行跪拜答礼。他的目的不外要表示中英的平等。中国不接受他的条件，他也就拒绝行跪拜礼。乾隆帝很不快乐，接见以后，就要他离京回国。至于马戛尔尼所提出的要求，中国都拒绝了。那次英国和平的交涉要算完全失败了。

十八世纪末和十九世纪初，欧洲正闹法兰西革命和拿破仑战争，英国无暇顾及远东商业的发展。等到战事完了，英国遂派使节第二次来华，其目的大致与第一次相同。但是嘉庆给英使的待遇远不及乾隆，所以英使不但外交失败，并且私人对清政府的感情也不好。

英国有了这两次的失败，知道和平交涉的路走不通。

中西的关系是特别的。在鸦片战争以前，我们不肯给外国平等待遇；在以后，他们不肯给我们平等待遇。

到了十九世纪，我们只能在国际生活中找出路，但是嘉庆、道光、咸丰年间的中国人，不分汉满，仍图闭关自守，要维持历代在东方世界

---

[1] 原文有误，乾隆帝八十寿辰是在一七九〇年（乾隆五十五年），中国人习惯按虚岁庆寿。一七九三年，英国人是以补行祝寿的名义派使来华的。

的光荣地位，根本否认那个日益强盛的西方世界。我们倘若大胆地踏进大世界的生活，我们需要高度地改革，不然，我们就不能与列强竞争。但是我们有与外国人并驾齐驱的人力、物力，只要我们有此决心，我们可以在十九世纪的大世界里得着更光荣的地位。我们研究我民族的近代史，必须了解近代的邦交是我们的大困难，也是我们的大机会。

第三节　英国人做鸦片买卖

在十九世纪以前，外国没有什么大宗货物是中国人要买的，外国商船带到中国来的东西只有少数是货物，大多数是现银。那时经济学者，不分中外，都以为金银的输出是于国家有害的。各国都在那里想法子增加货物的出口和金银的进口。在中国的外商，经过多年的试验，发现鸦片是种上等的商品。于是英国东印度公司在印度乃奖励种植，统制运销。乾隆初年，鸦片输入每年约四百箱，每箱约百斤。乾隆禁止内地商人贩卖，但是没有效果，到了嘉庆初年，输入竟加至十倍，每年约四千箱。嘉庆下令禁止进口，但是因为官吏的腐败和查禁的困难，销路还是继续增加。

道光对于鸦片是最痛心的，对于禁烟是最有决心的。即位之初，他就严申禁令，可是在他的时代，鸦片的输入增加最快。道光元年1821。输入尚只有五千箱，道光十五年1835。就加到了三万箱。中国的银子漏出，换这有害无益的鸦片，全国上下都认为是国计民生的大患。广东有班绅士觉得烟禁绝不能实行，因为"法令者，胥役之所借以为利也，立法愈峻，则索贿愈多"。他们主张一面加重关税，一面提倡种植，拿国货来抵外货，久而久之，外商无利可图，就不运鸦片了。道光十四、十五年1834—1835。的时候，这一派的议论颇得势，但是除许乃济一人外，没有一人敢冒天下之大不韪，公开提倡这个办法。道光十八年，1838。黄爵滋上了一封奏折，大声疾呼主张严禁。他的办法是严禁吸食，他说没有人吸，就没有人卖，所以吸者应治以死罪：

> 请皇上严降谕旨，自今年某月某日起，至明年某月某日止，准给一年期限戒烟，虽至大之瘾，未有不渐断者。倘若一年以后，仍然吸食，是不奉法之乱民，置之重刑，无不平允。查旧例，吸食鸦片者，罪仅枷杖；其不指出兴贩者，罪止杖一百，徒三年。然皆系活罪。断瘾之苦，甚于枷杖与徒刑，故甘犯明刑，不肯断绝。若罪以死论，是临刑之惨急，更苦于断瘾之苟延。臣知其情愿绝瘾而死于家，不愿受刑而死于市。唯皇上明慎用刑之至意，诚恐立法稍严，互相告讦，必至波及无辜。然吸食鸦片者，是否有瘾无瘾，到官熬审，立刻可辨。如非吸食之人，虽大怨深仇，不能诬枉良善；果系吸食者，究亦无从掩饰。故虽用重刑，并无流弊。

这封奏折上了以后，道光令各省的督抚讨论。他们虽不彰明地反对黄爵滋，但觉得他的办法太激烈。他们说吸食者尚只害自己，贩卖者则害许多人，所以贩卖之罪，重于吸食之罪；广州是鸦片烟的总进口，大贩子都在那里，要禁烟应从广州下手。唯独两湖总督林则徐完全赞成黄爵滋的主张，并建议各种实施办法。道光决定吸食与贩卖都要严加禁止，并派林则徐为钦差大臣，驰赴广州查办烟禁。林则徐是当时政界声望最好、办事最认真的大员，士大夫尤其信任他，他的自信力也不小。他虽然以前没有办过"夷务"，但他对外国人说："本大臣家居闽海，于外夷一切伎俩，早皆深悉其详。"

实在当时的人对禁烟问题都带了几分客气。在他们的私函中，他们承认禁烟的困难，但是在他们的奏章中，他们总是逢迎上峰的意旨，唱高调。这种不诚实的行为是我国士大夫阶级大毛病之一。其实禁烟是个极复杂、极困难的问题。纵使没有外国的干涉，禁烟已极其困难，何况在道光年间英国人绝不愿意我们实行禁烟。那时鸦片不但是通商的大利，而且是印度政府财政收入之大宗。英国对于我们独自尊大、闭关自守的态度已不满意，想要和我们算一次账，倘若我们因鸦片问题给予英国任何借口，英国绝不惜以武力对付我们。

那次的战争我们称为鸦片战争，英国人则称为通商战争。关于鸦片问题，我方力图禁绝，英方则希望维持原状：我攻彼守。关于通商问题，英方力图获得更大的机会和自由，我方则硬要维持原状：彼攻我守。就世界大势论，那次的战争是不能避免的。

第四节　东西对打

林则徐于道光十九年1839。正月二十五日抵达广州。经一个星期的考虑和布置，他就动手了。他谕告外国人说："利己不可害人，何得将尔国不食之鸦片烟带来内地，骗人财而害人命乎？"他要外国人做二件事：第一，把已到中国而尚未出卖的鸦片"尽数缴官"；第二，出具甘结[1]，声明以后不带鸦片来华，如有带来，一经查出，甘愿"货尽没官，人即正法"。外国人不知林则徐的品格，以为他不过是个普通官僚，到任之初，总要出个告示，大讲什么礼义廉耻，实际还不是要价？价钱讲好了，买卖就可以照常做了。因此他们就观望，就讲价。殊不知林则徐不是那类人："若鸦片一日未绝，本大臣一日不回，誓与此事相始终，断无中止之理。"到了二月初十，外国人尚不肯交烟，林则徐就下命令，断绝广州出海的交通，派兵把十三行围起来，把行里的中国人都撤出，然后禁止一切出入。换句话说，林则徐把十三行当作了外国人的监牢，并且不许人卖粮食给他们。

当时在十三行里约有三百五十个外国人，连英国商业监督义律Captain Charles Elliot.在内。他们在里面当然要受相当的苦，煮饭、洗碗、打扫都要自己动手。但是粮食还是有的，外国人预贮了不少，行商又秘密地接济。义律原想妥协，但是林则徐坚持他的两个要求。那时英国在中国洋面只有两只小兵船，船上的水兵无法到广州。义律不能抵抗，只好屈服。他屈服的方法很值得我们注意。他不是命令英国商人把烟交给林则徐，他是让英商把烟交给他，并且由他以商业监督的资格给

---

[1] 旧时交给官府的一种字据，表示愿意承担某种义务或责任，如果不能履行诺言，甘愿接受处罚。

各商收据，转手之间，英商的鸦片变为大英帝国的鸦片。

义律共交出二万零二百八十箱鸦片，共计二百多万斤，实一网打尽。这是林则徐的胜利，道光帝也高兴极了。他批林的奏折说："卿之忠君爱国，皎然于域中化外矣。"外国人尚不完全相信林真是要禁烟，他们想林这一次发大财了。林在虎门海滩挑成两个池子，"前设涵洞，后通水沟，先由沟道引水入池，撒盐其中，次投箱中烟土，再抛石灰煮之，烟灰汤沸，颗粒悉尽。其味之恶，鼻不可嗅。潮退，启放涵洞，随浪入海，然后刷涤池底，不留涓滴"。共历二十三日，全数销毁，逐日皆有文武官员监视，外国人之来观者，详记其事，深赞钦差大臣之坦然无私。

义律当时把缴烟的经过详细报告英国政府以后，静待政府的训令。林则徐大功告成，似乎可以休手了，并且朝廷调他去做两江总督，可是他不去。他说：已到的鸦片既已销毁，但是以后还可以来。他要彻底，方法就是要外商人人出具甘结，以后不做鸦片买卖，这个义律不答应，于是双方又起冲突了。林自觉极有把握，他说，英国的战斗力亦不过如此，英国人"腿足缠束紧密，屈伸皆所不便"。虎门的炮台都重修过，虎门口他又拿很大的铁链封锁起来。他又想外国人必须有茶叶、大黄，他禁止茶叶、大黄出口，就可以致外国人的死命。那年秋冬之间，广东水师与英国二只小兵船有好几次的冲突，林报告朝廷，中国大胜，因此全国都是乐观的。

英国政府接到义律的信以后，就派全权代表懿律Admiral George Elliot.率领海陆军队来华。这时英国的外相是巴麦尊，Lord Palmerston.有名的好大喜功的帝国主义者。他不但索鸦片赔款、军费赔款，并且要求一扫旧日所有的通商限制和邦交的不平等。懿律于道光二十年1840.的夏天到广东洋面。倘若英国深知中国的国情，懿律应该在广州与林则徐决胜负，因为林是主战派的领袖。但英国人的策略并不在此，懿律在广东并不进攻，仅宣布封锁海口。中国人的解释是英国怕林则徐。封锁以后，懿律北上，派兵占领定海。定海并无军备，中国人觉得这是胜之不武。以后义律和懿律就率主力舰队到大沽口。

定海失守的消息传到北京以后，清廷愤懑极了。道光下令调陕、甘、云、贵、湘、川各省的兵到沿海各省，全国脚慌手忙。上面要调兵，下面就请饷。道光帝最怕花钱，于是对林则徐的信任就减少了。七月二十二日他在上谕骂林则徐道："不但终无实济，反生出许多波澜。思之曷胜愤懑，看汝又以何词对朕也。"

是时在天津主持交涉者是直隶总督琦善，他下了一番知己知彼的功夫。他派人到英国船上假交涉之名去调查英国军备，觉得英国人的船坚炮利远在中国之上。他国的汽船"无风无潮，顺水逆水，皆能飞渡"，他们的炮位之下"设有石磨盘，中具机轴，只须移转磨盘，炮即随其所向"。回想中国的设备，他觉得可笑极了。山海关的炮尚是"前明之物，勉强蒸洗备用"。所谓大海及长江的天险已为外国人所据，"任军事者，率皆文臣，笔下虽佳，武备未谙"。所以他决计抚夷。

英国外相致中国宰相书很使琦善觉得他的抚夷政策是很有希望的。那封书的前半都是批评林则徐的话，说他如何残暴武断，后半提出英国的要求。琦善拿中国人的眼光来判断那封书，觉得它是个状纸：林则徐待英国人太苛了，英国人不平，所以要皇帝替他们申冤。他就将计就计，告诉英国人说："上年钦差大臣林等查禁烟土，未能体仰大皇帝大公至正之意，以致受人欺蒙，措置失当。必当逐细查明，重治其罪。唯其事全在广东，此间无凭办理。贵统帅等应即返棹南还，听候钦差大臣驰往广东，秉公查办，定能代申冤抑。"至于赔款一层，中国多少会给一点，使英代表可以有面子回国。至于变更通商制度，他告诉英国人，事情解决以后，英国人可照旧通商，用不着变更。懿律和义律原不愿在北方打仗，所以就答应了琦善回到广州去交涉，并表示愿撤退在定海的军队。道光帝高兴极了，觉得琦善三寸之舌竟能说退英国的海陆军，远胜林则徐的孟浪多事。于是下令教内地各省的军队概归原防，"以节糜费"。同时革林则徐的职，教琦善去代替他。

琦善到了广东以后，他发现自己把事情看得太容易了。英国人坚持赔款和割香港或加通商口岸，琦善以为与其割地，不如加开通商口岸，但是怕朝廷不答应，所以只好慢慢讲价。稽延时日，英国人不耐烦，遂于十二月初开火了。大角、沙角失守以后，琦善遂和义律订立条约，赔款六百万银元，割香港与英国，以后给予英国平等待遇。道光不答应，骂琦善是执迷不悟，革职锁拿，家产查抄入官，同时调大兵赴粤剿办。英国政府也不满意义律，另派代表及军队来华。从这时起中英双方皆一意主战，彼此绝不交涉。英国的态度很简单：中国不答应它的要求，它就不停战。道光也是很倔强的：一军败了，再调一军。中国兵士有未出战而先逃者，也有战败而宁死不降不逃者。将帅有战前妄自夸大而临战即后退者，也有鞠躬尽瘁死而后已者，如关天培、裕谦、海龄诸人。军器不如人，自不待说；纪律不如人，精神不如人，亦不可讳言。人民有些甘做汉奸，有些为饥寒所迫，投入英军做苦力。到了道光二十二年1842。的夏天，英军快要攻南京的时候，清廷知道没有办法，不能再抵抗，于是接受英国要求，订立《南京条约》。

第五节　民族丧失二十年的光阴

　　鸦片战争失败的根本理由是我们的落伍。我们的军器和军队是中古的军器和军队，我们的政府是中古的政府，我们的人民，连士大夫阶级在内，是中古的人民。我们虽拼命抵抗，但终归失败，那是自然的、逃不脱的。从民族的历史看，鸦片战争的军事失败还不是民族致命伤。失败以后还不明了失败的理由，力图改革，那才是民族的致命伤。倘使同治、光绪年间的改革移到道光、咸丰年间，我们的近代化就要比日本早二十年，远东的近代史就要完全变更面目。可惜道光、咸丰年间的人没有领受军事失败的教训，战后与战前完全一样，麻木不仁，妄自尊大。直到咸丰末年英法联军攻进了北京，然后有少数人觉悟了，知道非学西洋不可。所以我们说，中华民族丧失了二十年的宝贵光阴。

　　为什么道光年间的中国人不在鸦片战争以后就起始维新呢？此中缘故虽极复杂，但是值得我们研究。第一，中国人的守旧性太重。我国文化有了这几千年的历史，根深蒂固，要国人承认有改革的必要，那是不容易的。第二，我国文化是士大夫阶级知识阶级和官僚阶级。的生命线。文化的摇动，就是士大夫饭碗的摇动。我们一实行新政，科举出身的先生们就有失业的危险，难怪他们要反对。第三，中国士大夫阶级最缺乏独立的、大无畏的精神。无论在哪个时代，总有少数人看事较远较清，但是他们怕清议的指摘，默而不言，林则徐就是个好例子。

林则徐实在有两个，一个是士大夫心目中的林则徐，一个是真正的林则徐。前一个林则徐是主剿的，他是百战百胜的。他所用的方法都是中国的古法。可惜奸臣琦善接受了英国人的贿赂，把他驱逐了。英国人未去林之前，不敢在广东战；既去林之后，当然就开战。所以士大夫想中国的失败不是因为中国的古法不行，是因为奸臣误国。当时的士大夫得了这样的一种印象，也是很自然的，林的奏章充满了他的自信心。可惜自道光二十年1840。夏天定海失守以后，林没有得着机会与英国比武，难怪中国人不服输。

真的林则徐是慢慢地觉悟了的。他到了广东以后，他就知道中国军器不如西洋，所以他竭力买外国炮，买外国船，同时他派人翻译外国所办的刊物。他在广东所搜集的材料，他给了魏默深。魏后来把这些材料编入《海国图志》。这部书提倡以夷制夷，并且以夷器制夷。后来日本的文人把这部书译成日文，促进了日本的维新。林虽有这种觉悟，但他怕清议的指摘，不敢公开地提倡。清廷把他谪戍伊犁，他在途中曾致书友人说：

> 彼之大炮远及十里内外，若我炮不能及彼，彼炮先已及我，是器不良也。彼之放炮如内地之放排炮，连声不断。我放一炮后，须辗转移时，再放一炮，是技不熟也。求其良且熟焉，亦无他深巧耳。不此之务，即远调百万貔貅，恐只供临敌之一哄。况逆船朝南暮北，唯水师始能尾追，岸兵能顷刻移动否？盖内地将弁兵丁虽不乏久历戎行之人，而皆觌面接仗。似此之相距十里八里，彼此不见面而接仗者，未之前闻。徐尝谓剿匪八字要言，"器良技熟，胆壮心齐"是已。第一要大炮得用，今此一物置之不讲，真令岳韩束手，奈何奈何！

这是他的私函，道光二十二年1842。八月写的。他请他的朋友不要给别人看。换句话说，真的林则徐，他不要别人知道。难怪他后来虽又做陕甘总督和云贵总督，他总不肯公开提倡改革。他让主持清议的士大夫睡在梦中，他让国家日趋衰弱，而不肯牺牲自己的名誉去与时人奋斗。林则徐无疑是中国旧文化最好的产品。他尚以为自己的名誉比国事重要，别人更不必说了。士大夫阶级既不服输，他们当然不主张改革。

主张抚夷的琦善、耆英诸人虽把中外强弱的悬殊看清楚了，而且公开地宣传了，但是士大夫阶级不信他们，而且他们无自信心，对民族亦无信心，只听其自然，不图振作，不图改革。我们不责备他们，因为他们是不足责的。

第六节　不平等条约开始

道光二十二年1842。八月二十九日在南京所订的中英《南京条约》不过是战后新邦交及新通商制度的大纲，次年的《虎门条约》才规定细则。我们要知道战后的整个局面，应该把两个条约合并起来研究。我们应该注意的有下列几点：第一，赔款二千一百万两；第二，割香港；第三，开放广州、厦门、福州、宁波、上海为通商口岸；第四，海关税则详细载明于条约，非经两国同意不能修改，即所谓协定关税；第五，英国人在中国者只受英国法律和英国法庭的约束，即所谓治外法权；第六，中英官吏平等往来。

当时的人对于这些条款最痛心的是五口通商。他们觉得外国人在广州一口通商的时候已经不易防范，现在有五口通商，外国人可以横行天下，防不胜防。直到清朝末年，文人忧国者莫不以五口通商为后来的祸根。五口之中，他们又以福州为最重要，上海则是中英双方所不重视的。割让土地当然是时人所反对的，也应该反对的。但是香港在割让以前毫无商业或国防重要性。英国人初提香港的时候，北京还不知道香港在哪里。时人反对割地，不是反对割香港。

协定关税和治外法权是我们近年所认为不平等条约的核心，可是当时的人并不这样看。治外法权，在道光时代的人的眼中，不过是让夷人管夷人。他们想那是最方便、最省事的办法。至于协定关税，他们觉得也是方便省事的办法。每种货物应该纳多少税都明白地载于条约，那就可以省除争执。负责交涉条约的人如伊里布、耆英、黄恩彤诸人知道战前广东地方官吏的苛捐杂税是引起战争原因之一，现在把关税明文规定岂不是一个釜底抽薪、一劳永逸的办法？而且新的税则平均到百分之五，比旧日的自主关税还要略微高一点。负交涉责任者计算以后海关的收入比以前还要多，所以他们扬扬得意，以为他们的外交成功。其实他们牺牲了国家的主权，贻害不少。总而言之，道光年间的中国人，完全不懂国际公法和国际形势，所以他们争所不当争，放弃所不应当放弃的。

我们与英国订了这种条约，实因为万不得已，如别的国家来要求同样的权利，我们又怎样对付呢？在鸦片战争的时候，国内分为两派，剿夷派和抚夷派。前者以林则徐为领袖，后者以琦善为领袖。战争失败以后，抚夷派当然得势了。这一派在朝者是军机大臣穆彰阿，在外的是伊里布和耆英。中英订了条约以后，美、法两国就派代表来华，要求与我国订约。抚夷派的人当然不愿意与美国、法国又打仗，所以他们自始就决定给美、法的人平等的待遇。他们说，倘若中国不给，美、法的人大可以假冒英国人来做买卖，我们也没有法子查出。这样做下去，美、法的人既靠英国人，势必与英国人团结一致，来对付我们。假使中国给美、法通商权利，那美国、法国必将感激中国。我们或者还可以联络美、法来对付英国，并且伊里布、耆英诸人以为中国的贸易是有限的。这有限的贸易不让英国独占，让美、法分去一部分，于中国并无妨碍，中国何不做个顺水人情？英国为避免别国的妒忌，早已声明它欢迎别国平等竞争。所以美国、法国竟能和平与中国订约。

不平等条约的根源一部分由于我们的无知，一部分由于我们的法制未达到近代文明的水准。

第七节　剿夷派又抬头

在鸦片战争以前，广州与外国人通商已经有三百多年，好像广州人应该比较多知道外国的情形，比别处的中国人应该更能与外国人相安无事。其实不然，五口通商以后，唯独广州人与外国人感情最坏，冲突最多。此中原因复杂。第一，英国在广州受了多年的压迫，无法出气，等到他们打胜了，他们觉得他们出气的日子到了，他们不能平心静气地原谅中国人因受了战争的痛苦而对他们自然不满意，自然带几分的仇视。第二，广东地方官商最感觉《南京条约》给他们私人利益的打击。在鸦片战争以前，因为中外通商集中于广州，地方官吏，不分大小，都有发大财的机会。《南京条约》以后，他们的意外财源都禁绝了，难怪他们要恨外国人。商人方面也是如此。在战前，江浙的丝茶都由陆路经江西，过梅岭，而由广州的十三行卖给外国人。据外国人的估计，伍家的怡和行在战前有财产八千多万银元，恐怕是当时世界上最富的资本家。《南京条约》以后，江浙的丝茶，外国人直接到江浙去买，并不经过广州。五口之中，上海日盛一日，而广州则日趋衰落。不但富商受其影响，就是劳工直接间接受影响的都不少，难怪民间也恨外国人。

仇外心理的表现之一就是杀外国人，他们到郊外去玩的时候，乡民出其不意，就把他们杀了。耆英知道这种仇杀一定要引起大祸，所以竭力防御，绝不宽容。他严厉地执行国法，杀人者处死，这样一来，士大夫就骂他是洋奴。他们说：官民应该一致对外，哪可以压迫国民以顺夷情呢？因此耆英在广东的地位，一天困难一天。

在广东还有外国人进广州城的问题。照常识看来，许外国人到广州城里去似乎是无关宏旨的。在外国人方面，不到广州城里去似乎也没任何损失。可是这个入城问题竟成了和战问题。在上海，就全无这种纠纷。《南京条约》以后，外国人初到上海的时候，他们在上海城内租借民房，后来他们感觉城内街道狭小，卫生情形也不好，于是请求在城外划一段地作为外国人居留地区。上海道台也感觉华洋杂处，不便管理，乃划洋泾浜以北的小块地作为外国人住宅区。这是上海租界的起源。广州十三行原在城外,鸦片战争以前,外国人是不许入城的。广州人简直把城内作为神圣之地,外夷倘进去,就好像于尊严有损。外国人也是争意气:他们以为不许他们入城,就是看不起他们。耆英费尽苦心调停于外国人与广州人民之间,不料双方愈闹愈起劲。道光二十七年,1847。英国人竟兵临城下,要求入城。耆英不得已许于二年后准外国人入城,希望在两年之内,或者中外感情可以改良,入城可以不成问题。但当时人民攻击耆英者多,于是道光调他入京,而升广东巡抚徐广缙为两广总督。道光给徐的上谕很清楚地表示了他的态度:

> 疆寄重在安民,民心不失,则外侮可弭。嗣后遇有民夷交涉事件,不可瞻徇迁就,有失民心。至于变通参酌,是在该署督临时加意权衡体察。总期以诚实结民情,以羁縻办夷务,方为不负委任。

徐广缙升任总督以后,就写信问林则徐驭夷之法。林回答说:"民心可用。"道光的上谕和林则徐的回答都是士大夫阶级传统的高调和空谈。仅以民心对外国人的炮火当然是自杀。民心固不可失,可是一般人民懂得什么国际关系?主政者应该负责指导舆论。如不指导,或指导不生效,这都是政治家的失败。徐广缙也是怕清议的指责,也是把自己的名誉看得重,国家事看得轻。当时广东巡抚叶名琛比徐广缙更顽固。他们继承了林则徐的衣钵,他们上台就是剿夷派的抬头。

道光二十九年,1849。两年后许入城的约到了期。英国人根据条约提出要求。广州的士大夫和民众一致反对。徐广缙最初犹疑,后亦无可奈何,只好顺从民意。叶名琛自始即坚决反对履行条约。他们的办法分两层:第一,不与英国人交易;第二,组织民众。英国人这时不愿为意气之争与中国决裂,所以除声明保存条约权利以外,没有别的举动。徐、叶认为这是他们的大胜利,事后他们报告北京说:

> 计自正月二十七日至三月二十日,居民则以工人,铺户则以伙计,均择其强壮可靠者充补。挨户注册,不得在外雇募。公开筹备

经费，制造器械，添设栅栏，共团勇至十万余人。无事则各安工作，有事则立出捍卫。明处则不见荷戈持戟之人，暗中实皆折冲御侮之士。朱批：朕初不料卿等有此妙用。众志成城，坚逾金石，用能内戢土匪，外警猾夷。

为纪念胜利，道光帝赏了徐广缙子爵，世袭双眼花翎；叶名琛男爵，世袭花翎。道光又特降谕旨，嘉勉广州民众：

我粤东百姓素称骁勇。乃近年深明大义，有勇知方，固由化导之神，亦系天性之厚。朕念其翊戴之功，能无恻然有动于中乎！

道光三十年1850。年初道光死了，咸丰即位。在咸丰年间，国内有太平天国的内战，对外则剿夷派的势力更大。道光三十年五月，有个御史曹履泰上奏说：

查粤东夷务，林始之而徐终之，两臣皆为英夷所敬畏。去岁林则徐乞假回籍，今春取道江西养疾，使此日英夷顽梗不化。应请旨饬江西抚臣速令林则徐赶紧来京，候陛见后，令其协办夷务，庶几宋朝中国复相司马之意。若精神尚未复原，亦可养疴京中，勿遽回籍。臣知英夷必望风而靡，伎俩悉无可施，可永无宵旰之虑矣。

咸丰也很佩服林则徐，当即下令教林来京。林的运气真好：他病太重，以后不久就死了，他的名誉借此保存了。

第八节　剿夷派崩溃

林则徐死了，徐广缙离开广东打太平天国去了。在广东负外交重责的是叶名琛。他十分轻视外国人，自然不肯退让。在外国人方面，他们感觉已得的权利不够，他们希望加开通商口岸。旧有的五口只包括江、浙、闽、粤四省海岸，现在他们要深入长江，要到华北。其次他们要派公使驻北京。此外他们希望中国地方官吏不拒绝与外国公使领事往来。最后他们要求减轻关税并废除厘金。这些要求除最后一项外，并没有什么严重的性质。但是咸丰年间的中国人反而觉得税收一项倒可通融，至于北京驻使、长江与华北通商及官吏与外国人往来各项简直有关国家的生死存亡，是绝对不可妥协的。

咸丰四年，1854。英、美两国联合要求修改条约。当时中国没有外交部，所有的外交都由两广总督办。叶名琛的对付方法就是不交涉。外国人要求见他，他也不肯接见。英、美两国的代表跑到江苏去找两江总督，他劝他们回广东去找叶名琛。他们后来到天津，地方当局只允奏请皇帝施恩稍为减免各种税收，其余一概拒绝。总而言之，外国人简直无门可入。他们知道，要修改条约，只有战争一条路。

咸丰六年，1856。叶名琛派兵登上香港注册之亚罗船去搜海盗，这一举动给了英国人开战的口实。不久，法国传教士马神父在广西西林被杀，叶名琛不好好处理，又得罪了法国。于是英法联军来和我们算总账。

咸丰七年1857。冬天，英法联军首先进攻广东。士大夫阶级所依赖的民心竟毫无力量。英、法不但打进广州，而且把总督、巡抚都俘虏了。叶后来被押送印度，死在加尔各答。巡抚柏贵出来做英、法的傀儡，维持地方治安。民众不但不抵抗，且帮助英国人把藩台衙门的库银抬上英船。

咸丰八年，1858。英法联军到大沽口，交涉失败，于是进攻。我们迫不得已签订《天津条约》，接受英、法的要求。于是英、法撤退军队。

清廷对于北京驻使及长江通商始终不甘心，总要想法挽回。清廷派桂良和花沙纳到上海，名为交涉海关细则，实则想取消《天津条约》。为达到这个目的，清廷准备付出很大的代价。只要英、法放弃北京驻使，长江开通商口岸，清廷愿意以后全不收海关税。幸而桂良及何桂清反对这个办法，所以《天津条约》未得挽回。清廷另一方面派科尔沁亲王僧格林沁在大沽布防。僧格林沁是当时著名勇将之一，办事极认真。

咸丰九年，1859。英、法各国代表又到大沽，预备进京去交换《天津条约》的批准证书。他们事先略闻中国要修改《天津条约》，并在大沽设防，所以他们北上的时候，随带相当海军。到了大沽口，看见海河已堵塞，他们啧啧不平，责中国失信，并派船拔取防御设备，僧格林沁就令两岸的炮台出其不意同时开炮。英、法的船只竟无法抵抗。陆战队陷于海滩的深泥，亦不能登岸。他们只有宣告失败，等国内增派军队。

咸丰九年的冬季及咸丰十年1860。的春季，正是清廷与太平天国内战最紧急的时候。苏州被太平军包围，危在旦夕。江浙的官吏及上海、苏州一带的绅士听见北方又与英、法开战，简直惊慌极了，因为他们正竭力寻求英、法的援助来对付太平军。所以他们对北京再三请求抚夷，说明外国人兵力之可畏及长江下游局势之险急。清廷虽不许他们求外国人的援助，恐怕示弱于人，但外交政策并不因大沽口的胜利而转强硬。北京此时反愿意承认《天津条约》。关于大沽的战事，清廷的辩护亦极有理。倘使英、法各国代表的真意旨是在进京换约，何必随带重兵？海河既为中国领河，中国自有设防的权力，而这种防御或者是对太平军，并非对外仇视的表示。海河虽阻塞，外国代表尚可在北塘上岸，由陆路进北京。我国根据以上理论的宣传颇生效力。大沽之役以后，英、法并不坚持要报复，要雪耻。他们只要求赔偿损失及解释与修改其他不关重要之条约。这种《天津条约》以外的要求遂成为咸丰十年英法联军的起因。

咸丰十年，英、法的军队由侧面进攻大沽炮台，僧格林沁不能支持，连天津都不守了。清廷又派桂良等出面在天津交涉。格外的要求答应了，但到签字的时候，一则英、法代表要求率卫队进京，二则因为他们以为桂良的全权的证书不合格式，疑他的交涉不过是中国的缓兵之计，所以又决裂了。英、法的军队直向北京推进。清廷改派怡亲王载垣为钦差大臣，在通州交涉。条件又讲好了，但英使的代表巴夏礼在签字之前声明，英使到北京后，必须向中国皇帝面递国书。这是国际应行的礼节，但那时中国人认为这是外夷的狂悖，其居心叵测，中国绝不能容忍。载垣乃令军队捕拿英、法代表到通州来的交涉人员。这一举激怒外国人，军事又起了。

咸丰帝原想"亲统六师，直抵通州，以伸天讨，而张挞伐"，可是通州决裂以后，他就逃避热河，派恭亲王奕䜣留守北京。奕䜣是咸丰的亲弟，这时只二十八岁。他当然毫无新知识。咸丰八年1858。天津交涉的时候，他竭力反对长江通商。捕拿外国交涉代表最初也是他提议的，所以他也是属于剿夷派的。但他是个有血性的人，且真心为国图谋。他是清朝后百年宗室中之贤者。在道光、咸丰时代，一般士大夫不明天下大势是可原谅的，但是战败以后而仍旧虚骄，如附和林则徐的剿夷派，或是服输而不图振作，不图改革，如附和耆英的抚夷派，那就不可救药了。恭亲王把握政权以后，天下大势为之一变。他虽缺乏魄力，但他有文祥做他的助手。文祥虽是亲贵，但他的品格可说是中国文化的最优代表，他为人十分廉洁，最尽孝道。他可以做督抚，但因为有老母在堂，不愿远行，所以坚辞。他办事负责而认真，且不怕别人的批评。我们如细读《文文忠年谱》，我们觉得他真是一个"先天下之忧而忧，后天下之乐而乐"的大政治家。

奕䜣与文祥在元首逃难，京都将要失守的时候，接受大命。他们最初因无外交经验，不免举棋不定。后来把情势看清楚了，他们就毅然决然承认外国人的要求，与英、法订立《北京条约》。条约签订以后，英、法退军，中国并没丧失一寸土地。咸丰八年1858。的《天津条约》和咸丰十年1860。的《北京条约》是三年的战争和交涉的结果。条款虽很多，主要的是北京驻使和长江通商。历史上的意义不外从此中国与西洋的关系更密切了。这种关系固可以为祸，亦可以为福，看我们振作与否。奕䜣与文祥绝不转头回看，留恋那已去不复回的闭关时代。他们大着胆向前进，到国际生活中去找新出路。我们研究近代史的人所痛心的就是这种新精神不能出现于鸦片战争以后，而出现于二十年后的咸丰末年、同治初年。一寸光阴一寸金，个人如此，民族更如此。

第二十章

洪秀全与曾国藩

第一节　旧社会走循环套

前文[1]已经讨论了道光、咸丰年间自外来的祸患。我们说过那种祸患是不可避免的，因为我们无法阻止西洋科学和机械势力，使其不到远东来。我们也说过，我们很可以转祸为福，只要我们大胆地接受西洋近代文化。以我们的人力物力，倘若接受了科学机械和民族精神，我们可以与别国并驾齐驱，在国际生活之中取得极光荣的地位。可是道光时代的人不此之图。鸦片之役虽然败了，他们不承认是败了。主战的剿夷派及主和的抚夷派，在战争之后，正如在战争之前，均未图振作。直到受了第二次战败的教训，然后有人认识时代的不同而思改革。

在叙述同治、光绪年间的新建设以前，我们试再进一步地研究道光、咸丰年间中国的内政。在近代史上，外交虽然要紧，内政究竟是决定国家强弱的根本要素。譬如：上次世界大战以前，德国的外交失败了，所以战争也失败了，然而因为德国内政健全，战后尚不出二十年，它又恢复它的地位了，这就是自力更生。

不幸到了十九世纪，我们的社会、政治、经济都已到腐烂不堪的田地。据清政府的估计，中国的人丁在康熙四十年1701。约有二千万，到了嘉庆五年1800。增加到三万万。百年之内竟有十五倍的增加！这种估

---

[1] 原为"第一章"。

计虽不可靠，然而我国人口在十八世纪有很大的增加，这是毫无疑问的。十七世纪是个大屠杀的世纪，开初有明朝末年的内乱，后又有明清的交战及清有计划地屠杀汉人，如扬州十日及嘉定屠城。我们也不要忘记张献忠在四川的屠杀，近年"中央研究院"发表了很多明清史料，其中有一件是康熙初年四川某县知事的人口年报，那位县老爷说他那县的人口，在大乱之后只有九百余人，而在一年之内，老虎又吃了一大半！康熙、雍正、乾隆三朝是大乱之后的大治，于是人口增加。这是中国几千年来的圈套，演来演去，就是圣贤也无法脱逃。

那时的人一方面不知利用科学节制生育，另一方面又不知利用科学增加生产。在大乱之后，大治之初，人口减少，有荒可垦，故人民安居乐业，生活程度略为提高。这是老百姓心目中的黄金时代。后来人口一天多过一天，荒地则一天减少一天，而且新垦的地不是土质不好，就是水源不足，于是每人耕地的面积减少，生活程度降低。老百姓莫名其妙，只好烧香拜佛，嗟叹自己的命运不好。士大夫和政府纵使有救世之心，亦无救世之力，只好听天灾人祸自然演化。等到土匪一起，人民更不能生产，于是小乱变为大乱。

中国历史还有一个循环套。每朝的开国君主及元勋大部分起自民间，自奉极薄，心目中的奢侈标准是很低的，而且比较能体恤民间的痛苦，办事亦比较认真，这是内政昌明、吏治澄清的时代。后来慢慢地统治阶级的欲望提高，奢侈标准随之提高，因之官吏的贪污亦大大地长进。并且旧社会里，政界是才子唯一的出路，不像在近代文化社会里，有志之士除做官以外，可以经营工商业，可以行医，可以做新闻记者、大学教授、科学家、发明家、探险家、音乐家、美术家、工程师，而且都名利两全，其所得往往还在大官之上。有人说：中国旧日的社会很平等，因为官吏都是科举出身，而且旧日的教育是很不费钱的。这种看法，过于乐观。清朝一代的翰林哪一个在得志以前，曾经下过苦力？我们可以进一步地问，清朝一代的翰林，哪一个的父亲曾下过苦力？林则徐、曾国藩是清朝有名的贫苦家庭的子弟，但是细考他们的家世，我们就知道他们的父亲是教书先生，不是劳力者。中国旧日的资本家有几个不是做官起家？中国旧日的大商业哪一种没有官吏做后盾，仗官势发财？总而言之，在中国旧日的社会里，有心事业者集中于政界，专心利禄者也都挤在官场里。结果是每个衙门的人员永在增加之中，而衙门的数目亦天天加多。所以每个朝代到了天下太平已久，人口增加很多，民生痛苦的时候，官吏加多，每个官吏的贪污更加厉害，人民所受的压榨也更加严重。

中国到了嘉庆年间，已到了循环套的最低点。嘉庆初年所革除的权臣和珅，据故宫博物院所保存的档案，积有私产到九万万两之多，当时官场的情形可想而知。历嘉庆、道光两朝，中国几无日无内乱，最初有湖北、四川、陕西三省白莲教徒的叛乱，后有西北回教徒之乱、西南苗瑶之乱，同时东南沿海的海盗亦甚猖獗。这还是明目张胆与国家对抗者，至于潜伏于社会的匪徒几乎遍地皆是。道光十五年，1835。御史常大淳上奏说："直隶、山东、河南向有教匪，辗转传习，惑众敛钱。遇岁歉，白昼伙抢，名曰均粮。近来间或拿办，不断根株。湖南之永州、郴州、桂阳，江西之南安、赣州与两广接壤，均有会匪结党成群，动成巨案。"

西洋势力侵略起始的时候，正是我们抵抗力量薄弱的时候。到了道光年间，我们的法制有名无实，官吏腐败，民生痛苦万分，道德已部分地失其维系力。我们一面须接受新的文化，一面又须设法振兴旧的政教。我民族在近代所遇着的难关是双层的。

第二节　洪秀全企图建新朝

洪秀全所领导的太平天国运动，就是上一节所讲的那个时代和那种环境的产物。

洪秀全是广东花县人，生于嘉庆十八年，即公元一八一三年。传说他的父亲是个农民，家境穷苦，但他自幼就入村塾读书，到十六岁才辍学，做乡村教师。这样似乎他不是出身于中国社会的最下层，他自己并不是个劳力者。他两次到广州去考秀才，两次都失败了，于是心怀怨恨。这是旧社会常有的事，并不出奇。洪秀全经验的特别是他在广州应试的时候，得着耶稣教传教士的宣传品。后来大病四十多天，病中梦见各种幻象，自说与耶稣教义符合，于是信仰上帝，创立上帝会。最早的同志是冯云山，也是一位因考试失败而心怀不平者。他们因为在广东传教不顺利，所以迁移其活动于广西桂平县。

中国自古以来的民间运动都带点宗教性质，西洋中古的时候也是如此。可是洪秀全与基督教发生关系，不过是偶然的事。他的上帝会也是个不伦不类的东西。他称耶和华为天父，耶稣为天兄，自为天弟。他奉天父、天兄之命来救世，他的命令就是天父、天兄的命令。崇拜耶和华上帝者，"无灾无难"；不崇拜者，"蛇虎伤人"。他的兵士，如死在战场，就是登仙。孔教、佛教、道教，都是妖术。孔庙及寺观都必须破坏。

洪秀全的上帝会吸收了许多三合会的分子。这个三合会是排满的秘密团体，大概是明末清初时代起始的。洪秀全或者早有了种族革命的思想。无论如何，他收了三合会的会员以后，他的运动以推倒清政府为第一目的。他骂满人为妖人。满人之改变中国衣冠和淫乱中国女子"三千粉黛，皆为羯狗所污；百万红颜，竟与骚狐同寝"。是洪秀全的宣传品斥责的最好的对象。

洪秀全除推行宗教革命及种族革命以外，他有社会革命的思想没有？他提倡男女平权，但他的宫廷充满了妃妾，太平天国的王侯将帅亦皆多蓄妻妾。他的诏书中有田亩制度，其根本思想类似共产主义："有田同耕，有饭同食，有衣同穿，有钱同使。"但是他的均田主义，虽有详细的规定，并未实行。是他不愿实行呢？还是感觉实行的困难而不愿试呢？就现在我们所有的史料判断，我们可以说洪秀全对于宗教革命及种族革命是十分积极的，对于社会革命则甚消极。他的党徒除冯云山以外，尚有烧炭的杨秀清，后封东王；耕种山地的萧朝贵，后封西王；曾捐监生与衙门胥吏为伍的韦昌辉，后封北王；及富豪石达开，后称翼王。他的运动当然是个民间运动，反映当时的民间痛苦和迷信，以及潜伏于民间的种族观念。

道光三十年1850。夏天，洪秀全在广西金田村起兵。九月，占蒙山县，旧名永安。于是定国号为太平天国，自称天王。清兵进围永安。洪秀全于咸丰二年1852。春突围，进攻桂林，未得，改图湖南。他在长沙遇着很坚强的抵抗，乃向湘江下游进攻。他在岳州得着吴三桂留下来的军械，并抢夺了不少的帆船。实力补充了以后，他直逼武汉。他虽打下了汉阳、武昌，但他不留兵防守，设官立治。他一直向长江下游进攻，沿途攻破了九江、安庆、芜湖。咸丰三年1853。春打进南京，就定都于此，名叫天京。在定都南京以前，洪秀全的行动类似流寇；定都南京以后，他才开始他的建国工作。

从道光三十年到咸丰三年可说是太平天国的顺利时期。在这时期内，社会对洪秀全的运动是怎样应付的呢？一般安分守己的国民不分贫富，是守中立的。太平军到了，他们顺从太平军，贡献金钱；官军到了，他们又顺从官军，又贡献金钱。他们是顺民，其实他们是左右为难的。他们对清政府及其官吏绝无好感，因为他们平素所受的痛苦也够了。并且官军的纪律不好，在这期间，太平军的纪律还比较好一点。同时老百姓感觉太平军是造乱分子，使他们不能继续过他们的平安日子。太平军到处破坏庙宇，毁灭偶像，迷信的老百姓看不惯，心中不以为然。各地的土匪都趁火打劫，太平军所经过的地方，就是他们容易活动的地方。他们干他们的事，对于官军及太平军无所偏倚。有组织的秘密会社则附和太平军，如湖南的哥老会及上海的小刀会。士大夫阶级大多数积极反对洪秀全的宗教革命。至于排满一层，士大夫不是不知道汉人的耻辱，但是他们一则因为洪秀全虽为汉人，虽提倡种族革命，然竭力破坏几千年来的汉族文化，满人虽是外族，然自始即拥护汉族文化；二则他们觉得君臣之分既定，不好随便作乱，乱是容易的，拨乱反正则是极难的，所以士大夫阶级，这时对于种族革命并不热心。

太平军的军事何以在这时期内这样顺利呢？主要原因不是太平军本身的优点。论组织训练，太平军很平常；论军器，太平军尚不及官军；论将才，太平军始终没有出过大将。太平军在此时期内所以能得胜，全因为它是一种新兴的势力，富有朝气，能拼命，能牺牲。官军不但暮气很重，简直腐化不成军了。当时的官军有两种，即八旗和绿营。八旗的战斗力随着满人的汉化、文弱化而丧失了。所以在乾隆、嘉庆年间，清朝用绿营的时候已逐渐加多，用八旗的时候已逐渐减少。到了道光、咸丰年间，绿营已经成了清廷的主力军队，其腐化程度正与一般政界相等。士兵的饷额甚低，又为官长剥削，所以自谋生计，把当兵作为一种副业而已。没有纪律，没有操练，害民有余，打仗则简直谈不到。并且将官之间猜忌甚深，彼此绝不合作。但是绿营在制度上也有一种好处，这种军队虽极端腐化，然是统一的国家的军队，不是个人的私有武力。在道光、咸丰以前，地方大吏没有人敢拥兵自重，与朝廷对抗。私有的武力是太平天国内乱的意外副产品，以后我们要深切地注意它的出世。

第三节　曾国藩刷新旧社会

曾国藩是我国旧文化的代表人物，甚至于理想人物。他生在嘉庆十六年，1811。比洪秀全大两岁。他是湖南湘乡人，家世业农。他虽没有下过苦力，但他的教育是从艰难困苦中奋斗出来的。他成翰林的时候，正是鸦片战争将要开始的时候。他的日记虽提及鸦片战争，但他似乎不大注意，不了解那次战争的历史意义。他仍埋首于古籍中，是一个实践主义的理学家。无论我们是看他的字，读他的文章，还是研究他的为人办事，我们都会自然地想起我们乡下那个务正业的小农民，他和小农民一样，一生一世不做苟且的事情。他知道文章、学问、道德、功业都只有汗血才能换得来，正如小农民知道要得一粒一颗的稻麦都非出汗不可。

在咸丰初年，曾国藩官做到侍郎，等于现在的各部次长。他的知己固然承认他的文章道德是出色的，但是他的知己不多，而且少数知己也不知道他有大政治才能，恐怕连他自己也不知道。所以在他的事业起始的时候，他的声望并不高，他也没有政治势力做他的后盾。但是湖南地方上的士大夫阶级承认他的领袖地位。他对洪秀全的态度就是当时一般士大夫的态度，不过比别人更加积极而已。

那时的官兵不但不能打仗，连乡下的土匪都不能对付，所以人民为自卫计，都办团练。这种团练就是民间的武力，是务正业的农民借以抵抗不务正业的游民土匪。这种武力，因为没有官场化，又因为与农民有切身利害关系，保存了我国乡民固有的勇敢和诚实。曾国藩的事业就是利用这种乡勇，而加以组织训练，使它成为一支军队。这就是以后著名的湘军。团练是当时全国皆有的，并不是曾国藩独创的，但是为什么唯独湘军能成大事呢？缘故就在于曾国藩所加的那点组织和训练。

曾国藩治兵的第一个特别是精神教育的注重。他自己十二分相信孔孟的遗教是我民族的至宝。洪秀全既然要废孔教，那洪秀全就是他的敌人，也就是全民族的敌人。他的《讨粤匪檄》骂洪秀全最激烈的一点就在此：

> 举中国数千年礼义人伦、诗书典则，一旦扫地荡尽。此岂独我大清之变，乃开辟以来名教之奇变，我孔子、孟子之所痛哭于九原，凡读书识字者，又乌可袖手安坐，不思一为之所也！

他是孔孟的忠实信徒，他所选的官佐都是他的忠实同志，他是军队的主帅，同时也是兵士的导师。所以湘军是个有主义的军队。其实精神教育是曾国藩终身事业的基础，也是他在我国近代史上地位的特别。他的行政用人都首重主义。他觉得政治的改革必须先有精神的改革。清朝末年的官吏，出自曾文正门下者，皆比较正派，足见其感化力之大。

曾国藩不但利用中国的旧礼教做军队的精神基础，而且利用宗族观念和乡土观念来加强军队的团结力。他选的官佐几乎全是湖南人，而且大半是湘乡人。这些官佐都回本地去招兵，因此兵士都是同族或同里的人。这样他的部下的互助精神特别浓厚。这是湘军的第二特点。

历史上的精神领袖很少同时也是事业领袖，因为注重精神者往往忽略事业的具体条件。在西洋社会里，这两种领袖资格是完全分开的。管教者不必管事，管事者不必管教。在中国则不然：中国社会几千年来是政教不分、官师合一的。所以在中国，头等领袖必须兼双层资格。曾国藩虽注重为人，但并不忽略做事。这是他的特别的第三点。当时绿营之所以不能打仗，缘故虽多，其中之一是待遇太薄。曾氏在起始办团练的时候，就决定每月陆勇发饷四两二钱，水勇发三两六钱，比绿营的饷额加一倍。湘军在待遇上享有特殊权利。湘军作战区域是长江沿岸各省，在此区域内水上的优势很能决定陆上的优势，所以曾国藩自始就注重水师。关于军器，曾氏虽常说打仗在人不在器，然而他对军器的制造，尤其对于大炮的制造，是很费苦心的。他用尽心力去罗致当时的技术人才。他对于兵士的操练也十分认真，他自己常去督察检阅。他不宽纵他的军官，也不要军官宽纵他的部下。

曾国藩的事业，如同他的学问，也是从艰难困苦中奋斗出来的。他要救旧社会、旧文化，而那个旧社会、旧文化所产生的官僚反要和他捣乱。他要维持大清，但大清反而忌妒他，排斥他。他在长沙练勇的时候，旧时的官兵恨他的新方法、新标准，几乎把他打死了。他逃到衡州去避乱。他最初的一战是个败仗，他投水自尽，幸而被部下救起来。他练兵打仗，同时他自己去筹饷。以后他成了大事，并不是因为清廷和官僚自动地把政权交给他，是因为他们的失败迫着他们求曾国藩出来任事，迫着他们给他一个做事的机会和权利。

第四节　洪秀全失败

洪秀全得了南京以后，我们更能看出他的真实心志不在建设新国家或新社会，而在建设新朝代。他深居宫中，务求享受做皇帝的福，对于政事则不放在心上。宫廷的建筑，宫女的征选，金银的聚敛，官制宫制的规定，这些事情是太平天王所最注意的。他的宗教后来简直变为疯狂的迷信。李秀成向他报告国事的困难，他回答说：

> 朕奉上帝圣旨、天兄耶稣圣旨，下凡做天下万国独一真主，何惧之有？不用尔奏，政事不用尔理，尔欲出外去，欲在京，任由于尔。朕铁桶江山，尔不扶，有人扶。尔说无兵，朕之天兵多过于

水,何惧曾妖国藩。者乎?

快要灭亡的时候,南京绝粮,洪秀全令人民饮露充饥,说露是天食。这样的领袖不但不能复兴民族,且不能作为部下团结的中心。在咸丰六年,1856。洪秀全的左右起了很大的内讧。东王杨秀清个人独掌大权,其他各王都须受东王的节制。照太平天国的仪式,天王称万岁,东王称九千岁,西王八千岁,余递减。别的王都须到东王府请安议事,并须跪呼千岁。在上奏天王的时候,东王立在陛下,其余则跪在陛下,因此杨秀清就为其同辈所愤恨。同时天王也怕他要取而代之。咸丰六年九月,北王韦昌辉设计诱杀了杨秀清和他的亲属党羽。翼王石达开心怀不平,北王又把翼王家属杀了。天王为联络翼王起见,下令杀北王,但翼王以后还是独树一帜,与天王脱离关系。经过此次的内讧,太平天国打倒清政府的希望完全消灭。以后洪秀全尚能抵抗八年,一则因为北方有大股捻匪做他的声援,二则因为他得了两个后起的良将——忠王李秀成和英王陈玉成。

在清政府方面,等到别人都失败了,然后重用曾国藩,任他为两江总督,节制江、浙、皖、赣四省军事。湖北巡抚胡林翼是与他志同道合的,竭力与他合作。他的亲弟曾国荃是个打硬仗的前线指挥。以后曾国藩举荐他的门生李鸿章做江苏巡抚,他的朋友左宗棠做浙江巡抚。长江的中游和下游都是他的势力范围,他于是得通盘筹划。他对于洪秀全采取大包围的战略。同时英、美、法三国也给了曾、左、李三人不少的帮助。同治三年,1864。湘军在曾国荃领导之下打进南京,洪秀全自杀,太平天国就此亡了。

洪秀全想打倒清政府,恢复汉族的自由,这当然是我们应该佩服的。他想平均地权,虽未实行,也足表现他有相当政治家的眼光。他的运动无疑是起自民间,连他的宗教也是迎合民众心理的。但是他的人格上及才能上的缺点很多而且很大。倘若他成了功,他也不能为我民族造幸福。总而言之,太平天国的失败,证明我国旧式的民间运动是不能救国救民族的。

曾国藩所领导的士大夫式的运动又能救国救民族吗？他救了清政府，这是毫无疑问的。但是清政府并不能救中国，倘若他客观地诚实地研究清政府在嘉庆、道光、咸丰三代的施政，他应该知道它是不可救药的。他未尝不知道此中实情，所以他平定太平天国以后，他的态度反趋于消极了。平心而论，曾国藩要救清政府是很自然的、可原谅的。第一，中国的旧礼教既是他的立场，而且士大夫阶级是他的凭依，他不能不忠君。第二，他想清廷经过大患难之后，必能有相当觉悟。事实上，同治初年的北京，因为有恭亲王及文祥二人主政，似乎景象一新，颇能有为。所以嘉、道、咸三代虽是多难的时代，但同治年间的清朝确有中兴的气象。第三，他怕清政府的灭亡要引起长期的内乱。他是深知中国历史的，我国几千年来，每次换过朝代，总要经过长期的割据和内乱，然后天下得统一和太平。在闭关自守、无外国人干涉的时代，内战虽给人民无穷的痛苦，但尚不至于亡国。到了十九世纪，有帝国主义者绕环着，长期的内战就能引起亡国之祸，曾国藩所以要维持清政府，最大的理由在此。

在维持清政府作为政治中心的大前提之下，曾国藩的工作分两方面进行。一方面他要革新，那就是说，他要接受西洋文化的一部分。另一方面他要守旧，那就是说，恢复我国固有的美德。革新守旧同时举行，这是曾国藩对我国近代史的大贡献。我们至今还佩服曾文正公，就是因为他有这种伟大的眼光。徒然恢复我国的旧礼教而不接受西洋文化，我们还不能打破我民族的大难关，因为我们绝不能拿礼义廉耻来抵抗帝国主义者的机械军器和机械制造。何况旧礼教本身就有它的不健全的地方，不应完全恢复，也不能完全恢复呢？同时，徒然接受西洋文化而不恢复我国固有的美德，我们也不能救国救民族，因为腐化的旧社会和旧官僚根本不能举办事业，无论这个事业是新的，还是旧的。

曾国藩的革命事业，我们留在下一章讨论。他的守旧事业，我们在前一节里已经说过。现在我们要指出他的守旧事业的流弊。湘军初起的时候，精神纪律均好，战斗力也高。后来人数多了，事业大了，湘军就退化了。收复南京以后，曾自己就承认湘军暮气很深，所以他遣散了好多。足证我国治军的旧法根本是有毛病的。此外湘军既充满了宗族观念和家乡观念,兵士只知道有直接上级长官,不知道有最高统帅,更不知道有国家。某回,曾国荃回家乡去招兵,把原有的部队交曾国藩暂时管带,这些部队就不守规矩。曾国藩没有法子,只好催曾国荃赶快回营。所以湘军是私有军队的开始。湘军的精神以后传给李鸿章所部的淮军,而淮军以后又传给袁世凯的北洋军。我们知道民国以来的北洋军阀利用私有的军队,割据国家,阻碍统一。追究其祸根,我们不能不归咎于湘军。于此也可看出旧法子的毛病。

第二十一章

自强及其失败

第一节　内外合作以求自强

恭亲王及文祥从英法联军的经验得了三种教训。第一，他们确切地认识到西洋的军器和练兵的方法远在我们之上。咸丰十年，1860。担任京津防御者是僧格林沁和胜保。这两人在当时是有名的大将。他们惨败了以后，时人只好承认西洋军队的优胜。第二，恭亲王及文祥发现西洋人不但愿意卖军器给我们，而且愿意把制造军器的秘密及训练军队的方法教给我们。这颇出于时人意料之外。他们认为这是我们自强的机会。第三，恭亲王及文祥发现西洋人并不是他们以前所想象的那样，"狼子野心，不守信义"。英、法的军队虽然占了北京，并且实力充足，能为所欲为，但《北京条约》订了以后，英、法居然依据条约撤退军队，交还首都。时人认为这是了不得的事情，足证西洋人也守信义，所以对付外国人并不是全无办法的。

从这三种教训，恭亲王及文祥定了一个新的大政方针。第一，他们决定以夷器和夷法来对付夷人。换句话说，他们觉得中国应该接受西洋文化之军事部分。他们于是买外国军器，请外国教官。他们说，这是中国的自强之道。第二，他们知道自强不是短期内所能成立的。在自强达到预期的程度以前，中国应该谨守条约，以免战争。恭亲王及文祥都是有血性的人，下了很大的决心要推行他们的新政。在国家危急的时候胆敢出来与外国人周旋，并且专靠外交的运用，他们居然收复了首都，时人认为这是他们的奇功。并且恭亲王是咸丰的亲弟、同治的亲叔，他们的地位是全朝最亲贵的，有了他们的决心和资望，他们在京内成了自强运动的中心。

同时，在京外的曾国藩、左宗棠、胡林翼、李鸿章诸人也得着同样的教训。最初使他们注意的是外国人所用的轮船，在长江下游私运军火粮食卖给太平军。据说胡林翼在安庆曾有过这样的经验：

> 驰至江滨，忽见二洋船，鼓轮西上，迅如奔马，疾如飘风。文忠即胡（林翼）。变色不语，勒马回营，中途呕血，几至堕马。阎丹初尚书向在文忠幕府，每与文忠论及洋务，文忠辄摇手闭目，神色不怡者久之，曰："此非吾辈所能知也。"

可见轮船给胡文忠印象之深。曾、左、李大致相同。曾在安庆找了几位明数理的旧学者和铁匠、木匠去试造轮船，造成了以后不能行动。左在杭州做了同样的试验，得同样的结果，足证这班人对于西洋机械的注重。

在长江下游作战的时候，太平军和湘军、淮军都竞买洋枪。李鸿章设大本营于上海，与外国人往来最多，认识西洋文化亦比较深切，他的部下还有英国军官戈登 Charles George Gordon. 统带的常胜军。他到了上海不满一年，就写信给曾国藩说：

> 鸿章尝往英、法提督兵船，见其大炮之精纯，子药之细巧，器械之鲜明，队伍之雄整，实非中国所能及……深以中国军器远逊外洋为耻，日戒谕将士虚心忍辱，学得西人一二秘法，期有增益……苦驻上海久而不能资取洋人长技，咎悔多矣。

同治三年，1864。他又写给恭亲王和文祥说：

> 鸿章窃以为天下事穷则变，变则通。中国士大夫沉浸于章句小

楷之积习，武夫悍卒又多粗蠢而不加细心，以致用非所学，学非所用。无事则斥外国之利器为奇技淫巧，以为不必学；有事则惊外国之利器为变怪神奇，以为不能学。不知洋人视火器为身心性命之学者已数百年。一旦豁然贯通，参阴阳而配造化，实有指挥如意，从心所欲之快……前者英、法各国，以日本为外府，肆意诛求。日本君臣发愤为雄，选宗室及大臣子弟之聪秀者，往西国制器厂师习各艺，又购制器之器，在本国制习。现在已能驾驶轮船，造放炸炮。去年英人虚声恫愒，以兵临之。然英人所恃而为攻战之利者，彼已分擅其长，用是凝然不动，而英人固无如之何也。夫今之日本即明之倭寇也，距西国远而距中国近。我有以自立，则将附丽于我，窥伺西人之短长；我无以自强，则并效尤于彼，分西人之利薮。日本以海外区区小国，尚能及时改辙，知所取法。然则我中国深维穷极而通之故，夫亦可以皇然变计矣……杜挚有言曰：利不百，不变法；功不十，不易器。苏子瞻曰：言之于无事之时，足以为名，而恒苦于不信；言之于有事之时，足以见信，而已苦于无及。鸿章以为中国欲自强，则莫如学习外国利器。欲学习外国利器，则莫如觅制器之器，师其法而不必尽用其人。欲觅制器之器与制器之人，则或专设一科取士，士终身悬以为富贵功名之鹄，则业可成，业可精，而才亦可集。

这封信是中国十九世纪最大的政治家最具历史价值的一篇文章，我们应该再三诵读。第一，李鸿章认定我国到了十九世纪，唯有学西洋的科学机械，然后能生存。第二，李鸿章在同治三年1864。已经看清中国与日本，孰强孰弱，要看哪一国变得快。日本明治维新运动的世界的历史的意义，他一下就看清了，并且大声疾呼地要当时的人猛醒与努力。这一点尤足以表现李鸿章的伟大。第三，李鸿章认定改革要从培养人才下手，所以他要改革清朝的科举制度。不但此也，他简直要改革士大夫的人生观。他要士大夫放弃章句小楷之积习，而把科学工程悬为终身富贵的鹄的。因为李鸿章认识时代之清楚，所以他成了同治、光绪年间自强运动的中心人物。

在我们这个社会里,做事极不容易。同治年间起始的自强运动,虽未达到目的,然而能有相当的成绩,已经费了九牛二虎之力。倘若当时没有恭亲王及文祥在京内主持,没有曾国藩、李鸿章、左宗棠在京外推动,那么,英法联军及太平天国以后的中国还要麻木不仁,好像鸦片战争以后的中国一样。所以我们要仔细研究这几位时代领袖人物究竟做了些什么事业。

第二节　步步向前进

自强的事业颇多,我先择其要者列表于下:

咸丰十一年1861。　恭亲王及文祥聘请外国军官训练新军于天津。

同年　恭亲王和文祥设立京师同文馆于北京,[1]是为中国新学的起始。

同年　恭亲王和文祥托大清海关总税务司赫德Robert Hart.购买炮舰,聘请英国海军人员来华创设新水师。

同治二年1863。　李鸿章设外国语文学校于上海。

同治四年1865。　曾国藩、李鸿章设江南机器制造总局于上海,附设译书局。

同治五年1866。　左宗棠设造船厂于福州,附设船政学堂。

同治九年1870。　李鸿章设机器制造局于天津。

同治十一年1872。　曾国藩、李鸿章挑选学生赴美国留学。

同年　李鸿章设轮船招商局。

光绪元年1875。　李鸿章筹办铁甲兵船。

光绪二年1876。　李鸿章派下级军官赴德学陆军,船政学生赴英、法学习造船和驾船。

光绪六年1880。　李鸿章设水师学堂于天津,设电报局,请修铁道。

光绪七年1881。　李鸿章设开平矿务局。

---

1 实为1861年奏请设立,1862年正式开办。

光绪八年1882。　李鸿章筑旅顺军港,创办上海机器织布局。
　　光绪十一年1885。　李鸿章设天津武备学堂。
　　光绪十三年1887。　李鸿章开办黑龙江漠河金矿。
　　光绪十四年1888。　李鸿章成立北洋海军。

　　以上全盘建设事业的动机是国防,故军事建设最多。但我们如仔细研究就知道国防的近代化牵连甚多。近代化的军队第一需要近代化的军器,所以有江南及天津两个机械制造厂的设立。那两个厂实际大部分是兵工厂。第二,新式军器必须有技术人才去驾驶,所以设立武备学堂和派遣军官出洋留学。第三,近代化的军队必须有近代化的交通,所以有造船厂和电报局的设立,及铁路的建筑。第四,新式的国防比旧式的费用要高几倍,以中古的生产来负担近代的国防是绝对不可能的。所以李鸿章要办招商局来经营沿江沿海的运输,创立织布局来挽回权利,开煤矿、金矿来增加收入。自强运动的领袖们并不是事前预料到各种需要而定一个建设计划,他们起初只知道国防近代化的必要。但是他们在这条路上前进一步以后,就发现必须再进一步;再进一步以后,又必须更进一步。其实必须走到尽头,然后才能生效。近代化的国防不但需要近代化的交通、教育、经济,并且需要近代化的政治和国民。半新半旧是不中用的。换句话说:我国到了近代要图生存,非全盘接受西洋文化不可。曾国藩诸人虽向近代化方面走了好几步,但是他们不彻底,仍不能救国救民族。

第三节　前进遇着阻碍

　　曾国藩及其他自强运动的领袖虽走的路线不错,然而他们不能救国救民族。此其故何在?在于他们的不彻底。他们为什么不彻底呢?一部分因为他们自己不要彻底,大部分因为时代不容许他们彻底。我们试先研究领袖们的短处。

　　恭亲王奕䜣、文祥、曾国藩、李鸿章、左宗棠这五个大领袖都出身于旧社会,受的是旧教育。他们没有一个人能读外国书,除李鸿章以外，没有一个人到过外国。就是李鸿章的出洋尚在甲午战败以后，他的建设事业已经过去了。这种人能毅然决然推行新事业就了不得。他们不能完全了解西洋文化是自然的、很可原谅的。他们对于西洋的机械是十分佩服的，十分努力要接受的。他们对于西洋的科学也相当尊重，并且知道科学是机械的基础。但是他们自己毫无科学机械的常识，此外更不必说了。他们觉得中国的政治制度及立国精神是至善至美、无须学西洋的。事实上，他们的建设事业就遭到了旧的制度和旧的精神的阻碍。我们可以拿李鸿章的事业做例子。

李鸿章于同治九年1870。起始做直隶总督兼北洋大臣。因为当时要人之中以他最能对付外国人，又因为他比较勇于任事，而且他的淮军是全国最近代化最得力的军队，所以从同治九年到光绪二十年1894。的中日战争，李鸿章是那个时代的中心人物。国防的建设全在他手里。他特别注重海军，因为他看清楚了如果中国能战胜日本海军，无论日本陆军如何强，都不能进攻高丽，更不能为害中国。那么，李鸿章办海军第一个困难是经费。经费所以困难，就是因为中国当时的财政制度，如同一般的政治制度，是中古式的。中央政府没有办海军的经费，只好靠各省协济。各省成见都很深，不愿合作。在中央求各省协助的时候，各省务求其少，认定以后又不能按期十足拨款，总要延期打折扣。其次，当时皇室用钱漫无限制，而且公私不分。同治死了以后，没有继嗣，于是西太后选了一个小孩子做皇帝，年号光绪，而实权还是在西太后手里。等到光绪快要成年亲政的时候，光绪和他的父亲醇亲王奕怕西太后不愿意把政权交出来，醇亲王定计重修颐和园，一则以表示光绪对西太后的孝敬，一则使西太后沉于游乐，就不干政了。重修颐和园的经费很大，无法筹备，醇亲王乃请李鸿章设法。李氏不敢得罪醇亲王，更不敢得罪西太后，只好把建设海军的款子移作重修颐和园之用。所以在甲午之战以前的七年，中国海军没有添订过一只新船。在近代政治制度之下，这种事情是不能发生的。

在李鸿章所主持之机关中并没有新式的文官制度和审计制度。就是在极廉洁极严谨的领袖之下，没有良好的制度，贪污尚且无法杜绝，何况李氏本人就不廉洁呢？在海军办军需的人经手的款项既多，发财的机会就更大。到了甲午战争的时候，我们船上的炮虽比日本的大，但炮弹不够，并且子弹所装的不尽是火药。外商与官吏狼狈为奸，私人发了财，国事就败坏了。

李鸿章自己的科学知识的幼稚，也是他的事业失败的缘故之一。北洋海军初成立的时候，他请了英国海军有经验的军官做总教官和副司令。光绪十年1884。左右，中国海军纪律很严，操练很勤，技术的进步很快，那时中国的海军是很有希望的。后来李鸿章误听人言，辞退英国海军的军官，而聘请德国陆军骑兵的军官来做海军的总教官，以后我国的海军的技术反而退步。并且李鸿章所用的海军总司令是全不知海军的丁汝昌，丁氏原是淮军带马队的，他做海军的领袖当然只能误事，不能成事。甲午战争的时候，中国海军占世界海军的第八位，日本的海军占第十一位。我们的失败不是因为船不如人，炮不如人，为战略战术不如人。

北洋海军的情形如此，其他的自强事业莫不如此。总之，同治、光绪年间的自强运动所以不能救国，不是因为路线错了，是因为领袖人物还不够新，所以不能彻底。

但是，倘若当时的领袖人物更新，更要进一步地接受西洋文化，社会能容许他们吗？社会一定要给他们更大的阻碍。他们所行的那种不彻底的改革已遭一般人的反对，若再进一步，反对一定更大。譬如铁路：光绪六年1880。李鸿章、刘铭传奏请建筑，到了光绪二十年1894。还只建筑了天津附近的一小段。为什么呢？因为一般人相信修铁路就破坏风水。又譬如科学：同治五年1866。恭亲王在同文馆添设科学班，请外国科学家做教授，招收翰林院的人员做学生。他的理由是很充足的。他说买外国轮船枪炮不过一时权宜之计，治本的办法在于自己制造。但是要自己制造，非有科学的人才不可。所以他想请外国人来教中国青年学习科学。他又说："夫天下之耻，莫耻于不若人……日本蕞尔小国尚知发愤为雄。独中国狃于因循积习，不思振作，耻孰甚焉？今不以不如人为耻，而独以学其人为耻，将安于不如，而终不学，遂可雪其耻乎？"他虽说得名正言顺，但还有人反对。当时北京有位名高望重的大学士倭仁就大声疾呼地反对说：

> 窃闻立国之道，尚礼义不尚权谋；根本之图，在人心不在技艺。今求之一艺之末，而又奉夷人为师，无论夷人诡谲，未必传其精巧，即使教者诚教，学者诚学，所成就者不过术数之士。古今来未闻有恃术数而能起衰振弱者也。天下之大，不患无才。如以天文、算学必须讲习，博采旁求，必有精其术者。何必夷人？何必师事夷人？

恭亲王愤慨极了。他回答说：

> 该大学士既以此举为窒碍，自必别有良图，如果实有妙策，可以制外国而不为外国所制，臣等自当追随大学士之后，竭其棒昧，悉心商办。如别无良策，仅以忠信为甲胄，礼义为干橹等词，谓可折冲樽俎，足以制敌之命，臣等实未敢信。

倭仁不过是守旧的糊涂虫，但是当时的士大夫居然听了他的话，不去投考同文馆的科学班。

同治、光绪年间的社会如何反对新人新政，我们从郭嵩焘的命运可以看得更加清楚。郭氏的教育及出身和当时一般士大夫一样，并无特别，但是咸丰末年英法联军之役，他跟着僧格林沁在大沽口办交涉，有了那次经验，他根本觉悟，知道中国非彻底改革不可。他的觉悟还比恭亲王诸人的更深刻。据他的研究，我们在汉唐极盛时代固常与外族平等往来；闭关自守而又独自尊大的哲学是南宋势力衰弱时代的理学先生们提倡出来的，绝不足以为训。同治初年，江西南昌的士大夫群起毁教堂，杀传教士。巡抚沈葆桢林则徐的女婿。称赞士大夫的正气，郭嵩焘则斥责沈氏顽固。郭氏做广东巡抚的时候，汕头的人，像以前广州人，不许外国人进城。他不顾一切，强迫汕头人遵守条约，许外国人进城。光绪元年，1875。云贵总督岑毓英因为反对英国人进云南，秘密在云南的缅甸边境上把英国使馆的翻译官杀了。郭嵩焘当即上奏弹劾岑毓英。第二年，政府派他出使英、法，中国有公使驻外从他起。在西欧的时候，他努力研究西洋的政治、经济、社会，他觉得不但西洋的轮船枪炮值得我们学习，就是西洋的政治制度和一般文化都值得学习。他发表了他的日记，送给朋友们看。他常写信给李鸿章，报告日本派到西洋的留学生不限于机械一门，学政治、经济的都有。他劝李鸿章扩大留学范围。他的这些超时代的议论，引起了全国士大夫的谩骂。他们说郭嵩焘是个汉奸，"有二心于英国"。湖南的大学者如王闿运之流撰了一副对子骂他：

出乎其类，拔乎其萃，不容于尧舜之世。
未能事人，焉能事鬼，何必去父母之邦。

王闿运的日记还说："湖南人至耻与为伍。"郭嵩焘出使两年就回国了。回国的时候，没有问题，他是全国最开明的一个人，他对西洋的认识远在李鸿章之上。但是时人反对他，他以后全无机会做事，只好隐居湖南从事著作。他所著的《养知书屋文集》至今尚有披阅的价值。

继郭嵩焘做驻英、法公使的是曾纪泽。他在外国五年多，略识英语。他的才能眼光与郭嵩焘等。因为他运用外交，从俄国收回伊犁，他是国际有名的外交家。他回国的时候抱定志向，要推进全民族的近代化，但是他也遭时人的反对，找不着机会做事，不久就气死了。

同治、光绪时代的士大夫阶级的守旧既然如此，民众是否比较开通？其实民众和士大夫阶级是同鼻孔出气的。我们近六十年来的新政都是自上而下的，并非由下而上。一切新的事业都是由少数先知先觉者提倡，费尽苦心，慢慢地奋斗出来的。在甲午以前，这少数先知先觉者都是在朝的人。甲午以后，革新的领袖权慢慢地转到在野的人的手里，但是这些在野的领袖都是知识分子，不是民众。严格说来，民众的迷信是我民族近代接受西洋文化的大阻碍之一。

第四节　士大夫轻举妄动

在同治、光绪年间，民众的守旧虽在士大夫阶级之上，但是民众是被动的，领导权统治权是在士大夫阶级手里。不幸，那个时代的士大夫阶级，除极少数外，完全不了解当时的世界大势。

同治共在位十三年，从一八六二年到一八七四年。在这个时期内，德意志统一了，意大利统一了，美国的中央政府也把南方的独立运动消灭，恢复而又加强美国的统一了。那个时期是民族主义在西洋大成功的时期。这些国家统一了以后，随着就是国内的大建设和经济的大发展。在同治以前，列强在国外行帝国主义的，仅英、俄、法三国；同治以后，加了美、德、意三国。竞争者多了，竞争就愈厉害。并且在同治以前，英国是世界上唯一的工业化国家，全世界都销英国的制造品；同治以后，德、美、法也逐渐工业化、资本化了。国际上除了政治势力的竞争以外，又有了新起的热烈的经济竞争。我国在光绪年间处境的困难远在道光、咸丰年间之上。

帝国主义是我们的大敌人，同治、光绪年间如此，现在还是如此。要救国的志士应该人人了解帝国主义的真实性质。帝国主义与资本主义是有关系的，关系可以说有三层。第一，资本主义的国家贪图在外国投资。国内的资本多了，利息就低。譬如：英、美两国资本很多，资本家能得百分之四的利息就算很好了。但是如果英、美的资本家能把资本投在中国或印度或南美洲，年利就很容易达到百分之七或更高些。所以英、美资本家竞向未开发的国家投资。但是接受外国来的资本不一定有害，英、美的资本家也不一定有政治野心。美国在十九世纪的下半期的建设大部分是利用英国资本举办的。结果英国的资本家固然得了好处，但是美国开辟了富源，其人民所得的好处更多。我们的平汉铁路原是借比国指比利时。资本建筑的。后来我们按期还本付息，那条铁路就变为我们的了。比国资本家得了好处，我们得了更大的好处。所以孙中山先生虽反对帝国主义，但他赞成中国利用外债来建设。但是有些资本家要利用政治的压力去得投资的机会，还有政治野心家要用资本来扩充政治势力。凡是国际投资有政治作用的,就是侵略的、帝国主义的。凡是国际投资无政治作用的,就是纯洁的,投资者与受资者两方均能收益。所以我们对于外国的资本应采的态度如同对水一样,有的时候,有的地方,在某种条件之下,我们应该掘井取水,或开河引水;在别的时候、地方和条件之下,我们则必须筑堤防水。

帝国主义与资本主义的第二层关系是商业的推销。资本主义的国家都利用机械制造,工厂规模愈大,出品愈多,得利就更厚。困难在市场。各国竞争市场原可以专凭商品之精与价格之廉,不必靠武力的侵略或政治的压力。但在十九世纪末,国际贸易的自由一天少一天。各国不但提高本国的关税,并且提高属地的关税。这样一来,商业的发展随着政权的发展,争市场等于争属地。被压迫的国家一旦丧失关税自主,就永无发展工业的可能。虽然,国际贸易大部分还是平等国家间之贸易,不是帝国与属地之间的贸易。英国与美、德、法、日诸国的贸易额,远大于英国与其属地的贸易额。英国的属地最多,尚且如此,别国更不必说了。

帝国主义与资本主义的第三层关系是原料的寻求。世界上没有一国完全不靠外来的原料。最富有原料的国家如英、美、俄尚且如此,别的国家所需的外来原料更多。日本及意大利是最穷的。棉、煤、铁、油四种根本的原料,日、意都缺乏。德国较好,但仍不出棉和石油。那么,一国的工厂虽多,倘若没有原料,就会完全没有办法。所以,帝国主义者因为要找工业的原料,就大事侵略。虽然,资本主义不一定要行帝国主义而后始能得到原料。同时,出卖原料者不一定就是受压迫者。譬如:美国的出口货之中,石油和棉花是大宗。日本、德国、意大利从美国输入石油和棉花,不能也不必行帝国主义,因为美国不但不禁止石油和棉花的出口,且竭力推销。

总之,资本主义可变为帝国主义,也可以不变为帝国主义。未开发的国家容易受资本主义国家的压迫和侵略,也可以利用外国的资本来开发自己的富源及利用国际的通商来提高人民的生活程度。资本主义如同水一样:水可以资灌溉,可以便利交通,也可以成灾,要看人怎样对付。

同时我们不要把帝国主义看得过于简单，以为世界上没有资本主义就没有帝国主义了。七百年以前的蒙古人还在游牧时代，无资本也无工业，但是他们对我国的侵略还在近代资本主义国家之上。三百年以前的满洲人也是如此。在西洋方面，中古的阿拉伯人以武力推行伊斯兰教，大行其宗教的帝国主义。十八世纪末，法国革命家以武力强迫外国接受他们的自由平等，大行其革命的帝国主义。据我们所知，历史上各种政体，君主也好，民主也好，各种社会经济制度，资本主义也好，封建主义也好，都有行帝国主义的可能。

同治、光绪时代的士大夫完全不了解时代的危险及国际关系的运用，他们只知道破坏李鸿章诸人所提倡的自强运动。同时他们又好多事，倘若政府听他们的话，中国几无年无日不与外国打仗。

长江流域有太平天国之乱的时候，北方有捻匪，陕、甘、新疆有回乱，清廷令左宗棠带湘军去收复西北。俄国趁我回乱的机会就占领了伊犁。这是俄国趁火打劫的惯技。在十九世纪，俄国占领我们的土地最多。咸丰末年，俄国趁太平天国之乱及英法联军，强占我国黑龙江以北及乌苏里以东的地方，共三十万平方英里[1]。现在俄国的阿穆尔省及滨海省包括海参崴在内，就是那次抢夺过去的。在同治末年，俄国占领新疆西部，清廷提出抗议的时候，俄国又假仁假义地说，它全无领土野心，它只代表我们保守伊犁，等到我们平定回乱的时候，它一定把土地退还给我们。其实俄国预料中国绝不能平定回乱，中国势力绝不能再伸到新疆。那么俄国不但可以并吞伊犁，还可以蚕食全新疆。中国一时没有办法，只好把伊犁作为中俄间的悬案。

左宗棠军事的顺利不但出于俄国意料之外，还出于我们自己的意料之外。他次第把陕西、甘肃收复了。到了光绪元年，1875。他准备进攻新疆，军费就成了大问题。从道光三十年1850。洪秀全起兵到光绪元年，二十五年之间，中国无时不在内乱内战之中，实已兵疲力尽，何

---

[1] 1平方英里约为2.5899平方千米。

能再经营新疆呢？并且交通不便，新疆民族复杂，面积浩大，成败似乎毫无把握。于是发生大辩论，左宗棠一意主进攻。他说祖宗所遗留的土地，子孙没有放弃的道理。他又说倘若新疆不保，陕、甘就不能保；陕、甘不保，山西就不能保；山西不保，河北就不能保。他的理由似乎充足，言论十分激昂。李鸿章的看法正与左宗棠的相反。李说自从乾隆年间中国占领新疆以后，中国没有得着丝毫的好处，徒费驻防的兵费。这是实在的情形。他又说中国之大祸不在西北，而在东边沿海的各省，因为沿海的省份是中国的精华，而且帝国主义者的压迫在东方的过于在西方的。自从日本维新以后，李鸿章更加焦急。他觉得日本是中国的真敌，因为日本一心一意谋我，他无所图，而且相隔既近，动兵比较容易。至于西洋各国彼此互相牵制，向外发展不限于远东，相隔又远，用兵不能随便。李鸿章因此主张不进攻新疆，而集中全国人力物力于沿海的国防及腹地各省的开发。边省虽然要紧，但是腹地倘有损失，国家大势就去了。反过来说，倘若腹地强盛起来，边省及藩属自然地就保存了。左宗棠的言论比较动听，李的比较合理，左是高调，李是低调。士大夫阶级一贯地崇尚感情，唱高调，当然拥护左宗棠。于是借外债，移用各省的建设费，以供左宗棠进攻新疆之用。

左宗棠的运气真好，因为新疆发生了内讧，并没有遇着坚强的抵抗。光绪三年底，1877。他把全疆收服了。中国乃派崇厚为特使，到俄国去交涉伊犁的退还。崇厚所订的条约虽收复了伊犁城，但城西的土地几全割让与俄国，南疆及北疆之交通险要区亦割让。此外，崇厚还许了很重要的通商权利，如新疆加设俄国领事馆，经甘肃、陕西到汉口的通商路线，及吉林松花江的航行权。士大夫阶级主张杀崇厚，废约，并备战。这正是青年言论家如张之洞、张佩纶、陈宝琛初露头角的时候。清廷竟为所动。于是脚慌手忙，调兵遣将，等到实际备战的时候，政府就感觉困难了。第一，从伊犁到高丽东北角的图们江止，沿中俄的交界线处处都要设防。哪里有这么多军队呢？首当其冲的左宗棠在新疆的部队就太疲倦，不愿打仗。第二，俄国远东舰队故作声势，从海参崴开到日本洋面。中国因此又必须于沿海沿长江设防。清廷乃起用彭玉麟督长江水师来对付俄国的海军。彭玉麟想满载桐油、木柴到日本洋面去施行火攻。两汉总督刘坤一和他开玩笑，说时代非三国，统帅非孔明，火攻之计，恐怕不行呢！李鸿章看见书生误国，当然极为愤慨。可是抗战的情绪很高，他不敢公开讲和。他只好使用手段，把英国有名的军官戈登将军请来做军事顾问。戈登是个老实人，好说实话。当太平天国的末年，他曾带所谓常胜军立功不少，所以清廷及一般士大夫颇信任他。他的意见怎样呢？他说，中国如要对俄作战，必须做三件事：一、迁都于西安；二、长期抗战至少十年；三、满人预备放弃政权，因为在长期战争之中，清政权一定不能维持。清廷听了戈登的意见以后，乃决心求和。我国近代史的一幕滑稽剧才因此没有开演。

幸而俄国在光绪三、四年的时候，1877—1878。正与土耳其打仗，与英国的关系也很紧张，所以不愿多事。又幸而中国当时有青年外交家曾纪泽，以极冷静的头脑和极坚强的意志，去贯彻他的主张。原来崇厚所订的条约并没有奉政府的批准，尚未正式成立，曾纪泽运用外交得法，挽回了大部分的通商权利及土地，但偿价加倍，共九百万卢布。英国驻俄大使称赞曾纪泽说："凭外交从俄国取回它已占领的土地，曾侯要算第一人。"

中俄关于伊犁的冲突告一段落的时候，中法关于越南的冲突就起了。

中国与高丽、越南等属国的关系很浅，它们不过按期朝贡，新王即位须受中国皇帝的册封。此外我们并不派代表常驻其国都，也不干涉它们的内政。在经济方面，我们也十分消极。我们不移民，也不鼓励通商，简直是得不偿失。但是我们的祖先何以费力去得这些属地呢？此中也有缘故。光绪七年1881。翰林院学士周德润先生说得清楚：

> 臣闻天子守在四夷，此诚虑远忧深之计。古来敌国外患，伏之甚微，而蓄之甚早。不守四夷而守边境，则已无及矣；不守边境而守腹地，则更无及矣。我朝幅员广辟，龙沙雁海，尽列藩封。以高丽守东北，以蒙古守西北，以越南守西南：非所谓山河带砺，与国同休戚者哉？

换句话说，在历史上属国是我们的国防外线，是代我守门户的。在古代，这种言论有相当的道理；到了近代，局势就大不同了。英国在道光年间直攻了广东、福建、浙江、江苏，英法联军直打进了北京，所谓国防外线简直没有用处。倘使在这种时代我们还要保存外线，我们也应该变更方案。我们应该协助这些弱小国家独立，因为独立的高丽、越南、缅甸绝不能侵略我们。所怕的不是它们独立，是怕它们做帝国主义者的傀儡。无论如何，外国人既直攻我们的腹地，我们无暇去顾外线了。协助这些弱小国家去独立是革命的外交，正如苏联革命的初年，外受列强的压迫，内有反革命的抗战，列宁Lenin.于是毅然决然放弃俄的属国。

法国进攻越南的时候，士大夫阶级大半主张以武力援助越南。张佩纶、陈宝琛、张之洞诸人特别激昂。李鸿章则反对。他的理由又是要集中力量火速筹备腹地的国防事业。清廷一方面怕清议的批评，一方面又怕援助越南引起中法战争，所以举棋不定。起初是暗中接济越南军费和军器，后来果然引起中法战争。那个时候官吏不分文武，文人尤好谈兵。北京乃派主战派的激烈分子张佩纶去守福州船厂，陈宝琛去帮办两江的防务。用不着说，纸上谈兵的先生们是不济事的。法国海军进攻船厂的时候，张佩纶逃得顶快了。陈宝琛在两江不但无补实际，连议论也不发了。打了不久就讲和，和议刚成又打，再后还是接受法国的条件。越南没有保存，我们的国防力量反大受了损失。左宗棠苦心创办的福州船厂就在此时被法国毁了。

第五节　中日初次决战

李鸿章在日本明治维新的初年就看清楚了日本是中国的劲敌。他并且知道中国的胜负要看哪一国的新军备进步得快。他特别注重海军，因为日本必须先在海上得胜，然后能进攻大陆。所以他反对左宗棠以武力收复新疆，反对为伊犁问题与俄国开战，反对为越南问题与法国打仗。他要把这些战费都省下来，作为扩充海军之用。他的眼光远在一般人之上。

李鸿章既注重中日关系，不能不特别注意高丽。在国防上高丽的地位极其重要，因为高丽可做敌人陆军侵略我东北的根据地，也可以做敌人海军侵略我山东、河北的根据地。反过来看，高丽在日本的国防上的地位也很要紧。高丽在我们手里，日本尚感不安，一旦被俄国或英国所占，那时日本所感的威胁就更大了。所以高丽也是日本必争之地。

在光绪初年，高丽的国王李熙年幼，他的父亲大院君李昰应摄政。大院君是个十分守旧的人，他屡次杀传教士，他坚决不与外国人通商。在明治维新以前，日韩关系，在日本方面，由幕府主持，由对马岛之诸侯执行。维新以后，大权归日皇，所以日韩的交涉也改由日本中央政府主持。大院君厌恶日本的维新，因而拒绝与新的日本往来。日本国内的旧诸侯武士们提倡"征韩"。这种征韩运动，除了高丽不与日本往来外，还有三个动机：一、日本不向海外发展不能图强；二、日本不先下手，西洋各国，尤其是俄国，恐怕要下手；三、征韩能为一般不得志的武士谋出路。光绪元年 即日本明治八年，1875。发生高丽炮击日本船的案子，即所谓江华岛事件，主张征韩者更有所借口。

当时日本的政治领袖如岩仓、大久保、伊藤、井上诸人原反对征韩。他们以为维新事业未发展到相当程度以前，不应轻举妄动地贪图向外发展。但是在江华岛事件发生以后，他们觉得无法压制舆论，不能不有所主动。于是他们一面派黑田清隆及井上率舰队到高丽去交涉通商友好条约，一面派森有礼来北京试探中国的态度，并避免中国的阻抗。

森有礼与我们的外交当局大起辩论。我们始终坚持高丽是我们的属国：如日本侵略高丽，那就是对中国不友谊，中国不能坐视。森有礼则说中国在朝鲜的宗主权是有名无实的，因为中国在高丽不负任何责任就没有权利。

黑田与井上在高丽交涉成功。他们所订的条约承认高丽是独立自主的国家。这就是否认中国的宗主权，中国应该抗议，而且设法纠正。但是，日本和高丽虽都把条文送给中国，北京却没有向日本提出抗议，也没有责备高丽不守本分。中国实为传统观念所误。照中国传统观念，只要高丽承认中国为宗主，那就够了。第三国的承认与否是无关宏旨的。在光绪初年，中国在高丽的威信甚高，所以政府很放心，就不注意日韩条约了。

高丽与日本订约的问题过了以后，中日就发生琉球的冲突。琉球自明朝洪武五年1372。起隶属于中国，历五百余年，琉球按期进贡，未曾中断。但在明万历三十年1602。琉球又向日本萨摩诸侯称藩，成了两属，好像一个女子许嫁两个男人。幸而这两个男人未曾遇面，所以这种奇怪现象竟安静无事地存在了二百七十多年。自日本维新，力行废藩以后，琉球在日本看来，既然是萨摩的藩属，也在应废之列。日本初则阻止琉球入贡中国，终则改琉球为日本一县。中国当然反对，也有人主张强硬对付日本，但日本实在时候选得好，因为这正是中俄争伊犁的时候。中国无法，只好把琉球作为一个悬案。

可是琉球问题暴露了日本的野心。士大夫平素看不起日本的，到这时也知道应该戒备了。日本既能灭琉球，就能灭高丽。琉球或可不争，高丽则势在必争。所以他们专意筹划如何保存高丽。光绪五、六年的时候，1879—1880。中国可以说初次有个高丽政策。李鸿章认定日本对高丽有领土野心，西洋各国对高丽则只图通商和传教。在这种形势之下，英、美、法各国在高丽的权利愈多，他们就愈要反对日本的侵略。光绪五年1879。李鸿章写给高丽要人李裕元的信说得很清楚：

> 为今之计，似宜用以毒攻毒、以敌制敌之策，乘机次第与泰西各国立约，借以牵制日本。彼日本恃其诈力，以鲸吞蚕食为谋，废灭琉球一事，显露端倪。贵国不可无以备之。然日本之所畏服者，泰西也。以朝鲜之力制日本或虞其不足，以统与泰西通商制日本，则绰乎有余。

经过三年的劝勉与运动，高丽才接受这种新政。光绪八年春，1882。由中国介绍，高丽与英、美、德、法订通商条约。

高丽不幸忽于此时发生内乱。国王的父亲大院君李昰应一面反对新政,一面忌王后闵氏家族当权。他于光绪八年六月忽然鼓动兵变,围攻日本使馆,诛戮闵族要人。李鸿章的谋士薛福成建议中国火速派兵进高丽,平定内乱,一则以表示中国的宗主权,一则以防日本。中国派吴长庆率所部淮军直入高丽京城。吴长庆的部下有两位青年——张謇和袁世凯。他们胆子很大,高丽的兵也没有抵抗的能力。于是他们首先把大院君执送天津,然后派兵占领汉城险要,几点钟的工夫,就把李昰应的军队打散了。吴长庆这时实际做高丽的主人翁了。后高丽许给日本赔款,并许日本使馆保留卫队。这样,中日两国都有军队在高丽京都,形成对峙之势。

光绪八年夏初之季,中国在汉城的胜利,使得许多人轻敌。张謇主张索性灭高丽。张佩纶和邓承修主张李鸿章在烟台设大本营,调集海陆军队,预备向日本宣战。张佩纶说:

> 日本自改法以来,民恶其上,始则欲复封建,继则欲改民政。萨、长二党争权相倾,国债山积,以纸为币……虽兵制步伍泰西,略得形似,然外无战将,内无谋臣。问其师船则以扶桑一舰为冠,固已铁蚀木蠹,不耐风涛,余皆小炮小舟而已,去中国铁船定远、超勇、扬威远甚。问其兵数,则陆军四五万人,水军三四千人,犹且官多缺员,兵多缺额,近始杂募游惰,用充行伍,未经战阵,大半恇怯,又去中国淮、湘各军远甚。

邓承修也是这样说:

> 扶桑片土,不过内地两行省耳。总核内府,现银不满五百万两,窘迫如此,何以为国?水师不满八千,船舰半皆朽败,陆军内分六镇,统计水陆不盈四万,而又举非精锐。然彼之敢于悍然不顾者,非不知中国之大也,非不知中国之富且强也,所恃者中国之畏事耳,中国之重发难端耳。

这两位自命为"日本通"者，未免看事太易。李鸿章看得比较清楚。他说：

> 彼自变法以来，一意媚事西人，无非欲窃其绪余，以为自雄之术。今年遣参议伊藤博文赴欧洲考察民政，复遣有栖川亲王赴俄，又分遣使聘意大利，驻奥匈帝国，冠盖联翩，相望于道，其注意在树交植党。西人亦乐其倾心亲附，每遇中日交涉事件，往往意存袒护。该国洋债既多，设有危急，西人为自保财利起见，或且隐助而护持之。
>
> 夫未有谋人之具，而先露谋人之形者，兵家所忌。日本步趋西法，虽仅得形似，而所有船炮略足与我相敌。若必跨海数千里与角胜负，致其死命，臣未敢谓确有把握。
>
> 第东征之事不必有，东征之志不可无。中国添练水师，实不容一日稍缓。昔年户部指拨南北洋海防经费，每岁共四百万两。无如指拨之时，非尽有着之款。统计各省关所解南北洋防费，约仅及原拨四分之一。可否请旨敕下户部总理衙门，将南北洋每年所收防费，核明实数，务足原拨四百万两之数。如此则五年之后，南北洋水师两支当可有成。

这次大辩论终了之后，越南问题又起来了。张佩纶、邓承修诸人忽然忘记了日本，大事运动与法国开战。中法战事一起，日本的机会就到了。这时高丽的党政军正成对垒之阵。一面有开化党，其领袖即洪英植、金玉均、朴泳孝诸人，其后盾即日本公使竹添进一郎。这一派是亲日的，想借日本之势力以图独立的。对面有事大党，领袖即金允植、闵泳翊、尹泰骏诸人，后盾是袁世凯。这一派是联华的，想托庇于我们的保护之下，以免日本及其他各国的压迫。汉城的军队有中国的驻防军和袁世凯代练的高丽军在一面，对面有日本使馆的卫队及日本军官所练的高丽军。在中法战争未起以前，开化党不能抬头，既起以后，竹添就大活动起来，说中国自顾不暇，哪能顾高丽？于是洪英植诸人乃决计大举。

光绪十年1884。十月十七日夜,洪英植设宴请外交团及高丽要人。各国代表都到,唯独竹添称病不至。后忽报火警,在座的人就慌乱了。闵泳翊出门,被预埋伏兵士所杀。洪英植跑进王宫,宣称中国兵变,强迫国王移居,并召竹添带日兵进宫保卫。竹添这时不但无病,且亲率队伍入宫。国王到了开化党的手里以后,下诏召事大党领袖。他们一进宫就被杀了。于是宣布独立,派开化党的人组阁。

十月十九日,袁世凯带他所练的高丽兵及中国驻防汉城的军队进宫。中日两方就在高丽王宫里开战了。竹添见不能抵抗,于是撤退。王宫及国王又都到袁世凯手里。洪英植、朴泳孝被乱兵所杀,金玉均随着竹添逃到仁川,后投日本。政权全归事大党及袁世凯,开化党完全打散了。袁世凯这时候尚不满三十,忽当大事,因电报不通无法请示,只好便宜行事。他敢大胆地负起责任,制止对方的阴谋,难怪李鸿章从此看重他,派他做驻高丽的总代表。

竹添是个浪人外交家。他即使没有违反日本政府的意旨,至少他超过了他政府所定的范围。事变以后,日本政府以和平交涉对高丽,亦以和平交涉对中国。光绪十一年春,1885。伊藤与李鸿章订《天津协定》,双方皆撤退驻高丽的军队,但高丽以后如有内乱,中日皆得调兵进高丽。

光绪十一年,英、俄两国因为阿富汗的问题几至开战。它们的冲突波及远东。英国为预防俄国海军从海参崴南下,忽然占领高丽南边之巨文岛。俄国遂谋占领高丽东北的永兴湾。高丽人见日本不可靠,有与俄国暗通,求俄国保护者。在这种形势之下,英国感觉危险,日本更怕英、俄在高丽得势。于是日本、英国都怂恿中国在高丽行积极政策。英国觉得高丽在中国手里于英国全无损害,倘到俄国手里,则不利于英国甚大。日本亦觉得高丽在中国手里,它将来还有法子夺取;一旦到了俄国手里,简直是日本的致命之伤。所以这种形势极有利于我们,李鸿章与袁世凯遂大行其积极政策。

从光绪十一年1885。到光绪二十年,1894。中国对高丽的政策完全是李鸿章和袁世凯的政策。他们第一紧紧地把握高丽的财政，高丽想借外债，他们竭力阻止。高丽财政绝无办法的时候，他们令招商局出面借款给高丽。高丽的海关是由中国海关派员代为管理，简直可说是中国海关的支部。高丽的电报局是中国电报局的技术人员用中国的材料代为设立、代为管理的。高丽派公使到外国去须先得中国的同意，到了外国以后，高丽的公使必须遵守三个条件：

> 一、韩使初至各国，应先赴中国使馆具报，请由中国钦差挈同赴外部，以后即不拘定。二、遇有朝会公宴酬酢交际，韩使应随中国钦差之后。三、交涉大事关系紧要者，韩使应先密商中国钦差核示。

这种政策虽提高了中国在高丽的地位，但与光绪五年1879。李鸿章最初所定的高丽政策绝对相反。最初李要高丽多与西洋各国往来，想借西洋的通商和传教的权利来抵制日本的领土野心。此时李、袁所行的政策是中国独占高丽。到了光绪十八、十九年，1892—1893。日本感觉中国在高丽的权力膨胀过甚，又想与中国对抗。中国既独占高丽的权利，到了危急的时候，当然只有中国独当其冲。

甲午战争直接的起因又是高丽的内乱。光绪二十年即甲午年，1894。高丽南部有所谓东学党聚众数千作乱，中日两国同时出兵，中国助平内乱，日本借口保卫侨民及使馆。但东学党造乱的地方距汉城尚远，该地并无日本侨民，且日本派兵甚多，远超保侨所需之数。李鸿章知道日本另有野心，所以竭力先平东学党之乱，使日本无所借口。但是内乱平定之后，日本仍不撤兵。日本声言高丽内乱之根在内政之不修明，要求中日两国共同强迫高丽改革内政。李不答应，因为这就是中日共管高丽。

这时日本舆论十分激烈，一意主战。中国舆论也激烈，要求李鸿章火速出兵，先发制人。士大夫觉得高丽绝不可失，因为失高丽就无法保东北。他们以为日本国力甚小："倭不度德量力，敢与上国抗衡，实以螳臂当车，以中国临之，直如摧枯拉朽。"李鸿章则觉得一调大兵，则双方势成骑虎，终致欲罢不能。但他对于外交又不让步。他这种军事消极、外交积极的办法是很奇怪的，他有他的理由。俄国公使喀西尼 Cassini. 答应了他，俄国必劝日本撤兵，如日本不听，俄国必用压服的方法。李觉得既有俄国的援助，不必对日本让步。殊不知喀西尼虽愿意给我援助，俄国政府不愿意。原来和战的大问题，不是一个公使所能负责决定的。等到李鸿章发现喀西尼的话不能兑现，中日外交路线已经断了，战事已经起始了。

中日两国同于七月初一宣战。阴历八月十八日阳历九月十七日。两国海军在高丽西北鸭绿江口相遇。那一次的海军战争是我民族在这次全面抗战以前最要紧的一个战争，如胜了，高丽可保，东北不致发生问题，而在远东中国要居上日本居下了。所以甲午八月十八日的海军之战是个划时代的战争，值得我们研究。那时我国的海军力比日本海军大。我们的占世界海军第八位，日本占第十一位。我们的两个主力舰定远和镇远各七千吨，日本顶大的战舰不过四千吨。但日本的海军也有优点，日本的船比我们快，船上的炮比我们多，而且放得快。我们的船太参差不齐，日本的配合比较合用。所以从物质上说来，两国海军实相差不远。那一次我们失败的缘故很多。第一，战略不如人。我方原定舰队排"人"字阵势，由定远、镇远两铁甲船居先，称战斗之主力。海军提督丁汝昌以定远为坐舰，舰长是刘步蟾。丁本是骑兵的军官，不懂海军。他为人忠厚，颇有气节，李鸿章靠他不过做精神上的领导而已。刘步蟾是英国海军学校毕业的学生，学科的成绩确是上等的，而且颇识莎士比亚的戏剧，颇有所谓儒将的风度。丁自认不如刘，所以实际是刘做总指挥。等到两军相望的时候，刘忽下令把"人"字阵完全倒置，定远、镇远两铁甲船居后，两翼的弱小船只反居先。刘实胆怯，倒置的缘故乃想图自全。这样一来阵线乱了，小船的人员都心慌了，而且日本得以乘机先攻我们的弱点了。

其次，我们的战术也不及人。当时在定远船上的总炮手英国人泰乐尔 Tyler. 看见刘步蟾变更阵势，知道形势不好。他先吩咐炮手不要太远就放炮，不要乱放炮，因为船上炮弹不多，必命中而后放。吩咐好了以后，他上望台，站在丁提督旁边，准备帮丁提督指挥。但丁不懂英文，泰乐尔不懂中文，两人只好比手势交谈。不久炮手即开火，而第一炮就误中自己的望台，丁受重伤，全战不再指挥，泰乐尔亦受轻伤。日本炮弹的准确远在我们的之上，结果，我海军损失过重，不敢再在海上与日本人交锋。日本人把握海权，陆军输送得行动自由，我方必须绕道山海关。其实海军失败以后，大势就去了。陆军之败更甚于海军。

次年1895。三月，李鸿章与伊藤订《马关条约》。中国承允高丽独立，割台湾及辽东半岛，赔款二万万两。近代的战争固不是儿戏。不战而求和当然要吃亏，这一次要吃亏的是高丽的共管。但战败以后而求和，吃亏之大远过于不战而和。同治、光绪年间的政治领袖如曾、左、李及恭亲王、文祥诸人原想一面避战，一面竭力以图自强。不幸，时人不许他们，对自强事业则多方掣肘，对邦交则好轻举妄动，结果就是误国。

第六节　李鸿章引狼入室

甲午战争未起以前及既起以后，李鸿章用各种外交方法，想得西洋各国的援助，但都失败了。国际的关系不比私人间的关系，是不讲理、不论情的。国家都是自私自利的，利害相同就结合为友，为联盟；利害冲突就成为对敌。各国的外交家都是精于打算盘的。西洋各国原想在远东大大地发展，但在甲午以前，没有积极推动，一则因为它们忙于瓜分非洲；二则因为它们互相牵制，各不相下；三则因为在远东尚有中国与日本两个独立国家，具有相当的抵抗能力。在中日战争进行的时候，李鸿章虽千方百计地请求它们的援助，它们总是抱隔岸观火的态度，严守中立。它们觉得中国愈败，愈需要它们的援助，而且愈愿意出代价。同时它们又觉得日本虽打胜仗，战争总要削减日本的力量。在西洋人的眼光里，中日战争，无论谁败，实是两败俱伤的。他们反可坐收渔人之利，所以他们不援助我们于未败之前。

等到《马关条约》一签字，俄、德、法三国就联合起来，强迫日本退还辽东半岛，包括旅顺、大连在内。主动的是俄国，德、法不过附和。当时俄国财政部长维特Witte.正赶修西伯利亚铁路，他发现东边的一段，如绕黑龙江的北岸，路线太长，工程太困难，如横过我们的东三省，路线可缩短，工程也容易得多。同时海参崴太偏北，冬季结冰，不便航行。如果俄国能得大连、旅顺，俄国在远东就能有完善的军港和商港。完成西伯利亚铁路及得一个不冻冰的海口，这是维特想要乘机而达到的目的。法国当时联俄以对德，俄要法帮忙，法不敢拒绝，何况法国也有野心家想乘机向远东发展呢？德国的算盘打得更精，它想附和俄国，一则可以使俄国知道德国是俄国的朋友，俄国不必联络法国；二则俄国如向远东发展，在欧洲不会多事，德国正好顺风推舟；三则德国也可以向我们索取援助的代价。这是三国干涉《马关条约》实在的动机。

俄、德、法三国的做法是十分冠冕堂皇的。《马关条约》发表以后，它们就向我们表示同情，说条约太无理，它们愿助中国挽回失地的一部分。在我们那时痛恨日本的情绪之下，这种友谊的表示是求之不得的。我们希望三国能把台湾及辽东都替我们收回来，同时三国给予所谓友谊的劝告，说日本之占领辽东半岛不利于远东和平。战后之日本固不敢不依从三国的劝告，于是退还辽东，但加赔款三千万两。中国觉得辽东半岛不止值三千万两，所以觉得应感激三国的援助。

《马关条约》原定赔款二万万两，现在又加三千万两，中国当然不能负担。维特一口答应帮中国从法、俄银行借一万万两，年息四厘。数目之大，利率之低，诚使我们受宠若惊。俄国真可算是我们的好朋友！

光绪二十二年，即一八九六年，俄皇尼古拉二世Nicholas Ⅱ.行加冕典礼。俄政府向中国表示：当中俄两国特别要好的时候，中国应该派头等大员去做代表，才算是给朋友面子。中国乃派李鸿章为庆贺加冕大使。这位东方的俾斯麦于是到欧洲去了。维特深知中国的心理，所以他与李鸿章交涉的时候，首言日本之可恶可怕，这是李鸿章愿意听的话，也是全国人士愿意听的话。这种心理的进攻既然顺利，维特乃进一步陈言俄国对我之援助如何心有余而力不足。他说当中日战争之际，俄国本想参战，但因交通不便，俄军未到而中日战争就完了。以后中国如要俄国给予有力的援助，中国必须使俄国修条铁路横贯东三省。李鸿章并未驳辩维特的理论，但主张在中国境内之铁路段，应由中国自修。维特告以中国人力财力不足，倘自修，则十年尚不能成，将缓不济急。维特最后说，如中国坚拒俄国的好意，俄国就不再助中国了。这一句话把李鸿章吓服了。于是他与维特签订密约，俄许援助中国抵抗日本，中许俄国建筑中东铁路。

光绪二十二年1896。的《中俄密约》是李鸿章终身的大错。甲午战争以后，日本并无于短期内再进攻中国的企图。是时日本政府反转过来想联络中国。因为西洋倘在中国势力太大，是于日本不利的。维特的本意不是要援助中国，是要利用中东铁路来侵略中国的。以后瓜分之祸，及日俄战争、"二十一条"、九一八事变这些国难都是那个密约引出来的。

李鸿章离开俄国以后，路过德、法、比、英、美诸国，他在柏林的时候，德国政府试探向他要代索辽东的报酬，他没有答应。德国公使以后又在北京试探，北京也没有答应。光绪二十三年秋，1897。山东曹州杀了两个传教士，德国乘机一面派兵占领青岛，一面想要租借胶州湾和青岛及在山东修铁路和开矿的权。中国于光绪二十四年1898。春答应了，山东就算是德国的势力范围。

俄国看见德国占了便宜，于是调兵船占旅顺、大连。俄国说为维持华北的势力均衡，并为助我国的方便，它不能不有旅顺、大连，并且还要修南满铁路。中国也只好答应。我们费三千万赎回来的辽东半岛，这时俄国又夺去了。俄国还说，它是中国唯一的朋友！俄国的外交最阴险：它以助我之名，行侵我之实。以后它在东北既有了中东铁路、南满铁路及大连、旅顺，东三省就成了俄国的势力范围。

于是英国要求租借威海卫和九龙及长江流域的优越权利。法国要求租广州湾及广东、广西、云南的优越权利。日本要求福建的优越权利。意大利要求租浙江的三门湾。除意大利的要求以外，中国都答应了。这就是所谓瓜分。唯独美国没有提出要求，但它运用外交，使各国不完全割据各国所划定的范围，使各国承认各国在中国境内都有平等的通商权利。这就是历史上有名的门户开放主义。

这种瓜分运动就是甲午的败仗引起来的。在近代的世界，败仗是千万不能打的。

第七节　康有为辅助光绪变法

假使我们是甲午到戊戌那个时代的人，眼看见我国被小小的日本打败了，打败了以后又要割地赔款，我们还不激昂慷慨想要救国吗？又假使我们就是那个时代的人，新知识新技术都没有，所能作的仅八股文章，所读过的书仅中国的经史，我们的救国方案还不是离不开我们的经典，免不了作些空泛而动听的文章？假使正在这个时候，我们中间出了一个人，提出一个伟大的方案，既合乎古训，又适宜时局，其文章是我们所佩服的，其论调正合乎我们的胃口，那我们还不拥护他吗？康有为就是这时代中的这样的人。

康有为是广东南海县人，生在咸丰八年，即一八五八年，比孙中山先生大八岁。他家好几代都是读书人。他的家教和他的先生朱九江给他的教训，除预备他能应考试、取科名外，特别注重中国政治制度的沿革及一般所谓经世致用之学。他不懂任何外国文字，在戊戌以前，也没有到外国去过。但他到过香港、上海，看见西洋人地方行政的整齐，受了很大的刺激。他觉得这种优美的行政必有文化和思想的背景与渊泉。可惜那个时候国内还没有讨论西洋政治、经济的书籍。康有为所能得的仅江南制造局及教会所译的初级天文、地理、格致、兵法、医药及耶稣教经典一类的书籍。但他是个绝顶聪明的人，"能举一以反三，因小以知大。自是于其学力中，别开一境界"。

我们已经说过，同治、光绪时代李鸿章所领导的自强运动限于物质方面，是很不彻底的。后来梁启超批评他说：

> 知有兵事而不知有民政，知有外交而不知有内治，知有朝廷而不知有国民，知有洋务而不知有国务，以为吾中国之政教风俗，无

一不优于他国，所不及者唯枪耳，炮耳，船耳，机器耳。吾但学此，而洋务之能事毕矣。

这种批评是很对的。可是李鸿章的物质改革已遭时人的反对，倘再进一步地改革政治态度，时人一定不容许他。甲午以后，康有为觉得时机到了。李鸿章所不敢提倡的政治改革，康有为要提倡。这就是所谓变法运动。

我国自秦汉以来，两千多年，只有两个人曾主张变法，一个是王莽，一个是王安石。两个都失败了。王莽尤其成为千古的罪人，所以没有人敢谈变法。士大夫阶级都以为法制是祖宗的法制、先圣先贤的法制，历代相传，绝不可变更的。康有为知道非先打破这个思想的难关，变法就无从下手。所以在甲午以前，他写了一篇《孔子改制考》。他说孔子根本是个改革家。孔子作《春秋》的目的就是要改革法制。《春秋》的真义在《公羊传》里可以看出来。《公羊传》讲"通三统"，那就是说夏、商、周三代的法制并无沿袭，各代都因时制宜，造出各代的法制。《公羊传》又讲"张三世"，那就是说，以专制政体对乱世，立宪政体对升平之世，共和政体对太平之世。康有为这本书的作用无非是抓住孔子做他思想的傀儡，以便镇压反对变法的士大夫。

康有为在甲午年1894。中了举人，乙未年1895。成了进士。他是那个国难时期的新贵。他就趁机会组织学会，发行报纸来宣传。一时附和的人很不少，大多数并不了解他的学说，也不知道他的改革具体方案，只有极少数可以说是他的忠实同志。但是他的运动盛极一时，好像全国舆论是拥护他的。

孔子是旧中国的思想中心，抓住了孔子，思想之战就成功了。皇帝是旧中国的政治中心，所以康有为的实际政治工作是从抓住皇帝下手。他在严重的国难时期，一再上书给光绪皇帝，大讲救国之道。光绪也受了时局的刺激，很想努力救国。他先研究康有为的著作，后召见康有为。他很赏识他，因为种种的困难，只教他在总理衙门行走。戊戌春季的瓜分更刺激了变法派和光绪帝，于是他又派康有为的四位同志杨锐、刘光第、林旭、谭嗣同在军机处办事。从戊戌年1898。四月二十三日到八月初，康有为辅助光绪推行了百日的维新。

在这百天之内，康有为及其同志推行了不少的新政。其中最要紧的有二件事。第一，以后政府的考试不用八股文，都用政治、经济的策论。换句话说，以后读书人要做官不能靠虚文，必须靠实学。第二，调整行政机构。康有为裁汰了许多无用的衙门和官职，如詹事府、通政司、光禄寺、鸿胪寺、太仆寺、大理寺，以及总督同城的巡抚、不治河的河督、不运粮的粮道、不管盐的盐道。同时他添了一个农工商总局，好像我们现在的经济部，想要推行经济建设。这两件大新政，在我们今日看起来，都是应该早办的，但在戊戌年间，虽然国难那样严重，反对的人却居大多数。为什么呢？一句话，打破了他们的饭碗。人人都知道废八股，提倡实学，但数百翰林，数千进士，数万举人，数十万秀才，数百万童生，全国的读书人都觉得前功尽弃。他们费了多少的心血，想从"之乎者也"里面升官发财。一旦废八股，他们绝望了。难怪他们要骂康有为洋奴、汉奸。至于被裁的官员更不要说，无不切齿痛恨。

康有为既然抓住皇帝来行新政，反对新政的人就包围西太后，求"太后保全，收回成命"。这时光绪虽做皇帝，实权仍在西太后手里。他们两人之间久不和睦。西太后此时想索性废光绪皇帝。新派的人于是求在天津练兵的袁世凯给他们武力的援助。袁世凯嫌他们孟浪，不肯合作，而且泄露他们的机密。西太后先发制人，把光绪囚禁起来，说皇帝有病，不能理事，复由太后临朝训政。康有为逃了，别人也有逃的，也有被西太后处死的。他们的新政完全打消了。

第八节　顽固势力总动员

在戊戌年的变法运动之中，外国人颇偏袒光绪帝及维新派，反对西太后及顽固党。因此一个内政的问题就发生国际关系了。后康有为、梁启超逃难海外，又得着外国人的保护。他们在逃难之中发起保皇会，鼓动外国人和华侨拥护光绪。这样，西太后和顽固党就恨起洋人来了。西太后要废光绪，立端王载漪的儿子溥儁做皇帝。刚毅、崇绮、徐桐、启秀诸顽固分子想在新王之下操权，于是怂恿废立。但各国驻京公使表示不满意，他们的仇外的心理更进了一层。

顽固党仅靠废立问题还不能号召天下，他们领导的运动所以能扩大，这是因为他们也是爱国分子。自鸦片战争到庚子年，1900。这六十年中所受的压迫，所堆积的愤慨，他们觉得中国应该火速抗战，不然国家就要亡了。

我们不要以为顽固分子不爱国，从鸦片战争起，他们是一贯地反对屈服，坚强地主张抗战。在戊戌年，1898。西太后复政以后，她硬不割让三门湾给意大利。她令浙江守土的官吏准备抗战。后意大利居然放弃了它的要求，顽固党更加觉得强硬对付洋人是对的。

外国人在中国不但通商占地，还传教。这一层尤其招顽固分子的愤恨。他们觉得孔孟的遗教是圣教，洋人的宗教是异端、邪教，中国最无知的愚民都知道孝敬父母，尊顺君师，洋人是无父无君的。几千年来，都是外夷学中国，没有中国学外夷的道理。这种看法在当时是很普遍的。譬如大学士徐桐是大理学家倭仁的门弟子，自己也是个有名的理学家，在当时的人物中，算是一个正派君子。他和他的同志是要保御中国文化而与外国人战。他们觉得铲草要除根，排斥异端非尽驱逐洋人不可。

但是中国与日本战尚且打败了，怎能一时与全世界开战呢？顽固分子以为可以靠民众。利用民众或"民心"或"民气"去对外，是林则徐、徐广缙、叶名琛一直到西太后、载漪、刚毅、徐桐传统的法宝。凡是主张剿夷的莫不觉得四万万同胞是有胜无败的。甲午以后，山东正有民间的义和团出现。顽固分子觉得这个义和团正是他们所需要的武力。

义和团又名义和拳。最初是大刀会，其本质与中国流行民间的各种会匪并无区别。这时的大刀会专以洋人，尤其是传教士为对象，民众对洋人也有多年的积愤。外国传教士免不了偏袒教徒，而教徒有的时候免不了仗洋人的势力欺侮平民。民间许多带宗教性质的庙会敬神，信基督教的人不愿意合作，这也引起教徒与非教徒的冲突。民间尚有种种谣言，说教士来中国的目的不外挖取中国人的心眼以炼药丹，又一说教士窃取婴孩脑髓、室女红丸。民间生活是很痛苦的，于是把一切罪恶都归到洋人身上。洋人，附洋人的中国人，以及与洋人有关的事业如教堂、铁路、电线等，皆在被打倒之列。义和团的人自信有鬼神保佑，洋人的枪炮打不死他们。山东巡抚李秉衡及毓贤前后鼓励他们，因此他们就以"扶清灭洋"的口号在山东扰乱起来。

己亥年光绪二十五年，1899。袁世凯做山东巡抚，他就不客气，把义和团当作乱民，派兵痛剿。团民在山东站不住，于己亥冬庚子春逃入河北。河北省当局反表示欢迎，所以义和团就在河北得势了。毓贤向载漪、刚毅等大替义和团宣传，说他们如何勇敢、可靠。载漪和刚毅介绍义和团给西太后，于是义和团在北京得势了。西太后和想实行废立的亲贵、顽固的士大夫及顽固爱国志士都与义和团打成一片，精诚团结去灭洋，以为灭了洋人，他们各派的公私目的都能达到。庚子年1900。拳匪之乱是我国顽固势力的总动员。

经过四次的御前会议，西太后乃于庚子年五月二十五日向各国同时宣战。到七月二十日，董福祥的军队连同几万拳匪，拿着他们的引魂幡、混天大旗、雷火扇、阴阳瓶、九连环、如意钩、火牌、飞剑及其他法宝，仅杀了一个德国公使，连东交民巷的公使馆都攻不破。同时八国联军由大沽口进攻，占天津，慢慢地逼近北平。于是西太后同光绪帝逃到西安。李鸿章又出来收拾残局。

拳匪之乱的结束是《辛丑条约》，除惩办祸首及道歉外，《辛丑条约》有三个严重的条款：第一，赔款四万万五千万两，分三十九年还清，在未还清以前，按每年四厘加利，总计实九万万八千余万两。俄国的部分最多，那时中俄尚是联盟国。占百分之二十九；德国次之，占百分之二十；法国占百分之十六弱；英国占百分之十一强；日本与美国各占百分之七强。第二，各国得自北京到山海关沿铁路线驻兵。近来日本增兵平津，就借口《辛丑条约》。第三，划定并扩大北京的使馆区，且由各国留兵北京以保御使馆。

这种条款，够严重了。但我们所受的损失最大的还不是《辛丑条约》的各款。此外还有东三省的问题。庚子年，俄国趁拳乱派兵占领全东北三省。

《辛丑条约》订了以后，俄国不肯退出，反向我国要求各种特殊权利。假使中国接受了俄国的要求，东北三省在那个时候就要名存实亡了。张之洞、袁世凯竭力反对接受俄国的条款，日本、英国、美国从旁赞助他们。李鸿章主张接受俄国的要求，但是幸而他在辛丑的冬天死了，不然东北三省就要在他手里送给俄国了。日本、英国看见形势不好，于壬寅年初，光绪二十八年，1902。缔结同盟条约来对付俄国。美国虽未加入，但表示好感。中国当时的舆论亦赞助同盟。京师大学堂以后的北京大学。的教授上书政府，建议中国加入同盟，变为中、日、英三国的集团来对付俄国。俄国看见国际情形不利于它，乃与中国订约，分三期撤退俄国在东三省的军队。条约虽签字了，俄国以后又中途变计。日本乃出来与俄国交涉。光绪三十年1904。两国交涉失败，就在我们的国土上打起仗来了。

那一次的日俄战争，倘若是俄国全胜了，不但我们的东三省，连高丽都要变为俄国的势力范围；倘若日本彻底地打胜了俄国，那高丽和东北就要变成日本的范围，中国左右是得不了便宜的。幸而事实上日本只局部地打胜了，结果两国讲和的条约仍承认中国在东北的主权，不过划北满为俄国铁路及其他经济事业的范围，南满包括大连、旅顺在内，为日本的范围。这样，日、俄形成对峙之势，中国得收些渔人之利。

第二十二章

瓜分及民族之复兴

第一节 八国联军和辛丑条约

天下事无其力则已,有其力,是总要发泄掉,才得太平的。义和团之事,亦是其一例。

中国从海通以来,所吃外国人的亏,不为不多了。自然,朝野上下,都不免有忿忿之心。然而忿之而不得其道。这时候,大众的心理,以为:(一)外国人所强的,惟是枪炮。(二)外国人是可以拒绝,使他不来的。(三)而民间的心理,尤以为交涉的失败,由于官的惧怕洋人。倘使人民都能齐心,一哄而起,少数的客籍,到底敌不过多数的土著。(四)而平话、戏剧,怪诞不经的思想,又深入民间。(五)在旧时易于号召的,自然是忠君爱国之说。所以有扶清灭洋的口号;所以有练了神拳,能避枪炮之说;所以他们所崇奉的孙悟空、托塔李天王之类,无奇不有。这是义和团在民间心理上的起源。而自《天津条约》缔结,教禁解除以来,基督教的传布,深入民间,不肖的人民,就有藉教为护符,以鱼肉良懦,横行乡里的,尤使人民受切肤之痛。所以从教禁解除以来,教案即连绵不绝,而拳匪的排外、闹教,亦是其中重要的一因。参看第十八章第八节[1]。

这是说民间心理。至于堂堂大臣,如何也会相信这种愚谬之说呢?

---

[1] 原为"第二十四章"。

这真百思而不得其解了。须知居于高位的人,并不一定是聪明才智的;而位高之后,习于骄奢怠惰,尤足使其才智减退。所以怪诞不经之事,历代的王公大人,迷信起来,和平民初无以异,况且当时的中朝大臣,还有几种复杂的心理。(一)端郡王载漪,是想他的儿子早正大位的。(二)其余亲贵,也有人想居翊戴之功。当时欲行废立,既惧外人反对;国内舆情,又不允洽,计惟有于乱中取事。当秩序全失之时,德宗已废,溥儁已立;事定之后,本国人虽反对,亦无可如何。至对于外人,则无论怎样割地、赔款,丧失国权,都非所恤。这是当时载漪等人所愿出的拥立溥儁的代价。其立心之不可问如此。说他迷信拳匪,还是浅测他的。见恽毓鼎《崇陵传信录》。(三)有一派极顽固的人,还是鸦片战争时代的旧思想,想把外国人一概排斥。如此,自然要以义和团为可信;或虽明知其不可信,而亦要想利用他了。

拳匪是起于山东的,本亦无甚大势力。而当时巡抚毓贤,加以奖励,其势遂渐盛。地方上教案时起。山东是德国人的势力范围,自然德人不能坐视,于是向总署交涉。政府无可如何,把他开缺,代以袁世凯。袁世凯知道拳匪是靠不住的,痛加剿办,其众遂流入直隶。直隶总督裕禄是那拉后的心腹。其人是不懂事的,只知道仰承意旨。当时中央既有此顽固复杂的心理,自然要利用拳匪,裕禄自然也要加以奖励了。于是拳匪大盛于京、津之间。自地方绅民,以至朝贵,也有慑于势,不得不然;也有别有用心的,到处都迎奉他们,设坛练拳。于是戕教民,杀教士;焚教堂;拆铁路;毁电线;见洋货则毁;身御洋货的人,目为二毛子,则杀。京、津之间,交通为之断绝。其事在一九〇〇年夏间。

外国公使,纷纷责问。极端守旧顽固之人,固然不知所谓。略明事理而有权的人,也开不得口。别有用心的人,又说外国人要如何,借此恐吓那拉后。遂至对各国同时宣战。诏云:"朕今涕泪以告宗庙,慨慷以誓师徒。与其苟且图存,贻羞万古,孰若大张挞伐,一决雌雄?彼尚诈谋,我恃天理。彼凭悍力,我恃人心。无论我国忠信甲胄,礼义干橹,人人敢死;即土地广有二十余省,人民多至四百余兆,何难翦彼凶焰,张国之威。"其实这时候,英、美、德、奥、意、法、俄、日八国联军已到,大沽已失陷四日了。

宣战上谕，在庚子五月二十五日，大沽失陷在二十一日。

其时驻守津、沽之间的为聂士成。因拳匪淫掠，痛加剿击。拳匪很恨他。联军攻其前，拳匪亦攻其后。士成战死。天津失陷。裕禄兵溃，自杀。巡阅长江大臣李秉衡，率兵北上勤王。兵溃，亦自杀。京城之中，其初命董福祥率甘军，合着拳匪去攻使馆。因有阴令缓攻的，所以使馆没有打破。而德国公使克林德、Kettlor.日本使馆书记杉山彬，都为乱民所戕。天津失陷。联军进逼通州，遂逼京城。德宗及太后出居庸关，走宣、大以达太原，旋闻联军有西进之说，再走西安。联军的兵锋，东至山海关，西南至保定而止。

这时候，两江总督刘坤一、湖广总督张之洞、两广总督李鸿章等，相约不奉伪命。派人和上海各国领事，订结保护东南，不与战事之约。战祸的范围，幸得缩小。而黑龙江将军寿山，举兵攻入俄境。于是俄人从阿穆尔和旅顺，两路出兵。阿穆尔的兵，分陷（一）墨尔根、齐齐哈尔；（二）哈尔滨、三姓；（三）珲春、宁古塔；合陷呼兰、吉林。旅顺的兵，（一）西陷锦州；（二）东陷牛庄、辽、沈；新民、安东；挟奉天将军增祺，以号令所属。东三省不啻全入俄人的掌握。

事势至此，无可如何。乃复派庆亲王奕劻和李鸿章为全权大臣，和各国议和。鸿章未能竣事而卒。代以王文韶。明年秋，和议成。与议的凡十一国。德、奥、比、西、美、法、英、意、日、荷、俄。其条件是：

（一）派亲王大臣，赴德、日，表示惋惜之意。

（二）惩办首祸诸臣，开复被害诸臣原官。首祸诸臣：端郡王载漪、辅国公载澜，发往新疆，永远监禁。庄亲王载勋、都察院左都御史英年、刑部尚书赵舒翘赐自尽。山西巡抚毓贤、礼部尚书启秀、刑部左侍郎徐承煜正法。协办大学士、礼部尚书刚毅，大学士徐桐，前四川总督李秉衡，均已身故，追夺原官。被害诸臣：兵部尚书徐用仪、户部尚书立山、吏部左侍郎许景澄、内阁学士兼礼部侍郎衔联元、太常寺卿袁昶均与各国宣战时，为载漪等所杀。

（三）诸国人民遇害被虐城镇，停止考试五年。

（四）军火暨制造军火之物，禁止进口二年。诸国如谓应续禁，亦可展限。

（五）赔款总数，海关银四百五十兆两，照市价易为金款，年息四厘，分三十九年偿还。一九〇二至一九四〇年。以（一）新关；（二）通商口岸常关，均归新关管理；（三）盐政各进项为担保。

（六）划定使馆境界，界内由使馆管理，亦可自行防守。中国人概不准在界内居住。诸国得常留兵队，分保使馆。

（七）大沽及有碍京师至海口通路的各炮台，一律削平。

（八）许诸国驻兵黄村、廊坊、杨村、天津、军粮城、塘沽、芦台、唐山、滦州、昌黎、秦皇岛、山海关，以保京师至海口的交通。

（九）许改订通商行船各条约。

后来通商条约改订的，有英、美、日、葡四国。（一）因赔款重了，许我加海关进口税至值百抽一二·五，出口税至七·五，而以裁厘为交换条件。《英约》第八款，《美约》第七款，《葡约》第十三款。（二）中国许修改矿务章程，招致外洋资财，《英约》第九款，《美约》第七款，《葡约》第十三款。及修改内河行轮章程。《英约》第十款，《美约》第十二款，《葡约》第五款。修改章程，作为《中英商约》附件，《日约》同。（三）中国厘定国币，外人应在中国境内遵用。《英约》第二款，《美约》第十二款，《葡约》第十一款，《日约》第七款，言中国改定度量衡之事。（四）律例、审断及一切相关事宜，均臻妥善，则外人允弃其治外法权。《英约》第十款，《美约》第十五款，《日约》第十一款，《葡约》第十六款。（五）英允除药用外，禁烟进口。惟须有约各国，应允照行，方可照办。中国亦禁本国铺户制炼。见《英约》第十一款，《美约》第十六款，《葡约》第十二款。亦皆在此约中。又开商港多处。《英约》开长沙、万县、安庆、惠州、江门，除江门外，裁厘加税不施行，不得索开。其白土口、罗定、都城，许停轮上下客货，容奇、马宁、九江、古劳、永安、后沥、禄步、悦城、陆都、封川十处，许停轮上下搭客。《美约》开奉天、安东。《日约》开北京、长沙、奉天、安东。《葡约》许自澳门往来"一八九七年《英缅约》专款，一九〇二年《中英商约》十款西江上下客货及搭客之处"。

其俄国，当奕劻、李鸿章与各国议和时，借口东三省事件与中国有特别关系，当另议。于是以驻俄公使杨儒为全权大臣和俄国外交部商议。俄人要求甚烈。日、英、美、德、奥、意等，均警告中国，不得和俄人订立密约，交涉遂停顿。各国和约大致议定后，乃由李鸿章和俄人磋议。一九〇二年，奕劻、王文韶和俄使订立《交收东三省条约》。俄人许分三期撤兵。以六个月为一期。第一期，自庚子年九月十五起，撤盛京西南段至辽河之兵。第二期撤盛京其余各段及吉林之兵。第三期撤黑龙江之兵。将军会同俄官订定俄兵未退前三省驻兵之数，及其驻扎之地，不得增添。撤退后如有增减，随时知照俄人。俄人交还山海关、营口、新民屯各路，中国不许他人占据，并不得借他国兵护路。第一期如约撤退，第二期则不但不撤，反要求别订新约，且续调海陆军。一九〇三年六月，俄人合阿穆尔、关东设极东大都督府，以亚历塞夫Alexiev.为总督。九月，俄兵复占奉天。而日、俄二国，作战于我国境内的活剧，就不可免了。

第二节　远东国际形势

远东非复中国的远东了，亦不是中国和一两国关系简单的远东，而成为世界六七强国龙争虎斗之场。

在十六世纪以前，亚洲东北方还是个寂寞荒凉之境。乃自俄人东略以来，而亚洲的北部，忽而成为欧洲斯拉夫族的殖民地。俄人因在黑海、地中海为英、法等国所扼，转而欲求出海之口于太平洋。于是中国黑龙江以北之地割，而尼科来伊佛斯克，而海参崴，相继建立。再为进一步的侵略，则西伯利亚大铁道，横贯黑、吉二省。而又分支南下，旅顺、大连湾，亦成为俄国远东的军商港。

此等情势，自然和日本的北进政策是不相容的。日本是个岛国，在从前旧式的世界，本可做个世外桃源。乃自帝国主义横行以来，而此世外桃源，亦不复能守其闭关独立之旧。不进则退，当明治维新以前，日本也是被人侵略的，这时候，就要转而侵略他人了。日本的政策，原分南进、北进两派。论气候和物产，自然南进较为相宜。但是南洋群岛，面积究竟有限，而且也早给帝国主义者所分据了。要想侵略他人，自然要伸足于大陆。如此，朝鲜半岛和中国的东三省，遂成为日、俄两国势力相遇之地。

在中、日战前，竞争朝鲜的主角是中、日。中、日战后，中国的势力，完全打倒了。但是日本是战胜国，而俄合德、法干涉还辽，是战胜国的战胜国。其势焰已使人可惊，况且当时，日本在朝鲜的势力，很为弥漫。朝鲜人处于日本钤制之下，自然要想反抗。想反抗，自不得不借助于外力。于是俄国的势力，便乘机侵入了。当中、日战时，日本即强迫朝鲜订结攻守同盟。及中、日战后，《马关条约》认朝鲜为自主之国。于是朝鲜改国号为韩，号称独立。然实权都在日人手中。日人所扶翼的是大院君。闵妃一派，自然要想反抗，自然要倚赖俄国。其结果，遂酿成一八九五年闵妃遇弑之变。这一次，大院君的入宫，挟着日本兵自随。而日本公使三浦梧楼，又以日使馆卫队继其后，各国舆论嚣然，都不直日本。日本不得已，把三浦梧楼召回，禁锢在广岛，而实未尝穷究其事，这就是所谓广岛疑狱。此等举动，适足以形日人手段的拙劣。其结果，反益促成韩国的亲俄。日人无可如何，只得吞声忍气，和俄国商量。一八九六年，两国因韩事订立协商。在韩的权利，殆处于平等的地位。到一八九八年，又订立第二次协商。俄人亦仅承认日人在韩国工商业上，有特殊的利益而已。对于东三省的利益，则丝毫不许日人分润。于是亚洲的东北角，潜伏着一个日俄冲突的危机。

不但如此，便中、西亚之间，也是危机潜伏。当十八世纪中叶，中国荡平天山南北路之时，正值英人加紧侵略印度之际。而俄国的侵略中亚，亦已于此时开始进行。中国的荡平准部，事在一七五五年。英人占据加尔各答，事在一七五七年。俄人侵略中亚，则自一七三四年，在哈萨克地方，建筑炮台为始。三国的势力，恰成一三角式。不进则退，中国对于属部，始终以羁縻视之，而英、俄两国，却步步进取。于是巴达克山，夷为英之保护国。乾竺特名为两属，实际上我也无权过问了。巴达克山，以一八七七年，沦为英之保护国。乾竺特当光绪初年，薛福成和英国外交部商定选立头目之际，由中英两国，会同派员，还是两属之地。后来英人借口其本是克什米尔的属部，时时干涉其内政，又造了一条铁路，直贯其境，中国也就无从过问了。而俄国亦服哈萨克，慑布鲁特，灭布哈尔，并基华，并取浩罕。哈萨克是一八四〇年，全部为俄国所征服的。布鲁特亦相继降俄，布哈尔及基华，一八七三年均沦为俄之保护国。浩罕则于一八七六年，为俄所灭。三国间的隙地博罗尔，竟由英、俄两国擅行派员，划定界线。事在一八九五年。我国最西的属部阿富汗，则由两国的争夺，而卒入于英人的势力范围。阿富汗于一八七九年订约。承认嗣后宣战讲和，须得英人认许。至一九〇七年，英俄订结协约，而俄人承认阿富汗在俄国势力范围之外，其对俄政治界务等交涉，均由英国代办。而两国的争点，遂集于西藏。蒙古支族布里雅特人，Buryat. 是多数住居在俄国的伊尔库次克和外贝加尔两省的，亦信喇嘛教。俄人乃利用其人入藏，以交结喇嘛。一八九九和一九〇〇两年，达赖和俄政府之间，竟尔互通使聘。中国还熟视无睹，英人看着，却眼中出火了。

在中国本部的利益，自然是列国所不肯放松的，而东北一片处女地，尤其是要想投资的人眼光之所集注。当《辛丑条约》业经订结，而东三省尚未交还时，俄人侵略的形势，最为可怕。日人于此，固然视为生死关头；便英人也不肯落后，法国在东洋，关系较浅，而其在欧洲，颇想拉拢俄国，所以较易附和俄人的主张。德国便不然了。他从占据胶州湾以后，对于东方，野心勃勃，断不容俄国人独强的。至于美国，在东方本没有什么深固的根柢，其利于维持均势，自更无待于言了。

所以当此时，颇有英、德、日、美诸国，联合以对付一个俄国之概。当庚子拳乱，俄人占据东三省时，英国方有事南非，自觉独力不足以制俄，乃和德国在伦敦订立《协约》，申明开放门户，保全领土之旨。此约经通知各国，求其同意。日、美、法、奥、意都复牒承认。独俄国主张限于英德的势力范围，不适用于东三省。德国因关系较浅，就承认了俄国的主张，惟英、日两国，反对最力。于是英人鉴于德国之不足恃，知道防御俄国，非在远东方面，有个关系较深切之国不可。而且印度和英国，关系太深了，亦非有一国助英防护，不足以壮声势。乃不惜破弃其名誉的孤立，而和日本订立同盟。此事在一九〇二年。而俄国亦联合法国。发表宣言，说："因第三国侵略，或中国骚扰，致两国利益受侵犯时，两国得协力防卫。"这明是把俄、法同盟的效力，推广及于远东，以对抗英日同盟。日、俄两国的决裂，其形势已在目前了。但是以这时候的日本而和俄国开战，究竟还是件险事。所以在日人方面，还斤斤于满、韩交换之论。至一九〇四年,日本公使和俄国交涉,卒无效果,而战机就迫在眉睫了。

第三节　日俄战争和东三省

当一九〇三年之时,日俄战争,业已迫于眉睫了。此时亦有主张我国应加入日本方面的。然(一)中国兵力,能帮助日本的地方很少。(二)而海陆万里,处处可以攻击,倘使加入,无论如何是不会全胜的。那么,日本即获胜利,亦变为半胜了。而议和之际,反受牵制,所以日本是决不愿意中国加入的。而且中国加入,则战祸益形扩大,于列强经济利益有碍。所以亦都不愿我们加入。中国的外交,自动的地方很少,而这时候,确亦很难自动。于是日俄战事,于一九〇四年之初爆发。而中国亦于其时,宣告中立,划辽河以东为战区。后来俄人反攻辽阳失败后,曾出奇兵,自辽西地方侵日。我国不能阻止。乃改以从沟帮子到新民屯的铁路线,为中立地和交战地的界限。

日本海军,先袭败俄舰于旅顺和韩国的仁川,把旅顺港封锁了。海参崴的军舰亦屡为日兵所击败。俄国太平洋舰队失其效力。日军遂得纵横海上。其陆军:第一军自义州渡鸭绿江,连陷九连城、凤凰城,直迫摩天岭。后又别组第三军,以攻旅顺。旅顺天险,所以相持久之不下。这一年秋间,日本一二两军,合攻辽阳。再加以从大孤山登陆的第四军,辽阳遂陷。俄国的运兵,比日本为迟。辽阳陷后,而其西方的精锐始渐集。乃反攻辽阳,不克。这时候,天气已渐寒冷了。两军乃夹浑河相峙。而日人于其间,竭全力攻陷旅顺。到明年,俄国西方之兵益集,日亦续调大军。日兵三十四万,俄兵四十三万,开始大战。经过两旬,俄军败退。日军遂陷奉天,北取开原。俄国波罗的海舰队,因英日同盟,不敢航行苏伊士运河,绕好望角东来。又为日人邀击于对马海峡,大败。于是俄国战斗之力穷,而朴资茅斯的和议起。

《朴资茅斯和约》,共十五条。其重要的:(一)俄承认日本对韩,有政治上、军事上和经济上的卓绝利益。(二)租借地外,日俄在满洲的军队，尽数撤退，以其地交还中国。俄人在满洲，不得有侵害中国主权，妨碍机会均等主义的领土上利益，暨优先及专属的让与权利。（三）中国因发达满洲的工商业，为各国共同的设置时，日俄两国，都不阻碍。（四）俄国以中国政府的承认，将旅、大租借地和长春、旅顺间的铁路，让与日本。（五）库页岛自北纬五十度以南，让与日本。库页即明代的苦夷，本中国属地。自黑龙江以北割弃后，日、俄两国的人，都有侨寓其间的，而俄人是时，又有进至千岛的。一八七五年，两国乃定议，以库页归俄，千岛归日。（六）日人在日本海、鄂霍次克海、白令海的俄领沿岸，有渔业权。

此时日本可调的兵，差不多都已调尽。其财政亦异常竭蹶。其急于要议和的情形，反较俄国为切。所以赔款分文未得。而且一切条件，差不多都是照俄人的意思决定的。日本战争虽胜利，和议是屈辱的。所以其全国人民，大起骚扰。费了许多气力，才镇压定。然而日本虽未能大有所得于俄，而仍可以取偿于我。当战役将终时，我国舆论，有主张乘机废弃《俄约》，并向英交涉，收回威海，而自动的和日本订立新约的。列国的眼光，则不过要把东三省作为共同投资之地，不欲其为一国所把持。而又希望其地的和平秩序，可以维持，所以有主张以东三省为一永世中立之地的。我国这时候，希望立宪之心正盛。参看下一节[1]。而满族皇室，终竟迟迟不肯放弃其权利，亦有就此议论，加以修正，主张以满洲为一王国，仿奥匈、瑞那之例，由中国皇帝兼其王位，而于其地试行宪政的。这许多议论，都成为画饼。仅于日、俄议和之时，由我国政府照会二国，说和约条件有涉及中国的，非得中国承认不生效力而已。日、俄和议既定，日本乃派小村寿太郎到中国来，和中国订立《会议东三省事宜协约》，中国政府承认《日俄和约》第五、第六两条。而日本政府，承认遵行中俄租借地和筑路诸约。别结《附约》：（一）开凤凰城、辽阳、新民、铁岭、通江子、法库门、长春、吉林、哈尔滨、宁古塔、三姓、齐齐哈尔、海拉尔、瑷珲、满洲里为商埠。（二）安奉军用铁路，许日本政府接续经营，改为商运铁路。除运兵归国十二个月

---

[1] 原为"第二十一章"。

外，以两年为改良竣工之期。自竣工之日起，以十五年为限。届期请他国人评价，售与中国。（三）许设中日合办材木公司，采伐鸭绿江左岸森林。（四）满韩交界陆路通商，彼此以最惠国待遇。明年五月，日人设立南满洲铁道株式会社。七月，又设关东都督府。于是东北一隅，成为日、俄两国划定范围，各肆攘夺的局面，不但介居两大之间而已。

《会议东三省善后事宜协约》，立于一九〇五年十二月二十六日。照约，安奉铁路的兴工，应在一九〇六年十二月二十七日之后，而其完工，则应在一九〇八年十二月二十六日之前。乃日人至一九〇九年，才要求派员会勘线路。邮传部命东三省交涉使和他会勘。会勘既竣，日人要收买土地。东三省总督锡良，忽然说路线不能改动。日人就自由行动，径行兴工。中国人无可如何，只得同他补结《协约》，承认了他。而所谓满洲五悬案，亦于此时解决。

（一）抚顺煤矿。日人主张是东省铁路的附属事业。中国人说在铁路线三十里之外。日人则说照该《铁路条例》，许俄人开矿，本没限定三十里。此时并烟台煤矿，都许日人开采。

（二）间岛问题。图们江北的延吉厅，多韩民越垦。日人强名其地为间岛。于其地设立理事官。这时候，仍认为中国之地。日所派理事官撤退。惟仍准韩民居住耕种，而中国又开龙井村、局子街、头道沟、百草沟为商埠。

（三）新法铁路。中国拟借英款兴造。日人指为南满铁路的平行线。这时候，许兴造时先和日本商议。

（四）东省铁路营口支路。是中俄《东省铁路公司契约》许俄人兴造的，这是为运料起见，所以原约规定八年之内，应行拆去，而日人抗不履行。至此，准其于南满铁路限满之日，一律交还。

（五）吉会铁路。满铁会社要求敷设新奉、吉长两路，业于一九〇七年订立契约。该会社又要求将吉长路展至延吉，和朝鲜会宁府铁路相接。至此，许由中国斟酌情形，至应开办时和日本商议。

自日、俄战后，各国已认朝鲜为日本囊中之物了。所以日、俄议和的一年，英、日续订盟约，即删去保全朝鲜领土一条。然而对于中国门户开放，领土保全的条文，依然如故，一九〇七年的《日法协约》《日俄协约》，一九〇八年的《日美照会》，都是如此，然而日本的行动，则大有惟我独尊，旁若无人的气概，列国自然不肯放手。而中国也总希望引进别国的势力，以抵制日俄两国的。当新法铁路照日本的意思解决时，中国要求筑造锦齐铁路时，日不反对。日人亦要求昌洮路归其承造。彼此记入会议录中。悬案解决后，中国要借英美两国之款，将锦齐铁路，延长到瑷珲，改称锦瑷。日人嗾使俄人，出面抗议。于是美国人提议，各国共同出资，借给中国，由中国将满洲铁路赎回。此项借款未还清以前，由出资各国共同管理，禁止政治上、军事上的使用——此即所谓满洲铁路中立——其通牒，向中、英、德、法、俄、日六国提出。明年，日、俄二国共提抗议。这一年，日、俄两国就订立新协约。约中明言维持满洲现状；现状被迫时，两国得互相商议。如此，英、美的经营反促成日、俄的联合了。而这新约，或云别有密约，俄国承认日本并吞韩国，而日本则承认俄国在蒙新方面的举动，所以这《协约》于七月四日成立，而朝鲜即于八月三十日灭亡；而到明年，俄人对于蒙、新，就提出强硬的要求了。

第四节　清末的宪政运动

　　戊戌变法、庚子拳乱，清朝的失政，一步步的使人民失望。而其时人民的程度亦渐高，于是从改革政治失望之余，就要拟议及于政体了。

　　中国的民主思想，在历史上，本是酝酿得很深厚的。不过国土大，人民多，没有具体的办法罢了。一旦和外国交通，看见其政体有种种的不同，而且觉得他们都比我们富强；从国势的盛衰，推想而及于政权的运用，自然要拟议及于政体了。于是革命、立宪遂成为当日思潮的两流。

　　戊戌政变以后，康有为在海外设立保皇党。梁启超则在日本横滨发行《清议报》，痛诋那拉后，主张拥戴德宗，以行新政。这时候，还是维新运动的思想。但是空口说白话，要想那拉后把政权奉还之于德宗，是无此情理的，所以虽保皇党要想夺取政权，亦不得不诉之于武力。人民哪里来武力呢？其第一步可以利用的，自然是会党。原来中国各种会党，溯其原始，都是人民受异族的压迫，为此秘密组织，以为光复之豫备的。参看第十八掌第五节[1]。日久事忘，固然不免渐忘其原来的宗旨，然而他们，究竟是有组织的民众，只要有有心人，能把宗旨灌输给他们，用以举事，自较毫无组织的人民为易。所以在当时，不论保皇党、革命党，都想利用他们。就是八国联军入京的这一年，康有为之党唐才常，在上海设立国会总会，汉口设立分会。才常居汉口；后来的革命党人黄兴居湖南，吴禄贞居安徽的大通；联络哥老会党，广发富有会票，谋以这一年七月间，在武汉同时举事，而湖南、安徽，为之策应。未及期而事泄。才常被杀。鄂、湘、苏、皖四省，搜捕党众，杀戮颇多。当时鄂督张之洞，有一封信，写给上海国会总会中人，劝他们不要造反。国会中人，也有一封信复他，署名为是中国民。畅发国家为人民所公有，而非君主所私有之义，为其时之人所传诵。保皇运动，浸浸接近于革命了。

但是到十九世纪的初年，而保皇党宗旨渐变。《清议报》发刊，满一百期而止。梁启超改刊《新民丛报》。其初期，颇主张革命。后来康有为鉴于法国大革命杀戮之惨及中南美诸国政权的争夺，力主君主立宪，诒书诤之，梁启超渐渐改从其说。于是《新民丛报》成为鼓吹立宪的刊物，和当时革命党所出的《民报》对峙。以立宪之说，可以在国内昌言之故，《新民丛报》在国内风行颇广，立宪的议论渐渐得势。到日俄战争以后，舆论都说日以立宪而胜，俄以专制而败，立宪派的议论，一时更为得势。

庚子一役，相信一班乱民，做这无意识开倒车的运动，以致丧权辱国；赔款之巨，尤其诒累于人民；清朝自己，也觉得有些难以为情了。于是复貌行新政，以敷衍人民。然而所行的都是有名无实，人民对于朝廷的改革，遂觉灰心绝望。除一部分从事于革命外，其较平和的，也都想自己参与政权，以图改革，这是二十世纪初年立宪论所以兴盛的原

---

[1] 原为"第七章"。

因。而其首将立宪之举，建议于清朝的，则为驻法公使孙宝琦。其后两江、两湖、两广诸总督，相继奏请。当时江督为周馥，鄂督为张之洞，粤督为岑春煊。到一九〇五年，直督袁世凯，又奏请简派亲贵，分赴各国，考察政治。于是有派五大臣出洋考察之举。当时所派的为载泽、戴鸿慈、徐世昌、端方、绍英，临发时，革命党人吴樾炸之正阳门车站。载泽、绍英都受微伤。行期遂展缓。后来改派李盛铎、尚其亨以代徐世昌、绍英。明年回国，一致主张立宪。于是下上谕："先将官制改革，次及其余诸政治，使绅民明悉国政，以备立宪基础。数年之后，查看情形，视进步之迟速，以定期限之远近。"是为清末的所谓预备立宪。于是改订内外官制。设资政院、谘议局，以为国会及省议会的基础，颁布《城镇乡自治章程》。立审计院，颁布《法院编制法》及《新刑律》。设省城及商埠的检察、审判厅，又设立宪政编查馆，以为举行宪政的总汇。看似风起云涌，实则所办之事，都是不伦不类的；而且或格不能行，或行之而名不副实，人民依旧觉得失望。于是即行立宪和预备立宪，遂成为当日朝廷和人民的争点。

朝廷上说："人民的程度不足，是不能即行立宪的。"舆论则说："程度的足不足，哪有一定标准？况且正因为政治不良，所以要立宪。若使把件件政治都改好了，然后立宪，那倒无须乎立宪了。"当时政府和人民的争点，大要如此。当时的政府，是个软弱无力的。既没有直捷痛快拒绝人民的勇气，又不肯直捷痛快实行人民的主张。一九〇八年，各省主张立宪的政团和人民其时的政团，为江苏预备立宪公会、湖北宪政筹备会、湖南宪政公会、广东自治会。人民参与的，有直隶、山东、山西、河南、安徽、浙江、四川、贵州各省。上书请速开国会。朝廷下诏，定以九年为实行之期。这一年冬天，德宗死了。那拉后立醇亲王载沣之子溥仪，年四岁，以载沣为摄政王。明日，那拉后也死了。其明年，各省谘议局成立，组织国会请愿同志会，于一九一〇年，入都请愿，亦不许。这一年，京师资政院开会，亦通过请愿速开国会案上奏。清廷乃下诏，许缩短期限，于三年之后，并设国会。人民仍有不满，请愿即行并设的，遂都遭清廷驱逐。并命京内外，有唱言请愿的，即行弹压拿办。其诎的声音颜色，可谓与人以共见了。

当时的清廷，不但立宪并无诚意，即其政治亦很腐败。政府中的首领，是庆亲王奕劻。他是个老耄无能的人。载沣性甚昏庸。其弟载洵、载涛，亦皆欲干预政治，则又近于胡闹。到革命这一年，责任内阁成立，仍以奕劻为总理。阁员亦以满族占多数。内阁总理奕劻，协理世续、徐世昌。外务部大臣邹嘉来，民政部大臣桂春，陆军部大臣荫昌，海军部大臣载洵，军谘府大臣载涛，度支部大臣载泽，学部大臣唐景崇，法部大臣廷杰，农工商部大臣溥伦，邮传部大臣盛宣怀，理藩部大臣善耆。除徐世昌、邹嘉来、唐景崇、盛宣怀之外，都系满人。人民以皇族内阁，不合立宪公例，上书请愿。谘议局亦联合上书，不听。到第二次上书，就遭政府的严斥。这时候的政治家，鉴于中国行政的无力，颇有主张中央集权之论的。政府也颇援为口实。但政治既不清明，又不真懂得集权的意义，并不能励精图治，将各项政权集中，而转指人民奔走国事的，为有妨政府的大权，一味加以压制。于是激而生变，酝酿多年的革命运动，就一发而不可遏了。

第五节　孙总理提民族复兴方案

在叙述孙中山先生的事业以前，我们试回溯我国近代史的过程。我们说过，我们到了十九世纪，遇着空前未有的变局。在十九世纪以前，与我民族竞争的都是文化不及我、基本势力不及我的外族。到了十九世纪，与中国抗衡的是几个以科学、机械及民族主义立国的列强。我们在道光年间虽受了重大的打击，我们仍旧不觉悟，不承认国家及民族的危险，因此不图改革，枉费了民族二十年的光阴。直到受了英法联军及太平天国的痛苦，然后有同治初年由奕䜣、文祥、曾国藩、李鸿章、左宗棠领导的自强运动。这个运动就是我国近代史上第一个应付大变局的救国救民族的方案。简单地说，这个方案是要学习运用及制造西洋的军器来对付西洋人。这是一个不彻底的方案，后来又是不彻底地实行。为什么不彻底呢？一则因为提案者对于西洋文化的认识根本有限，二则因为同治、光绪年间的政治制度及时代精神不容许自强运动的领袖们前进。同时代的日本采取了同一路线，但是日本的方案比我们的更彻底。日本不但接受了西洋的科学和机械，而且接受了西洋的民族精神及政治制度之一部分。甲午之战是高度西洋化、近代化之日本战胜了低度西洋化、近代化之中国。

甲午以后，康有为所领导的变法运动是我国近代史上救国救民的第二个方案。这个方案的主旨是要变更政治制度，其最后目的是要改君主立宪，以期民族精神及维新事业得以在立宪政体之下充分发挥和推进。变法运动无疑比自强运动更加西洋化、近代化。康有为虽托孔子之名及皇帝的威严去变法，他依旧失败，因为西太后甘心做顽固势力的中心。清皇室及士大夫阶级和民间的顽固势力本极雄厚，加上西太后的支助，遂成了一种不可抑遏的反潮。严格说来，拳匪运动可说是我国近代史上第三个救国救民的方案，不过这个方案是反对西洋化、近代化的，与第一、第二两个方案是背道而驰的。拳匪的惨败是极自然的。惨败代价之大，足证我民族要图生存，绝不可以开倒车。

等到自强、变法、反动都失败了，国人然后注意到孙中山先生所提出的救国救民的方案。这个方案的伟大与孙中山先生的少年环境是极有关系的。

中山先生是广东香山县人，生于同治五年，即公元一八六六年。他的家庭是我国乡下贫苦农夫的家庭，他小的时候就在田庄上帮助父亲耕种。十三岁，他随长兄德彰先生到檀香山。他在那里进了教会学校。十六岁的时候，他回到广州入博济医学堂。次年，他转入香港英国人所设立的医学专科。他在这里读书共十年，于光绪十八年毕业，1892。成医学博士。中法战争的时候，他正十九岁，所受刺激很大。他在学校所结纳的朋友，如郑士良、陈少白、陆皓东等多与秘密反对清廷的会党有关。所以在这个时候，他已有了革命的思想。

中山先生的青年生活有几点值得特别注意。第一，他与外国人接触最早，十三岁就出国了。他所入的学校全是外国人所设立的学校。他对西洋情形及近代文化的认识远在李鸿章、康有为诸人之上。这是我民族一种大幸事，因为我们既然只能从近代化找出路，我们的领袖人物应该对近代文化有正确深刻的认识。第二，中山先生的教育是科学的教育，而且是长期的。科学的思想方法是近代文化的至宝，但是这种方法不是一两个月的训练班或速成学校所能培养的。我们倘不了解这一点，我们就不能了解为什么中山先生所拟的救国方案能超越别人所提的方案。中山先生的一切方案是具体的、精密的、有步骤的、方方面面都顾到的，因为他的思想是受过长期科学训练的。

光绪十年1884。的中法之战给了中山先生很大的刺激，光绪二十年1894。的中日之战所给的刺激更大。此后他完全放弃行医，专门从事政治。次年，他想袭取广州，以为革命的根据地。不幸事泄失败，他逃到国外。在檀香山的时候，他组织了兴中会。当时风气未开，清廷监视很严，所以兴中会的宣言不提革命，只说政府腐败，国家危急，爱国志士应该联合起来以图国家的富强。宣言虽是这样地和平，海外侨胞加入兴中会的还是很少。中山先生从檀香山到美国、英国，一面鼓吹革命，一面考察英、美的政治。在英国的时候，使馆职员诱他入馆，秘密地把他拘禁起来，想运送回国。幸而得着他的学校教师的援助，终得出险，后又赴法。这是中山先生初次在海外逃难的时期，也是他的革命的三民主义初熟的时期。

庚子拳匪作乱的时候，郑士良及史坚如两同志奉中山先生的命令，想在广东起事，不幸都失败了。但是庚子年的大悲剧动摇了许多人对清朝的信念，留学生到日本去的也大大地增加。从此中山先生的宣传容易得多，信徒增加也很快。日本朋友也有赞助的。到了甲辰年，光绪三十年，1904。他在日本组织同盟会，并创办《民报》。这是我民族初次公开的革命团体。《同盟会宣言》及《民报》发刊词是中山先生初次公开地正式地以革命领袖的资格向全世界发表他的救国救民族的方案。甲辰以后，中山先生尚有二十年的革命工作，对他所拟的方案尚有不少的补充，但他终身所信奉的主义及方略的大纲已在《同盟会宣言》和《民报》发刊词里面立定基础了。

《民报》发刊词说明了三民主义的历史必然性。欧洲罗马帝国灭亡以后，各民族割据其地，慢慢地各养成其各别的语言、文字、风俗、法制。到了近代，各民族遂成了民族国家。但在各国之内王室专制，平民没有参政之权，以致民众受压迫的痛苦。十八世纪末、十九世纪初，欧人乃举行民权的革命。在十九世纪，西洋人虽已实行民族主义和民权主义，但社会仍不安。这是因为欧美在十九世纪科学发达，工业进步，社会贫富不均。中国应在工业初起的时候防患未然，利用科学和工业为全民谋幸福，这就是民生主义。中山先生很激昂地说：

> 夫欧美社会之祸，伏之数十年，及今而后发见之，又不能使之遽去。吾国治民生主义者，发达最先，睹其祸害于未萌，诚可举政治革命、社会革命，毕其功于一役，还视欧美，彼且瞠乎后也。

这是中山先生的爱国热忱和科学训练所创作的救国方案，其思想的伟大是古今无比的。

但是民族主义和民权主义在西洋尚且未实现，以落伍的中国，外受强邻的压迫，内部又满布封建的思想，何能同时推行三民主义呢？这岂不是偏于理想吗？有许多人直到现在还这样批评中山先生。三十三年以前，当同盟会初组织的时候，就是加盟者大部分也阳奉阴违，口信心不信。反对同盟会的人更加不必说了。他们并不否认三民主义的伟大，他们所犹豫的是三民主义实行的困难。其实中山先生充分地顾到了这层困难。他的革命方略就是他实行三民主义的步骤。同盟会的宣言的下半说明革命应分军法、约法、宪法三时期，就是以后所谓军政、训政、宪政三阶段。一般浅识的人承认军政、宪政之自然，但不了解训政阶段是必要的、万不能免的。中山先生说过：

> 由军政时期，一蹴而至宪政时期，绝不予革命政府以训练人民之时间，又绝不予人民以养成自治能力之时间。于是第一流弊，在旧污末由[1]荡涤，新治未由进行；第二流弊，在粉饰旧治；第三流弊，在发扬旧污，压抑新治。更端言之，即第一，民治

---

[1] 即"无由"。

不能实现；第二，为假民治之名，行专制之实；第三，则并民治之名而去之也。此所谓事有必至，理有固然者。

当时在日本与同盟会的《民报》抗争者是君主立宪派的梁启超所主持的《新民丛报》。梁启超是康有为的门徒，爱国而博学。他反对打倒清朝，反对共和政体。他要维持清室而行君主立宪。所以他在《新民丛报》里再三发表文章攻击中山先生的民族主义和民权主义。他说中国人民程度不够，不能行共和制，如行共和必引起多年的内乱和军阀的割据。他常引中国历史为证：中国每换一次朝代，必有长期的内乱。梁启超说，在闭关自守时代，长期的内乱尚不一定要亡国。现在列强虎视，一不小心我们就可遭亡国之祸。民国以来的事实似乎证明了梁启超的学说是对的。其实民国以来的困难都是由于国人不明了，因而不接受训政。

孙中山先生的三民主义和革命方略无疑是我民族唯一的复兴的路径。我们不可一误再误了。

第六节　民族扫除复兴的障碍

庚子拳匪之乱以后，全体人民感觉清朝是我民族复兴的一种障碍，这种观察是很有根据的。甲午以前，因为西太后要重修颐和园，我国海军有八年之久，不能添造新的军舰。甲午以后，一则因为西太后与光绪帝争权，二则因为清廷的亲贵以为维新就是汉人得势，满人失权，西太后和亲贵就煽动全国的一切反动势力来打倒新政。我们固不能说，满人都是守旧的，汉人都是维新的，因为汉人之中，思想腐旧的也大有人在。事实上，满人居领袖地位，他们一言一动的影响大，而他们中间守旧的成分实在居大多数。并且他们反对维新，就是借以排汉，所以庚子以后，清廷虽逐渐推行新政，汉人始终不信服他们，不认他们是有诚意的。

庚子年1900.的冬天，西太后尚在西安的时候，她就下诏变法。以后在辛丑年1901。到甲辰年1904。那四年内,她裁汰了好几个无用的衙门,废科举,设学校,练新兵,派学生出洋,许满汉通婚。戊戌年1898。康有为要辅助光绪帝行的新政,这时西太后都行了,而且超过了。日本胜了俄国以后,时人都觉得君主立宪战胜了君主专制。于是在乙巳年1905。的夏天,西太后派载泽等五大臣出洋考察各国宪法,表示要预备立宪。丙午、丁未、戊申三年成了官制及法制的大调整时期。

丙午年1906。九月,厘定中央官制。清朝中央主要的机关有内阁、军机处、六部、九卿。所谓九卿,多半是无用的衙门。六部采用委员制,每部有满汉尚书各一,满汉侍郎各二,共六人主政,责任不专,遇事推诿,并且自道光、咸丰以后,各省督抚权大,六部成了审核机关,本身几全不举办事务。军机处是清朝中央政府最得力的机关,原是内阁分出来的一个委员会,实际辅佐皇帝处理大政的。自军机处在雍正年间成立以后,内阁变成一种装饰品。丙午年的改革保存了军机处,此外设立十一部,每部以一个尚书为最高长官。这种改革虽不圆满,比旧制实在是好多了。但十一名尚书发表以后,汉人只占五人,比以前六部满汉各一的比例还差了。所以这种改革,不但未缓和汉人的不平,反加增了革命运动的力量。

丁未年1907。清廷决定设资政院于北京,作为中央的民意机关;设咨议局于各省,作为地方的民意机关。戊申年,1908。清廷颁布宪法大纲,并规定九年内为预备立宪时期。如果真要立宪,九年的预备实在还不够,但是因为当时国人对清廷全不信任,故反对九年的预备,说清廷不过借预备之名以搁置立宪。

清廷在这几年之内,不但借改革以收汉人的政权,并且铁良和良弼想尽了法子把袁世凯的北洋兵权也夺了。等到戊申的秋天,宣统继位,其父载沣做摄政王的时候,第一条命令是罢免袁世凯。此时汉人之中尚忠于清廷而又有政治手腕者,袁世凯要算是第一,载沣还要得罪他,这不是清廷自取灭亡吗?

同盟会和其他革命志士看清了满人的把戏,积极地图以武力推倒清廷的政权。丙午年,1906。同盟会的会员蔡绍南、刘道一联合湖南和江西交界的秘密会党在浏阳和萍乡起事。他们的宣言明说他们的目的是要打倒清政府,建立民国,平均地权。这是同盟会成立以后的第一次革命,也是三民主义初次充当革命的目标,不幸失败了。同时还有许多革命党员秘密地在武昌及南京的新军之中运动革命,清廷简直是防不胜防。

这时日本政府应清廷的请求,强迫孙中山先生离开日本。中山先生乃领导胡汉民、汪精卫等到安南,在河内成立革命中心。他们在丁未年好几次在潮州、惠州、钦州、廉州及镇南关各处起事,戊申年又在河口起事,均归失败。同时江浙人所组织的光复会也积极活动,丁未年五月光复会首领徐锡麟杀安徽巡抚恩铭,此事牵连了他的同志秋瑾,两人终皆遇害。戊申年十月,熊成基带安徽新军一部分突破安庆。他虽失败了,但他的行动表示长江一带的新军已受了革命思想的影响。

丁未、戊申两年既受了这许多的挫折,同盟会的多数领袖主张革命策略应该变更。胡汉民当时说过:"此后非特暗杀之事不可行,即零星散碎不足制彼虎死之革命军,亦断不可起。"汪精卫反对此说,他相信革命志士固应有恒德,"担负重任,积劳怨于一躬,百折不挠,以行其志",但是有些应该有烈德,"猛向前进,一往不返,流血以溅同种"。他和黄复生秘密地进北京,谋刺摄政王载沣,后事不成,被捕下狱。这是庚戌宣统二年1910。的事情。

汪精卫独行其烈德的时候,胡汉民、黄兴和赵声等人正在南洋向华侨募捐,想大规模地有计划地向清廷进攻。这是汪精卫所谓恒德。他们于庚戌年十一月在槟榔屿订计划,先占广州,然后北伐,"以黄兴统一军出湖南趋湖北,赵声统一军出江西趋南京"。订了计划以后,他们分途归国。次年,辛亥宣统三年1911。三月二十九日的黄花岗七十二烈士之役是他们的计划的实现。军事上虽失败了,心理上则大成功,因为革命精神从此深入国民的脑际。

正在这个时候,清廷宣布铁路国有的计划,给了革命党人一个很好的宣传的机会。那时待修的铁路,以粤汉、川汉两路为最急迫。困难在资本的缺乏。四川、湖北、湖南诸省的人民乃组织民营铁路公司,想集民股筑路。其实民间的资本不够，公司的领袖人物也有借公济私的，所以成绩不好，进行很慢。邮传大臣盛宣怀乃奏请借外债修路，把粤汉、川汉两路都收归国有。借外债来建设，本来是一种开明的政策，铁路国有也是不可非议的。不过盛宣怀的官声不好，清廷已丧失人心，就是行好政策，人民都不信任，何况民营公司的股东又要损失大利源呢？因以上各种缘故，铁路国有的问题就引起多数人的反对，革命党又从中煽动，竟成了大革命的导火线。

同盟会的革命策略本注重广东，但自黄花岗失败以后，陈其美、宋教仁、谭人凤等就想利用长江流域为革命策源地。他们在上海设立同盟会中部总会。谭人凤特别注重长江中游之两湖。那时湖北新军中的蒋翊武组织文学社于武昌，借以推动革命。在湖南活动的焦达峰及在湖北活动的孙武和居正另外组织共进会。这两个团体虽有同盟会的会员参加，但并不是同盟会的支部，而且最初彼此颇有摩擦。经谭人凤调和以后，共进会和文学社始合作。

同盟会的首领原来想在长江一带应该有好几年的预备工作，然后可以起事。但四川、湖北、湖南争路的风潮扩大以后，他们就决定在辛亥年宣统三年，1911。秋天起事。发难的日期原定旧历八月十五日，后因预备不足，改迟十天。却在八月十八日，革命党的机关被巡捕破获，党人名册也被搜去。于是仓促之间定八月十九即阳历十月十日起事。

辛亥武昌起义的领袖是新军的下级军官熊秉坤。他率队直入武昌，进攻总督衙门。总督瑞澂当即不抵抗出逃，新军统制张彪也跟他逃，于是武昌文武官吏均弃城逃走。武昌便为革命军所据。革命分子临时强迫官阶较高、声望较好的黎元洪做革命军的都督。

武昌起义以后，一个月之内，湖南、陕西、江西、山西、云南、安徽、江苏、贵州、浙江、广西、福建、广东、山东十三省相继宣布独立，并且没有一个地方发生激烈的战争。清政府的灭亡，不是革命军以军力打倒的，是清政府自己瓦解的。各独立省选派代表，制定临时约法，并公举孙中山先生为中华民国的临时总统。我们这个古老的帝国，忽然变为民国了。

清廷到了山穷水尽的时候,请袁世凯出来挽回大局。这种临时抱佛脚的办法是不会生效的。袁世凯替清室谋得的不过是退位以后的优待条件,为自己却得了中华民国第一任正式总统的地位。

　　辛亥革命打倒了清政府。清政府打倒了以后,我们固然扫除了一种民族复兴的障碍,但是等到我们要建设新国家的时候,我们又与民族内在的各种障碍面对面了。

第二十三章

一战后的中国

第一节 二十一条的交涉

当十九世纪末叶，中国的安全，久和世界大局，有复杂的关系，已见第二十二章第二节[1]。当这改革还没有成功的时候，在中国，是利于列强均势的。而民国三年，即一九一四年，欧战爆发，各国都无暇顾及东方，日本大肆其侵略的野心，中国就要受着池鱼之殃了。

欧战的爆发，事在民国三年六月间。中国于八月初六日，宣告中立。日本借口英、日同盟，于八月十五日，对德国发出最后通牒。要求：（一）德国舰队，在日本、中国海洋方面的，即时退去，否则解除武装。（二）将胶州湾租借地全部，以还付中国的目的，于九月十五日以前，无偿无条件，交付日本。以二十三日为最后的限期。届期，德国无复，日本遂对德宣战。

胶州湾本非德国土地，日本即欲对德宣战，亦只该攻击胶州湾。乃日人于九月二日，派兵由龙口登岸。中国不得已，划莱州龙口接近胶州湾的地方为战区。而与日本约，不得越过潍县车站以西。其时英国兵亦从崂山湾登陆，与日军会攻胶州湾。至十一月七日，胶州的德人降伏。而日军先已于九月二十六日，占领潍县车站。十月六日，并派兵到济南，占领胶济铁路全线和铁路附近的矿产。中国提出抗议。日本

---

[1] 原为"第四编第十九章"。

说:"这是胶州湾租借地延长的一部。"到青岛降伏后,又将中国海关人员,尽行驱逐。照一八九九年四月十七日《青岛设关条约》和一九〇五年修订条约,海关由德国管理,海关人员则由中国自派。中国据此提出抗议,日人置诸不理。中国于四年一月七日,要求英、日两国撤兵。英国无异议,而日本公使日置益,于十八日径向袁世凯,提出五号二十一条的要求。你道那五号二十一条:

【第一号】(一)承认日后日、德政府协定德国在山东权利,利益让与的处分。(二)山东并其沿海土地及各岛屿,不得租借割让与他国。(三)允许日本建造,由烟台或龙口接连胶济的铁路。(四)自开山东各主要城市为商埠——应开地方,另行协定。

【第二号】(一)旅顺、大连湾、南满、安奉两铁路的租借期限,均展至九十九年。(二)日本人在南满、东蒙,有土地所有权及租借权。(三)日人得在南满、东蒙,任便居住往来,经营工商业。(四)日人得在南满、东蒙开矿。(五)南满、东蒙,(甲)许他国人建造铁路,或向他国人借款建造铁路;(乙)以各项课税,向他国人抵借款项,均须先得日本同意。(六)南满、东蒙,聘用政治、财政、军事各顾问、教习,必须先向日政府商议。(七)吉长铁路,委任日政府管理、经营。从本条约画押日起,以九十九年为期。

【第三号】(一)将来汉冶萍公司,作为合办事业。未经日政府同意,该公司一切权利产业,中国政府不得自行处分;并不得使该公司任意处分。(二)汉冶萍公司各矿附近的矿山,未经该公司同意,不得准公司以外的人开采。此外凡欲措办,无论直接、间接,恐于该公司有影响的,必先经该公司同意。

【第四号】中国沿岸港湾及岛屿,概不租借或割让与他国。

【第五号】(一)中国政府,聘日本人为政治、财政、军事等顾问。(二)日本人,在内地设立寺院、学校,许其有土地所有权。(三)必要地方的警察,作为中、日合办。或由地方官署,聘用多数日本人。(四)由日本采办一定量数的军械。或设中日合办的军械厂,聘用日本技师,并采买日本材料。(五)接连武昌与九江、南昌的铁路,及南昌、杭间,南昌、潮州间铁路的建造权,许与日本。(六)福建筹办路矿,整理海口——船厂在内——和需用外资,先向日本协议。(七)允许日人在中国传教。并要求严守秘密。如其泄漏,日本当另索赔偿。

中国以陆征祥、曹汝霖为全权委员。于二月二日,和日本开始会议。日使日置益,旋因堕马受伤,乃即在日使馆中,就其床前会议。至四月十七日,会议中止。二十六日,日使提出修正案二十四条。声言"系最后修正。倘使中国全行承认,日本亦可交还胶澳"。五月一日,中国亦提出最后修正案,说明无可再让。七日,日本发出《最后通牒》。"除第五号中,关于福建业经协定外,其他五项,俟日后再行协议。其余应悉照四月二十六日修正案,不加更改,速行承诺。以五月九日午后六时为限。否则当执必要的手段。"袁世凯未经国会通过,于五月九日午前,答复承认。到二十五日,由陆征祥和日使日置益,订立条约二十一条。

其后日人又于六年十月,在青岛设立行政总署。潍县、济南等处,都设分署。受理人民诉讼,抽收捐税,并于署内设立铁路科,管理胶济铁路及其附近矿产。中国抗议,日本置诸不理。到七年九月,才由驻日公使章宗祥和日本订立《济顺高徐豫备借款契约》,并附以照会,许胶济铁路所属确定后,由中、日合办,而日本将胶济路沿线军队,除留一部于济南外,余悉调回青岛,并将所施民政撤废。中有"中国政府,欣然同意"字样。遂为巴黎和会我国交涉失败之一因。

第二节　华盛顿会议和中国

华盛顿会议,是民国十年十一月十四日,在美国的华盛顿开会的。因为所议的都是太平洋问题,所以一称太平洋会议。

欧战以前,日、俄、英、美、德、法,在太平洋上,本来都有势力的。欧战以后,德国在海外的属地,业已丧失净尽。俄国承大革命扰攘之余,法虽战胜,而疲乏已极,亦都无力对外。在欧洲方面,只有英国向来是称霸海上的,而和东方的关系最为密切,所以虽当大战之后,对于太平洋的权利,还是不肯放弃。美国和日本,则是大战期间,都得有相当利益的。所以这时候,太平洋上,遂成为此三国争霸的世界。

讲起地位来,则日本是立国于太平洋之中的。自中日、日俄两战后,南割台湾,北有旅、大租借地和南满、安奉等铁路。又承俄国革命之时,加以侵略。而德属太平洋中赤道以北的岛屿,战后议和,又委任他统治。其在西太平洋的势力,可谓继长增高。所以这时候,美国要召集这个会,主要的意思,就是对付他。

要讲华盛顿会议,却要先明白欧战以来中国的形势,二十一条的交涉,已见上节[1]。此项交涉,虽由兵力的迫胁,订立二十五条条约,然而未经我国国会通过,以法律论,本不能发生效力。但是虽然如此,日本在事实上,其势力却是伸张无已的。除山东问题,当六、七两年,我国因忙于内战,所借日债颇多。吉长、吉会和所谓(一)开海、海吉,(二)长洮,(三)洮热,(四)洮热间一地点到某海口的铁路,均曾因此而订有借款或借款的预备契约。《吉长路借款契约》,系六年十月十三日,和满铁会社所订。债额六百五十万元。期限三十年。期内委托满铁会社管理。《吉会借款预备契约》,系七年六月十八日,和日本兴业银行所订。垫款一千万元。其《四路借款预备契约》,则系七年九月间所订。垫款二千万元。欧战停后,英、美两国,又提起中国铁路统一之议。谓由中国另发新债,将旧债分别偿还。此项用意,和前此提议的满洲铁路中立相同,都是想借此取消各国在华的特殊势力的,不过一限于东北,一普及全国而已。因我国舆论不一致,未有具体办法。旋英、美、法、日四国,组织新银行团。于民国八年五月,在巴黎开会。十一日,订立《草合同》。规定:(一)除实业事务——铁路在内——已得实在进步者外,现存在中国的借款合同及取舍权,均归共同分配。(二)联合办理将来各种借款事务。后因日本提出满、蒙除外停顿。至九年,美银行团代表赴日,和日银行团谈判。日乃放弃洮热和洮热间到海口两路,而承认《草合同》。新银行团于以成立。四国公使,于九年九月二十八日,照会我国外交部。但因我国没有统一

---

[1] 原为"第七章"。

的政府，所以借款之事，迄亦未能进行。

华盛顿会议开会后，分设限制军备和远东问题两委员会。限制军备委员会，由英、美、法、意、日五国组织。远东问题委员会，则更加中、葡、荷、比四国。当开会之初，我国代表，即提出大纲十条。后由美国代表罗德氏，Elinu Root.总括为四原则。订立《九国公约》。所谓《九国公约》：第（一）条，系列举罗德氏四原则：（甲）尊重中国的主权独立和领土及行政的完全。（乙）给中国以完全而无障碍的机会，以发展并维持稳固的政府。（丙）确立、维持工商业机会均等的原则。（丁）不得利用现状，攫取特殊的权利；并不得奖许有害友邦安全的举动。第（二）条说缔约国不得缔结违背此项原则的条约。第（三）条：不得在中国要求优先权或独占权。第（四）条：不得创设势力范围和实际排他的机会。第（五）条：中国全部铁路，不得自行或许他国，对于各国为差别的待遇。第（六）条：中国不参加战争时，应尊重其中立权。此外还订立《九国中国关税条约》，见下一节[1]。其（A）撤退外国驻兵；（B）撤废领事裁判权；（C）关于中国的条约公开；（D）撤废在中国的外国邮政局；（E）无线电台；（F）中国铁路统一；（G）交还租借地诸议案，则或有结果，或无结果。各国在中国的驻兵：有（甲）保卫北京使馆及北京至山海关的通路，是义和团乱后《辛丑和约》所允许的。（乙）俄国在中东铁路，日本在南满铁路的护路队。根据于日俄战后《朴资茅斯和约》的《附约》。该《附约》规定每基罗米突，得置护路兵十五名。但此《附约》中国并未承认。而《中日会议东三省事宜附约》，并曾规定俄兵如允撤退，或中俄商有别种办法时，日本亦一律照办的条款。此时俄国在东三省，已无驻兵，日本兵也应该撤退了。（三）则各国在租界内的驻兵。如英、美、法、日之在上海，日本之在汉口，更毫无条约根据。此时议决：条约所许的，当于中国要求时，由各国驻华外交代表与中政府所派代表调查后再行斟酌。其非条约所许的，各国允即撤退。但事后，仅日本将其驻在汉口的兵撤退，此外均未照办。撤废领事裁

---

[1] 原为"第十六章"。

判权案,见本章第四节[1]。关于中国条约公开案,议决:以前所立条约、协约、换文,及其他国际协约,及以国民为当事者与中国所结契约,以事情所许为限,从速提出于本会议。总事务局移牒参加各国,以后所订,应通知署名国及加入此约之国。与中国有条约关系而未参加本会议的国,可招请其加入。各国在华设立邮政,系一八六〇年以来的事。英、美、德、法、俄、日都有。都在通商口岸、租借地和铁路附属地内——此时德国已无有——此时议决:除租借地和条约特定者外,限于一九二三年一月一日以前撤消。而以中国政府,不变更现行的邮务行政,和外国邮务总办的地位为条件——所谓外国邮务总办,是一八九八年,法人向前清总理衙门要求:"邮政雇用外人,须由法政府推荐。"而总理衙门允许他的。外国无线电台的设立,起于辛丑以后。始于北京使馆界内,而继之以租界等地。此时议决:使馆界内的电台,以收发官电为限。由条约或中国政府特许的,以收发其条约或条件所规定的电为限。在租借地、南满铁路附属地和上海法租界的另商——后来在上海法租界的,商议的结果,亦以收发官电为限——此外由中国政府买收。中国铁路统一案,议决:于在华铁路之扩张,与其既得适法的权利两立的最大限度,使中国政府,得于其所管理的铁路网,统一诸铁路。中国政府因此需用外国财政、技术,应即许之。交还租借地案,未能议决。仅由各国声明。法代表声明:愿与各国共同交还。英人声明:山东问题能得解决,威海卫可以交还。而日本于旅、大,英国于九龙,均声明不愿放弃。其后仅威海卫于十九年四月二十八日交还。

山东问题,即在会外解决。二十一条件问题,又经我国代表在远东问题委员会中提出。日代表说:"与会国要提出从前的损害,要求会议中重行研究和考虑,日本必不能赞成。"但因《中日条约》和《换文》成立后,事势已有若干变迁。所以允将南满、东蒙的铁路借款权及以租税为担保的借款权,开放于国际财团,共同经营。其南满洲聘用顾问、教练,日本并无坚持的意思。原提案中的第五项,日亦将其保留撤回。中国代表仍声明不能承认。因此此问题在华会中,未能得有结果。其后十一年十一月、十二年一月间,众参两院,先后通过请政府宣布二十五

---

[1] 原为"第十七章"。

条条约及《换文》无效案。乃由政府照会日本，声明废弃。

至于各国所订条约，有关东方大局的，则有英、美、法、日四国《海军协定》。订明相互尊重在太平洋中岛屿和殖民地的权利。如或发生争议，当请其他缔约国调停。此约既立，一九一一年七月十三日的《英日协约》，即因之而废。国联委任日本统治的德属岛屿，中有雅浦岛，为美国和西太平洋交通孔道。当时美国即提出保留。此时亦成立《协定》，规定使用无线电，日、美两国，处于同等地位，美人得在雅浦岛居住、置产、自由贸易。后来民国十二年，英、美、法、意、日五国，又有《海军协定》。十九年，又有《海军公约》。规定英、美、日三国海军的比例为五：五：三。虽然如此，日本在太平洋中形势，还较英、美为优胜。海军协定和公约的期限，都到一九三六年为止，所以大家都说：一九三六年是世界的危机，然而苟非中国强盛，谁能保证太平洋上风云的稳定。

第三节　关税自主的交涉经过

中国自海通以来，和外国所订的不平等条约，可谓极多，而其最甚的，则无过于关税税率的协定。现在世界上，经济竞争，日烈一日。贸易上的自由主义，久成过去，各国都高筑关税壁垒，以保护本国的产业。独税率受限制的国，则不能然。所以旧式和新兴幼稚的产业，日受外力的侵略压迫，而无以自存。中国所以沦入次殖民地的地位，这是一个最大的原因。

中国关税，除（一）海关税率，协定为值百抽五外，（二）其内地税，并亦协定为值百抽二·五。（三）而英、法、俄、日，在陆路上的通商，还有减免，而且（四）海关税率，名为值百抽五，实际上，因货价的高昂，所抽还远不及此数。

改订税率之议，起于一九〇二年。这是义和团乱后订定和约的明年。因赔款的负担重了，所以这一年的《中英商约》，许我于裁厘之后，把进口税增加到百分的一二·五，出口税增加到百分的七·五。其所裁的厘，则许办出产、销场、出厂三税，以资抵补。一九〇三年《中美》《中日商约》，一九〇四年《中葡商约》，规定大致相同。这一次的失策，在于将裁厘作为加税的交换条件。不但有损主权，而且裁厘在事实上猝难办到。事后，果因中国人惮于裁厘，外人则其货物运销中国，本有内地半税，以省手续，事实上厘金所病，系属中国商人，所以也不来催问。这一次条约，就如此暗葬了。至于海关估价，则《辛丑和约》，订定将从价改为从量，即于一九〇二年实行。然而所估的价，仍不能和实际符合。

还有一件事，也是很有损于主权的，那便是税务司的聘用。当中外通商之初，海关税本由外国领事代收。到一八五一年，才废其制，由华官自行征收。一八五三年，上海失陷，清朝所派官吏逃去，仍由英、美领事代课。其明年，上海道和领事商定，聘用英、美、法人各一，司理征税事务。是为税务司的起源。此时的外人，系由上海道聘用。一八五八年，《中英通商章程善后条款》规定：中国得邀请英人，帮办税务。然仍订明由中国自由邀请，"毋庸英官指荐干预"。而且法、美二约，亦有同样的条文，并非英人独有的权利。一八六四年，总理衙门公布《海关募用外人章程》。自此以后，各关税务司，遂无一华人。而一八九六、一八九八两年的英、德借款，《合同》均订明："此项借款未还清时，海关章程，暂不变更。"英人又要求："英国在华商务，在各国中为最大时，总税务司必须任用英人。"亦于一八九八年，经总署答复允准。于是中国所用的税务人员，其地位，就俨然发生外交上的关系了。

辛亥革命，外人怕债权无着，由公使团协议，将关税存放外国银行。非经总税务司签字，不能提用，即偿付外债的余款——所谓关余，亦系如此。于是中国财政上，又多一重束缚。民国六年，中国因参加欧战，要求各国修正海关税则。经各国允许，于次年实行。这一次的修改，据专家估计，亦不过值百抽三·七而已。巴黎和会开会时，我国曾提出关税自主案，被大会拒绝。华盛顿会议时，又经提出。其结果，乃订成《九国中国关税条约》。订明批准后三个月，中国得召集与约及加入各国，开一关税会议，实行一九〇二年的《中英商约》。在此约未实行以前，得在海关征收一种值百抽二·五，其奢侈品，则加至值百抽五的附加税。至于估计物价，切实值百抽五，则不待此约的批准，即可实行。约中并订明中国海、陆边关的税率，应行划一。其后关税会议，于民国十四年，由段政府召集。十月二日，在北京开会。当时到会的，除原订《九国条约》的英、美、法、意、荷、比、葡、日外，又有邀请加入的西、丹、瑞、挪四国，共十二国。我国又提出关税自主案。十一月十九日，通过：

各缔约国，承认中国享受关税自主的权利，允解除各该国与中国间各项条约中关税的束缚。并允许中国国定关税条例，于一九二九年一月一日，发生效力。

而中国政府，申明裁厘之举，与国定税率，同时施行。同时，中国拟定七级税则，实际上得各国的承认。至于海关附加税问题，则未能议决而段政府倒。关税会议，于十五年七月三日，由各国代表，宣告停顿。当时中国提出的附加税率，较华会所许百分之二·五为高。各国不肯承认。相持未决。而段政府倒，会议停顿，至十六年，北京政府乃即照百分之二·五征收。

国民政府定都南京后，一方面宣告取消不平等条约，见下一节[1]。并宣布于十六年九月一日，实行关税自主，同日裁厘。届时未能实行。十七年七月，政府和美国先订立《整理关税条约》。约中订明："前此各约中，关于关税的条文作废，应用自主的原则。"条文言"缔约国在彼此领土内所享受的待遇，应与他国一律；所课关税，内地税，或其他捐款，不得超过本国或他国人民所纳"；是为最惠国及国民待遇，但系相互的。自此以后，德、挪、荷、英、瑞、法六国的《关税条约》，先后订成。而比、意、丹、葡、西五国，是年亦均订有《友好通商条约》。约文规定，大致相同。惟中日《关税协定》迟至十九年五月间，方才订立。并附表规定若干货物，彼此于一定期间，不得增税。此约日本颇受实惠，但以三年为期，现在亦已满期了。政府乃将七级税公布，于十八年二月一日实行。其后裁厘之举，于

---

[1] 原为"见下章"。

二十年一月一日实现。同时废七级税，另定新税率。关税自主，到此才算真实现了。关税既已自主，其他一切，自然不成问题。况且陆路边关税率中日间早于民国九年，订立协定，申明和海关一律。中英、中法间，亦于十七年《换文》，申明旧办法于十八年作废。俄国则参战后另订新约，本系彼此平等，自更不成问题。税务司虽仍任用，而从前约束，既已失效，亦可解为我国自由任用了。关税自主，本系国家应有的权利，而一经丧失，更图恢复，其难如此。此可见外交之不可不慎，而民国创业的艰难，后人也不可不深念了。

第四节　废除不平等条约的经过

废除不平等条约，可以有两种办法：其（一）是片面的宣告。其（二）是共同或个别的谈判。中国在国际间，不平等条约的造成，全由前清政府昧于外情之故。至其末造，则外力的压迫已深。帝国主义者，是很难望其觉悟的。无论共同或个别的谈判，都很难望其有效。所以国民政府，于奠都南京后，即毅然发表废除不平等条约的宣言。（一）在十六年八月十三日，其主意，系申明嗣后任何条约，非国民政府所缔结者，一概不认为有效。（一）在同年十一月三日，（一）在十七年六月十五日，均系专对友邦而发者。十七年七月七日，更照会各国公使，请其转达各该国政府，定为三种办法：（一）旧约期满的，当然废除另订。（二）未满期的，以相当的手续，解除重订。（三）已满期而未订新约的，另定临时的适当办法。旋颁布临时办法七条。对于驻华的外交官领事官，予以国际公法赋予的待遇。在华外人，应受中国法律的支配，法院的管辖。关税，在国定税则未实行以前，照现行章程办理。凡华人应纳的税捐，外人亦应一律缴纳。未规定的事项，系国际公法及中国法律处理。此项照会，既经发出后，和我订立条约的，十七年有比、意、丹、葡、西五国。十八年有希、波二国。十九年有捷克和法国的《越南通商专约》。至土耳其的《友好条约》，则系二十三年四月订成的。在此诸国以外，德、奥与俄，战后的条约，本已平等；其余各国，虽然新约尚未订成，然废除不平等条约，既经我国定为政策，此后自然要本此进行，平等条约的订立，只是时间和手续的问题了。

不平等条约，贻害最大的，要算（一）关税协定，（二）领事裁判权，（三）租界，（四）租借地，（五）内河航行五端。《东方文库续编·我国修改条约之运动》六七页。关税交涉，已见前一节[1]。取消领事裁判权的动机，也起于《辛丑条约》。巴黎和会中，我国亦曾提出撤消领判权，给大会拒绝。华盛顿会议中，又经提出。乃议决：由各国各派代表，中国亦在其内。组织委员会，调查在中国的领判权的现状和中国法律、司法制度、司法行政的情形后再议。并得向中国政府提出改良司法意见书。中国政府，得自由承诺或拒绝其一部或全部。此项委员会，于十五年一月，在北京开会，至九月十五日而毕。撰有《调查报告书》。到会的为美、法、意、比、丹、英、日、荷、西、葡、挪。《报告书》分四章：（一）在中国领判权的现状。（二）中国的法律。（三）中国的司法制度。（四）为改良意见。于军人干涉司法，最致不满；而法庭太少，法官俸给太低次之。对于撤消领判权，仍主缓办。国民政府和意、丹、葡、西所订条约，均有于十九年一月一日，放弃领判权的条文。《比约》则规定另订详细办法。如详细办法尚未订定，而现有领判权诸国过半数放弃，比国亦即照办。五约均附有（一）中国于十九年一月一日以前，颁布民、商法。（二）放弃领判权后，外人得杂居内地，经营工商业，享有土地权——但仍得以法律或章程，加以限制。（三）彼此侨民捐税，不得较高或有异于他国人的条件。各国与我订约，亦有本无领判权的，亦有虽有而其条约业已满期的。此时有领判权而条约尚未满期的，为英、法、美、荷、挪、巴西六国。撤废领判权的实行，即重在与此诸国的交涉。十八年十二月，国民政府曾令主管机关，拟具实施办法。二十年，拟成《管理在华外人实施条例》十二条。于五月四日公布。定二十一年一月一日实行。因日人侵略东北筹备不及，暂缓。墨西哥未定新约，但该国政府，于十八年十一月，宣言将领判权放弃。

租界的设立，本不过许外人居住通商。但是因中国人的放弃和外国人的侵夺，而行政、司法、警察等权，往往受其侵害。这还是事实。到

---

[1] 原为"前章"。

一八九六年的《中日通商口岸议定书》，旧称《公立文凭》。就索性将管理道路、稽查地面之权，明定其属于该国领事，这更可称为不平等条约之尤了。而在事实上，妨害我国主权尤甚的，则要算上海的租界。上海英租界，设于一八四五年；美租界设于一八四八年；一八五四年，合并为公共租界。但其实权仍在英人之手。上海租界的市政，属于工部局。其根据，系一八九六年的《洋泾浜章程》。工部局译为《上海洋人居留地界章程》。此章程由外人纳税会通过，经各国领事认可，驻扎北京的公使批准。工部局董事，系由纳税人选举，而纳税人年会，则由领事团召集。是以各国的外交代表，和其照料商务的领事，而干涉起我国的市政来了。民国以来，除德、奥、俄三国在天津、汉口的租界因欧战而取消外，其余一切，都因仍旧贯。到国民军到达长江流域以后，英国在九江、汉口的租界，才和中国订结协定交还。镇江的英人，于当时退出，后亦申明愿将租界交还中国。于十七年十一月十五日交还。比国的天津租界，则于十八年八月交还。英国在厦门的租界，亦于十九年九月，以协定声明取消。现在所有的，除日本最多外，日人所有的为天津、营口、沈阳、安东、厦门、杭州、苏州、沙市、福州、重庆、汉口各租界。只英在广州、天津、营口，法在广州、汉口、上海、天津和鼓浪屿，上海、芝罘，还有公共租界而已。

内河和沿海的航行权，各国通例，都是保留之于本国人的。这不但以权利论，应为本国人民所独享；即在国防上，亦有很重要的关系。而前清政府，不明外情，一八五八年的《天津条约》，许英人在长江航行。各国援最惠国之例，群起攘夺，而长江航权，遂非我所独有。一八九五年《马关条约》，开苏、杭为商埠，后四年，遂颁布《内港行轮章程》。华洋轮船，照章注册的，一律准其通航。外人在华航行权，遂愈加推广。至于沿海，则条约未订立以前，外人业已自由航行，更其不必说了。前清所订的条约，只有一八九九年的《中墨条约》，申明"不得在国内各口岸间，往来贸易"，然而无补于事。民国现在，虽亦未能将已丧失的航行权，即时收回，然十八年的《中波条约》，十九年的《中捷条约》，均订明将内河和沿海的航权保留。其余各国，重订条约时，亦可渐谋改正了。

租借地在法律上，本来和割让地显然有别。但在事实上，则外人据之，亦未免隐然若一敌国。中国的有租借地，自德人之于胶州湾始，而旅、大、威海、九龙、广州湾，就纷纷继起了。欧战之际，胶州湾又为日人所据。其后因山东问题的解决而交还。至于华盛顿会议中，中国代表要求各国交还租借地，则只有英国允将威海卫交还，其后于十九年四月实行。至英于九龙，日于旅、大，则均声明不肯放弃。法于广州湾，当时虽声明愿与各国同行交还，然迄今亦仍在观望之中。

不平等条约的内容，其荦荦大端，要算前列的几件。此外，和外人得在中国境内驻兵；又如因划定势力范围，而得有筑路、开矿之权；又如外人在中国游历、传教，中国政府，负有特别保护的义务等都是。总而言之，凡其性质超过国际法的范围，而又系片面性质的，都可称为不平等条约。一概荡涤净尽，而达于完全平等之域，现在固尚有所未能。然既已启其端倪，则此后的继续进行，只看我政府和国民的努力了。

第五节　中俄的龃龉

最近的外交，中、俄之间，关系要算最为复杂了。俄国侵害中国的权利，中东铁路要算是其大本营。当民国七年时，中国曾因俄国新旧党的冲突，把中东路的护路权收回。按照《中东铁路合同》，俄国在铁路沿线，本只能设警，不能驻兵，即《朴资茅斯条约》，日、俄两国，驻兵保护铁路，每基罗米突，亦仅得驻二十五名。然俄人在沿路驻兵，其数常至数万。欧战起后，此项驻兵，大都调赴欧洲。留者分为新旧两党，时起冲突。我国乃于是年一月十日，将其解除武装，铁路由我派兵保护。俄人曲解《中东铁路合同》，握有哈尔滨的市政权，亦经我国于九年三月，将其废除，改为东省特别区。《中东铁路合同》第六条："由该公司一手经理，建造各种房屋，设立电线，以供铁路之用。""经理"二字，法文作Administration，俄人曲解为有行政权，竟在哈发布市制，向住民收税。一九〇九年，乃由前清外务部，和俄国所派中东铁路总办，订立《铁路界内组织自治会预定协约》。由中外居民共选议员。更由议员复选执行委员三人。交涉局总办、铁路总办各派委员一名，会同议会议长，组织执行委员会。此项委员会和议会，受交涉局总办、铁路总办的监督。从此以后，哈尔滨铁路附属地的行政权，就入于俄人之手了。九年，三月十一日，为俄国革命三周年纪念，在哈俄国新旧党，又起冲突。中国乃勒令旧俄政府所派铁路总办，离去哈尔滨，而将铁路附属地行政权收回。于其地设东省特别区市政管理局。俄国自革命以后，备受各国的封锁，很想有一国能和他通商。曾于八年、九年，两次宣言：愿放弃旧俄帝国以侵略手段在中国取得的特权和土地，抛弃庚子赔款，无条件将中东路交还中国。此时中、俄关系，很有改善的希望。而中国因和协约国取一致的步骤，始终未能对俄开始交涉。直到九年九月间，才将旧俄使、领待遇停止。此时距离俄国的革命，为时已有三年半了。此时在蒙古一方面，既因旧俄的侵扰，而远东军占据库伦。而中东路则自共同出兵以来，列强颇有借端干涉的趋向。我国乃于九年一月间和道胜银行代表，另订合同。规定：铁路人员，除督办归我外，余均中、俄各半。否认中、俄以外的第三国，和铁路有关。俄政府管理铁路之权，由中国政府代为执行；以正式承认俄国，商有办法之日为止。其对俄国通商，则仅是年四月间，新疆省政府曾和俄国订立《局部通商条约》。十年五月间，呼伦贝尔善后督办，亦曾和远东共和国，订立《境界交通协定》。此外迄无何等办法。而十一年，远东共和国派来中国的代表，也否认苏俄曾有交还中东铁路的宣言。直到十三年，远东共和国，早已合并于苏俄；远东共和政府，设立于一九二一年四月二十七日。明年十一月十三日，与苏俄合并。而英、意两国，也都承认苏俄了。我国和苏俄的交涉，才逐渐开展。于是年五月，订定《中俄解决悬案大纲》及《暂行管理中东铁路两协定》。《解决悬案大纲》中：（一）俄国许抛弃帝俄时代在中国所取得的特权和特许。（二）及庚子赔款。（三）取消领事裁判权。（四）及关税协定。（五）帝俄时代，与第三者所订条约，有妨中国主权的，一概无效。（六）承认外蒙古为中国领土的一部，尊重中国的主权。（七）彼此不容许反对政府的机关和团体，并不为妨碍对方公共秩序，及反于社会组织的宣传。（八）签字后一个月，举行会议，解决外蒙撤兵、重行划界、赔偿损失、通商航行诸问题。（九）中东路许我出资赎回，亦于此会议中商定办法。其后此项会议，至十四年八月始开。而其时东三省对中央独立，三省的事，事实上和中央政府商量无效。俄人乃又于九月中，和奉天派出的人，订立协定，是称《奉俄协定》。

十六年四月，北京方面，派兵搜查俄使馆。旋又搜查天津的驻华贸易处等。俄国召还北京的代理公使，以示抗议。是年十一月，共产党起事于广州。政府认苏俄有援助的嫌疑，于十二月十四日，对苏俄领事，撤消承认。苏俄在中国各地方的国营商业机关，亦勒令停止营业。十八年五月二十七日，苏俄驻哈领事馆集会。我国认为有煽动嫌疑，派员搜查逮捕。七月十日，又另派中东路督办。撤换苏俄正副局长。将苏俄职员多人解雇。并查封其国营商业机关。苏俄遂于七月十八日，对我绝交。时我国仍愿和平处理。训令驻芬兰公使，因回任之便，赴哈调查，转赴满洲里，和俄人商洽。而俄国无人前来。哈尔滨交涉员，虽和俄国领事，接洽过几次，亦不得要领。旋因苏俄驻德大使，有愿意交涉的表示，政府亦饬我国驻德公使，藉德人居间，与俄商洽。至十月中，亦决裂。自八月中旬以后，俄兵即时侵我国境界。我国军人防御，很为勇敢，但因边备素虚，又后援不继，同江、满洲里，于十月、十一月中，相继陷落。而外蒙之兵，亦陷呼伦贝尔。十二月，因英、美两国，劝告息争，乃派员在伯力开豫备会议。二十二日，将《草约》签字。中东路回复七月以前的状况。彼此恢复领事。订于明年一月二十五日，在莫斯科开正式会议。其后此项会议，久无进步。直到日本占据东北以后，外交上的形势一变。二十一年十二月十三日，乃由中、俄两国出席军缩会议的代表，在日内瓦互换文件复交。

第六节　日本的侵略东北

在中华民国革命进行的程途中，可谓重重魔障，然而其严重，要未有若民国二十年九月十八日，日人侵略东北之甚的。

日人的侵略东北，本系处心积虑之举。近年以来，我国对于东北的开发，颇有进展。其主要的，如吉海、奉海，打通路的衔接，葫芦岛的经营是。盗憎主人，乃更引起日本的猜忌，而促成其积极侵掠之举。是年六月间，因长春附近的朝鲜农民，强毁我国的民田筑坝。该处日本驻军，遂枪杀我无辜民众，酿成所谓万宝山惨案。万宝山，在长春东北。当民国二十年间，有个唤做郝永德的，租得该处民地五百垧，转租与韩人耕种。其契约，实未经长春县政府批准，而该韩人等，竟导引伊通河水，拦河筑坝，强掘民田，因此遂引起冲突，日人遂借此宣传，谓系华人排斥韩人。在朝鲜境内，造成排华运动。日人又在朝鲜境内，鼓动排华风潮，华人被杀的无算。然仍未能引起我国的衅端。至九月十八日夜，日人乃将南满铁路，自行炸毁一段，诬为我军所为，径向我国沈阳的驻军进击。我军奉命无抵抗退出。日人乃进占沈阳。其在长春、安东等地的驻军，同时发动。不数日间，而辽、吉两省间的要地，悉为所占。

国际公法，不必说了。华府会议《九国条约》，有保持中国领土、行政完整的义务。便是一九二八年八月二十七日在巴黎所立的《非战公约》，日本也与我国共同签字的。日本此举，其为蔑弃国际信义，自不待言。我国因国力悬殊，且为爱护和平起见，不愿诉之武力，乃诉之于国际的信义。除对日本提出抗议外，即电日内瓦代表，要求根据《盟约》第十一条，召集理事会。行政院开会后，一面通知中、日两方，避免事态的扩大。一面通知美国。旋决议：令日兵撤回铁路线内，尽十月十四日撤尽。

而日本悍然不顾。一面派兵进攻黑龙江。一面要求我国在锦州所设的辽宁行署，撤退关内。我黑省的兵，奋力抵抗，日人颇受损失。旋因援绝，于十一月十八日，退出省垣。日军犯锦，我军亦不战而退。至二十一年一月一日，日兵遂陷锦州。我关外仅存的行政机关，遂又被破坏。而日兵又先于二十年十一月间，勾通汉奸，扰乱天津，挟废帝溥仪而去。

先是国联行政院，于十月十三日开会。邀请美国列席。二十四日，以十三票对日一票议决，令日兵于下次开会，即十一月十六日以前，全行撤退。而日军置若罔闻。及期，行政院在巴黎开会。乃议决：由国际联盟，派遣委员团，到东北调查。及锦州陷落，美国乃照会日本，不承认任何事实上所造成的情势为合法。日人仍置若罔闻。时日本又派兵舰，在我沿江、沿海一带，肆行威胁。二十一年一月十八日，借口该国僧人被殴，要求我上海市政府：惩凶、道歉、抚恤、取缔反日运动。市府业经接受，日领事亦宣称满意了。乃日军于二十八日夜，突然进攻。我驻沪的十九路军，奋勇抵抗。日兵大败。乃续调大军，扩大战事。延及吴淞、太仓、嘉定一带，并派飞机，到苏、杭等处轰炸。因我军抵抗甚力，日军累战皆北，乃又续调精锐，拼命进犯。直至三月一日，我军因人少，不敷分布，浏河被袭，乃自动撤至第二道防线。这一役，我军虽未能始终保守阵地，然以少数之兵，抗数倍之众，使日军累次失利；列国评论，多认战事胜利，当属华军；而国民自动接济饷需的，其数亦超过千万，亦足以表示我国的民气，而寒敌人之胆了。

当日兵进攻淞、沪时，我国代表，曾在国联提出援用《盟约》第十条和第十五条，第十条："联合会会员，有尊重并保持各会员领土完全，及现有政治上之独立，以防御外来侵犯之义务。如遇此种侵犯，或有任何威胁或危险之虞时，行政院应筹履行此项义务之方法。"第十五条："如联合会会员间，发生足以决裂之争议，而未照第十三条规定，提交公断或法律裁判者，应将该案提交行政院。行政院应尽力使此项争议，得以解决。如果有效，须将该争议之事实及解释，并解决条件，酌量公布之。倘争议不能如此解决，则行政院经全体或多数之表决，应缮发《报告书》，说明争议之事实，及行政院所认为公允适当之建议。如行政院《报告书》，除相争之一造或一造以上之代表外，该院委员，一致赞成，则联合会会员，约定彼此不得向遵从《报告书》建议之任何一造，从事战争。如除相争之一造或一造以上之代表外，不能使该院会员，一致赞成其《报告书》，则联合会会员，保留权利，施行认为维持公平与正义之必要行动。"国联乃议决：成立上海国际调查团，以英、德、法、意、西领事为委员，并邀美国加入。三月三日，国联大会开会，十一日，通过上海、东北问题，均适用《盟约》第十五条。限日兵于五月十日以前，恢复去年九月十八日以前的原状。此正式决议案，如中国接受，而日本拒绝，则《盟约》第十六条,第十六条:"联合会会员,如有不顾本约第十二条、第十三条或第十五条所规定,而从事于战争者,则据此事实,应视为对于所有联合会其他会员有战争行为。其他各会员,应即与之断绝各种商业上或金融上之关系;禁止其人民与破坏盟约国人民之一切交通;并阻止其他任何一国,为联合会会员或非联合会会员之人民,与破坏盟约国之人民有金融、商业或个人之交通。"自然生效。又通过:以十九国的委员,英、法、德、意、西、挪、波、捷、爱尔兰、墨西哥、危地马拉、巴拿马,本系理事国。瑞士、瑞典、荷兰、比利时、匈牙利、南斯拉夫、哥伦比亚七国系新选。组织特别委员会,负责外理纠纷,并建议调解方案。十九国委员会于十六日开会。十九日,议决:令日兵撤退。将地方交还中国警察。在上海组织共同委员会证明。其间又屡经顿挫,直到五月五日,《上海停战协定》方才签字。

日人在上海寻衅时,又派军舰到首都附近,肆行威胁。我政府为保中枢的安全,以便长期抵抗起见,乃于一月三十日,迁都洛阳。四月七日,并在洛阳召开国难会议,至十二月一日,才迁回南京。仍继续长期抵抗的宗旨,努力进行。

日人为遮掩耳目起见,乃肆其掩耳盗铃之技,于三月九日,在长春拥废帝溥仪,建立伪满洲国。以溥仪为终身执政。我国的税关、邮局,以及盐务等机关,次第为所攘夺。东北税关被夺后,我国即将各关封闭。应征之税,于运往时在他口岛征收。邮局则暂行停办。寄往欧美的邮件,由苏伊士、太平洋运送。伪国邮票,一概无效。国联会员国,不承认伪国的,都遵守此约。并将直属日皇的关东军司令,受外务、拓殖两省监督的关东长官,及派遣伪国的大使,实际上任用一人,使其监督领事。并与伪满签订所谓《议定书》,将前此和中国所订的不平等条约,关涉东北的,勒令承认履行。并借口共同防卫,允许日军驻扎伪国境内。然而东北正式军队和民众,奋起抗日的,所在都是。屡次攻破城邑,击败日、伪军。日人势力所及,实在只是铁路沿线罢了。

是年春间,国联所派调查团东来。英、美、法、德、意各一人。以英李顿爵士(Lord Leytton)为主席。于四月二十一日,开始调查。至六月四日而完毕。在北平制作报告,于九月四日完成。报告书的总括是:

日本的军事行动，不能认为合法的自卫。

伪满洲国，并非由真正自然的民意所产生。

主张召集顾问会议，中、日政府及当地人民代表。设立特殊制度，以治理东北。我国表示不能完全接受。日人则痛诋调查团认识不足，坚持既成事实。到二十二年二月二十四日，国联开非常大会，通过十九国委员会的报告书，决定不承认伪国，而依调查团《报告书》，觅取解决办法，日人恼羞成怒，就竟于三月二十七日，退出国际联盟了。

其时日本又一意孤行，宣言热河当属"满洲国"，以长城为国境。二十二年一月三日，攻陷山海关。二月二十一日，日、伪军入寇热河，至三月一日，而承德陷落。我军分退多伦及长城各口。日伪军又跟踪追击，并进犯滦东。我军在喜峰口等处，亦曾与敌以重创，然因军备之悬殊，至五月间，卒将长城各口放弃，东路亦仅守滦西。至是月三十一日，乃成立《塘沽协定》。我军退至延庆、昌平、通州、香河等地，日军撤至长城。中间地方，定为非武装区域，仅由警察维持治安。热河既陷，则东北的义军，更陷于势孤援绝之境。然而矢志抵抗者仍不绝。

日人既志得意满，乃于二十三年三月一日，拥溥仪僭号于长春。议定所谓满洲经济计划，把东北的利源，要想一网打尽。该计划分做三种：（一）为统制经济，由关东军自办，如交通、通信、矿业、电气事业等。（二）为特许营业，须受关东军监督。（三）为自由企业，人民得以投资经营。吉会铁路，既于二十二年八月完成。中东铁路，又想用非法手段从俄国手里夺取。日人初侵东北时，曾宣言不侵犯苏联的权利。廿二年，又借伪国出面，封锁满洲里，拘捕东路俄员。六月间，苏俄欲将东路售与伪国，我国曾提出抗议。苏俄和伪国谈判，亦未有成。此外添筑铁路、公路，继续经营葫芦港等，还正在计划进行，在日人的意思，以为东北就是如此，算夺到手了。

第七节　国民政府的政治

政治制度，是没有绝对的好坏的，要视乎其运用之如何。民国肇建，本系仿效欧、美成例，行三权分立之制。以国会司立法，并监督政府；以大理院以下的法院掌司法；以国务院掌行政的。因国民未能行使政权，遂至为野心家所利用。纪纲不立，政争时起。国事紊乱，外患迭乘，中山先生鉴于革命之尚未成功，乃有以国民造党，以党建国，以党治国，然后还付之于国民之议。

中山先生的革命方略，是分军政、训政、宪政三时期的。军政时期，由党取得政权。训政时期，代国民行使。经过此时期后，将政权还付国民，则入于宪政时期。在训政时期中，代人民行使政权的是国民党；行使治权的，则是国民政府。政纲和政策，发动于国民党，由国民政府执行之。二者之间，则以政治会议为连锁。

国民党的组织，以全国代表大会为最高机关。在闭会期间，则其权力属于中央执行委员会，而以中央监察委员会监察之。中央执行委员会，每半年至少应开大会一次。平时则互选常务委员若干人，以执行职务。次于全国的，为省和特别市，未改省而与省相等的区域及海北总支部。再次则县及重要市镇和国外支部。更次则区与区分部及国外分部。都以其代表或全体大会为最高机关。平时则权力属于执行委员会，而以监察委员监察之。亦与中央党部同。党部不直接干预政治，然对于同级政府的施政方针或政治有疑义时，得请其改正、解释，或呈请上级执行委员会，转请其上级政府办理。所以党的监督权，是兼及于行政的。

国民政府初成立时，设委员若干人，推一人为主席，若干人为常务委员。其下分设各部。十七年十月，公布《组织法》。行政、立法、司法、考试、监察五院，次第成立。各部均属行政院。现设内政、外交、军政、海军、财政、实业、教育、交通、铁道、司法行政十部；蒙藏、侨务、禁烟、劳工四委员会。司法则改前此的四级三审制为三级。四级，谓初级、地方、高等审判厅及大理院。三审，谓同一案件，只能经过三级法院审判。如初审在第一级，则上诉终于第三级。现制则分地方法院、高等法院、最高法院三级，较为名实相符。二十一年五月，国民会议开会，制定训政时期的约法。其后又经中央执行委员修正。第三届第五次、第四届第一次全体大会。于是国民政府的组织，亦随而变更。设主席一人，委员二十四至三十六人。

各院皆设院长及副院长，均由中央执行委员会选任。主席不负实际政治责任。五权由各院分别行使。惟遇院与院间不能解决的事务，则由主席团解决之。主席并对外代表中华民国。此外直属于国民政府的，还有军事委员会、训练总监部、参谋本部、军事参议院、全国经济委员会、建设委员会等。

地方制度，民国以来，还是沿袭前代的省制的。但废去府直隶州厅，而成为初级制。民国初元，各省的军民长官，称为都督和民政长。三年，改称将军、巡按使。六年，又改称督军、省长。统辖几省军事的，又有巡阅使、经略使等名目。裁兵议起，则督军改称督理或督办军务善后事宜。省与县之间，又曾设立道尹。国民政府所颁布的《省政府组织法》，亦取委员制。以一人为主席。其下分设民政、财政、教育、建设、实业各厅，厅长即就委员中任命。首都及人口百万以上，或政治经济有特殊情形的为特别市，与省同属行政院。但系省政府所在地者，仍属于省。其人口在三十万以上或在二十万以上，而营业、土地等税占全收入之半数以上的，则为普通市，不属县而直隶于省。市设市长，县设县长，其下都分设各局，以理庶政。未能设县的地方，则立设治局，置局长。其交通便利或向来自治较有成绩之地，则设县政建设实验区。其区域或一县或合数县不定。得设立区公署。不设道尹，惟近年苏、皖、赣、鄂等省，设立行政督察专员。

县在建国大纲中，本定为自治单位，其下分为若干区。区之下为乡镇。镇之下为闾，闾之下为邻。邻五家，闾五邻。乡指村庄，镇指街市，大约在百户以上，不满百户的，可以互相联合。而不得超过千户。全县分十区至五十区。区及乡镇，各设公所。区长、乡长、镇长，本应由人民选举；但在未实行前，区长得由民政厅就考试合格人员中委任；乡、镇长由人民加倍选出，由县长择任。闾、邻长则都由民选。市以二十闾为坊，十坊为区，亦有区长、坊长，闾、邻长及区坊公所。区、坊、乡、镇，亦各有监察委员。到一县的区长都由民选时，即得成立县参议会。

以上所说，都系训政时期的办法。国民政府的政治，是以人民自治为目的的。所以到一县自治完成之后，其人民即得行使选举、罢免、创制、复决四权，县长由人民选举，并得选出国民代表一人，组织代表会，参与中央政事。一省的县都完成自治时，即为宪政开始。省长亦由人民选举。全国有过半数省份，达到宪政开始时期，则开国民大会，决定宪法颁布。宪法颁布之后，中央统治权归国民大会行使——即国民大会，对中央政府官吏，有选举、罢免之权；对中央法律，有创制复决之权——是为宪政告成。全国国民，即依宪法行大选举。国民政府，于选择完毕后三个月解职，授权于民选的政府，是为建国的大功告成。

以上所说，为国民政府施政的纲领。至于目前的政务，则最要的，自然要推军财两端。民国的军制，本以师为单位，合若干师，则称军。国民政府北伐时，曾合所有的军队，编为四集团军。十八年的编遣会议，全国定设六十五师。但其后编遣迄未能就绪。兵制之坏，由于召募乌合。所以军人程度不一，而散遣之后，亦往往无家可归。二十年六月，国民政府颁布《兵役法》。常备兵役，分为现役、续役、正役三种。民年二十至二十五，得为现役兵，期限三年，退为正役兵六年。再退则为续役，至年四十岁止。其年自十八至四十五，不服常备兵役的，则服国民兵役。平时受规定的军事教育。战时由国民政府以命令征集。海军，当民国初年，曾按江防、海防，分为第一第二队舰。护法战起分裂。十八年编遣会议，议决海军重行编制，乃复归于统一。空军起于民国以来，北京政府即设立航空署。国民政府，亦经设立，直隶于军政部。我国陆军，苦于兵多而不能战；海、空军则为力甚微，殊不足以御外侮，这是我国民不可不亟思努力的。

财政本苦竭蹶，而自帝制运动以后，中央威权失坠，各省多不解款，遂致专恃借债，以资弥补。欧战以前，所举最大的债，为善后大借款，已见第五章。欧战期间，各国无暇顾及东方，则专借日债。自九年以后，并日债亦不能借，则专借内债。国民政府，将中央和地方的税款划清。中央重要的收入，为关税、盐税、统税（卷烟、麦粉、棉纱、火柴、水泥、薰烟、啤酒、洋酒各项，即货物税的改变）。烟酒税、印花税、矿税等。田赋划归地方，和契税、营业税等，同为地方重要收入。病商的厘金，已于二十年裁撤。二十三年，又开财政会议。限制田赋的附捐。并通令各省，裁撤苛捐杂税。预算亦在厉行。但在目前，收支还未能适合，时时靠内债以资补苴，其为数亦颇巨。

第八节　现代的经济和社会

讲起现代的经济和社会来，是真使我们惊心动魄的。帝国主义者的剥削我们，固然不自今日为始，然而在现代，的确达到更严重的时期了。这个，只要看民国以来，贸易上入超数字的激增，便可知道。假如以民国元年的一万零三百万为百分，民国三年，便超过了一倍。四年至八年，正值欧洲大战凋敝之时，美国、日本等，都因此而大获其利，我国却仍未能挽回入超的颓势。九年以后，其数即又激增。此后十年之间，常在二万万两左右。仅十六年不满一万万。十九年增至四万万。二十年超过五万万。二十二年，又超过七万万。甚至合一切项目，还不能保持国际收支的平衡，而要输出现银了。

新式工业，当欧战时期，颇有勃兴之象，但因基本工业不兴，又资本人才，两俱阙乏，所以所振兴的，都不过是轻工业。欧战以后，不但外货的输入，回复到战前的景象，抑且因世界不景气之故，而群谋对我倾销，我国新兴的工业，遂大受其压迫。而且所输入的，都是日用必需之品。如米、麦、面粉、砂糖、海产、卷烟、药品、棉纱、人造丝及其织品、五金、机械、木材、纸张等。我国的天产，向称独占市场的，如丝、茶等，则无一不受排挤而失败。大豆近来称为出产的大宗，然而从东北沦陷后，偌大的产地，又丧失了，而且失掉了很广大的国内市场。长此以往，我国的工商业，将何以支持呢？

我国是号称以农立国的。全国之民，业农的总当在百分之八十左右。据近岁的调查，自耕农不过百分之五十二。其余半佃农占百分之二十二，佃农占百分之二十六。即自耕农的土地面积，也是很小的。十九年《统计月报》第二卷第六期。农民的生活，本来已很困苦了。加以二十年来，内战不息，兵燹时闻，租税加重。微薄的资本不免丧失，或者壅塞不能流通,又或因求安全之故,而集中于都市、农村的资本,益形枯窘。谷价低落,副业丧失,而日用之品,反不免出高价以求之于外。就呈现普遍破产的现象了。

天灾人祸,帝国主义者的剥削,农村之民,日益不能安居,纷纷流入都市。都市中的劳动者,日渐增加,劳资问题,遂随之而日趋严重。

虽然如此,总还有一部分人,度其奢侈的生活的。尤其大都市的生活程度和穷乡僻壤,相去天渊。遂贻以旧式生产,营新式消费之讥。

经济是社会组织的下层。其余一切机构,都是建筑在这基础上面的。经济组织而生变化,其他一切,自亦必随之而生变化。况且喜新骛奇,是人们同具的心理。又且处于困苦之中,总要想奋斗以求出路。所以近数十年来,文化变动的剧烈,亦是前此所未有。自由平等之说兴,而旧日等位上下之说,不复足以维系人心。交通便利了,人们离乡背井的多了,而旧日居田园长子孙之念渐变;甚且家族主义,因之动摇,而父子、夫妇间的伦理,都要发生问题。新兴的事业多了,成功之机会亦多,而旧日乐天安命的观念渐变。物质的发达甚了,则享乐的欲望亦增,旧日受人称赏的安贫乐道,或且为人所鄙夷。凡此种种,固然是势所必至。亦且人们能随环境为转移,不为旧习惯所囿,原是件好事。然而旧时共信的标准,既已推翻;现代必需的条件,却又未能成立;就不免有青黄不接之感了。混乱、矛盾,这就是我们现在的社会现象。

我们的出路在哪里呢?

好了,救星来了。救星为谁,便是孙中山先生所提倡的民生主义。现代的经济,维持现状,总是不行的了,总是要革命的。革命走哪一条路呢?共产、集产,路是多着呢,却都不是没有流弊的。尤其是中国,情形和欧、美不同,断不能盲从他人,削足适履。所以中山先生,提倡这大中至正的民生主义,以平均地权、节制资本为宗旨。而节制资本之中,又包含节制私人资本,发展国家资本两义。

要发展国家资本,总免不了利用外资的。所以中山先生,很早就订定《实业计划》。想利用列国的资本和技术,来开发中国。这不但有益于中国,亦且有益于世界。苦于二十年来,列强则忙于争城夺地,竞事扩张军备。中国亦内战不息，借入的外资，大部用诸不生产之地。到后来，就连借外债也谈不到了。而我国的经济建设，亦就更无端绪。直到民国二十年，国民政府，才设立了一个全国经济委员会。国府要人，都被任为委员。所以其所计划，容易见诸实行。设立之初，即致电国际联盟行政院，请其为技术上的合作。国联亦很为赞成。即派联络代表来华，并供给了许多技术人员。从全国经济委员会设立以来，努力于经济的建设。对于复兴农村、整治水利、改进交通三端，尤其注意。现在和国联，虽不过是技术上的合作，然进一步而谋利用外资，亦非不可能的。资力雄厚，进步就自然更快了。

农村的建设，最重要的是经济的流通。现在国民政府所努力指导农民的，则是合作事业。从十七年合作运动委员会设立以来，各地方的合作事业，便日有进展，尤其是江、浙两省，农民银行业已成立，而其放款，是以合作社为限的，所以尤其兴盛，截至二十二年止，注册的已有二千七百余了。劳工团体的组织，亦是近年的事，民国十一年，第一次全国劳动大会，才开会于广州。其后第二、第三次大会，相继举行。<small>第二次大会，在十四年；第三次在十五年。</small>工会的兴盛，要算十六年为最。十七年以后，又逐渐加以整理。《工会》《工厂》《工厂检查》《劳资争议处理》及《团体协约》诸法，亦已次第颁布。果能循序进行，自可达到平和革命的目的，而免却阶级斗争的危险了。

第九节　现代的教育和学术

使社会变动的根本，到底是什么？要问这句话，我们在现在，只得回答道是文化。而教育和学术是文化变动的根源。所以这两者和社会的关系是非常密切的。

中国的新式教育，虽然导源清末，然既存有奖励章程，则仍然未脱科举的意味。所以正式的新教育，实在要算从民国时代开始。民国的厘定学制，事在元年七月间。先是，已把清代的奖励章程停止。又通令：凡学堂都改称学校。至是，将旧制的初等小学，改称国民学校，其期限为四年。国民学校以上为高等小学，其期限为三年。更上为中学，四年。大学分文、理、法、商、工、医六科。预科二年，本科三年，相当于高等小学的，有乙种实业学校；相当于中学的，有甲种实业学校；期限均同。和高小及中学相当的补习学校，则期限均为二年。师范较中学，多预科一年。和大学相当的高等师范，期限为三年；专门学校为四年；均有预科一年。十一年，又将学制改革。把教育分做三个阶段。小学教育，初级四年，高级二年。中学教育，初级高级各三年。师范、职业学校同。大学六年，专门学校四年，高师改为师范大学。十一年的学制，得设单科大学。十八年，又改大学为文、理、法、教育、农、工、商、医各学院。医科年限五年，余均四年。有三学院的，乃得称大学，否则称独立学院、专门学校，期限为二或三年。又增特别、幼稚、简易各种师范。特别师范，招收高级中学毕业生，期限一年。幼稚师范，收初级中学毕业生，期限二年或三年。简易师范，初级中学毕业生一年。高级小学毕业生四年。私人不准设立师范学校。自大学以上为研究院，为研究学术的机关。其期限无定。此外如民众学校及各种补习学校、图书馆、博物馆、美术馆、讲演所、体育场等，则均属于社会教育的范围。留学外国的，自清季即甚盛。其时因路近费省，又文字较易学，往日本的最多。民国以来，则赴欧、美者渐众。其中公私费的都有。因庚子赔款，美国首先退还，规定作为派遣学生赴该国留学之用，所以赴美者尤盛。

中国对于社会科学的研究，本来亦很精深。惟对于自然科学，则较诸欧、美各国，瞠乎其后。而欧美各国，对于社会科学，其研究方法，亦有取自自然科学的。中国对于自然科学，既然落后，对于社会科学的研究方法，自亦不逮他人了。这是今日急当采取他人，以补我之所不足的。西学初输入时，中国人未能认识其真价值，只是以应用的目的，去采取它。所以有所谓"中学为体，西学为用"之说。此时所得，只是一点微末的技能罢了。戊戌以后，渐知西人政治、法律、经济、教育诸端，都有可取之处。然仍未能认识科学的真价值。科学的认识，不过是近二十年来之事。到此，才算能真知道西人的长处。所以中国人和西人交接虽早，而其认识西人则甚迟。知道科学方法之后，则一切学问，都可以焕然改观。所以近来研究之家,所利用的材料,虽然有时甚旧,然其结论,亦就和前人判然不同了。这才是中国学问真正的进步。现在还正值开始。将来研究得深了,或者突飞进步,能有所新发现,以补现今东西洋学术的不足或者竟能别辟途径,出于现世界上所有的学术以外,都未可知的。

研究学术和普及教育,都要注意于其工具。工具是什么?这是一时很难列举的,然而语言、文字,要为其中最重要的一种。我国的语言,实在是很统一的。但因地域广大,各地方的方音不同,所以词类语法,虽然相同,而出于口,入于耳,还是彼此不能相喻。又历代的言语,不能没有变迁,而文人下笔,向来务效古语,于是普通的文字,亦为普通人所不能了解。虽亦有径用口语笔之于书的,然其范围甚狭,只有佛家及理学家不求文饰的语录、官府晓谕小民的文告、慈善家劝导愚俗的著述,以及本于说书的平话用之而已。感于中国文字认识之难,而思创造音符以济其穷者,久有其人,如清末劳乃宣所造的官话字母,便是其一例。民国以来,教育部知道汉字不能废弃,而读音则不可不统一。乃召集一读音统一会,分析音素,制定符号,以供注音之用。于七年公布。八九年间,又有人创新文学之论,谓著书宜即用现在的口语。于是白话文大为风行。此事于教育亦是很有利的。但其功用还不止此。因为文学思想,本是人人所同具。但是向来民众所怀抱的感想,因限于工具,无从发表,而埋没掉的很多。从白话文风行以来,此弊亦可渐渐革除了。所以最近的文学,确亦别饶一种生趣,这都是不可否认的事实。但是旧文学亦自有其用,谓其可以废弃,则又系一偏之论了。

附录

1. 通史方法论和历史哲学[1]

这部书的开始属草,是在卢沟桥事变之前二年,这部书的开始刊布,是在事变之后将近三年。

现在发表一部新的中国通史,无论就中国史本身的发展上看,或就中国史学的发展上看,都可说是恰当其时。就中国史本身的发展上看,我们正处于中国有史以来最大的转变关头,正处于朱子所谓"一齐打烂,重新造起"的局面;旧的一切瑕垢腐秽,正遭受彻底的涤荡剗割,旧的一切光晶健实,正遭受天捶海淬的锻炼,以臻于极度的精纯;第一次全民族一心一体地在血泊和瓦砾场中奋扎以创造一个赫然在望的新时代。若把读史比于登山,我们正达到分水岭的顶峰,无论回顾与前瞻,都可以得到最广阔的眼界。在这时候,把全部的民族史和它所指向道路,作一鸟瞰,最能给人以开拓心胸的历史的壮观。就中国史学的发展上看,过去的十来年可算是一新纪元中的一小段落;在这十来年间,严格的考证的崇尚,科学的发掘的开始,湮没的旧文献的新发现,新研究范围的垦辟,比较材料的增加和种种输入的史观的流播,使得司马迁和司马光的时代顿成过去;同时史界的新风气也结了不少新的,虽然有一

---

[1] 原名"自序",初刊于1940年。上海古籍本和山西古籍本均刊,"史地教育"丛刊本、正中书局本、三联书店本则未刊。

部分还是未成熟的果。不幸这草昧初辟的园林，突遇狂风暴雹，使得我们不得不把一个万果累累的时代，期于不确定的将来了。文献的沦陷，发掘地址的沦陷，重建的研究设备的简陋和生活的动荡，使得新的史学研究工作在战时不得不暂告停滞，如其不致停顿。"风雨如晦，鸡鸣不已"的英贤，固尚有之；然而他们生产的效率和发表的机会不得不大受限制了。在这抱残守缺的时日，回顾过去十来年新的史学研究的成绩，把他们结集，把他们综合，在种种新史观的提警之下，写出一部分新的中国通史，以供一个民族在空前大转变时期的自知之助，岂不是史家应有之事吗？

着手去写一部通史的人，不免劈头就碰到一个问题；以批评眼光去读一部通史的人，也不免劈头就碰到同一的问题，那就是，拿什么的"笔削"做标准？显然我们不能把全部中国史的事实，细大不捐，应有尽有地写进去。姑勿论一个人，甚至一整个时代的史家没有能力去如此做。即使能如此做，所成就的只是一部供人检查的"中国史百科全书"，而不是一部供人阅读的中国通史。那么，难道就凭个人涉览所及，记忆所容和兴趣所之，以为去取吗？这虽然是最便当的办法，我怀疑过去许多写通史的人大体上所采的正是这办法。无怪佛禄德（Froude）把历史比于西方的缀字片，可以任随人意，拼成他所喜欢的字。我们若取任何几种现行的某国或某处通史一比较，能否认这比喻的确切吗？但我们不能以这样的情形为满足。我们无法可以使几个史家各自写成的某国通史去取全同，如自一模铸出，除是他们互相抄袭。但我们似乎应当有一种标准，可以判断两种对象相同而去取不同的通史，孰为合当，孰为高下，这标准是什么？

读者于此也许会想到一个现成的答案：韩昌黎不早就说过"记事者必提其要"吗？最能"提要"的通史，最能按照史事之重要的程度以为详略的通史，就是选材最适当的通史。"笔削"的标准就在史事的重要性。但这答案只把问题藏在习熟的字眼里，并没有真正解决问题。什么是史事的重要性？这问题殊不见得比前一问题更为浅易。须知一事物的重要性或不重要性并不是一种绝对的情实，摆在该事物的面上，或蕴在该事物的内中,可以仅就该事物的本身检察或分析而知的。一事物的重要性或不重要性乃相对于一特定的标准而言。什么是判别重要程度的标准呢?

"重要"这一概念本来不只应用于史事上,但我们现在只谈史事的重要性,只探究判别史事的重要程度的标准。"重要"一词,无论应用于日常生活上或史事的比较上,都不是"意义单纯"(Univocal)的;有时作一种意义,有时作别一意义;因为无论在日常生活上或史事的比较上,我们判别重要程度的标准都不是独一无二的;我们有时用这标准,有时用那标准。而标准的转换,我们并不一定自觉。惟其如此,所以"重要"的意义甚为模糊不清。在史事的比较上,我们用以判别重要程度的可以有五种不同的标准。这五种标准并不是作者新创出来的,乃是过去一切通史家部分地、不加批判地,甚至不自觉地,却从没有严格地采用的。现在要把他们尽数列举,并加以彻底的考验。

第一种标准可以叫作"新异性的标准"(Standard of Novelty)。每一件历史的事情都在时间和空间里占一特殊的位置。这可以叫作"时空位置的特殊性"。此外它容有若干品质,或所具若干品质的程度,为其他任何事情所无。这可以叫作"内容的特殊性"。假如一切历史的事情只有"时空位置的特殊性"而无"内容的特殊性",或其"内容的特殊性"微少到可忽略的程度,那么,社会里根本没有所谓"新闻",历史只是一种景状的永远持续,我们从任何一历史的"横剖面"可以推知其他任何历史的"横剖面"。一个民族的历史假若是如此,那么,它只能有孔德所谓的"社会静力学",而不能有他所谓"社会动力学";那么,它根本不需有写的历史,它的"社会静力学"就可以替代写的历史。现存许多原始民族的历史虽不是完全如此,也近于如此;所以它们的历史没有多少可记。我们之所以需有写的历史,正因为我们的历史绝不是如此,正因为我们的史事富于"内容的特殊性",换言之,即富于"新异性"。众史事所具"内容的特殊性"的程度不一,换言之,即所具"新异性"的程度不一。我们判断史事的重要性的标准之一即是史事的"新异性"。按照这标准,史事愈新异则愈重要。这无疑地是我们有时自觉地或不自觉地所采用的标准。关于这标准有五点须注意。第一，有些史事在当时富于"新异性"的，但后来甚相类似的事接叠发生，那么，在后来这类事便减去新异性；但这类事的始例并不因此就减去"新异性"。第二，一类的事情若为例甚稀，他的后例仍不失其"新异性"，虽然后例的新异程度不及始例。第三，"新异性"乃是相对于一特殊的历史范围而定。同一事情，对于一民族或一地域的历史而言，与对于全人类的历史而言，其新异的程度可以不同。例如14世纪欧洲人之应用罗盘针于航海，此事对于人类史而言的新异程度远不如其对于欧洲史而言的新异程度。第四，"新异性"乃是相对于我们的历史知识而言。也许有的史事本来的新异程度很低，但它的先例的存在为我们所不知。因而在我们看来，它的新异程度是很高的。所以我们对于史事的"新异性"的见解随着我们的历史知识的进步而改变。第五，历史不是一盘散沙，众史事不是分立无连的；我们不仅要注意单件的史事，并且要注意众史事所构成的全体；我们写一个民族的历史的时候，不仅要注意社会之局部的新异，并且要注意社会之全部的新异；我们不仅要注意新异程度的高下，并且要注意新异范围的大小。"新异性"不仅有"深浓的度量"（Intensive Magnitude），并且有"广袤的度量"（Extensive Magnitude）。设如有两项历史的实在，其新异性之"深浓的度量"可相颉颃，而"广袤的度量"相悬殊，则"广袤的度量"大者比小者更为重要。我们的理想是要显出全社会的变化所经诸阶段和每一段之新异的面貌和新异的精神。

假如我们的历史兴趣完全是根于对过去的好奇心，那么，"新异性的标准"也就够了。但事实上我们的历史兴趣不仅发自对过去的好奇心，所以我们还有别的标准。

第二种标准可以叫作"实效的标准"（Standard of Practical Effect）。这个名词不很妥当，姑且用之。史事所直接牵涉和间接影响于人群的苦乐者有大小之不同。按照这标准，史事之直接牵涉和间接影响于人群的苦乐愈大，则愈重要。我们之所以有这标准，因为我们的天性使得我们不仅关切于现在人群的苦乐，并且关切于过去人群的苦乐。我们不能设想今后史家会放弃这标准。

第三种标准可以叫作"文化价值的标准"(Standard of Cultural Values)。所谓文化价值即是真与美的价值。按照这标准,文化价值愈高的事物愈重要。我们写思想史、文学史或美术史的时候,详于灼见的思想而略于妄诞的思想,详于精粹的作品而略于恶劣的作品(除了用作形式的例示外),至少有一大部分理由依据这标准。假如用"新异性的标准",则灼见的思想和妄诞的思想,精粹的作品和恶劣的作品,可以有同等的新异性,也即可以有同等的重要性,而史家无理由为之轩轾。哲学上真的判断和文学美术上比较的美的判断,现在尚无定论。故在此方面通史家容有见仁见智之殊。又文化价值的观念随时代而改变,故此这标准也每随时代而改变。

第四种标准可以叫作"训诲功用的标准"(Standard of Didactic Utility)。所谓训诲功用有两种意义:一是完善的模范;二是成败得失的鉴戒。按照这标准,训诲功用愈大的史事愈重要。旧日史家大抵以此标准为主要的标准。近代史家的趋势是在理论上要把这标准放弃,虽然在事实上未必能彻底做到。依作者的意见,这标准在通史里是要被放弃的。所以要放弃它,不是因为历史不能有训诲的功用,也不是因为历史的训诲功用无注意的价值,而是因为学术分工的需要。例如历史中的战事对于战略与战术的教训,可属于军事学的范围;历史人物之成功与失败的教训,可属于应用社会心理学中的"领袖学"的范围。

第五种标准可以叫作"现状渊源的标准"(Standard of Genetic Relation With Present Situations)。我们的历史兴趣之一是要了解现状,是要追溯现状的由来,众史事和现状之"发生学的关系"(Genetic Relation)有深浅之不同,至少就我们所知是如此。按照这标准,史事和现状之"发生学的关系"愈深,愈有助于现状的解释则愈重要。大概的说,愈近的历史和现状的"发生学的关系"愈深,故近今通史家每以详近略远为旨。然此事亦未可一概而论。历史的线索,有断而复续的,历史的潮流,有隐而复显的。随着社会当前的使命,问题和困难的改变,久被遗忘的史迹每因其与现状的切合而复活于人们的心中。例如吾人今日之于墨翟、韩非、王莽、王安石与钟相是也。

以上的五种标准，除了第四种外，皆是今后写通史的人所当自觉地、严格地合并采用的。不过它们的应用远不若它们的列举的容易。由于第三种标准，对文化价值无深刻的认识的人不宜写通史。由于第五种标准，"知古而不知今"的人不能写通史。再者要轻重的权衡臻于至当，必须熟习整个历史范围里的事实。而就中国通史而论，这一点绝不是个人一生的力量所能做得到的。所以无论对于任何时代，没一部中国通史能说最后的话。所以写中国通史永远是一种极大的冒险。这是无可奈何的天然限制，但我们不可不知有这种限制。

除了"笔削"的标准外，我们写通史时还有一个同样根本的问题。经过以上的标准选择出来的无数史实，并不是自然成一系统的。它们能否完全被组织成一系统？如是可能，这是什么样的系统？上面说过，众史事不是孤立无连的。到底它们间的关系是什么样的关系？同时的状况，历史的一"横切片"的种种色色，容可以"一个有结构的全体之众部分的关系"（Relation between Parts of An Organized Whole）的观念来统驭，但历史不仅是一时的静的结构的描写，并且是变动的记录。我们能否或如何把各时代各方面重要的变动的事实系统化？我们能否用一个或一些范畴把"动的历史的繁杂"（Changing Historical Manifold）统贯？如其能之，那个或那些范畴是什么？

我们用来统贯"动的历史的繁杂"可以有四个范畴。这四个范畴也是过去史家自觉或不自觉地部分使用的。现在要把它们系统地列举，并阐明它们间的关系。

（甲）因果的范畴。历史中所谓因果关系乃是特殊的个体与特殊个体间的一种关系。它并不牵涉一条因果律，并不是一条因果律下的一个例子。因为因果律的例子是可以复现的；而历史的事实，因其内容的特殊性，严格地说，是不能复现的。休谟的因果界说不适用于历史中所谓因果关系。

（乙）发展的范畴。就人类史而言，因果的关系是一个组织体对于另一个组织体的动作，或一个组织体对其自然环境的动作，或自然环境对一个组织体的动作（Action），或一个组织中诸部分或诸方面的交互动作（Interaction）。而发展则是一个组织体基于内部的推动力而非由外铄的变化。故此二范畴是并行不悖的。发展的范畴又包括三个小范畴。

（1）定向的发展（Teleological Development）。所谓定向的发展者，是一种变化的历程。其诸阶段互相适应，而循一定的方向，趋一定鹄的者。这鹄的不必是预先存想的目标，也许是被趋赴于不知不觉中的。这鹄的也许不是单纯的而是多元的。

（2）演化的发展（Evolutional Development）。所谓演化的发展者，是一种变化的历程，在其所经众阶段中，任何两个连接的阶段皆相近似，而其"作始"的阶段与其"将毕"的阶段则剧殊。其"作始"简而每下愈繁者谓之进化。其"作始"繁而每下愈简者谓之退化。

（3）矛盾的发展（Dialectical Development）。所谓矛盾的发展者，是一变化的历程，肇于一不稳定组织体，其内部包含矛盾的两个元素，随着组织体的生长，它们间的矛盾日深日显，最后这组织体被内部的冲突绽破而转成一新的组织体，旧时的矛盾的元素经改变而潜纳于新的组织中。

演化的发展与定向的发展，矛盾的发展与定向的发展，各可以是同一事情的两方面。因为无论演化的发展或矛盾的发展，都可以冥冥中趋赴一特定的鹄的。惟演化的发展与矛盾的发展则是两种不同的事情。

这四个范畴各有适用的范围，是应当兼用无遗的。我们固然可以专用一两个范畴，即以之为选择的标准，凡其所不能统贯的认为不重要而从事舍弃。但这办法只是"削趾适履"的办法。依作者看来，不独任何一个或两三个范畴不能统贯全部重要的史实；便四范畴兼用，也不能统贯全部重要的史实，更不用说全部的史实，即使仅就一个特定的历史范围而论。于此可以给历史中所谓偶然下一个新解说，偶然有广狭二义：凡史事为四范畴中某一个范畴所不能统贯的，对于这范畴为偶然，这偶然是狭义的偶然；凡史事为四范畴中任何范畴所不能统贯的，我们也说它是偶然，这偶然是广义的偶然。历史中不独有狭义的偶然，也有广义的偶然。凡本来是偶然（不管狭义或广义的）的事，谓之本体上的偶然。凡本非偶然，而因我们的知识不足，觉其为偶然者，谓之认识上的偶然。历史家的任务是要把历史中认识上的偶然尽量减少。

到此，作者已把他的通史方法论和历史哲学的纲领表白。更详细的解说不是这里篇幅所容许。到底他的实践和他的理论相距有多远，愿付之读者的判断。

二十九年（1940）二月　昆明
张荫麟

2. 历史的定义和价值[1]

历史是怎样一种学问？究竟有什么用处？

从前的人，常说历史是"前车之鉴"，以为"不知来，视诸往"。前人所做的事情而得，我可奉以为法；所做的事情而失，我可引以为戒。这话粗听似乎有理，细想却就不然。世界是进化的，后来的事情，决不能和以前的事情一样。病情已变而仍服陈方，岂惟无效，更恐不免加重。我们初和西洋人接触，一切交涉就都是坐此而失败的。

又有人说：历史是"据事直书"，使人知所"歆惧"的。因为所做的事情而好，就可以"流芳百世"；所做的事情而坏，就不免"遗臭万年"。然而昏愚的人，未必知道顾惜名誉。强悍的人，就索性连名誉也不顾。况且事情的真相，是很难知道的。稍微重要的事情，众所共知的就不过是其表面；其内幕是永不能与人以共见的。又且事情愈大，则观察愈难。断没有一个人，能周知其全局。若说作史的人，能知其事之真相，而据以直书，那就非愚则诬了。又有一种议论：以为历史是讲褒贬、寓劝惩，以维持社会的正义的。其失亦与此同。

凡讲学问，必须知道学和术的区别。学是求明白事情的真相的，术

---

[1] 原为《复兴高级中学教科书　本国史》第一编第一章内容。

则是措置事情的法子。把旧话说起来，就是"明体"和"达用"。历史是求明白社会的真相的。什么是社会的真相呢？原来不论什么事情，都各有其所以然。我，为什么成为这样的一个我？这决非偶然的事。我生在怎样的家庭中？受过什么教育？共些什么朋友？做些什么事情？这都与我有关系。合这各方面的总和，才陶铸成这样的一个我。个人如此，国家社会亦然。各地方有各地方的风俗；各种人有各种人的气质；中国人的性质，既不同于欧洲；欧洲人的性质，又不同于日本；凡此都决非偶然的事。所以要明白一件事情，必须追溯到既往；现在是决不能解释现在的。而所谓既往，就是历史。

所以从前的人说："史也者，记事者也。"这话自然不错。然而细想起来，却又有毛病。因为事情多着呢！一天的新闻纸，已经看不胜看了。然而所记的，不过是社会上所有的事的千万分之一。现在的历史，又不过是新闻纸的千万分之一。然则历史能记着什么事情呢？须知道：社会上的事情，固然记不胜记，却也不必尽记。我所以成其为我，自然和从前的事情，是有关系的；从前和我有关系的事情，都是使我成其为我的。我何尝都记得？然而我亦并未自忘其为我。然则社会已往的事情，亦用不着尽记；只须记得"使社会成为现在的社会的事情"，就够了。然则从前的历史，所记的事，能否尽合这个标准呢？

怕不能罢？因为往往有一件事，欲求知其所以然而不可得了。一事如此，而况社会的全体？然则从前历史的毛病，又是出在哪里呢？

我可一言以蔽之，说：其病，是由于不知社会的重要。惟不知社会的重要，所以专注重于特殊的人物和特殊的事情。如专描写英雄、记述政治和战役之类。殊不知特殊的事情，总是发生在普通社会上的。有怎样的社会，才发生怎样的事情；而这事情既发生之后，又要影响到社会，而使之政变。特殊的人物和社会的关系，亦是如此。所以不论什么人、什么事，都得求其原因于社会，察其对于社会的结果。否则一切都成空中楼阁了。

从前的人不知道注意于社会，这也无怪其然。因为社会的变迁，是无迹象可见的。正和太阳影子的移动，无一息之停，人却永远不会觉得一样。于是寻常的人就发生一种误解。以为古今许多大人物，所做的事业不同，而其所根据的社会则一。像演剧一般，剧情屡变，演员屡换，而舞台则总是相同。于是以为现在艰难的时局，只要有古代的某某出来，一定能措置裕如，甚而以为只要用某某的方法，就可以措置裕如。遂至执陈方以药新病。殊不知道舞台是死的，社会是活物。

所以现在的研究历史，方法和前人不同。现在的研究，是要重常人、重常事的。因为社会正是在这里头变迁的。常人所做的常事是风化，特殊的人所做特殊的事是山崩。不知道风化，当然不会知道山崩。若明白了风化，则山崩只是当然的结果。

一切可以说明社会变迁的事都取他；一切事，都要把他来说明社会的变迁。社会的变迁，就是进化。所以："历史者，所以说明社会进化的过程者也。"

历史的定义既明，历史的价值，亦即在此。

吕思勉

3. 中国人能近代化吗？[1]

中华民族到了十九世纪就到了一个特殊时期。在此以前，汉族虽与外族久已有了关系，但是那些外族都是文化较低的民族。纵使他们入主中原，他们不过利用汉族一时的内乱而把政权暂时夺过去。到了十九世纪，这个局势就大不同了，因为在这个时候到东亚来的英、美、法诸国绝非匈奴、鲜卑、蒙古、清廷可比。原来人类的发展可分两个世界，一个是东方的亚洲，一个是西方的欧美。两个虽然在十九世纪以前曾有过关系，但是那种关系是时有时无的，而且是可有可无的。在东方这个世界里，中国是领袖，是老大哥，我们以大哥自居，他国连日本在内，也承认我们的优越地位。而到了十九世纪，来和我们打麻烦的是那个素不相识而且文化根本互异的西方世界。

---

[1] 原为"总论"。

嘉庆、道光年间的中国人当然不认识那个西方世界。直到现在，我们还不敢说我们完全了解西洋的文明。不过有几点我们是可以断定的：第一，中华民族的本质可以与世界上最优秀的民族比，中国人的聪明不在任何民族之下；第二，中国的物产虽不及俄美两国的完备，然总在一般国家水平线之上；第三，我国秦始皇的废分封、行郡县及汉唐两朝的伟大帝国足证我民族是有政治天才的。是故论人论地，中国本可大有作为，然而到了十九世纪，我民族何以遇着空前的难关呢？第一，我们的科学不及人。人与人的竞争，民族与民族的竞争，最足以决胜负的，莫过于知识的高低。科学的知识与非科学的知识比赛，好像汽车与人力车的比赛。在嘉庆、道光年间，西洋的科学基础已经打好了，而我们的祖先还在那里作八股文，讲阴阳五行。第二，西洋已于十八世纪中叶起用机械生财打仗，而我们的工业、农业、运输、军事，仍保存唐宋以来的模样。第三，西洋在中古的政治局面很像中国的春秋时代，文艺复兴以后的局面很像我们的战国时代。在列强争雄的生活中，西洋人养成了热烈的爱国心、深刻的民族观念；我们则死守着家族观念和家乡观念。所以在十九世纪初，西洋的国家虽小，然团结有如铁石之固；我们的国家虽大，然如一盘散沙，毫无力量。总而言之，到了十九世纪，西方的世界已经具备了所谓近代文化；而东方的世界则仍滞留于中古，我们是落伍了！

近百年的中华民族根本只有一个问题，那就是中国人能近代化吗？能赶上西洋人吗？能运用科学和机械吗？能废除我们的家族和家乡观念而组织一个近代的民族国家吗？能的话，我们民族的前途是光明的；不能的话，我们这个民族是没有前途的。因为在世界上，一切的国家能接受近代文化者必致富强，不能者必遭惨败，毫无例外，并且接受得愈早愈速就愈好。日本就是一个好例子。日本的原有土地不过中国的一省，原有的文化几乎是隋唐以来自中国学去的。近四十年以来，日本居然能在国际上做一个头等的国家，就是因为日本接受近代文化很快。我们也可以把俄国做个例子。俄国在十五世纪、十六世纪、十七世纪也是个落伍的国家，所以那时在西洋的大舞台上，几乎没有俄国的位置。可是在十七世纪末，正当我们的康熙年间，俄国幸而出了一个大彼得[1]，他变名改姓，微服到西欧去学造船，学炼钢。后来他又请了许多西欧的技术家到俄国去，帮助他维新。那时许多的俄国人反对他，尤其是首都莫斯科的国粹党。他不顾一切，奋斗到底，甚至迁都到偏僻的，但是滨海的涅瓦河旁，因为他想着靠海就容易与近代文化发祥地的西欧往来。俄国的近代化基础是大彼得立的，他是俄罗斯民族大英雄之一，所以今日的斯大林还推崇他。

土耳其的命运也足以展示近代文化左右国家富强力量之大。在十九世纪初，土耳其帝国的土地跨欧、亚、非三洲，土耳其人也是英勇善战的。然而在十九世纪百年之内，别国的科学、机械和民族主义有一日千里的长进，土耳其则只知保守。因此土耳其遂受了欧洲列强的宰割。到了一八七八年以后，土耳其也有少数青年觉悟了，非维新不可，但是他们遇着极大的阻力。第一，土耳其的国王，如我国的清廷一样，并无改革的诚意。第二，因为官场的腐败，创造新事业的经费都被官僚侵吞了，浪费了。国家没有受到新事业的益处，人民已加了许多的苛捐杂税，似乎国家愈改革就愈弱愈穷。关于这一点，土耳其的近代史也很像中国的近代史。第三，社会的守旧势力太大，以致有一个人提倡维新，就有十个人反对。总而言之，土耳其在十九世纪末的维新是三心二意的、不彻底的、无整个计划的。其结果是在上次世界大战中的惨败，国家几近灭亡。土耳其人经过那次大国难以后一致团结起来，拥护民族领袖凯末尔，于是始得复兴。凯末尔一心一意为国家服务，他认识了时代的潮流，知道要救国非彻底接受近代的文化不可。他不但提倡科学、工业，他甚至改革了土耳其的文字，因为土耳其的旧文字太难，儿童费在文字上的时间和脑力太多，能费在实学上的必致减少。现在土耳其立国的基础算打稳了。

日本、俄国、土耳其的近代史大致是前面说的那个样子。这三国接受了近代的科学、机械及民族主义，于是复兴了、富强了。现在我们要

---

[1] 即彼得大帝（Peter the Great）。

研究我们的近代史。我们要注意帝国主义如何压迫我们,我们要仔细研究每一个时期内的抵抗方案,我们尤其要分析每一个方案成败的程度和原因。我们如果能找出我国近代史的教训,我们对于抗战建国就更能有所贡献了。

一九三八年

蒋廷黻